KB060764

위험한 민주주의

THE PEOPLE VERSUS DEMOCRACY

Copyright ⓒ 2018 by Yascha Mounk
All rights reserved

Korean translation copyright ⓒ 2018 by Mirae N Co., Ltd
Korean translation rights arranged with ICM Partners, New York, N. Y.
through EYA(Eric Yang Agency), Seoul.

이 책의 한국어판 저작권은 EYA(Eric Yang Agency)를 통한
ICM Partners사와의 독점계약으로 ㈜미래엔이 소유합니다.
저작권법에 의해 한국 내에서 보호를 받는 저작물이므로 무단 전재 및 복제를 금합니다.

위험한 민주주의

새로운 위기, 무엇이 민주주의를 파괴하는가

야스차 뭉크 지음 | **함규진** 옮김

THE
PEOPLE VS.
DEMOCRACY

"자유주의와 민주주의의 공고한 결합은 깨졌다."

와이즈베리
WISEBERRY

일러두기

- 저자 주는 미주로 정리하고, 역자 주는 본문에 별색으로 기재합니다.
- 단행본은 겹낫표 『 』, 언론 매체는 겹화살괄호 《 》, 방송 프로그램은 화살괄호 〈 〉로
  표기합니다.

환상에서 벗어나기

역사가 수십 년간 기듯이 천천히 흐른 것만 같다. 선거에 누가 당선되
거나 떨어지거나 하고, 법률안은 채택되거나 폐지되거나 하고, 새로운
스타들이 나타나면서 과거의 스타들은 잊힌다. 그러나 시간이 일상적
으로 흘러가는 방식, 문화, 사회, 정치의 핵심은 언제까지나 동일하다.

그러나 짧은 시간 동안 이 모든 것이 한꺼번에 바뀌어버리는 때가
온다. 정치 신인이 정계를 휩쓸고, 유권자들은 어제까지만 해도 상상할
수 없는 정책을 강력히 요구한다. 오랜 기간 동안 부글부글 끓고만 있
던 사회적 긴장이 끔찍한 폭발로 분출되고 영구불변할 것 같던 정부 체
제 역시 당장이라도 무너질 것처럼 보인다.

지금이야말로 바로 그런 때이다.

최근까지 자유민주주의는 승승장구했었다. 모든 단점들에도 불구하고, 대부분의 시민들은 그들의 정부 형태에 대해 깊은 신뢰를 갖는 듯했다. 경제는 성장하고 있었고, 급진 정당은 보잘 것 없는 위치에 머물렀다. 정치학자들은 프랑스나 미국 같은 곳에서 오래전에 정착된 이 민주주의가 앞으로도 거의 변하지 않을 것이라 생각했다. 정치적으로 말해, 미래는 과거와 크게 다르지 않을 것으로 보였다.

이제 그 미래가 왔다. 그런데 달라도 너무 다른 미래가 아닌가.

시민들이 정치에 환멸을 느낀 지는 꽤 됐지만 이제 그들은 불안과 분노에 차 있을뿐더러, 정치를 아예 경멸한다. 정당 체제는 오랜 기간 얼어붙은 듯 현상을 유지했다. 그러나 이제는 권위주의적 포퓰리스트 authoritarian populist들이 미국에서 유럽까지, 아시아에서 호주까지 전 세계적으로 고개를 들고 있다. 유권자들이 특정 정당이나 정치인, 또는 정부를 싫어하는 것도 새로울 것 없는 일이지만 이제는 많은 사람들이 자유민주주의 자체에 실망하고 있다.

도널드 트럼프의 백악관 입성은 민주주의가 위기에 처해 있음을 가장 두드러지게 보여준다. 그의 등장의 중요성은 아무리 강조해도 지나치지 않다. 역사상 처음으로, 세계에서 가장 오래되고 가장 강력한 민주주의가 공개적으로 기본 헌법 규범들을 멸시하는 대통령을 선택했다. 그는 선거의 결과를 받아들이지 않을 것만 같은 행동으로 그의 지지자들이 '애가 타도록'했으며, 주요 정적을 감옥에 가두라고 촉구했고, 미국의 민주주의 동맹국들보다 적대적 독재정권들을 꾸준히 선호

해왔다.[1]

물론, 트럼프의 당선이 유별난 사례는 아니다. 러시아와 터키에서도 권위주의 정치인strongman이 선출되고, 신생 민주주의를 선거독재 electoral dictatorship 정권으로 바꾸는 데 성공했다. 폴란드와 헝가리에서는 포퓰리스트 지도자들이 언론의 자유를 파괴하고, 독립적이던 기구들의 독립성을 침해하며, 야당에게 재갈을 물리고 있다.

더 많은 국가들이 뒤따를 수 있다. 오스트리아에서는 극우 성향의 후보자가 대통령 선거에서 거의 이길 뻔 했다. 프랑스에서는 급격하게 변화하는 정치 환경이 극좌파와 극우파에 새로운 기회를 제공하고 있으며 스페인과 그리스에서 기존의 체제는 놀라울 정도로 빠르게 붕괴되고 있다. 심지어 스웨덴, 독일, 네덜란드 같이 안정되고 포용적인 민주주의 국가에서도 극단주의자들은 전례 없는 성공을 자축하고 있다.

지금이 포퓰리즘의 모멘트populist moment임은 이제 의심할 여지가 없다. 문제는 이러한 흐름이 포퓰리즘의 시대를 열어갈 것인지, 그리고 자유민주주의가 자체 생존이 가능할 것인지다.

~~~~~

소련이 무너지고 나서, 자유민주주의는 전 세계적으로 지배적인 체제가 되었다. 북미와 서유럽에 국한될 것으로 보였던 자유민주주의는 동유럽이나 남미처럼 오랜 독재 국가에서도 뿌리를 내렸고, 아시아와 아프리카 전역에도 급속히 퍼져나갔다.

자유민주주의가 승승장구한 이유 중 하나는 자유민주주의에 대한 일관적인 대안이 없다는 것이었다. 공산주의는 실패했다. 이슬람 신정 정치는 중동 지역 밖에서는 별 지지를 받지 못했다. 중국 특유의 공산주의를 표방하는 국가자본주의 체제는 중국 특유의 역사를 공유하지 않은 국가들로서는 따르기 어려웠다. 미래는 자유민주주의의 것으로 보였다.

민주주의가 승승장구할 것이라는 생각은 프랜시스 후쿠야마의 주장과 연관되어 있다. 1980년대 후반에 발표해 선풍적 반응을 얻은 저서 『역사의 종말』에서, 후쿠야마는 냉전의 종결은 "인류의 이데올로기 발전의 종말을 가져 올 것이며, 서구 자유민주주의가 보편화되어 정부의 최종 형태가 될 것"이라고 주장했다. 그가 1989년 당시의 낙관론적인 전망을 요약한 구절처럼, 민주주의의 승리는 '역사의 종말'을 의미하는 듯했다.[2]

많은 사람들이 후쿠야마의 주장이 너무 단순하다며 딴지를 걸었다. 일부에서는 많은 국가들이 이러한 서구화에 저항하리라고 우려하며 (혹은 은근히 그러기를 바라며), 자유민주주의의 확산이 불가피함을 부정했다. 다른 이들은 인류의 속성을 볼 때 향후 수세기 동안 어떤 식으로 발전해나갈지 예측하기에는 너무 이르다고 주장했다. 그들은 자유민주주의란 단지 좀 더 공정하고 계몽된 통치 형태의 서곡일 뿐이라는 주장을 조심스레 내놓았다.[3]

맹렬한 비판에도 불구하고, 후쿠야마의 핵심 주장은 큰 영향력을 미쳤다. 자유민주주의가 전 세계에서 승리하진 못할 거라고 경고하는 사람들조차 대부분 북미와 서유럽 같은 민주주의 심장부에서는 견고할 것임을 확신했다. 역사 종말론에 대해 전폭적 지지를 하기는 꺼림칙했던 대부분의 정치학자들도 결국 그와 같은 결론을 내렸다. 그들이 관찰하기로, 가난한 국가들의 민주화는 실패하는 경우가 많았다. 반면 독재자들이 국민에게 훌륭한 생활수준을 제공할 수 있을 때조차도 축출되는 경우가 많다. 하지만 경제적 번영과 민주화를 함께 이룬 나라에서, 정치는 믿을 수 없을 만큼 안정적이다. 아르헨티나는 1인당 국내 총생산이 오늘날의 통화가치로 약 1만 4천 달러였던 1975년에 군사 쿠데타를 겪었다.[4] 그러나 그 이상의 경제 수준에서는 민주주의 체제가 무너진 적이 없었다.[5]

부유한 민주주의 국가의 정치체제가 얼마나 안정적인지에 놀란 정치학자들은 여러 나라의 전후 역사를 '민주주의의 공고화'의 과정으로 인식하기 시작했다.[6] 지속 가능한 민주주의를 이루려면, 국가는 부와 교육을 높은 수준으로 달성해야 했다. 그리고 시민 사회의 활력을 유지하고, 사법부와 같은 주요 국가 기관의 중립성을 보장해야 했다. 주요 정치 세력은 무력이나 지갑의 두께가 아니라, 유권자의 뜻에 따라 정치적 결과가 결정되는 것을 받아들여야 했다. 이러한 모든 목표들은 쉽게 달성하기 어려운 것이었다.

민주주의를 구축하는 것은 쉬운 일이 아니었다. 그러나 일단 성공하면, 그 대가는 소중하고 지속적이었다. 민주주의의 핵심 기준이 달성되면, 정치체제는 항구적 안정을 구가했다. 이러한 시각에서 볼 때, 민주주의 공고화는 일방통행이었다. 후안 린츠와 알프레드 스테판의 유명한 문구를 인용하여, 일단 민주주의가 '유일한 게임의 법칙'이 된다면, 언제까지나 그대로일 것이었다.[7]

정치학자들은 민주주의 공고화가 역전될 조건들은 거의 없다는 가정을 믿어 의심치 않았다. 그러나 최근의 사건들은 이러한 확신에 의문을 던져 준다.

25년 전만 해도, 자유민주주의 국가의 대부분의 시민들은 정부에 매우 만족했고, 자신들의 제도에 높은 지지를 나타냈다. 그러나 이제는 그 어느 때보다 큰 환멸을 나타내고 있다. 25년 전만 해도, 대부분의 국민들은 자유민주주의 체제에서 사는 것을 자랑스러워했고 그들의 정치체제를 대신하려는 권위주의를 강력하게 거부했다. 그러나 이제는 점점 더 많은 사람들이 민주주의에 적대적이다. 25년 전만 해도, 민주주의의 기본 원리와 규범에 대해서는 서로 다른 입장의 정파들도 존중하는 모습이었다. 이제는 자유민주주의의 가장 기본적인 규범을 위반한 후보자들이 큰 권력과 영향력을 얻고 있다.[8]

내가 연구한 내용에서 두 가지 예만 들어보자. 미국 노년층의 3분의 2 이상이 민주주의 체제에서 살아가는 것이 매우 중요하다고 생각하고, 밀레니엄 세대에서는 3분의 1 이하가 그렇게 생각하는 것으로 나타났다. 민주주의에 대한 애착이 줄면서, 미국인들의 관심은 권위주의적인 대안에 기울고 있다. 예를 들어 과거 1995년에는 16명 중 고작 1명이 군사 통치가 훌륭한 정부 체제라고 믿었으나, 현재는 6명 중 1명이 그렇게 믿는다.[9]

이렇게 급격하게 변하는 상황에서, 민주주의의 안정성이 변함없으리라 가정하는 것은 무리일 것이다. 자유롭고 공정한 선거를 통해 지속적으로 권력을 교체한 부유한 국가들은 영원히 민주주의 국가로 남을 것이라는 전후 시대의 첫 번째 큰 가정은 이제 흔들리고 있다.

만약 우리의 정치적 상상력을 형성한 첫 번째 큰 가정이 타당하지 않다고 판명된다면, 두 번째 큰 가정 역시 재검토할 이유가 있다.

우리는 오랫동안 자유주의와 민주주의를 하나로 생각해 왔다. 이는 단지 국민자치와 법치주의를 하나로 본다고, 또한 권력이 국민에게서 나오는 것과 개인의 권리가 보장되는 것을 하나로 본다고 말하는 것이 아니다. 우리 정치체제의 구성 요소들이 서로를 보호하기 위해 필요 불가결하다고 본다는 것이다.

그 요소 가운데 하나를 잃으면 자유민주주의는 존속할 수 없다는 우려에는 충분한 이유가 있다. 국민이 지배권을 갖는 체제는 부유층과 권력자들이 저소득층의 권리를 짓밟을 수 없도록 한다. 같은 이유로, 사회적 영향력이 적은 소수집단의 권리가 보호되고 언론이 자유롭게 정부를 비판할 수 있는 체제는 국민이 자유롭고 공정한 선거를 통해 통치자를 바꿀 수 있도록 한다. 앞서 언급했던 개인의 권리와 국민자치는 사과와 파이처럼, 또는 트위터와 도널드 트럼프처럼, 동반한다.

그러나 정치체제가 발전하기 위해 두 요소를 필요로 한다는 사실이 두 요소를 모두 갖췄을 때 반드시 안정적이라는 것을 의미하지는 않는다. 오히려, 자유주의와 민주주의의 상호의존성은 우리 정치의 한 측면에서 나타나는 기능 장애가 얼마나 빨리 다른 측면에서도 기능 장애를 낳을 수 있는지를 보여준다. 따라서 '권리 보장 없는 민주주의democracy without rights'는 미국 건국의 아버지들Founding Fathers이 가장 두려워했던 상황을 초래할 위험을 항상 갖고 있다. 즉, '다수의 폭정'이다. 한편 민주주의가 없이 개인 권리는 더 안정적일까? 생각할 필요도 없다. 정치가 억만장자와 테크노크라트technocrat(기술관료)를 위한 놀이터가 되어버린다면, 더 중요한 결정에서 일반 국민을 배제하려는 유혹은 계속 커질 것이다.

자유주의와 민주주의가 서서히 갈라지는 일, 그것이 바로 지금 일어나는 일이다. 그 결과가 끔찍할 것임은 불을 보듯 뻔하다.

대서양 양쪽에서 전례 없는 성공을 축하하고 있는 포퓰리스트들을 스타일에서 속 알맹이까지 서로 다르게 보려는 시각이 많다.

예를 들어, 도널드 트럼프를 미국만의 독특한 현상으로 보려고 한다. 그의 거친 매너에서 자신이 가진 막대한 순자산에 대한 으스댐까지, 그는 라이벌인 미국을 희화화하고자 소련의 선전 부서에서 만든 만화에 나오는, 과장된 미국인 바로 그 자체다. 하긴, 트럼프는 '진짜배기 미국인'이라고 할 만하다. 그는 기업인을 매우 존경하는 미국 문화 때문에 스스로 사업가임을 강조한다. 또한 미국 문화의 맥락에 따라 공격 대상을 선택한다. 예를 들어, 개인의 총기 소지를 진보파 엘리트들이 금지시키려 모의한다는 두려움은 유럽에서는 이해하기 힘들 것이다.

그러나 트럼프가 왜 그렇게 위험한지는 훨씬 더 넓은 맥락에서만 이해할 수 있다. 즉 아테네에서 앙카라, 시드니에서 스톡홀름, 바르샤바에서 웰링턴에 이르는 주요 민주주의 국가에서 힘을 얻은 극우 포퓰리스트들의 맥락이다. 이 모든 국가에서 대두하고 있는 포퓰리스트들 사이에는 분명한 차이가 있다. 그럼에도 근본적인 공통점이 있다. 그리고 놀랍게도 비슷한 방식으로 각국의 정치체제를 위험하게 만들고 있다.

미국의 도널드 트럼프, 영국의 나이절 패라지, 독일의 프라우케 페트리, 프랑스의 마린 르펜 등은 하나같이 우리 시대의 가장 시급한 문제에 대한 해결책은 다른 정치가들이 대중에게 믿도록 하는 것보다 훨씬 간단명료하다고, 대다수의 평범한 국민들은 본능적으로 무엇을 해야 하는지 알고 있다고 주장한다. 결국, 그들은 정치를 극히 단순화한다. 대중의 진정한 목소리가 통하기만 한다면, 대중의 불만은 빠르게 사라질 것이다. 미국(또는 영국, 또는 독일, 또는 프랑스)은 다시 좋아질 것이다.

그렇다면 분명 의문이다. 우리 시대의 정치적 문제들이 해결하기가 쉽다면, 왜 지속될까? 포퓰리스트들은 좋은 의도를 가진 사람들조차도 풀기 어려울 만큼 현실 세계가 복잡하다는 것을 인정하려 하지 않는다. 그래서 책임을 물어 비난할 사람을 필요로 하고, 바로 그렇게 비난을 일삼는다.

첫 번째로 명백한 원흉은 종종 해외에 있다. 그러므로 트럼프가 미국의 경제 문제를 중국의 탓으로 돌리는 것은 앞뒤가 맞는다. 또한, 미국에 성폭행범(멕시코인)과 테러리스트(이슬람교도)가 들끓고 있다고 주장함으로써 사람들의 두려움을 부추기는 것도 놀랄 일이 아니다.[10]

유럽 포퓰리스트들은 그들의 적을 다른 곳에서 찾으며, 대부분 좀 더 완곡하게 그들의 분노를 표현한다. 그러나 그들이 쓰는 말을 들여다보면 트럼프와 마찬가지로 동일한 기본 논리를 가지고 있다. 르펜과 패라지는 소득의 정체나 이민에 따른 정체성 문제가 떠오를 때마다 이슬람교도 부랑자나 폴란드 배관공 같은 외부인의 잘못이라고 주장한다. 역시 트럼프처럼, 그들은 자신들의 허풍스러운 공약을 이행하지 못한 것을 두고, 유럽연합의 관료에서 비판적 언론에 이르기까지 기성 정치계가 문제라고 둘러댄다. 또한 이 같은 포퓰리스트들은 집권 여당이 국가의 적이거나 적들과 결탁하고 있다고 주장한다. 그들은 기성 정치계가 문화 다양성에 그릇된 집착을 가지고 있다고 하거나, 조국의 적들에게 뇌물을 받고 있다고 한다. 또는 더 간단하게, 기성 정치인들은 친외국이거나 무슬림 계통이라고, 또는 그 둘 다라고 한다.

이런 세계관은 두 가지 정치적 소망을 낳고, 대부분의 포퓰리스트들은 두 가지 모두를 이용해 먹는 데 도가 터 있다. 첫째, 올바른 지도자는 국민들의 순수한 뜻을 공유하며, 그들을 위해 기꺼이 싸우려고 하는 사람이다. 그러므로 정부의 고위직을 얻어야 한다. 둘째, 올바른 지도자가 직책을 맡으면, 국민의 뜻을 따르는 일에 방해가 되는 제도를 뭐가 됐든 폐지해야 한다.

자유민주주의는 어느 한 당이 너무 많은 권력을 갖는 일을 막고, 여러 집단의 이익을 조정할 수 있도록 견제와 균형을 추구한다. 그러나 포퓰리스트들의 방침에서 국민의 뜻은 중재를 필요로 하지 않는다. 소수집단을 배려하는 일은 부패의 한 형태다. 그런 점에서 포퓰리스트들은 '더욱 민주주의적'이다. 그들은 전통적인 정치인보다 훨씬 열정적으로 민중의 통치를 부르짖는다. 하지만 그들은 또한 매우 편협하다. 전통적인 정치인들과는 달리, 그들은 독립적인 기관이나 개인의 권리가 민중의 목소리를 약화시키지 않아야 한다고 역설한다.

포퓰리즘 세력이 집권하면 자유주의 제도를 훼손할 것이라는 두려움은 기우처럼 들릴지도 모르나, 많은 선례가 있다. 폴란드와 터키에서는 반(反)자유주의적 포퓰리스트가 당선되었다. 서로 다른 나라에서였으되, 그들이 자신들의 권력을 공고화하기 위한 조치들은 놀랄 만큼 비슷했다. 그들은 국내외에서 적으로 지목한 세력들과 긴장을 고조시켰고, 짝패들과 함께 법원과 선거관리위원회의 중립성을 훼손하고 언론을 장악했다.[11]

예를 들어, 헝가리에서 자유민주주의는 독일이나 스웨덴보다 훨씬 더 최근에야 자리잡았고 훨씬 불안정했다. 그럼에도 불구하고 1990년대 내내 정치학자들은 그 전망에 대해 낙관적이었다. 그들의 이론에 따르면, 헝가리는 민주적인 체제 전환에 유리한 모든 특성을 가지고 있었다. 과거에 민주적인 통치를 경험했고, 전체주의 유산은 다른 동유럽 국가들의 것보다 더 온건했다. 구 공산정권의 수뇌들은 협상을 통해 새로운 체제를 승인했고, 다수의 안정된 민주주의 국가와 국경을 접하고 있기도 했다. 사회과학적으로 볼 때, 헝가리는 '가장 가능성 있는 사례'였다. 만약 민주주의가 그곳에서 정착되지 않는다면, 다른 모든 구 공산국가에서도 어려울 것이었다.[12]

그러한 예측은 1990년대 동안 충분히 뒷받침되는 듯 보였다. 헝가리의 경제는 성장했고 정권은 평화롭게 교체되었다. 시민 사회가 활성화되었음은 비판 정신이 살아 있는 언론, 강력한 NGO, 최고 명문대 가운데 하나인 중앙유럽대학교를 보유한 것으로 입증되었다. 헝가리 민주주의는 공고화되는 것처럼 보였다.[13]

그때 문제가 생겼다. 많은 헝가리인들이 그 경제 성장 규모에 비해 너무 작은 몫을 받고 있다고 느낀 것이다. 그들은 앞으로 대규모 이민이 들어올 것이며(실제로는 아니었지만) 따라서 자신들의 정체성이 위협받을 거라 생각했다. 대형 부패 스캔들이 중도좌파 성향의 집권 정당을 뒤흔드는 가운데, 그런 불만은 정부에 대한 노골적인 혐오감으로 비화되었다. 결국 2010년도 총선거에서, 헝가리 유권자들은 오르반 빅토르의 청년민주동맹Fidesz party에게 압도적 과반수 의석을 주었다.[14]

취임한 뒤, 오르반은 체계적으로 자신의 권력을 공고화했다. 충실한 추종자들을 임명하여 국영 텔레비전 방송국과 선거관리위원회를 손에 넣었고, 헌법재판소를 장악하였다. 그리고 선거 제도를 스스로에게 유리하도록 바꾸고, 자신의 패거리에게 돈을 보내도록 외국 기업들에게 강요하고, NGO 활동에 대한 엄격한 규제를 시행하고, 중앙유럽대학을 폐쇄하려고 했다.[15]

이전의 정치적 규범들이 영원히 파괴되었다는 것을 단정하는 결정적인 사건도, 행동도 없었다. 오르반의 조치들은 모두가 이런 저런 식으로 차단할 수 있었다. 그러나 이 조치들이 합쳐진 효과는 서서히 분명해졌다. 헝가리는 더 이상 자유민주주의 국가가 아니다.

그럼 무엇일까?

집권 후 수년 동안, 오르반은 이 질문에 대해 점점 명확한 답을 주었다. 처음에 그는 보수적인 가치관을 가졌을지언정 진솔한 민주주의자를 자처했다. 이제 그는 자유민주주의에 대한 반대를 확실하게 표명하고 있다. 그는 민주주의는 자유가 아니라 위계질서 중심이 되어야 한다고 굳게 믿는다. 그의 지도 아래, 헝가리는 '민족주의에 기초한 새로운 반자유주의적 국가'가 될 것이다.[16]

이것은 그의 정책 특성에 대해 외부 전문가들이 주워모은 설명보다 훨씬 진실을 잘 설명한다. 그들은 오르반이 '비민주적이다'라고 비난한다. 그의 반자유화 개혁이 결국 그가 국민의 뜻을 무시할 수 있게 만들 수 있다는 우려는 옳겠지만, 모든 민주주의는 본질적으로 자유주의적이라거나 현행 정치체제를 닮아야 한다고 생각한다면 오해한 것이다.

'계서적 민주주의hierarchical democracy'는 국민이 뽑은 지도자가 자신의 해석대로 '국민의 뜻'을 제도화하면서, 비판적 입장을 가진 소수집단의 권리나 이익 고려를 무시할 수 있게 해준다. 그것이 민주적이라는 주장을 꼭 어불성설이라 여길 필요는 없다. 새로운 체제에서는 '국민의 뜻'이 만능이다. 우리가 익숙한 자유민주주의와 다르다고 민주주의가 결핍된 것이라고 볼 수는 없다. 이런 체제가 우리가 익숙한 자유민주주의 체제와 다른 점은 민주주의의 부족이 아니라, 독립적 기관과 개인의 권리에 대한 존중 부족에 있다.

반자유민주주의, 또는 권리 보장 없는 민주주의의 부상은 21세기 첫 10년 동안의 정치의 한 측면일 뿐이다. 보통 국민들이 자유주의적인 관행과 제도에 대해 점점 회의적인 상황에서, 정치 엘리트들은 그들의 분노를 그저 피하려고 노력해왔다. 그들은 세상은 복잡하며, 올바른 해결 방법을 찾기 위해 열심히 노력했다고 주장했다. 만약 국민들이 엘리트들의 현명한 조언을 무시할 정도로 민감해졌다면, 다시 교육하든지, 무시하든지, 아예 협박해서 복종시킬 필요가 있었다.

이런 태도는 2015년 7월 13일 아침보다 더 극명하게 나타난 적이 없다. 대규모 경기침체를 맞은 그리스는 막대한 부채를 떠안게 되었다. 경제학자들은 그리스가 그 부채를 갚을 수 없다는 것을 알았고, 대부분의 사람들은 긴축 구제 정책이 구멍난 경제에 더 큰 피해를 가져올 것이라고 예상했다.[17] 그러나 유럽연합이 그리스의 채무 불이행을 허용한다면, 스페인이나 이탈리아 같은 더 큰 국가들이 그 뒤를 따르게 될

지도 모른다는 우려가 투자자들 사이에서 나왔다. 그래서 브뤼셀의 테크노크라트들은 나머지 유럽 금융을 살리기 위해서는 그리스가 희생해야 한다고 결정했다.

다른 선택의 여지가 없었기 때문에, 그리스 정부는 브뤼셀의 결정에 따랐다. 그러나 매년 경제가 위축되고 청년 실업률이 50% 이상 급증하면서, 절망적이 된 유권자들은 긴축 정책을 끝내겠다고 공약한 젊은 포퓰리스트 알렉시스 치프라스에게 기대를 걸었다.[18]

치프라스는 취임 후, 유럽연합 집행위원회, 유럽 중앙은행, 국제통화기금IMF으로 대표되는 주요 채권자들과 국가 부채 문제를 재협상하기 시작했다. 그러나 소위 말하는 이 '트로이카'는 입장을 바꾸지 않겠다고 밝혔고, 그리스는 계속 경제난을 겪거나 파산하고 유로존을 떠나야 할 판이었다. 엄격한 긴축 정책에 직면한 2015년 여름, 치프라스는 테크노크라트들의 요구에 굴복할 것인가, 아니면 그리스를 경제 무질서에 빠뜨릴 것인가 하는 두 가지 선택 앞에 섰다.[19]

중대한 선택의 순간, 치프라스는 국민의 뜻을 표방하는 체제에서 자연스럽게 가능한 수단을 썼다. 국민투표를 실시한 것이다. 그에 대한 반발은 빠르고 강렬했다. 유럽 전역의 지도자들이 국민투표 회부 조치가 무책임하다고 비난했다. 독일 수상 앙겔라 메르켈은 트로이카가 '엄청나게 관대한' 제안을 했다고 주장했고, 언론은 치프라스의 결정을 비난했다.[20]

분위기가 한껏 고조된 가운데, 그리스 국민은 2015년 7월 5일 투표에 참여했다. 그 결과는 유럽연합 테크노크라트들에 대한 거센 반발로 나타났다. 임박한 운명에 대한 불길한 경고에도 불구하고, 유권자들은 자존심을 억누르려 하지 않았고, 긴축 구제안을 거절했다.[21]

치프라스는 명확히 표현된 국민의 뜻에 고무되어 협상 테이블로 돌아왔다. 그는 트로이카가 그리스와 어느 정도 타협할 것이라고 추정했다. 그러나 원래의 제안이 폐기되는 대신 새로운 제안이 제시되었는데, 이는 더 큰 어려움을 요구하는 것이었다.[22]

그리스가 파산 직전에 처해 있는 상황에서 유럽의 정치 엘리트들은 브뤼셀에 모여 비공개 마라톤 협상을 벌였다. 7월 13일 이른 아침, 치프라스가 충혈된 눈과 파리한 낯으로 카메라 앞에 섰을 때, 협상은 그의 항복으로 끝났다는 것이 분명해졌다. 치프라스는 국민들이 싫어하는 긴축 구제 정책을 거부한 지 일주일 만에 어찌 봐도 더 불리한 협상안[23]에 서명했다. 즉, 테크노크라트들이 승리한 것이다.

유로존의 정치는 국민들 스스로 시사 문제에 대해 갈수록 발언권이 없어진다고 느끼게 하는 정치체제의 극단적인 예다.[24] 그러나 그것이 아주 유별난 것은 아니다. 대부분의 정치학자들은 주의하지 않지만, 비민주적 자유주의undemocratic liberalism는 북미와 서유럽에서 뿌리를 내리고 있다. 이러한 형태의 정부에서는 적절한 절차를 엄격히 준수하고(대부분의 경우), 개인의 권리를 존중한다(많은 경우). 그러나 유권자들은 오랫동안 스스로 공공정책에 미칠 수 있는 영향력이 거의 없다고 여기고 있다.

그들이 완전히 틀린 것은 아니다.

헝가리에서 포퓰리스트가 승승장구한 일과 그리스에서 테크노크라트들이 승리한 일은 서로 정반대 사례인 듯 보인다. 한 경우에서는 '국민의 뜻'이 법치주의와 소수집단의 권리를 보호하기 위한 개별 기관들의 독립성을 억눌렀다. 다른 경우에서는 시장의 힘과 테크노크라트의 신념이 국민의 뜻을 따돌렸다.

그러나 사실 헝가리와 그리스 사례는 같은 동전의 양면일 뿐이다. 전 세계의 민주주의 국가에서는 두 가지의, 겉으로는 서로 다른 변화가 이루어지고 있다. 한편에서 국민들은 반자유주의적이 되어가고 있다. 유권자들은 독립기관들에 대해 관용을 잃고 있으며, 점점 더 소수민족과 종교 소수자의 권리를 인정하지 않으려 한다. 다른 한편에서는 정치 엘리트들이 기성 정치체제를 고수하면서 점점 더 책임감을 갖지 않으려 한다. 권력을 가진 계층은 점점 더 대중의 견해에 양보하지 않으려고 한다. 그 결과, 우리 정치체제의 두 가지 핵심 요소인 자유주의와 민주주의가 충돌하기 시작했다.

학자들은 자유주의와 민주주의가 때때로 서로 분리될 수 있음을 항상 알고 있었다. 18세기 프로이센에서는 절대 군주가 신민들의 권리를 존중하고(어느 정도는) 자유 언론을 허용함으로써(아주 약간은) 상대적으로 자유주의적으로 통치했다.[25] 반대로, 고대 아테네에서는 민회에서 정치가들을 도편 추방하고, 비판적인 철학자들을 처형하고, 정치적 연설에서부터 악보에 이르기까지 모든 것을 검열하는 등 노골적으로 반자유주의적 태도를 취했다.[26]

그럼에도 불구하고, 대부분의 정치학자들은 오랫동안 자유주의와 민주주의를 상호보완적으로 생각해왔다. 그들은 개인의 권리와 대중의 뜻이 항상 함께할 수 없다는 것을 알면서도 기본적으로는 함께 하리라고 굳게 믿었다. 자유주의와 민주주의가 만나면, 매우 안정적이고, 탄력성 있고, 일관성 있는 혼합체제를 형성한다는 믿음을.

그러나 대중의 성향이 반자유주의적으로 바뀌고 엘리트들의 선호는 비민주적으로 변해가면서, 자유주의와 민주주의가 충돌하기 시작했다. 북미와 서유럽 대다수의 정부는 개인의 권리 존중과 국민자치 원칙의 독특한 혼합으로 오랫동안 자유민주주의를 구축하였다. 그러나 이는 무너지고 있다. 그 대신, 우리는 반자유적 민주주의, 다시 말해 개인 권리가 보장되지 않는 민주주의의, 또한 비민주적 자유주의, 즉 민주주의 없는 권리 보장의 등장을 목격하고 있다.

〰️

옛날 옛적에, 아주 행복한 닭이 있었다. 농부는 매일 닭에게 모이를 주러 왔다. 닭은 매일 조금 더 통통해지고, 더 만족스러워하며 자랐다.

농장에 있는 다른 동물들은 닭에게 "넌 곧 죽을걸", "농부는 너를 그저 살찌우려고 하는 것뿐"이라고 경고했다.

닭은 그 말을 듣지 않았다. 태어난 이래 한결같이, 농부는 몇 마디 상냥한 말과 함께 자신을 먹여 살려왔다. 갑자기 왜 상황이 바뀌겠는가?

그러나 어느 날, 상황은 바뀌고야 말았다. 버트런드 러셀은 특유의 신랄한 문체로 "태어난 뒤 어느 날이고 정성들여 모이를 주던 닭의 목을, 농부는 어느 날 확 비틀어 버렸다"[27]고 썼다. 닭이 어리고 말랐을 때는 살찌워야 했고, 시장에 내다팔 수 있을 정도로 충분히 살이 찌면, 그때가 죽일 때였다.

러셀은 우리의 섣부른 미래 예측에 대해 경고하고 있다. 만약 과거에 일이 잘 풀렸다고 해서 그 원인을 이해하려 들지 않는다면, 우리는 순진한 닭과 같은 꼴일 것이며, 미래에도 계속 잘될 것이라고 낙관했다가는 낭패를 볼 수 있을 것이다. 닭이 언젠가 세상이 끝장나리라고 예상하지 못하는 것처럼, 우리도 앞으로 닥칠 변화들을 알 수 없을 것이다.

민주주의의 미래에 대하여 현명한 예측을 하려면, 우리는 '닭 문제'를 물어야 한다. 과거 민주주의가 안정될 수 있었던 조건들이 이제는 더 이상 존재하지 않는 걸까?

대답은 아마 "그렇다"일 것이다.

민주주의의 융성 배경에는 적어도 세 가지의 특별한 항수(恒數)가 있었다. 하지만 오늘날은 더 이상 그렇지 않다. 첫째, 민주주의의 정착 기간 동안 대부분의 시민들은 생활수준이 급속히 향상되었다. 예를 들어, 1935년에서 1960년까지 미국의 일반 가정의 소득은 2배가 되었고, 1960년에서 1985년까지 다시 2배가 되었으며, 그 이후로는 일정하였다.[28]

이는 미국 정치의 급진적 변화를 예고했다. 시민들이 정치인들을 좋아하는 일은 원래 거의 없었다. 그러나 선출된 공직자들이 공약을 충실히 지킬 것이고, 그들의 삶은 계속 좋아질 것이라고는 대체로 믿었다. 오늘날, 그런 신뢰와 낙관주의는 사라졌다. 시민들은 미래에 대해 크게 불안해하면서, 정치를 이민자들이나 소수민족이 이득을 보면 볼수록 자신들의 부담이 느는 제로섬 게임으로 보기 시작했다.[29]

이는 안정적인 과거와 점점 더 혼란스러워지는 현재 사이에 존재하는 두 번째 차이를 악화시키고 있다. 민주주의가 안정되었던 시대에는, 한 인종 혹은 민족 집단이 지배했었다. 미국과 캐나다에서는 항상 분명한 인종 서열이 있었고, 백인들은 무수한 특권을 누리고 있었다. 서유럽에서는 이러한 지배체제가 더욱 심했다. 단일 인종 국가로 수립된 독일이나 스웨덴 같은 국가들은 이민자를 국가의 진정한 구성원으로 인정하지 않았다. 우리가 종종 외면하려 하는 문제지만, 민주주의는 그 동질성에 의존하여 제 기능을 했을지 모른다.

수십 년 동안의 대규모 이민과 사회운동이 이러한 사회를 완전히 뒤바꿔놓았다. 북미에서는 소수인종이 마침내 동등한 지위를 주장하고 있다. 서유럽에서는 이민자 후손들이 흑인이나 황인도 진정한 독일인, 스웨덴인이라고 주장하기 시작했다. 그러나 국민의 일부는 이런 변화를 받아들이거나 심지어 환영하는 반면, 다른 일부는 위협과 분노를 느낀다. 결과적으로, 민족적, 문화적 다원주의에 대한 거대한 반란이 서반구 전역에서 빠르게 나타나고 있다.[30]

마지막 변화는 불과 수십 년 만에 전 세계를 정복했다. 최근까지 매스컴은 정계 및 재계 엘리트들의 전유물이었다. 신문 인쇄, 라디오·텔레비전 방송망 운영 비용은 대부분의 시민들에게 엄두도 못 낼 정도였기 때문이다. 이로 인해 정계는 극단적인 관점을 소외시킬 수 있었고, 정치는 비교적 합의된 상태로 유지되었다.

그러나 지난 25년 동안 인터넷, 특히 소셜 미디어의 등장은 정치계 내부자와 외부자 사이의 권력 판도를 급격하게 바꿔왔다. 오늘날엔 어떤 시민이라도 수백만 명의 사람들과 바이러스성 정보를 엄청난 속도로 공유할 수 있다. 정치 조직 비용이 급감하고 중앙과 주변부 사이의 기술 격차가 좁혀지면서, 불안을 조성하는 선동자들이 질서를 유지하려는 세력에 비해 우위를 갖게 되었다.[31]

우리는 자유민주주의의 위기를 초래한 원인(그 해결 방법은 둘째 치고)을 이제야 겨우 이해하기 시작했다. 그러나 이 포퓰리즘 시대의 주된 추진 요인을 진지하게 고려한다면, 적어도 세 가지 측면에서 행동을 취해야 한다는 것을 인지하게 될 것이다.

첫째, 국내적 그리고 국제적으로 불평등을 완화시키고, 급속히 상승하는 생활수준 기대에 부응하기 위해 경제 정책을 개혁해야 한다. 이러한 시각에서 경제 성장 결과의 더 공평한 분배는 단지 분배적 정의의 문제가 아니라, 정치적 안정의 문제이다.

일부 경제학자들은 민주주의, 세계화, 국민국가 체제를 동시에 이룰 수 없다고 주장해왔다. 그리고 일부 철학자들은 당면한 경제 문제에 국제적인 해결책을 꿈꾸며 국민국가의 포기를 받아들였다. 그러나 이것은 잘못된 접근이다. 우리는 세계화가 줄 수 있는 해방의 기회를 포기하지 않으면서도 민주주의를 유지하기 위해, 국민국가가 어떻게 스스로의 운명을 다시 통제할 수 있을지 그 방법을 찾을 필요가 있다.[32]

둘째, 근대 국민국가에서 시민권과 거주권의 의미를 재고할 필요가 있다. 어떠한 신조나 피부색을 가진 구성원들이라도 진정으로 동등히 대우받으리라는 다민족 민주주의의 약속은 협상 불가능한 것이다. 단일 인종 개념이 뿌리 깊은 국가들에게 신입자들과 소수자들을 받아들이기란 비록 어려울지라도, 그러한 사회 변화는 독재와 내부 갈등을 피할 수 있는 유일한 현실적인 대안이다.

그러나 다민족 민주주의의 고귀한 실험은 그 모든 지지자들이 분열보다는 통합을 강조하기 시작할 때만 성공할 수 있다. 지난 몇 년 동안, 인종 불평등이 계속되는 현실에 대해 불거진 의분(義憤)은 일부 사람들이 자유민주주의의 원칙을 위선적이라고 비난하거나 심지어 집단 권리를 사회의 기본 틀로 만들도록 하는 결과로 이어졌다. 이것은 도덕적이고 전략적인 실수이다. 모든 구성원을 존중할 수 있는 유일한 사회는 모든 개인이 특정 집단에 속해서가 아니라 시민 개인이라서 권리를 누리는 사회이다.[33]

마지막으로, 우리는 인터넷과 소셜 미디어의 혁신적인 영향을 견딜 수 있게 학습해야 한다. 혐오 발언hate speech과 가짜 뉴스의 확산은 소셜 미디어 기업들 또는 정부가 검열관으로 활동하도록 부추긴다. 페이스북과 트위터가 증오 집단들의 플랫폼이 되지 않도록 만들 수 있는 많은 상식적인 조치가 있다. 그러나 정부 또는 CEO들이 웹상에서 누가 무엇을 말할 수 있는지를 결정하기 시작하면, 언론의 자유는 급속히 사라질 것이다. 그러므로 우리는 디지털 시대가 민주주의에 안전할 수 있게끔, 소셜 미디어에 어떤 메시지가 퍼져나가는지 뿐만 아니라 그것을 어떻게 받아들일 것인지를 잘 파악할 필요가 있다.

과거 민주주의를 과감하고 민감한 실험으로 이해했을 때, 우리는 정치체제에 관한 복음을 퍼뜨리기 위해 막대한 교육적, 지적 자원을 투자했다. 학교와 대학은 시민을 교육시키는 일을 가장 중요하게 여겼다. 문필가와 학자들은 자유민주주의의 덕목을 설명하고 옹호하는 일에 큰 사명감을 느꼈다. 이러한 사명감은 세월이 지나며 사라졌으나, 자유민주주의가 생존의 기로에 선 지금은 이를 되살릴 때다.[34]

平상시에는 정치적 결정들이 크고 작은 방식으로 수백만 명 국민들의 개인적 삶에 영향을 미치지만 집단들의 기본적인 생활에는 별 영향이 없다. 옥신각신하면서도, 정치 전선의 양측 당파들은 기본 원칙을 준수한다. 그들은 자유롭고 공정한 선거를 기반으로 입장 차이를 해결하고, 선거에서 패배하면 정적이 국가 운영권을 가짐을 받아들인다.

따라서 시민들은 모든 승리가 일시적이며 정치 전투에서의 패자가 전쟁에서 승리할 수도 있음을 알고 있다. 오늘 진보를 정의로 연결하는 일에 실패했더라도 그것은 내일까지 미루어졌을 뿐임을 알기에, 그들은 당면한 패배를 평화적인 설득에 노력을 배가할 또 다른 이유로 본다.

그리고 특별한 시기가 온다. 정치와 사회의 기본 윤곽이 다시 설정되는 시기이다. 이러한 시기에는 두 당파 사이의 불화가 너무 깊고 심해져서 더 이상 기본 원칙이 준수되지 않기도 한다. 정치인들은 유리해지기 위해 자유롭고 공정한 선거를 훼손한다. 상대를 꺾어 누르고자 정치 체제의 기본 규범을 어기고.

그 결과, 특별한 시기에 시민들은 정치 싸움에 걸린 몫을 중대하게 보기 시작한다. 통치권을 두고 살벌한 경쟁이 벌어지는 와중에, 그들은 한쪽이 투표에서 한 번 이기면 영원히 이기는 게 될 수도 있음을, 전투에서의 패배가 전쟁에서의 패배로 이어질 수 있음을, 오늘 진보가 패배할 경우 국가는 영영 부정의의 늪에서 벗어나지 못할 수 있음을 두려워할 충분한 이유가 있다.

우리 가운데 대부분은 정치적 평상시를 살아온 사람들이다.

1990년대 후반, 내가 독일에 있을 때만 하더라도 정치인들은 중요한 안건들을 토론했다. 선량한 국민에게만 복지 혜택을 부여해야 하는가?[35] 다른 국적을 포기하지 않은 이민자와 그 자녀들에게도 독일 시민권을 주어야 할까? 시민 연대Pacte civil de solidarité두 이성 또는 동성 성인 간의

<u>결합 제도로서 결혼에 준한다.</u>의 형태로 동성 결혼을 인정해야 할까?

나는 이 질문들에 대한 대답이 그 국가의 틀을 크게 바꾸게 될 것이라고 확신했다. 미래는 활짝 열려 있었다. 한편으로는 개방적이고 관대하며 외부자를 환영하는 나라에 대한 비전이 있고, 다른 한편으로는 폐쇄적이고 칙칙하고 정체된 나라의 비전이 있었다. 나는 정당의 청년 조직원으로서, 옳다고 믿는 것을 실현하기 위해 많은 시간을 보냈다.

그때 당시 나는 미국에 대해 거의 알지 못했고, 미국에서 더 큰 안건들이 논의되고 있는 것도 몰랐다. 보험 가입을 하지 않은 수백만 명의 시민들도 양질의 의료 서비스를 이용할 수 있을까? 군인이 성정체성을 밝힐 경우 옷을 벗어야 할까? 복지국가의 핵심 부분은 폐지되어야 하나?

이 질문에 대한 답 또한 국가의 틀을 크게 바꾸게 될 것이었다. 그들은 수백만 명의 삶을 더 좋게 혹은 더 나쁘게, 더 충실하게 혹은 더 냉담하게, 더 풍요롭게 혹은 더 위태롭게 만들 것이다. 그것은 국가가 선택할 길(중대한)을 알려주리라. 하지만 나는 그런 생각이 평상시 정치에나 해당됨을 뒤늦게야 깨달았다.

이제 우리는 특별한 시기에 살고 있음이 점점 더 분명해지고 있다. 즉 우리가 내린 결정이 무서운 혼돈을 퍼뜨릴 수도 있고, 말로 표현할 수 없는 잔혹성을 해방시킬 수도 있고, 자유민주주의 정치체제가, 인류 역사상 듣도 보도 못한 평화와 번영을 이룩한 이 정치제제가 지속될지 파멸할지 여부 등을 판가름할 수도 있는 것이다.

지금 우리가 깨닫고 있는 곤경은 너무나 최근 것이고, 너무나 무시무시한 것이다. 그러다보니 아무도 그것을 있는 그대로 받아들이지 못했다. 그 수수께끼의 조각 하나하나들은 신문, 텔레비전, 심지어는 학교에서도 매일 분석된다. 그러나 우리가 이 각각의 조각들에 집중할수록 전체 그림을 보기는 어렵다.

이 책에서, 나는 새로운 정치 환경에 대해 다음의 네 가지를 분명하게 제시하려고 한다. 첫 번째, 자유민주주의가 이제 그 구성 요소별로 분해되어 한쪽에서는 반자유적 민주주의, 다른 한쪽에서는 비민주적 자유주의가 등장하고 있다. 두 번째, 정치체제에 대한 깊은 환멸이 자유민주주의의 생존에 대한 실질적 위험을 제기하고 있다. 세 번째로, 나는 이 위기를 초래한 근원적 원인을 설명하려 한다. 네 번째로, 정치질서가 흔들리는 이 상황에서 진정 가치 있는 것들을 구하기 위해 우리가 할 수 있는 게 무엇인지를 보여주려 한다.

우리는 인류 역사상 가장 평화롭고 번영한 시대에 살면서 부귀를 누려 왔다. 지난 몇 년 동안의 사건들이 혼란스럽고 심지어 어쩔 줄 모를 만한 것이었을지라도, 우리는 여전히 더 나은 미래를 만들 힘을 가지고 있었다. 그러나 30년이나 15년 전과 달리 지금은, 더 이상 느긋한 마음으로 미래의 영달을 기대할 수 없다.

민주주의의 적들은 수호자들보다 사회의 틀을 바꾸는 일에 더 몰두하고 있다. 평화와 번영을, 국민자치와 개인의 권리를 보존하고자 한다면, 지금이 평상시가 아님을 알아야 한다. 그리고 우리의 가치를 지키기 위해, 이 특별한 때에 특별한 길로 나아가야 한다.

PART ONE
자유민주주의의 위기

1830년, 프랑스의 왕은 한 젊은 엔지니어를 영국으로 보내 당시 화제에 오르던 한 발명품을 연구해 오도록 했다. 그것은 맨체스터에서 리버풀까지 막 운행을 시작한 증기기관차였다.

세계 최초의 철도열차가 작고 튼튼한 엔진의 힘으로 아무 문제 없이 두 도시를 왕복하는 동안, 그 엔지니어는 궤도 옆에 앉아 많은 메모를 했다. 그리고 자신의 관측 결과를 성실하게 계산한 뒤, 작성한 보고서를 파리로 보냈다. "불가능한 일입니다"라고 그는 썼다. "그렇게 움직일 리가 없어요."[1]

그 엔지니어를 조롱하기란 쉽다. 그는 과학이론에 너무나 집착한 나머지 시속 30마일로 그의 눈앞을 지나가던 증거를 인정하지 않았다. 하지만 나는 그에게 일말의 동정이 간다. 왜냐하면, 그가 노트에 갈겨쓴 수학 방정식들이 불합리한 결론을 이끌어냈다기보다 세상을 이해하는 자신의 방식이 그렇게까지 틀려 있음을 인정하기 싫은, 아주 인간적인 약점이 그런 결론을 이끌어냈기 때문이다. 지난 몇 달 동안 연달아 일어난 정치 쇼크 앞에서 합리적이고 실용적인 듯 싶던 사람들이 그 젊은 프랑스 엔지니어와 비슷하게 행동한 것도 그러고보면 놀라운 일이 아니다.

정치 평론가들과 정치학자들은 영국인들이 결코 브렉시트에 찬성표를 던지지 않을 것이라고 말했다. 그러나 그들은 던졌다. 정치 평론가들과 정치학자들은 도널드 트럼프가 절대로 당선될 수 없으리라 말했다. 그러나 그는 당선되었다. 정치 평론가들과 정치학자들은 민주주의가 결코 뒤흔들리지 않을 것이라고 말했다. 그러나 뒤흔들리고 있다.

우리는 극단적인 불확실성의 시대에 살고 있다. 가능한 결과의 범위는 몇 년 전에 예측했던 것보다 훨씬 더 넓은 것으로 나타난다. 예측은 어느 때보다도 어려운 게임이 되었다. 하지만 우리가 한사코 속아 넘어가는 예측, '모든 게 언제나 그랬듯이 앞으로도 영영 그러리라'는 예측은 줄곧 인기가 있었으며, 오늘날도 그렇다. "불가능한 일입니다"라고 한 기사가 단언한다. 그리고 또 다른 기사가 이런 결론을 낸다. "그렇게 움직일 리가 없어요."

최근의 경우처럼 우리가 미래에 뒤통수를 맞지 않으려면, 기본적인 가설들을 재검토해야 한다. 자유민주주의 체제가 우리가 믿어온 것보다 안정적이지 않은 게 아닐까? 포퓰리즘의 대두는 우리 정치체제의 해체로 이어질 것인가?

자유민주주의가 직면한 위험에 대해 명확하게 알기 위해서, 우리는 그것의 구성요소들이 실제로 무엇을 의미하는지 이해할 필요가 있다. 하지만 이 일은 두 가지 사실 때문에 쉽지 않다.

첫째로, '자유주의'란 우리가 일상적으로 정치에 대해 이야기할 때와 정치제도의 본질에 대해 이야기할 때 다른 의미를 갖는다. 특히 미국의 경우 '리버럴liberal(진보파)'이라는 말은 개인이 정치적 견해를 나타내기 위해 사용된다. 좌익과 우익, 민주당 지지자와 공화당 지지자라고 분류하듯 리버럴(진보파)과 콘저버티브conservative(보수파)라는 말을 쓴다. 이 책에서 리버럴이라는 단어는 언론의 자유, 권력 분립 또는 개인의 권리 보호와 같은 기본적 가치에 헌신하는 사람을 칭한다. 이런 면에서 조지 W. 부시는 버락 오바마 못지 않게 리버럴하며, 로널드 레이건도 빌 클린턴만큼이나 리버럴하다고 할 수 있다.

둘째로, 민주주의가 그토록 찬란해 보이기 때문에, 우리는 우리가 선호하는 온갖 것들로 그 정의를 넓혀 버리는 수가 많다. 그 결과, 지금의 민주주의의 정의로는 세 가지 서로 다른 존재를 구별하지 못한다. 자유주의, 민주주의, 그리고 북미와 서유럽에 적합하도록 역사적으로 형성된 기관들을 말이다.

온갖 바람직한 것들을 민주주의 개념에 갖다 붙이려는 경향은 민주주의가 가장 정의로운 체제를 위한 용어로 남기를 바라는 철학자들에게 특히 두드러진다. 이들 대부분은 빈곤이나 불평등이 만연한 상황 같은 부정의를 극복하는데 성공한 나라를 꿈꾼다. 그러나 의식적으로 민주주의의 최소 개념을 고안하려 한 정치학자들조차도 자유주의, 민주주의, 그리고 의회나 법원과 같은 기관들 사이의 구별을 간과하는 경우가 많다. 예를 들어, 정치학자 로버트 달에 따르면, '절차 중심 최소 민주주의자'는 다음과 같은 시스템으로 민주주의를 정의한다.

- 자유롭고 공정하며 경쟁적인 선거
- 성인 전원의 투표권
- 언론, 출판, 결사 등의 자유를 포함한 시민적 자유의 광범위한 보호
- 선출된 공직자의 권한을 제한하는 선출되지 않은 후견 권력tutelary power(예를 들어 군부, 군주 또는 종교기관)의 부재[2]

달의 개념적 틀은 자유주의적 권리를 보호함을 민주주의의 정의에 통합한 것이다. 그렇다면 민주주의와 자유주의를 떼어 놓을 수 있는가 하는 질문은 불가능해진다. 역사적으로 우연히 함께 형성된 특정한 기관들에 초점을 맞춤으로써, 이러한 기관들이 실제로 국민자치 원칙에 부합하는지 여부를 묻는 것도 어렵게 만든다. 이런 식으로, 그렇게 최소주의가 아닌 민주주의 정의는 정치 기관의 중요성을 한층 강조한다. 그러한 기관들을 민주주의와 자유주의의 수단으로 인식하는 대신에, 그 기관들 자체가 목적이라고 상상하는 것이다.[3]

그러므로 나는 더욱 단순한 정의를 사용하여, 흔히 통용되는 가정들을 적게 쓰면서 국민자치라고 하는 민주주의의 근본적인 약속에 더 잘 부합하도록 하려 한다. 내 관점에서는 다음과 같다.

- 민주주의는 국민의 뜻을 공공정책으로 효과적으로 해석하는, 선거로 구성되는, 일련의 결합된 제도institution<u>문맥에 따라서 같은 단어를 '제도' 로도, '기구'또는 '기관'으로도 번역하였다.</u>이다.[4]
- 자유주의적 제도liberal institutions는 법치주의를 효과적으로 보장하고, 모든 시민들(인종적 또는 종교적 소수자들 포함)에게 언론, 종교, 출판, 결사의 자유와 같은 개인의 권리를 보장한다.
- 자유민주주의는 간단히 말해 자유주의와 민주주의를 결합한 정치적 시스템이며, 이는 개인의 권리를 보호하면서 국민의 뜻을 공공정책으로 변환하는 정치체제이다.

이것은 자유민주주의가 두 가지 방식으로 삐뚤어질 수 있다는 것을 알 수 있게 해 준다. 민주주의는 반자유주의가 될 수 있다. 이것은 특히 독립기관을 행정관들의 자의적 통치에 종속시키기를, 또한 소수자들의 권리를 축소하기를 선호하는 곳에서 나타날 가능성이 높다. 반대로, 자유주의 체제이며 정기적이고 경쟁적인 선거를 치르고 있더라도 비민주적으로 될 수 있다. 이것은 특히 정치체제가 엘리트 위주로 왜곡된 상태에서, 선거가 국민의 뜻을 공공정책으로 바꾸는 일에 거의 도움이 되지 않는 경우에 나타날 수 있다.

우려스럽게도, 그것이 바로 지난 수십 년 동안 전 세계 여러 곳에서 일어난 일들이다. 내가 생각하기에, 자유주의와 민주주의는 우연히 서로 함께한 기술, 경제, 문화적 조건에 의해 결속되어 왔다. 하지만 이 둘을 결속하게 하는 힘이 지금 급속히 떨어지고 있다. 따라서 자유민주주의, 다시 말해 북미와 서유럽 정치를 오랫동안 대표한, 개인 권리 존중과 국민자치의 독특한 조합인 자유민주주의는 분리되고 있다. 대신 새로운 형태의 두 가지 체제가 부상하고 있다. 권리 보장 없는 민주주의라고 할 반자유주의적 민주주의, 그리고 민주주의 없는 권리 보장이라고 말할 수 있는 비민주주의적 자유주의가 바로 그것이다. 장차 21세기의 역사에 관해 쓰게 될 때는, 자유민주주의가 이 두 개의 체제로 분리된 것이 중심이 될 것이다.

01_____권리 보장 없는 민주주의

1989년 가을, 소위 '노동자 천국'이라고 불리던 동독의 라이프치히와 드레스덴 시민들은 공산주의 정권에 항의하기 위해 매주 월요일 밤 모여들었다. 그들의 슬로건은 희망, 그리고 존엄성을 강조한 것이었다. "비어 진트 다스 폴크Wir sind das Volk", '우리는 비밀경찰도 아니고, 정당의 엘리트도 아니다—우리는 국민이다'라는 의미였다.[1]

지난 3년 동안, 라이프치히와 드레스덴의 사람들은 다시 거리로 뛰쳐나왔다. 2015년에 일어난 일련의 사건으로 인해 독일로 들어오는 수많은 난민들에 대한 분노는 격렬한 양상으로 변했는데, 이 운동을 이끄는 이들은 스스로를 '서양의 이슬람화에 반대하는 유럽 애국주의자들 PEGIDA'이라고 부르며 메르켈 수상의 정책에 항의하기 시작했다.[2]

월요일 밤마다 같은 도시들의 중심가에서 모이며, PEGIDA는 자신들이 옛 대중 저항의 계승자임을 교묘하게 주장했다. 메르켈에 반대하는 자신들이야말로 25년 전 공산 정권에 반대하던 시위대의 정당한 계승자라는 것이었다. 그렇다면 수천 명의 성난 시민들이 드레스덴 한복

판에서 시위를 벌이는 것을 보았을 때, 그 명백한 반동적 운동은 내게 전혀 충격적이지 않았으리라. 그러나 그러했다.

'거짓말쟁이 언론'이라는 의미인 뤼겐프레세Lügenpresse에 대한 증오는 이 운동 지지자들의 핵심 이념이었고, 대부분의 시위자들은 나와 말을 섞지 않으려 했다. 사진을 몇 장 찍으려다가 다짜고짜로 옆으로 밀려나 버렸다. "저는 가족이 없어서 이곳에 왔어요"라며, 한 현지 TV방송국의 프로듀서는 말했다. "아이가 있는 동료들은 시위를 보도하기 거부합니다. 너무 위험하거든요."[3]

그렇지 않아도 PEGIDA의 주요 주장들, 난민들을 향한 증오, 미국에 대한 불신, 그리고 게르만의 인종적 순수함에 대한 열망 등등은, 여지없이 나타나고 있었다. 황금색, 붉은색, 검은색으로 된 연방 공화국의 삼색기를 시위대 몇몇이 흔들고 있었다. 그것은 프랑스 대혁명의 보편적 가치를 떠올리게 하는 상징이었다. 그러나 밤색 바탕에 검은 십자가가 그려진 이른바 '비르머Wirmer 기'가 가장 인기였다. 북유럽 인종과 기독교 전통을 뜻하는 이 깃발은 극우 단체의 상징으로 널리 알려진 것이다.

이 반정부 시위대의 표상 체계는 전혀 다듬어져 있지 않았고, 뒤죽박죽이었다. 나는 "푸틴은 그의 국민을 우선한다"라는 표어와 함께 러시아 국기를 발견했으며, "그들은 참된 반역자였다"라는 표어가 쓰여진 미국 남부연합기도 보았다. 그리고 일본 국기도 한 장 보았다. 일본 국기라? 쌩뚱맞아 보였다. 그들이 푸틴의 독재 정권을 혹은 러시아 내 소수민족들에 대한 가혹한 대우를 지지하는 것은 그럴법했다. 미국을 증오하거나 인종적 다양성을 기피하는 시위대들이 미국 남부와 동질감을 느낄 수도 있을 법했다. 하지만 일본은 대체 뭐람?

나는 약간의 두려움을 안고 일장기를 들고 있는 남자에게 다가갔지만, 그는 기꺼이 설명에 응했다. 그는 일본 역시 독일과 같이 인구 감소 문제를 가지고 있다고 했다. 독일은 노동력의 부족을 보충하고 사회 보장 제도에 돈을 보태기를 바라며 많은 이민자들을 수용했다. 하지만 이 모든 것은 큰 실수였다. 반면 외국인에 일자리를 개방하기를 일관되게 거부하고 있는 일본인들은 훨씬 지혜롭다는 것이었다. "외국인이 우리 사회에 떼지어 들어오는 것보다야, 인구 감소를 방치하는 게 낫죠."[4]

몇몇의 플래카드도 비슷한 메시지였다. 어떤 것은 메르켈과 정부 인사들이 '독일 국민의 적'이며 "우리에게 잔혹한 전쟁을 걸었다"고 단정했다. 그리고 "헤이, 양키들! 네놈들의 꼭두각시를 데리고 여기서 꺼져!"라고 외치는 것도 있었다. 세 번째로 본 플래카드는 언뜻 많이 본 듯 했는데, 바로 몇 달 전 독일 자원봉사자들이 전국 각지의 기차역에서 새로 도착한 난민들을 열광적으로 환영하며 흔들었던 "난민 여러분 환영합니다"라는 메시지를 비틀어 놓은 것이었기 때문이다. 말을 탄 십자군이 칼라시니코프 소총을 휘두르는 테러리스트, 이슬람 전통의상을 입은 남자와 니캅을 쓴 여자를 물리치기 위해 칼을 휘두르는 이미지를 나타내고 있었으며, 그 문구는 "이슬람 여러분 안 환영합니다"였다. 또 "물러나지 않으면 차버리겠어", "난민 여러분 안 환영합니다", "무함마드는 안 환영합니다"과 같은 플래카드도 있었다.

하지만 이 증오의 카니발은 부차적인 쇼였다. 이 시위대 중심에 있는 핵심 메시지이자 음험한 재인용, 그것은 25년 전의 유명한 구호를 글자 그대로 내놓은 것이었다. "비어 진트 다스 폴크" 군중들은 점점 더 서슬이 퍼레지면서 이구동성으로 구호를 외쳤다. "우리는 독일에 넘쳐나는 외국인도 아니고, 그들과 결탁한 정치인도 아니다. 우리는 국민이다!"라고.[5]

몇 달 뒤, 권위주의적 포퓰리스트들이 유럽 전역에 걸쳐 주목을 끌었고, 미국 사회는 도널드 트럼프를 대통령으로 선출했다. 나는 그 추운 밤의 경험을 계속 돌이켜 보았다. 드레스덴 거리에서 본 분노의 기운은 너무나도 커서, 그곳에서 본 것들을 바탕으로 2016년과 2017년의 정치적 사건들을 해석하지 않을 수 없었다. 그것은 이민자와 소수민족에 대한 증오, 언론에 대한 불신, 가짜 뉴스의 확산, 침묵하는 다수가 마침내 그 목소리를 낸다는 확신, 그리고 무엇보다도 국민의 이름으로 말하는 누군가에 대한 갈망이었다.[6]

자기 혼자서 전 국민의 뜻을 대변한다고 주장하는 권위주의 정치인들의 호언장담은 역사적인 관점에서 놀랄 만한 일이다. 립셋과 로칸 Seymour Martin Lipset & Stein Rokkan 같은 정치학자들은 서유럽과 북미 국가들의 정당 구도가 '동결되었다'고 보았다.[7] 20세기 후반 내내, 베른, 코펜하겐, 헬싱키, 오타와, 파리, 스톡홀름, 그리고 워싱턴 의회에서 대표되는 주요 정치 운동들은 거의 변하지 않았다. 중도 우파가 집권하면 다음 선거에서는 중도 좌파가 집권하고, 또는 그 반대의 모습으로 정권은 계속 바뀌었지만, 정당 구도의 기본적인 모습은 놀랄 만큼 안정적이었다.[8]

그러나 지난 20년간, 공고한 정당 구도는 빠르게 녹아내렸다. 몇 년 전까지만 해도 정치의 주변부에 있었거나 아예 존재하지 않았던 정당들이 정치판에서 확고한 기반을 마련했다.[9]

이 과정을 거친 첫 민주주의 국가는 이탈리아였다. 1990년대 초, 이탈리아에서는 거대한 부패 스캔들이 정치체제를 박살냈다. 제2차 세계대전 이후 이탈리아 정치를 장악했던 정당들이 해체되거나 선거를 통해 소멸했는데, 정계 입문한 뒤 부패 혐의를 받고 있던 기업인, 실비오 베를루스코니가 이 공백을 처음으로 이용했다. 베를루스코니는 정치를 정화하고 국가를 부유하게 만들 것을 약속하며 대승을 거두었다. 그 뒤 몇 년 동안, 이탈리아 정부는 그의 끊임없는 실수를 뒤처리하고 그가 감옥에 가지 않도록 하는 데 막대한 에너지를 써야 했다. 그럼에도 불구하고 그는 25년 동안이나 정치를 장악했다.[10]

그 당시 이탈리아의 사례는 특이 현상처럼 보였다. 하지만 지난 몇 년 동안, 유럽 전역에 걸쳐 정치 신인들이 권력을 얻고 영향력을 행사하는 과정을 보면 그것이 결코 이탈리아에 국한된 현상은 아님이 분명해졌다.

그리스에서는 전통적으로 중도 좌파인 사회당PASOK과 중도 우파 성향의 신민주당이 80퍼센트의 표를 차지해 왔다. 그러나 2015년 1월,

급진 좌파 연합 시리자SYRIZA는 알렉시스 치프라스의 영도 아래 다수 표를 획득해 아무도 예상치 못한 집권에 성공했다.[11] 스페인에서는 마드리드의 콤플루텐세 대학교에서 '영화, 정치적 정체성, 패권'과 같은 주제로 정치학을 강의하던 젊은 강사, 파블로 이글레시아스가 2008년 금융 위기 이후에 나타난 반정부 운동에서 기회를 잡았다. 그가 이끄는 포데모스Podemos('우리는 할 수 있다'는 뜻)가 2015년 선거에서 21퍼센트의 지지율로 스페인의 제3정당이 된 것이다.[12] 심지어 이탈리아에서는 신세대 포퓰리스트들이 선배들과 같은 업적을 성취하고 있다. 유명 코미디언 출신인 베페 그릴로는 2009년에 5성운동Movimento 5 stelle 베페 그릴로가 2009년 10월 4일 창립한 이탈리아 정당. 생태주의적 정향, 직접 민주주의를 지지하며, 인터넷 무료화를 주장했다. 5성운동의 '5성(다섯 개의 별)'은 공공 수도, 지속 가능한 이동성, 개발·접속 가능성, 생태주의다.을 창립했다. 내가 이 글을 쓰고 있는 시점을 기준으로, 여론 조사에서 그 정당은 다른 모든 정당들보다 앞서 나가고 있다.[13]

극우 정당들의 부상은 시리자, 포데모스와 같은 극좌 정당들의 부상보다 훨씬 더 충격적이었다. 스웨덴에서 사회민주당은 1세기가 넘는 기간 동안 정치를 장악해 왔고, 단지 이따금 온건 정당들이 주도하는 중도 우파 연합에 정권을 내주는 정도였다. 그러나 최근 몇 년 동안, 신나치주의 운동에 뿌리를 둔 스웨덴 민주당이 몇몇 여론 조사에서 선두를, 다른 조사에서는 2위를 차지했다.[14] 프랑스에서 국민전선은 수십 년 동안 지지도가 고정된 소수 정당이었다. 그러나 2002년 대선 1차전에

포퓰리즘 정당 득표율

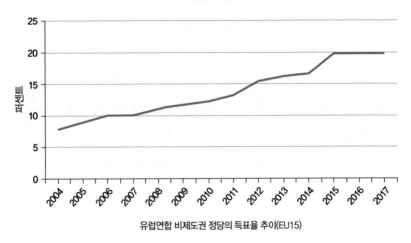

유럽연합 비제도권 정당의 득표율 추이(EU15)

서 국민전선의 후보 장 마리 르펜은 모두의 예상을 뒤엎었다. 중도 좌파 후보자를 누르고 자크 시라크 대통령에 맞서 결선 투표에 진출한 것이다. 2017년, 그의 딸인 마린 르펜도 비슷한 선전을 했는데 그녀의 아버지가 받은 득표의 두 배를 받았다.[15]

비슷한 일이 오스트리아, 네덜란드, 핀란드, 독일에서도 일어난다. 극우 세력들은 최근 전례 없는 인기를 누리고 있다. 지난 수십 년 동안 유럽의 좌우 포퓰리즘 정당들의 득표율은 두 배 이상 증가했다.[16]

드레스덴에서의 경험을 떠올리며, 나는 현재 포퓰리즘에 대한 논쟁의 기준들이 잘못 판단되고 있다는 확신을 갖게 되었다.

포퓰리즘 옹호자들은 이런 움직임들을 우리의 정치체제가 건강하다는 신호라며 환영해왔다. 애스트라 테일러는 "오늘날 민주주의가 직면한 문제는 반민주주의적 충동"이라고 한탄하며 이것은 "대중의 힘이 지나친 게 아니라 부족한 게 문제다"라고 주장한다.[17] 영국의 사회학자인 프랭크 푸레디는 "반포퓰리즘은 종종 반민주주의일 뿐이다"라며 이에 호응했다.[18]

포퓰리스트들이 종종 민중의 목소리를 진솔하게 대변한다는 점에서 테일러와 프레디의 주장은 옳다. 그러나 그들은 포퓰리즘이 대두한 배경에 있는 강력한 반자유주의 에너지를 제대로 평가하지 않았거나, 아예 언급하지 않았다. 드레스덴의 시위자들이 "무함마드는 안 환영", "우리는 국민이다"라고 외쳤을 때, 그들은 테일러와 프레디 같은 사람들이 조심스레 인정하는 것보다 더 근본적으로 '인권'을 무시하고 위협하고 있었다.

포퓰리즘에 진솔한 민주주의적 요소가 있다고 하나, 대중의 의지를 존중하는 데 있어 그것은 포퓰리즘의 옹호자들이 주장하는 것보다 장기적으로 훨씬 더 해롭다. 터키나 러시아, 베네수엘라 사례를 공부한 사람이라면 누구나 잘 알고 있듯이, 반자유주의적 권위주의 정치인들의 부상은 흔히 독재정치의 서막이 된다. 언론에 재갈이 물려지고 독립기관들이 폐지되면, 반자유주의 통치자들은 포퓰리즘에서 독재로 이행하기 쉽다.

그렇다면, 이러한 새로운 운동들이 결국 반민주주의적이라고 결론짓고 싶어질 것이다. 이반 크라스테프는 이런 쪽으로 쏠리고 있는 반포퓰리즘론을 대표한다. 그는 "포퓰리즘은 반자유주의적일 뿐만 아니라 반민주주의적이다. 이는 대의정치의 영원한 숙적이다"라고 주장한다.[19]

그러나 문제는 그렇게 단순하지 않다. 새로운 포퓰리스트들을 단지 반민주주의의 한 형태로만 취급해서는 그 특색을 제대로 파악할 수도, 그들을 그렇게 성공하게 만든 까닭을 파악할 수도 없다. 옛 극우파들은 공공연히 파시즘을 미화하고 민주주의 전복을 외쳤다. 이와는 대조적으로, PEGIDA와 트럼프는 선거를 보통 사람들이 그들의 목소리를 낼 수 있는 기회로 본다. 민주주의를 폐지하려는 태도와는 전혀 다르게, 그들은 광범위한 국정 개혁을 희망한다는 국민 여론이 형성되는 것을 열렬히 환영한다.

그렇기 때문에 이러한 새로운 움직임들을 이해할 수 있는 유일한 방법은 그 본질과 미칠 영향을 구별하는 것이다. 포퓰리즘의 본질을 이해하기 위해서는 국민이 그 좌절감을 표출하도록 부추기고 자유주의적 제도를 약화시키려는 것이 반자유주의적이지만 민주적임을 인식해야 한다. 그리고 그것이 미친 영향을 이해하기 위해서는, 장기적인 관점에서 자유주의적인 기관들이 민주주의의 생존을 위해 필요하다는 것을 명심해야 한다. 포퓰리즘 지도자들이 일단 대중의 뜻을 가로막는 자유주의적인 차단책들을 다 없애버리고 나면, 그들 자신의 뜻과 대중의 뜻이 충돌하기 시작할 때 대중을 무시하기가 쉬워지기 때문이다.

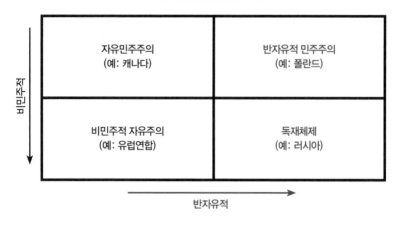

권리 보장 없는 민주주의

자유민주주의 (예: 캐나다)	반자유적 민주주의 (예: 폴란드)
비민주적 자유주의 (예: 유럽연합)	독재체제 (예: 러시아)

비민주적

반자유적

정치는 단순하다(그리고 그에 반대하는 사람은 모두 거짓말쟁이다)

지난 수십 년 동안, 세계의 국내 총생산GDP은 빠르게 성장했다. 10억 명의 사람들이 빈곤에서 벗어났다. 글을 읽고 쓸 줄 아는 사람의 비율은 치솟은 반면 아동 사망률은 떨어졌다. 세계 전체를 통틀어 소득 불평등이 줄어들었다.[20]

그러나 이러한 향상된 발전들은 중국과 같은 급속 성장의 개발도상국들에 집중되어 왔다. 선진국에서는 GDP가 비교적 느리게 성장했다. 그리고 서구의 많은 지역, 특히 미국과 영국에서는 그러한 성장에서 가장 큰 몫을 차지한 것은 소수 엘리트층에 불과했다. 그 결과, 전통적으로 자유민주주의의 심장부에 있는 많은 중산층들의 소득은 제자리걸음일 수밖에 없었다.

그리고 가난한 국가들이 부유한 국가들보다 훨씬 더 빨리 성장했기 때문에 세계적인 불평등이 감소한 반면에, 사실상 모든 개별 사회 내의 불평등(경제적으로 침체된 부유한 서구나 가장 역동적인 남반구나)은 현저하게 증가했다.[21]

이러한 변화에는 많은 이유가 있다. 세계화도 이유이고, 자동화도 이유이다. 제조업에서 서비스업으로 중점 산업이 전환한 것도 한몫했다. 디지털 경제가 성장하면서 전에 없이 거대한 규모의 경제가 가능해졌지만, 몇몇 기업과 가장 숙련된 노동자들에게는 막대한 부를 제공하는 대신 다른 쪽에서는 거의 얻는 게 없다.

이 변화들 중 어느 것도 정치의 영향권 밖에 있는 것은 없다. 오늘날에도 올바른 정책은 재산을 재분배하고 일반 시민들의 생활수준을 향상시키는 데 도움을 줄 수 있다. 하지만 그러기 위해 필요한 정책들은 보통 단순하지 않고, 즉시 효과를 내지 못하고, 또한 많은 경우에는 인기가 없다. 따라서 정치인들이 상황이 복잡하다는 메시지를 던지기가 점점 더 어려워지고 있는 것이다.

정치적 스펙트럼의 양쪽 모두에서 비전이 없어 보였던 힐러리 클린턴의 선거 캠페인이 그 대표적인 예다. 좌파 쪽에서 뉴욕 시장 빌 드블라지오 같은 인사는 "힐러리로부터 미래의 비전을 들으려 기다렸건만"이라고 한탄했다.[22] 우파 쪽의 케빈 윌리엄슨은 "우리는 그녀가 무엇이 되고 싶은지 알지만, 무엇을 하고 싶어 하는지는 모르겠다"라고 썼다.[23] 두 비판 각기 진실성이 있었다. 많은 유권자들은 힐러리가 백악관에 들어가 어떤 특별한 의제를 법제화하는 것보다 백악관에 들어가는 자체에 더 관심이 있다고 느꼈다. 나도 마찬가지였다. 물론 나는 그녀가 오랫동안 공직에 성실히 봉사했으며 취학 전 교육 문제나 알츠하이머와의 전쟁 등등 다양한 이슈들에서 중요한 기여를 할 수 있는 복잡한 정책안 패키지들을 계속 제안했음을 알고 있었지만 말이다.[24]

대조적으로, 도널드 트럼프는 오랫동안 트럼프 대학교<u>2004년에 도널드 트럼프가 자신이 이끄는 부동산 세미나에 붙인 이름. 개명을 명령받아 2010년부터는 '학회'라는 이름을 썼다. 대체로 은퇴 이후의 삶을 걱정하는 노년층에게 지지를 높이는 역할을 했다.</u> 수강생부터 그가 끝내 대가를 지불하지 않은 많은 거래처에 이르기까지 사람들을 속여먹는 일을 해왔다.[25] 그가 주창한 정책들의 대부분은 결코 효과를 보지 못할 것이다. 그는 멕시코 국경에 울타리를 만들겠다고 약속함으로써 이민자들에 대한 대중의 분노를 이용했다. 또 중국 수입품에 대한 관세를 인상하겠다고 약속함으로써 제조업 도시들의 몰락에 따른 고통을 이용했다. 전문가들은 멕시코 국경 장벽이 대다수의 불법 이민자들을 막지는 못할 것이라고 했다. 합법적으로 미국에 들어왔다가 비자 기간 만료를 무시해 버리면 그만이기 때문이다. 또한 중국과의 무역 전쟁은 대다수의 제조업 일자리를 중국이 아니라 로봇에 빼앗기는 결과만을 낳을 것이라고 반복해서 말했다.[26] 그러나 수백만 명의 유권자들은 트럼프의 단순한 제안을 그의 진실성과 결단력을 알 수 있는 징표로 보았으며, 반면 클린턴의 복잡한 제안은 그녀의 불성실함과 무관심의 표시로 보았다.

그것이 바로 듣기에만 좋고 안이한 정책이 왜 대중에게 매력적인지에 대한 해답이다. 유권자들은 세상이 복잡하다고 생각하고 싶어하지 않는다. 유권자들은 그들의 문제에 확실하고 즉각적인 해결책이 없다는 말을 듣고 싶어 하지 않는다. 점점 더 복잡해지는 세상을 다스릴 능력이 부족해 보이는 정치인들에 질린 나머지, 그들은 간단한 해결책을 약속하는 사람에게 기꺼이 투표하게 된 것이다. 이것이 바로 정치적 이념이 제각각임에도 불구하고 인도의 나렌드라 모디에서 터키의 레체프 타이프 에르도안까지, 헝가리의 오르반 빅토르에서 폴란드의 야로스와프 카친스키까지, 프랑스의 마리 르펜에서 이탈리아의 베페 그릴로에 이르는 포퓰리스트들의 주장이 비슷하게 들리는 이유이다.[27]

포퓰리즘 지도자들의 너무나 단순하면서 실효성 없는 해결책을 제시하려는 의지는 너무나도 위험하다. 일단 그들이 권력을 잡으면, 그들의 정책은 앞서 대중의 분노를 몰고 온 문제들을 더욱 악화시킬 가능성이 높다. 그 뒤의 혼란으로 유권자들이 고통을 받은 후, 다시 그들의 신뢰가 기성정치인들에게 되돌아갈 것이라고 점칠 법도 하다. 하지만 고통이 가중되면 유권자들은 더욱 더 불쾌하고 불안한 상황에서 허우적거려야 한다. 그리고 라틴아메리카에 속한 많은 나라들의 역사가 보여주듯이, 한 포퓰리스트가 실패하면 유권자들은 다른 포퓰리스트를 뽑거나(그리하여 완전한 독재체제를 초래하거나), 기성정치인에게 의지하거나 할 가능성이 반반이다.[28]

한편 대중들의 단순화 경향은 또 다른, 더욱 즉각적인 위험을 초래한다. 세상의 문제에 대한 해결책이 그들이 주장하는 것처럼 명백한데도, 정치 엘리트들은 왜 빨리 해결하지 못하는가? 두 가지 이유 가운데 하나일 것이다. 부패했거나, 아니면 은밀히 외세에 영합하고 있거나.

대부분의 경우, 포퓰리스트들은 두 가지 모두를 들먹인다.

클린턴이 대선에 나선 진짜 이유는 '최대한 많은 돈을 벌려는 것'이라고 비난하는 게 트럼프 선거 캠페인의 일관된 테마였다. 트럼프는 "힐러리는 그녀에게 기부한 사람들과 자신의 편인 주류를 위해 싸웁니다. 반면 저는 여러분을 위해 싸우는 비주류입니다"라고 말했다. 그는 음산한 말투로 "그녀는 돈만 좇습니다"라고 덧붙였다.[29]

트럼프의 말도 안 되는 일부 비난들은, 전부터 다른 나라의 포퓰리스트들이 주류 정치인들을 공격해 온 수법과 그리 다르지 않다. 예를 들어 폴란드에서, 야로스와프 카친스키는 더 세련된 방식으로 그렇게 했다. 그는 이전에 폴란드를 이끌었던 정치인들이 "사회적 특권층으로 편입"했고 따라서 "사회 계층질서를 뒤바꾸는 일에" 아무런 관심도 없다고 주장했다.[30] 프랑스에서 마리 르펜은 '이기적인 유럽연합 과두체제'에 대한 반대가 점차 커지고 있다고 강조했다.[31]

좌파 역시 비슷한 가락이다. 예를 들어 이탈리아에서, 베프 그릴로는 오직 자신들의 이익만을 위해서 일하는 엘리트들의 네트워크를 지칭하는 '정치 카스트political caste'를 입버릇처럼 비난한다.[32] 스페인에서는 2014년 유럽 선거에서 포데모스가 역사적인 득표율을 기록한 뒤 이글레시아스가 이와 비슷한 표현을 썼다. "정치 카스트 정당들은 심각한 타격을 받았습니다. 하지만 우리는 아직 우리의 선거 목표를 달성하지 못했습니다. 앞으로도 정치 카스트 정권이 여전히 집권할 것이니까요."[33]

기성 정치인에게 (아마도) 첫 번째 우선순위인 정치자금은 물론 어디에선가 나와야 한다. 그래서 상대 정치인이 대기업과 관련이 있다며 그 대기업의 꼭두각시라는 비난을 퍼붓지만, 스스로도 사실 자금 문제에서 자유롭지는 않다. 지난 미국 대선에서, 골드만삭스가 힐러리 클린턴의 연설에 거액을 기부했다는 소식이 이런 비판에 휩싸였을 때, 트럼프는 이를 최대한 활용했다. "골드만삭스는 힐러리 클린턴을 완전히……완전히 지배하고 있습니다"라면서.[34]

그러나 대부분의 포퓰리스트들은 한 걸음 더 나아가, 기존 정당의 지도자들을 배신자들로 몰아붙인다. 그들은 정치 카스트 구성원들이 스스로를 위해서나 특수한 이해관계에 포섭되어 권력을 사용한다고 주장하지는 않는다. 그보다, 그들이 민중의 적에게 충성하며, 대다수의 운명보다 인기 없는 소수민족이나 종교적 소수집단의 이익을 향상시키는 것에만 관심을 가지고 있다고 주장한다.

도널드 트럼프도 그런 논지를 펼쳤다. 그가 정계에 데뷔해 처음 주목받은 것은 버락 오바마가 자신의 출생증명서를 위조했고 진정한 미국인이 아니라고, 심지어는 숨은 이슬람교도일 수도 있다는 주장을 했을 때였다. 선거 운동 과정에서 그는 오바마를 빗대 'ISIS의 창시자'라는 말에다 대통령 호칭을 붙인 말을 썼다.[35] 힐러리 클린턴은 오바마처럼 특이한 이름을 가지고 있지 않았고, 소수민족이나 종교계로부터 특별한 호응도 받지 않았다. 그러나 트럼프는 비슷한 방식으로 중상모략하기를 멈추지 않았다. 그는 그녀를 ISIS의 '공동 창시자'로 불렀고, 그녀가 국무장관을 지낼 때 개인 이메일 서버를 유지한 것을 두고 그녀를 "체포해야 마땅하다"라고 목청을 높였다.[36]

기성 정치인들을 비난할 만한 근거는 나라마다 다르다. 그러나 포퓰리스트들이 배신당한 다수와 경멸하는 소수자들의 정체성을 자신이 속한 현지 맥락에 맞추어 이용하는 기본적인 수사학적 구조는 전 세계어디서나 놀랄 만큼 비슷하다.

그래서 인도의 모디는 그의 반대자들을 힌두교의 적이라고 주장하며, 힌두교에 비판적이라고 여겨지는 학자들을 '죽음의 위협을 받고, 살해당하는' 환경에 놓이게끔 부추겼다.[37] 터키의 에르도안은 쿠데타를 빌미로 정부에 반대하는 자를 무조건 테러 지지자로 몰아붙여 탄압하고,[38] 많은 학자와 저널리스트들을 체포하였다.[39] 그리고 프랑스, 독일, 이탈리아에서는 마린 르펜, 프라우케 페트리 그리고 마테오 살비니와 같은 포퓰리스트 지도자들이 기성 정치인 모두를 '백인-기독교인인 다수 세력을 혐오하는 자들'이라 매도하고 있다. 마린 르펜의 조카이자 전직 국회의원인 마리옹 마레샬 르펜은 "우리가 이슬람주의를 죽이거나, 우리가 죽거나이다. 중도를 운운하는 사람은 우리의 적과 결탁한 자다"라고 단언하기도 했다.[40]

나는 당신들의 대변자다(그리고 다른 모든 사람들은 배신자다)

포퓰리스트들은 오늘날의 주요 정치적 문제들이 쉽게 해결될 수 있다고 주장한다. 필요한 것은 상식뿐이라면서. 만약 일자리가 해외로 이동한다면, 다른 나라들이 그들의 제품을 팔지 못하게 해야 한다. 만약 이민자들이 대거 들어온다면, 장벽을 쌓으면 된다. 그리고 테러리스트들이 이슬람교의 이름으로 공격한다면, 무슬림의 활동을 금지해야 한다.

만약 기성 정치인들이 이런 상식적인 기준을 따르지 않는다면? 그들은 자신들의 잇속만 차리는 사람들인 것이다. 특수한 이해관계가 있거나 소수자들과 결탁하고 있다. 정치적으로는 정당할 것이다. 하지만 됐다. 그들은 나쁘다.

그러면 위기에 대처하는 방법은 아주 간단하다. 이 위기를 극복하려면, 다시 말해 당면 과제를 해결하고, 경제가 살아나고, 위대한 국가가 (다시) 되기 위해서는, 국민들의 충실한 대변자가 권력을 장악해야 한다. 배신자들을 처부숴야 한다. 상식적인 해결책을 이행해야 한다.

그 대변자가 바로 포퓰리스트이다. 그들은 그렇게 말하기를 그치지 않는다. 트럼프가 공화당 전당 대회에서 이 주제에 대해 계속 열심히 언급한 것도 당연하다. 그는 연설 초반부터 "대기업, 엘리트 언론, 그리고 거액 기부자들은 저의 경쟁자가 정경유착 시스템을 유지할 것이라는 것을 알기 때문에 그녀의 선거 운동에 줄을 서고 있습니다"라고 말했다. "그들은 그녀가 하는 모든 일을 전적으로 통제하고 있기 때문에 그녀에게 돈을 뿌리고 있는 거죠. 그녀는 그들이 조종하는 꼭두각시이며, 그들이 마음대로 줄을 당기고 있어요."[41]

그렇다고 최악의 상황이 불가피한 것은 아니다. 그는 "지금 우리가 당면하고 있는 문제들은 국내에 만연한 빈곤과 폭력, 해외에서 벌어지는 전쟁과 파괴입니다. 그런 문제들은 계속될 거예요. 우리가 이런 문제들을 만든 바로 그 정치인들에게 계속 의존하는 한 말입니다"라며, "새로운 내일을 시작하기 위해서는 리더십의 변화가 필요합니다"라고 했다. 트럼프는 그러한 리더십은 결국 평범한 미국인들을 우선시하리라고 다짐하였다. "우리와 그들의 계획에 있어 가장 중요한 차이는, 우리의 계획은 '아메리카 퍼스트America first'라는 것입니다. 글로벌리즘이 아니에요. 아메리카니즘입니다. 그것이 우리의 신조입니다."[42]

이런 식으로 청중의 주의를 끌어들인 트럼프는 핵심 메시지를 말하기 시작했다. 이 메시지는 연설이 진행되는 동안 되풀이되었다. 너무 오랫동안, '보통 사람들'은 정치계에서 잊혀졌다. 트럼프는 더 이상 그 목소리가 들리지 않는다며, 그런 상황을 확 뒤집을 것이라 다짐했다. "제가 여러분의 대변인입니다 I AM YOUR VOICE"[43]

이 약속은 그의 연설에서 마치 후렴처럼 언급되고 또 언급되었다. 그 뒤 비록 며칠 동안 널리 조롱거리가 되었지만, 그것은 전 세계의 포퓰리스트들이 유권자들에게 내놓는 핵심 약속의 엑기스를 뽑아낸 것이라 할 만했다. 마린 르펜은 2017년 대선 운동에서 "오 농 뒤 퓌플au nom du peuple(국민의 이름으로)"이라는 구호를 내세웠다. 에르도안은 "우리가 바로 대중이다"라고 상대편에게 말했다. "여러분은 누구십니까?" 오스트리아의 우익 자유당 당수 노르베르트 호퍼는 최근의 선거 유세에서 고함쳤다. 그는 덧붙여 "여러분 뒤에는 상류층이 있습니다. 그리고 저는 국민과 함께 있습니다"라고 말했다.[44] 대중의 목소리를 있는 그대로 전하겠다는 약속은 포퓰리즘의 핵심 특징이다.

대중에 호소력을 가지려면 누구를 포용할 것이냐 만큼 누구를 배제할 것이냐도 중요하다. 포퓰리스트들이 대중을 선동할 때, 그들은 인종, 종교, 사회 계층 혹은 정치적 신념이 공통인 사람들을 내집단으로 삼으며, 그 이해관계를 무시해도 별 탈이 없을 사람들을 외집단으로 몰아 배제한다. 다시 말해서, 그들은 국민demos의 경계선을 그으며, 암암리에 정치적 고려가 국민의 일부를 위한 것이며 경계선 밖에 있는 자들에게는 해당되지 않는다고 주장한다. 그들은 정치학자 얀 베르너 뮐러가 적절히 표현했듯 '표현의 도덕적 독점moral monopoly of representation'을 하는 것이다.[45]

표현의 도덕적 독점은 그 역사가 길며 피로 얼룩져 있다. 프랑스 혁명 때는 군주가 곧 국가라는 주장에 반대하면서, 막시밀리앵 드 로베스피에르가 권력을 잡았다. 그는 곧 자신만이 국민의 뜻을 대변한다고 주장했다. 1914년에는 여전히 자신을 자본주의 계급의 민중 압제에 맞서 싸우는 사회주의자로 생각하고 있던 베니토 무솔리니가 일 포폴로 디탈리아Il Popolo d'Italia(이탈리아 민중)라는 신문을 간행했다.[46]

더 최근의 미국 역사에서도 이와 비슷한 표현법을 분명하게 찾을 수 있다. 바로 사라 페일린의 이 말이다. "최고의 미국은 작은 마을에 있습니다. ……제가 진정한 미국이라고 부르는 곳은 이들 속에, 놀라운 작고 구석진 곳들에 있습니다"[47] 그녀는 암암리에 '이 위대한 국가의 친미 지역'을 제시했고, 따라서 논리적으로 '반미 지역'도 있음을 암시한 셈이었다. 그것이 바로 글렌 벡Glenn Beck이 『참된 미국, 심장과 심장부에서의 메시지The Real America: Messages from the Heart and Heartland』라는 책을 쓴 의도이다.[48] 물론 도널드 트럼프가 "사람들의 단합만이 중요합니다. 나머지 사람들은 아무런 의미가 없죠"[49]라고 한 표현도 같은 맥락이다. 그 특유의 투박한 표현이었지만 말이다.

포퓰리스트들이 공직을 노릴 때, 그들은 주로 그들이 '진정한 국민'의 일부로 인정하지 않는 소수인종이나 종교집단에 대한 분노에 집중한다. 공직을 차지하면, 그들은 점점 더 두 번째 목표물에 대한 분노를 표출한다. 공식적이든 비공식적이든, 그들의 도덕적인 표현 독점권에 감히 이의를 제기하는 모든 기관들에 대해.

그들이 집권 초기에 벌이는 독립 기관에 대한 전쟁은 종종 언론에 대해 불신을, 심지어 노골적인 증오를 부추기는 형태를 띤다.

비판적인 언론 매체들은 포퓰리즘 지도자에 반대하는 시위를 머리기사로 다룬다. 정부의 실책을 보도하고 저명한 비판자들에게 발언권을 준다. 희생자들에 대해 동정적인 이야기를 하기도 한다. 그렇게 함으로써 국민이 한마음으로 정권을 지지하고 있다는 환상을 깨고, 많은 사람들에게 모든 사람들을 대변한다는 포퓰리스트의 주장이 거짓임을 보여 준다.

따라서 포퓰리스트 통치자들의 입장에서는 이들 언론이 매우 위협적일 수밖에 없다. 이것이 대부분의 포퓰리스트들이 독립적 언론에 대해서는 엄격하고, 자신들이 뭘 하든 늘 박수쳐 주고 맹종하는 언론 네트워크를 구축하려는 이유이다.

미국 대통령 당선자로서 가진 첫 기자 회견에서 트럼프는 CNN을 '가짜 뉴스', 버즈피드Buzzfeed는 '쓰레기더미'라고 매도했으며, BBC 기자에게는 "또 대단한 분이 납셨구먼"이라고 비아냥대고 2017년 1월 취임식 전 기자회견에서 영국 BBC 기자가 질문을 하자, 트럼프가 "BBC라고요? 이거 또 대단한 분이군요(Another Beauty)!"라고 비아냥댄 사건을 말한다. 전체 언론을 놓고는 "부정직하다"라고 말했다.[50] 백악관에서의 첫 근무 날, 그는 언론의 "의도적인 허위 보도"[51]에 대한 일련의 거짓 진술을 내놓도록 공보 비서에게 지시했다. 재임 첫 달에, 그는 백악관 브리핑에서 주요 신문사들을 빼버렸고, 뉴욕타임스부터 CNN에 이르는 언론사들을 '미국 국민의 적들'이라고 지칭했다.[52]

트럼프는 자신의 대응 수단도 구축하고 있다. 그는 폭스 뉴스와 매우 긴밀한 관계다. 그는 자신의 말이면 무조건 지지하는 비주류 웹 사이트들을 언론으로 인가했다. 그리고 자신의 페이스북 페이지에 업적(처럼 보이는 것)을 자기 팬들에게 발빠르게 제공하는 정기적인 뉴스 방송까지 시작했다.[53]

유럽의 포퓰리스트들도 좌우를 막론하고 이와 비슷한 행보를 보인다. 폴란드에서 카친스키의 극우 정권은 폴란드 국영 방송사를 손에 넣고, 독립 언론의 의회 취재를 금지시키려 했다.[54] 그리스에서 치프라스의 극좌 정권은 공인 방송사 수를 제한하고 감히 외무부 장관을 비판한 잡지를 실질적으로 폐간시키는 등의 권력을 행정부에 부여했다.[55] 이탈리아 언론을 정치 권력이 통제하도록 하겠다고 공언한 베페 그릴로가 정권을 쥘 경우, 그런 길을 따르게 될 가능성은 충분하다.[56]

　언론의 자유에 대한 공격은 단지 첫 걸음일 뿐이다. 다음 단계로, 독립기관에 대한 전쟁은 민간 재단, 노조, 싱크탱크, 종교협의회, 그 밖의 여러 비정부 기구를 목표로 바쁘게 전개된다. 포퓰리스트들은 사회 여러 부문의 입장과 이익을 대변하는 중개 기관들이, 오직 그들 자신만이 국민을 대변한다는 허구에 얼마나 위험한지를 알고 있다. 따라서 그런 기관들을 기득권이나 외부 세력의 도구로 몰아붙여 국민에게 불신을 심기 위해 갖은 노력을 다한다. 그것으로 충분하지 않으면, 재정적으로 그들을 약화시키기 위해 외국에서의 송금을 제한하는 법을 만들거나 경영을 방해하기 위한 국가 통제를 합법화하기도 한다.

　그러나 가장 큰 분노와 가장 무자비한 공격은 대개 포퓰리즘 정권이 직접 지배하지 못하고 있는 국가 기관들에게 쏟아진다. 국영 라디오나 텔레비전 방송국이 정부의 선전 방송을 거절할 때, 윤리위원회가 정부를 비판할 때, 독립적인 선거관리위원회가 자유롭고 공정한 선거를 보장하기 위해 노력할 때, 군부가 위법 명령의 실행을 거부할 때나 국회 의원들이 감히 국회를 야당의 기지로 삼을 때, 또는 국가 최고 재판소가 포퓰리즘적 조치를 위헌으로 판결할 때가 그런 예다. 그들은 그런 괘씸한 일을 벌인 중요한 국가 기관들을 처음에는 배신자라고 매도하고, 그다음에는 '개혁'하거나 폐지시킨다.

헝가리를 예로 들면, 오르반은 한때 중립적이던 관료 기구의 중간직들을 열성 지지자들로 채웠으며, 사법부의 독립성도 훼손시켰다. 베네수엘라에서 휴고 차베스는 권력을 얻자마자 헌법을 다시 썼고, 사실상 베네수엘라의 모든 주요 기관을 정치화했다.[57]

서유럽과 북미에서조차 같은 전술이 점점 더 많이 사용되고 있다. 예를 들어, 영국에서는 사법부를 존중하는 오랜 전통이 있다. 그러나 법원이 테레사 메이 총리의 브렉시트 결정에 의회의 동의가 필요하다고 판결했을 때, 사법부에 대한 공격은 전례 없이 난폭했다. 판결을 내린 세 명의 판사들에게 쏟아진 원색적인 공격은 1930년대 독일 사법부에 대한 공격을 떠올릴 만큼 섬뜩했다. 판사들의 사진을 대문짝만 하게 내보내면서, 데일리 텔레그래프는 그 판결이 국민의 뜻에 반한다고 비난했다. 데일리 메일은 한 걸음 더 나갔다. 비슷한 사진과 훨씬 더 큰 표제를 싣고, 판사들을 '국민의 적'으로 치부했다.[58]

이는 포퓰리즘이 독립기관에 등을 돌릴 때 써먹는 논리를 완벽하게 수행한 예다. 자기네들이 국민의 뜻을 대변하는 유일한 대표자라는 포퓰리스트들의 주장에 직면해, 정치는 '진짜' 국민과 그 적들 사이의 존재론적인 투쟁으로 바뀌고 있다. 이런 이유로, 좌파와 우파 양쪽의 포퓰리스트들은, 그들의 힘이 커지는 만큼 점점 더 반자유주의적이다. 가면 갈수록 그들은 그들과 의견이 일치하지 않는 사람을 배신자로 낙인 찍고, 그들의 길을 가로막는 기관은 국민의 뜻을 부당히 왜곡하는 것이라고 믿는다. 둘 다 없애버려야만 한다. 그리고 남아 있는 것은? 대중의 변덕, 그것뿐이다.

대중이 결정하도록 하라(그들이 원한다면, 그게 뭐든지)

방엔 베이 올텐이라는 스위스 마을. 그곳의 소규모 터키 이주민 사회의 우두머리였던 알리 에르도안은 큰 꿈을 품었다. 어느 날, 그는 대략 20피트 높이의, 별다른 세공은 없으되 푸른색과 금색으로 칠한 미나렛(이슬람식 첨탑)을 세워 마을에 있는 스위스 북부 문화 센터를 장식하고 싶었다.

여러 해 동안 노력한 끝에 그는 필요한 자금을 마련하고, 건축 허가를 신청했다. 그러나 현지인들은 얼른 그의 계획에 반대하는 모임을 만들었다. 일부 사람들은 그 미나렛이 시야를 차단할 것이라고 주장했고 다른 사람들은 그 마을의 문화적 정체성이 그렇게 두드러진 이슬람교 상징으로 위협 받을지도 모른다고 걱정했다. 어떤 이들은 훨씬 직설적이었다. 그들은 "미나렛은 방엔 베이 올텐의 것이 아니고, 이민자들 역시 그렇다"라고 말했다. 결국 그 시의 건축기획위원회는 건축 신청을 만장일치로 거부했다.

에르도안은 쉽게 포기하지 않았고, 논쟁은 결국 정치적 과정을 거쳐 법원까지 갔다(요즘 흔히 그렇게 되듯). 솔로투른주의 행정법원은 그 미나렛에 대한 건축 허가를 내주었다. 지역 주민들이 항소하자 연방 대법원이 최종 판결을 내렸다. 결국 미나렛은 세워졌다.[59]

하지만 방엔 베이 올텐에서 터키 이주민 사회가 거둔 이 작은 승리는 곧 스위스 전역에 걸친 종교적 소수자의 권리에 큰 패배를 안겼다. 법원의 결정에 격분한 극우 단체 연합이 더 이상 미나렛을 세울 수 없게 금지법을 만드는 국민투표를 위해 서명 작업을 시작했다. "국민은 말했습니다. 이것을 원하지 않는다고요." 스위스 국민당의 대표인 롤란드 키슬링은 말했다. "저는 이민자들과의 통합에 찬성합니다. 하지만 그 사람들은 너무 많은 것을 요구하고 있어요. 그것뿐입니다."[60]

키슬링처럼 애국심을 앞세우는 많은 사람이 이에 동의했다. 2009년 11월 29일, 수백만 명의 스위스 유권자들은 이슬람교도들이 행사하는 종교의 자유를 제한하려 투표소로 향했다. 정치 지도자들, 주류 신문사들, 그리고 외국의 관련 전문가들 모두 유권자들에게 스위스에서 가장 규모가 큰 종교 소수집단의 권리를 존중해 달라고 호소했지만 그것은 헛수고였다. 결국 그 제안은 가결되었다. 찬성률은 약 58%였다.[61] 국민투표 결과에 따라, 스위스 헌법에는 "종교와 양심의 자유가 보장된다. ……미나렛 건립은 금지된다"라고 적히게 되었다.[62]

알리 에르도안은 그의 꿈을 이루었다. 뒤늦은 국민투표로 그의 미나렛 건설은 막을 수 없었다. 그러나 지금 그의 마을 변두리에 있는, 별 특징 없이 수수한 탑은 그런 종류의 것으로 스위스에 세워진 마지막 건물이 되었다.

국민투표 이후 며칠 동안, 충격을 받은 세계 각국의 논평자들은 그 결과가 노골적으로 비민주적이라고 평했다.[63] 그러나 그들의 단순한 평가는 우리가 민주주의에 온갖 의미를 집어넣은 탓에 지금의 위기를 분명히 논의하기가 얼마나 어려운지를 보여 줄 뿐이다. 국민이 직접적으로 주권을 행사하도록 하는 방법이란 사회 문제의 해결책을 단지 투표로 결정하는 방법보다 어려운 것이다.

그래서 나는 이 '미나렛 논란'이야말로 자유민주주의가 반자유주의적 민주주의와 비민주적 자유주의라는 두 가지 새로운 체제로 갈라지는 현상을 상징한다고 본다.

이 분열의 한쪽에는 개인의 권리를 수호하는 관료제, 테크노크라트 기관들이 있다. 솔로투른주 행정재판소와 연방 대법원은 둘 다 선출직이 아닌 판사들로 구성되어 있다. 둘 다 인기 없는 소수집단의 종교의 자유를 인정했다. 다른 쪽에는 국민이 그들의 의사를 표현할 수 있게 해 주는 민주주의 제도가 있다. 선출직으로 구성된 건축기획위원회와 국민투표는 국민의 뜻을 공공정책으로 바꾸는 역할을 했다.

그러므로 스위스 국민투표의 문제점은 그게 비민주적이라는 데 있지 않다. 스위스 민주주의가 점점 더 기본적인 자유주의적 규범을 거스르는 쪽으로 힘을 쏟고 있다는 데 있다.

그것은 비단 스위스만의 문제가 아니다.[64]

나는 극우 정당의 집회에 참석해본 일이 없기 때문에, 독일대안당 AfD2013년에 창당된 독일의 포퓰리즘 정당. 2015년에 프라우케 페트리가 당수가 되고 반난민 정책을 중심 정책으로 삼으면서 극우화되었다. 2018년 2월에 16퍼센트의 정당 지지율을 얻어 집권당인 기독민주당·기독사회당 연합에 이어 2위를 기록하여 제2차 세계대전 이래 한 번도 극우 정당을 주요 정당으로 만들어준 적이 없던 독일 국민은 스스로 경악했다. 행사는 아마도 생경하게 느껴지리라 예상했다. 그러나 웬걸, 그것은 즉시 나의 젊은 시절을 떠올리게 했다. 모든 것이 1980년대 후반과 1990년대 초반에 내가 일부 어린 시절을 보낸 독일의 지방 도시들에서 영감을 받은 것처럼 보였다.

그 집회는 오펜부르크 교외의 중산층 거주지역(말하자면 집 모양새는 저마다 조금씩 달라도 벽은 다 같은 색깔이고 처마의 각도 또한 한가지로 되어 있는)에서 스포츠 경기를 포함해 여러 종류의 모임이 열리는 을씨년스러운 광장에서 열렸다. 예상대로 낡고 우중충한 분위기였는데, 집회 참가자 또한 대체로 별로 눈에 띄지 않는 사람들이었다. 치과 교정 제품 제조업체가 이례적으로 큰 포커스 그룹을 모집했다면 분위기가 거의 비슷했을 것이다. 심지어 정당의 플래카드도 어딘지 파는 물건처럼 보였다. 푸른 바탕에 약간 덜 푸른 글씨, 또 붉은 바탕에 약간 덜 붉은 글씨로 된 디자인이 파워포인트의 템플릿 같기도 했고, 조악한 지하철 광고처럼 보이기도 했다.

이민자에 대한 악의적인 발언으로 잘 알려진, 독일대안당의 고위 간부인 프라우케 페트리는 당 내부 이메일에서 홍보 전략으로 '언어적 도발'을 활용할 것을 강조했다.[65] 그녀는 스스로의 말을 지켜, 최근 독일 경찰에게 총기를 사용하는 것을 포함해 필요한 모든 수단을 동원해 국경을 침범하는 자들을 막으라고 요청했다.[66]

오펜부르크에서 그녀가 단상에 섰을 때, 그 반자유주의적 본능은 완연히 드러났다.[67] 그녀가 이민자에 대해 품은 분노는 너무 거칠고 그들이 독일의 진정한 구성원이 될 능력이 없다는 주장은 지나치게 귀에 거슬려서 도리어 설득력을 얻는 데 비효과적이지 않을까 싶었다. 종종 비이성적인 두려움을 부추긴다고 비난받는 그녀는 "두려움과 질투심은 정치에서 중요한 부분입니다"라고 주장하기도 했다. 그녀는 박수를 치는 청중에게 독일인들은 '폴크Volk'국민, 민족을 뜻하는 독일어. 나치즘 시대에 특히 강조되었으므로 사용을 신중히 하는 경향이 있었다.와 같이 역사적으로 문제가 된 용어를 더 이상 사용하길 꺼리지 말아야 한다, 자랑스럽게 써야 한다고 말했다.

그날 밤 내내, 이 심하게 반자유주의적인 주제들은 계속 반복되었다. 언론에서는 훨씬 덜 주목했지만, 내가 눈여겨본 점은 그 당이 이 집회에서 민주주의의 심화를 얼마나 중시하느냐 하는 점이었다. 홀을 둘러보면서, 나는 "이민은 명백한 규칙을 필요로 한다" 또는 "독일이 세계의 봉 노릇을 해서는 안 된다"는 플래카드를 보아도 놀라지 않았다. 그러나 스위스 국기가 그려진 또 다른 플래카드는 다소 당혹스러웠다. "스위스 국민은 국민투표에 찬성표를 던졌다. 우리도 그렇다"

연설 초반에, 페트리는 직접민주주의야말로 이 정당의 핵심 관심사라고 밝혔다(그런데 어떤 언론도 그 점을 캐묻지 않았다). 그녀는 1949년에 독일 헌법이 제정되었을 때 두 개의 법이 입법 보장되었다고 말했다. 국회의원을 선출하기 위한 법과 국민투표를 허용하는 법이다. 그러나 결국 정치인들은 국회의원 선거법만을 제정했으며 독일 국민은 여전히 긴급한 사안을 스스로 결정할 권리가 없다는 것이다. 그녀는 "따라서, 우리는 지금 사이비민주주의semi-democracy 체제에 살고 있는 겁니다"라고, 300명의 지지자들에게 분노에 찬 목소리로 말했다.

페트리는 기성 정치인들이 현상 유지만을 바란다고 주장했다. "시민들이 점점 정치에 무관심해지는 걸 그들은 은근히 기뻐하고 있어요. 결국 그것은 아무도 그들이 멋대로 하는 것을 막지 못한다는 뜻이니까요."[68] 하지만 대안당은 기성 정치인들과 다르다며, 오직 이 당만이, 독일 국민이 스스로의 운명을 스스로 결정하기를 바란다고 했다.

페트리는 계속해서 말했다. 독일의 작은 이웃나라, 스위스는 이를 실천해냈다고. 그 나라의 정치체제는 실로 훌륭하다. 바로 국민에게 중요한 결정을 내릴 권한을 주고 있기 때문이다. 지금이야말로 독일도 그렇게 될 때다.

독일 국경을 넘어 봐도, 국민투표는 이와 비슷한 이유로 최근 새롭게 각광받고 있다. 영국 독립당UKIP, 포데모스, 5성운동, 그리고 다른 유럽의 포퓰리즘 정당들 역시 하나같이 국민투표를 요구한다. 네덜란드의 헤이르트 빌더르스는 2017년 총선에서 놀랄 만큼 강경한 선거 공약을 내세웠다. 11개의 공약 중 두 번째는 놀랍도록 간단했다.(그리고 완전히 반자유주의적이었다) "『코란』을 금지한다" 그러나 세 번째 공약은 민주주의적으로 보였다. "법적 구속력이 있는 국민투표를 도입한다"[69]

~~~~~~

포퓰리즘의 대두 현상을 이해하려면, 그것이 민주주의를 내세우고 있다는 사실을 살피지 않고는 불가능하다.

구식 극우파 운동은 공공연하게 파시즘 체제로 돌아가기를 열망하거나 민주주의를 넘어서는 위계 체제를 수립하려 했다. 프랑스의 국민전선 창립자 장 마리 르펜은 비시 정부제2차 세계대전에서 프랑스가 독일에 점령당한 뒤 독일과 조약을 맺고 프랑스의 5분의 2를 통치했던 정부. 비시에 수도를 두어서 비시 정부라고 한다. 프랑스의 권익을 지키려 나름대로 노력했으나 나치 앞잡이로 여겨져 전후에 단죄되었다.를 옹호하고 유대인 대학살을 '역사에서 별로 중요하지 않은 일'로 치부했다.[70] 독일에서 국가민주당NPD은 루돌프 헤스와 같은 나치 간부들을 미화했고, 독일의 전후 헌법 질서의 정당성에 대해 의문을 제기했다.[71]

반면 그런 운동의 후계자들은 더 권위적인 체제에 대한 공개적인 동경을 삼간다. 그뿐 아니라, 대부분 자신들을 과두 체제에 대한 민주적 대안으로 내세운다.

프랑스에서 마린 르펜은 유대인 대학살 문제에 대한 망언을 반복한 그녀의 아버지를 당에서 내쫓았으며, 지금 국민전선은 창당 당시보다 더 민주적인 정당이라고 주장하고 있다.[72] 독일에서도 대안당이(비록 마지못한 기색이지만) 비요른 회케의 출당 과정을 밟고 있다. 2017년, 대안당의 거물인 회케가 베를린의 홀로코스트 기념관을 '치욕스러운 기념물'이라 비하하면서 파문이 일자 5월 미니 총선을 앞두고 있던 페트리 당수는 즉각 회케를 당기위에 회부했다. 그러나 끝내 징계는 이루어지지 않았다. 왜냐하면 그가 "우리가 과거를 기억하는 방식에 180도 전환"을 요구했기 때문이다. 대안당은 또한 "그들은 우리에게 반대한다. 왜냐면 우리는 여러분 편이니까"라는 구호를 내걸며 자신들만이 진정한 민주주의 체제를 상징한다는 주장을 되풀이하고 있다.[73]

포퓰리스트들의 시끌벅적한 '민주주의 사랑', 그것은 그들이 2016년 미국 대선 결과를 축하하는 모습에서 거의 완벽한 정점을 찍었다. 오르반 빅토르는 트럼프의 승리야말로 미국이 '자유주의적 비민주주의'에서 '진정한 민주주의'로 이행했음을 보여주었다고 언급했다시피 말이다.[74]

얀 베르너 뮐러 같은 선구적인 포퓰리즘 분석가들은 이런 민주적인 에너지를 인정하지 않으려 한다. 뮐러는 "반자유주의적 민주주의란 자유주의에 반대하는 지도자들의 이미지를 강화하면서도 자신들의 행동을 민주주의적이라 포장하는 것이다"라고 한다. 그러나 반자유주의 정부는 본질적으로 비민주적일 수밖에 없다며, "야당이 유권자들에게 자기 주장을 하기 어렵고, 언론이 정부의 실패를 감히 보도할 수 없다면, 투표 결과는 이미 끝난 것이나 다름이 없다"[75]라고 했다.

나는 포퓰리스트들이 입힌 피해에 대한 뮐러의 분노와 그들이 여전히 유발하고 있는 위험성에 대한 그의 우려에 공감한다. 하지만 내가 우려하는 것은, 애초에 그들이 권력을 잡는 과정에 뭔가 민주적인 것이 있다는 사실을 인정하기를 거부한다면, 그들이 어떻게 대중을 현혹시키는지를 이해하기 어렵게 되고 그리하여 그들을 저지하는 방법을 주의 깊고 창의적으로 생각하기 어려워진다는 점이다.

오늘날의 포퓰리스트들은 구식 극우파처럼 민주주의를 넘어서는 위계적 정치체제를 구축하는 대신, 자신들이 민주주의 요소를 심화시키려 한다고 주장한다. 그 점을 중시할 필요가 있다.

그러나 심지어 포퓰리스트들의 민주주의 공약이 진실이라고 해도, 그들이 여전히 민주주의에 위협적인 것은 사실이다. 뮐러가 올바르게 지적했듯, 그들의 반자유주의 성향은 그들이 만약 인기를 잃을 때 국민의 뜻을 무시하고 날뛰지 못하게 만들 자유 공정 선거와 같은 제도, 기관들의 유지를 해칠 수 있다. 또한 그들은 야당을 침묵시키고 경쟁 세력을 무력화하려는 유혹에 너무나도 쉽게 넘어간다. 그들을 움직이는 민주적 에너지를 인정하지 않고 그들의 본성을 이해하는 것은 불가능하며, 또한 그 에너지가 얼마나 빨리 국민을 배신할 수 있는지를 인식하지 않고서는 그들이 어떤 피해를 입힐지 알 수 없다. 자유민주주의의 수호자들이 포퓰리스트에게 맞서지 못한다면, 반자유주의적 민주주의는 완전한 독재체제로 추락할 위험에 항상 놓이게 될 것이다.

02 _____ 민주주의 없는 권리 보장

동프로이센 벽지의 야누샤우에 살던 농민들에게, 그날은 기념할 만한 날이었다. 그들은 생애 처음으로, 아니 그들의 아버지, 할아버지 등등까지 다 합치고 합친 생애 처음으로, 투표권을 행사했기 때문이다. 수세기 동안 그들은 올덴부르크Oldenburg 가의 예속민이었고, 실질적으로 가재도구였다. 아무 목소리를 낼 수 없었고, 거의 권리를 주장할 수 없었다. 이제 그들은 '자기 스스로를 다스린다'는 놀랍도록 고귀한 행사에 참여하고 있는 것이었다.

그러나 그들이 서둘러 투표소로 꾸며진 지방 여인숙에 모여 보니, 새로운 세상은 과거의 유산을 결코 적지 않게 움켜쥐고 있었다. 올덴부르크 가의 농정감독관이 그들에게 투표지를 넣은 봉인된 봉투를 나눠주었는데, 속에 든 투표지에는 이미 기표가 되어 있었다.

대다수 농민들은 시키는 대로 했다. 그들은 생애 최초의 투표를 누구에게 하는지도 모르면서 했다.

단 한 사람만이 봉투를 뜯어볼 용기를 냈다. 그는 곧바로 농정감독관의 분노를 샀다. 그를 등나무 지팡이로 후려갈기며, 감독관은 정말 경멸스럽다는 태도로 소리질렀다. "이건 비밀 투표란 말야, 이 돼지야!"[1]

당시 세계 어디서나 '국민이 통치한다'는 민주주의의 구호는 그보다 약간 더 진지한 시늉일 뿐이었다. 엘리트들도 선거 과정을 그보다 좀 더 확고히 장악하고 있었다. 그렇더라도, 이 이야기는 민주주의의 여명기에 전통 엘리트들이 대중에게 제시한 거래 조건을 알려준다. 그것은 곧 지금 우리 정치체제의 서막에 이루어진 거래였다. "우리가 결과를 통제할 수 있게만 해준다면, 너희가 통치하는 것처럼 해주지."

그 거래는 그 뒤 250년 동안 적어도 겉으로는 잘 되어가는 것 같았다. 하지만 오늘날, 그 유지는 점점 더 어려워지고 있다.

자유민주주의는 모든 사람에게 모든 것을 약속한다. 대중이 스스로 결과를 통제할 수 있게 하리라 약속한다. 소수자가 다수의 압제에 지배받지 않게 하리라 약속한다. 엘리트가 자신들의 부를 지킬 수 있으리라 약속한다. 이런 카멜레온 같은 특질이 자유민주주의를 그 어떤 체제보다 안정적이게끔 했다.

그러나 가장 근본적 수준에서, 이런 특질은 자유민주주의의 역사, 그 핵심에 존재해온 긴장에 의지해왔다. 영국, 미국과 같은 나라의 정치체제는 민주주의의 진흥이 아니라 억제를 기반으로 수립되었다. 이들 나라에서 국민이 스스로 통치한다는 것은 후대의 후광으로 나중에 정착된 이야기일 뿐이다. 그런 이야기의 신빙성은 무엇과 비교되느냐에 달

려 있었다. 절대군주체제에 대한 기억이 아직 생생하고, 직접민주체제
는 실현가능성이 희박해 보이던 시절, 자유민주주의가 국민자치를 보
장한다는 이야기는 잘 먹혀들 수 있었다. 이는 한 세기 동안 지속되었
으며, 그동안 민주주의는 유례없는 이념적 헤게모니를 누렸다. 그러나
이제는 더 이상 그렇지 않다. 그에 따라, 우리의 제도에 특출한 정당성
을 부여했던 기반이 허물어지고 있다.

민주주의적 제도의 기반이 실상 비민주적임은 영국을 보면 잘 알 수
있다. 의회는 국민의 통치를 위해 만들어진 제도가 아니다. 사면초가에
빠진 군주와 상위 엘리트들이 피비린내 나는 투쟁을 벌인 후 만들어낸
타협의 결과물이다. 투표권이 조금씩 확대된 19세기와 20세기를 지나
서야 이 정부 체제는 비로소 민주주의를 닮은 것으로 인식될 수 있었
다. 그러나 심지어 그때도, 투표권의 확대가 실제 가져온 정치체제의
변혁 정도는 투표권 확대 지지자들과 반대자들 모두의 예상치보다 훨
씬 못미쳤다.[2]

보다 이념적 의식을 갖고 이루어진 일이라, 미국에서는 이런 과정이
더 뚜렷이 나타났다. '건국의 아버지들'에 의해, 대중의 여론을 공공정
책에 반영하는 가장 민주적인 방법으로 알려 진 하원의 선거 선출은 사
실 대중의 권한을 주변부에 묶어 두는 제도였다.

선거란, 제임스 매디슨의 말에 따르면, "대중의 시각을 가다듬고 넓
히고자, 국가의 참된 이익을 가장 잘 꿰뚫어볼 지혜를 가진 일부 선량
(選良)들을 통하게 하는 일"[3]이었다. 따라서 대중이 실제로 정부에 얼마

나 영향을 미칠 수 있는지에 대해 매디슨이 가차없이 평가절하했음은 당연했다. "당선자들에 의해 대표되는 대중의 목소리는, 그 목소리를 직접 듣고자 소집된 대중 집회에서 나오는 목소리보다 훨씬 공동선에 부합한다."[4]

간단히 말해서, 건국의 아버지들은 대의제 공화국이 민주주의의 차선적 형태라고 꿈에도 생각하지 않았다. 그들은 그것이야말로 당쟁으로 치닫기 마련인 민주주의의 끔찍함에서 벗어날 최선책이라 생각했다. 알렉산더 해밀턴과 제임스 매디슨이 『페더럴리스트 페이퍼』1788년에 출간된 미국 헌법을 논하는 85편의 논문집. 해밀턴, 매디슨, 존 제이 3인의 공저라고 여겨지나 익명 출간이었기에 명백하지는 않다. 미국 건국의 정치철학적 기반을 담은 자료로 중요성이 높다. 제63호에서 명명백백 못박았듯, 아메리카 공화국의 본질은, 정부의 그 어떤 부문에서도 "대중의 집단적 영향력을 철저히 배제"[5]하는 데 있다.

겨우 19세기에야, 미국 사회의 물질적, 정치적 조건이 대규모 이민, 서부로의 팽창, 남북전쟁, 급속한 산업화 등으로 크게 달라지다 보니, 한 무리의 경영이론가들은 되살아난 민주주의라는 낯선 망토를 걸친 '공화국다운 공화국'을 상정하기 시작했다. 한때 정부의 그 어떤 부문에서도 대중을 배제하려고 만들어진 제도가 이제는 "국민의, 국민에 의한, 국민을 위한"[6] 정부를 뒷받침하게 했다.

그러나 미국이 점점 겉으로는 민주주의 체제가 되어가는 듯했지만 현실은 좀처럼 그에 발을 맞추지 못했다. 미국이 실제로 민주적 개혁을 이뤄 나가는 과정은 아주 느릿느릿했다. 1870년의 제15차 헌법 수정으로 '인종, 피부색, 노예였던 경력'이 더 이상 투표권을 금지하는 조건이 되지 못했는데, 실제로는 그 뒤로도 자주 그랬다.[7] 상원의원을 직접 선거로 뽑는 일은 1912년 제17차 헌법 수정 뒤였다.[8] 마침내 1920년 제19차 헌법 수정으로 "미국 국민의 투표권은 성(性)에 따라 금지되거나 제약될 수 없다"는 조항이 명시되었다.[9]

이런 개혁들은 미국을 제도적으로 더 민주적이게끔 했다. 그러나 우리가 미국 민주제도를 묘사하려고 쓰는 말은 그 제도 자체보다 훨씬 크게 바뀌었다. 그리고 그런 변화의 핵심에는 현대적 조건에서 민주적 거버넌스의 한계를 정하는 일에 대한 이야기가 놓여 있다.

그 이야기에 따르면, 고대 아테네에서는 국민들(말하자면, 성인 남성들)이 직접 통치를 했는데 그것은 그들의 수가 적고 땅이 좁았고, 대부분 일상 업무를 대신해 줄 노예를 소유하고 있었기 때문이라는 것이다.[10] 이제는 그런 일은 불가능하다. 존 애덤스의 말처럼, 이제 국민은 "500마일을 함께 행군할 수도, 함께할 시간을 낼 수도, 모두가 모일 공간을 마련할 수도"[11] 없는 규모이기 때문이다. 현대적 조건에서, 직접민주주의란 실현 불가능해 보인다.

그런 깨달음으로 19세기의 민주주의 이론가들은 미국 정부를 독특하게 재탄생하도록 설계했다. 대의제도가 민주주의에 대한 확고한 반대에 근거해 탄생했음에도, 이제 그것은 현대적 조건에서 민주주의의 이상을 실현할 가장 현실적인 수단인 듯 재설정되었다. 따라서, 자유민주주의의 창조 신화(대의정부가 국민의 직접 통치를 뒷받침한다는, 도무지 말이 안 되는 듯한 신화)가 비로소 나타난 것이다.

『누가복음』에 나오듯, 한 부대에 새 술을 붓는 사람은 쓴맛을 볼 가능성이 높다. "새 술은 부대를 터뜨려 포도주도 부대도 버리게 되리라." [12] 민주주의의 경우는 정반대가 되었다. 19세기에 일어난 평등주의의 물결은 당연히 귀족주의적인 제도들과 대립해야 마땅했다. 그러나 정반대였다. 그런 제도들을 새롭게 단장시켜 대의제가 새로운 생명을 얻게 된 것이다. 이는 여전히 가장 중요한 문제들을 마음대로 주무를 수 있게 된 엘리트들과 자신들의 열망이 현실화되었다고 여긴 평등주의자들 모두를 만족시켰다.

무려 한 세기 동안, 민주주의의 창조 신화는 인류사에서 가장 강력한 이데올로기적 영향력을 가지고 있었다. 엘리트의 통제와 대중의 의사 표시가 기묘한 조화를 이루는 형질 변경의 맥락 속에서 세계의 절반을 정복했다. 그리고 그것은 결코 정확하게 교정된 적이 없기 때문에(가령 주민 투표를 더 활발히 적용한다거나, 선출직들이 선거구민들의 뜻을 외면하는 일을 더 엄격히 제한한다거나), 민주주의에 대한 상상을 토대 삼아 안정적으로 서 있을 수 있었다.

그런 토대는 이제 무너져 내리는 중이다. 한 가지 이유는 애덤스의 생각처럼 '국민은 숙의할 능력이 없다'는 우려가 이제는 인터넷의 개발로 시대착오적 오류가 되었다는 데 있다. 분명 국민이 함께 500마일을 행군하거나 한 곳에 모일 수는 없을 것이다. 하지만 그럴 필요가 어디 있는가? 국민이 정말로 스스로 통치하고자 한다면, 손쉽게 그리할 수 있는 세상인데. 가상의 아고라가 고대 아테네의 아고라를 대체하며, 크고 작은 정책 의제에 대해 모든 시민이 논의에 참여할 수 있다.

오늘날 민주국가 대부분의 시민들이 적극적으로 정책 결정 과정에 참여하고 싶어한다는 말은 아니다. 그들은 그러지 않는다. 또한 가상 아고라에서의 숙의가 공의와 이성에 부합하리라는 말도 아니다. 그렇게 되지 않기 마련이니까. 직접민주주의가 실제보다 이론에서 더 많은 지지자를 얻을 수밖에 없는 충분한 이유가 있다.

그러나 오늘날의 시민은 1960년대, 또는 1830년대의 시민보다 온갖 이해하기 힘든 법률과 행정규제에 대해 더 많이 투표하고 더 많이 숙의한다고 볼 수 없지만, 우리의 민주주의 제도가 크게 중화된 형태라는 사실에 대해서는 더 뚜렷한 본능적 감각을 지니고 있다. 이전 세대에게는 정기적 투표로 의회에 보낸 대표자들을 통해 국민이 통치한다는 개념이 매우 자연스럽게 여겨졌다. 그러나 트위터나 페이스북에서 디지털 방식으로, 전체 투표 형태로, 실시간으로 투표를 해오며 자란 세대에게는, 〈빅브라더〉1999년 이래 미국, 영국, 네덜란드 등 여러 나라에서 방송 중인 예능 프로그램. 외부와 단절된 집에서 참가자들이 공동 생활하는 모습을 24시간 시청자에게 보여주며, 매회 누구를 내보내고 누구를 남길지를 시청자 투표로 결정해서 마지막 한 사람이 남을 때까지 계속한다.나 〈아메리칸 아이돌〉 2002년에서 2016년까지 미국 폭스TV에서 방송한 시청자 참여식 노래 서바이벌

<u>프로그램.</u>과 같은 프로그램에 참여해본 세대에게는 그런 제도란 아주 고약스러운 것이다.

오늘날의 시민은 공공정책의 문제가 빅브라더 하우스에서 누가 성공하느냐의 문제보다 관심 없을지 모른다. 심지어 〈아메리칸 아이돌〉 최종 시즌 결과처럼 정부체제에 즉각적인 영향을 행사하고 싶어하지 않을지 모른다. 하지만 그럼에도, 그들은 실질적이고 직접적인 영향을 미친다는 게 무엇인지에 대해 확실히 느끼고 있다. 그들은 만일 국민이 직접 통치하는 형태로 정부체제를 개편한다면, 그것은 대의제 민주주의와는 상당히 다를 것이라는 걸 안다.

민주주의의 신화가 우리의 상상력 위에 더 이상 안정적으로 서 있기 어려워진 더 중요한 까닭이 있다. 지난 수십 년 동안, 정치 엘리트들은 대중의 여론에서 스스로를 놀랄 만큼 뚜렷하게 분리시켜왔다.

이 시스템이 실제로 국민이 통치할 수 있게 한 적은 없지만, 국민 참여의 중요한 요소들을 포함하고는 있었다. 대부분의 정치적 의사결정은 선출된 입법부에서 이루어졌고 그 국회의원 다수가 각자의 지역구민과 확고하게 연계되어 있었다. 그들은 전국에서 모인 사람들이었고, 교회에서 노동조합까지 각자 지역의 사회단체와 긴밀히 연결되어 있었다.

또한 입법자들은 그들에게 목적의식을 부여한 이데올로기에 푹 젖어 있는 듯 보였다. 가난한 사람들에게 높은 지지를 받으며 <u>스스로를</u>

보통 노동자들의 대변자로 여기는 사회민주당원이든, 기독교인들의 지지가 높고 스스로를 전통의 수호자로 여기는 기독교민주당원이든, 명확한 정치 사명을 갖고 있었다. 그리고 공직을 떠난 뒤 자신을 지지해 준 집단으로 돌아가는 경우도 많았다.

오늘날, 이러한 모습은 아주 소수의 직업 정치인에게만 해당된다. 한때 가장 중요한 정치기구였던 입법부는 법원, 관료, 중앙은행, 국제조약과 국제기구 등에 힘의 대부분을 빼앗겼다. 한편, 입법부를 구성하는 의원들은 가면 갈수록 자신들을 뽑아준 사람들과 다른 존재로 바뀌었다. 오늘날 그들은 지역구와 별 긴밀한 연결도 없고, 입법부를 이루는 이데올로기에 대한 헌신은 더더욱 없다.

민주주의 없는 권리 보장

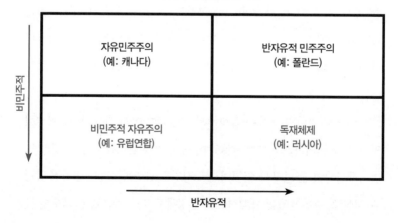

그 결과, 보통의 유권자들은 이제 그 어느 때보다 정치에서 소외되어 있다고 느낀다. 그들은 정치인을 보면서 스스로의 모습을 볼 수가 없다. 정치인들이 내리는 결정을 봐도, 그것이 자신들을 대변해서 내린 결정이라고 여길 수가 없다.

완벽한 국민 참여란 있었던 적이 없다. 민주주의의 창조 신화가 우리에게 들려주듯, 잔은 언제나 반만 채워져 있었다. 그러나 이제 그 잔은 아예 바닥나려 하고 있다.

선거제도의 한계

지난 수십 년 동안, 선출된 국회의원들은 그 힘을 상당히 잃어버렸다.

제2차 세계대전이 끝난 뒤로, 국가가 감당해야 할 규제 문제의 복잡성은 현저히 늘어났다. 기술은 발전했고 경제 프로세스는 더욱 복잡미묘해졌다. 통화정책이 경제 안정의 핵심 수단으로 떠올랐다. 더욱 중요한 점은, 기후변화에서 불평등 심화까지, 지금 인류가 맞이하고 있는 가장 심각한 정치적 위기들이 근본적으로 글로벌한 차원에서 비롯된다는 사실, 따라서 국민국가 차원에서는 적절한 대응을 할 힘이 부족하다는 사실이다.

이런 하나하나의 변화는 국회에서 힘을 빼앗아 갔다. 고도로 기술적인 영역을 규제하려 하면서, 관료기구는 관련 전문가들의 힘을 빌려 입법기구화되었다. 선거 때 인위적으로 경기를 활성화하려는 정치적 압력에 대항해, 통화정책을 자체적으로 결정하고자, 중앙은행은 갈수록 높은 독립성을 확보했다. 마지막으로, 무역 규정을 세우는 것에서 기후변화 관련 협상에 이르기까지, 수많은 국제조약과 국제기구가 등장했다.

국민의 대의기구가 힘을 잃은 것은 엘리트의 농간 때문이 아니다. 반대로 그것은 점진적으로, 종종 알지도 못하는 사이에, 현실 정책에 대한 대응의 결과 나타난 일이다. 그러나 그 누적된 결과는 민주주의에 심각한 침식을 가져왔다. 공공정책의 많은 영역이 대중의 영향권 밖으로 빠져나가다보니, 대중이 정치에 미칠 수 있는 영향력은 급격히 감소할 수밖에 없었다.

_ 입법자로서의 관료들

영국의 행정행정부가 대규모 예산을 낭비한 사실이 발각되어, 최고위 공무원인 험프리 경이 하원 특별위원회 앞에 불려나갔다. 그러나 자기 부서가 국민의 혈세를 쓰지도 않는 옥상 정원 유지 보수에 퍼부은 일을 참회하기는커녕, 비난을 회피하려고만 했다.

"정원에서 딴 꽃과 채소를 판 대금으로 비용을 회수할 수 있을 것 같았습니다." 그는 이렇게 말했다.

"그렇게 되었습니까?" 한 의원이 물었다.

"아뇨." 그가 시인했다.

"그러면 예산 낭비를 시인하시는 건가요?" 다른 의원이 물었다.

"저는 정부 정책에 대해 언급할 위치에 있지 않습니다. 장관님께 물어보셔야죠."

"이거 보세요, 험프리 경. 우리가 장관에게 물으면, 그는 행정 문제는 뭐든지 당신에게 물어보라고 한단 말입니다. 그런데 당신에게 물어보면, 그건 장관이 대답할 정책 문제라고 하는군요. 우리가 진실을 알려면 도대체 어떻게 했으면 좋겠소?"

"네, 네, 네, 사실 이게 딜레마입니다. 정부 정책은, 정책 문제는 장관의 소관이고 행정 문제는 행정관료의 소관이라는 것이지요. 행정 정책의 문제는 정책 행정과 행정 정책 사이의 혼란을 유발할 수 있습니다. 특히 행정 정책의 행정 책임이 정책 행정의 책임과 충돌하거나 중복될 경우에 말입니다."

"나랑 말장난하자는 거요?" 하원의원이 질문했다.

"저는 정부 정책에 대해 언급할 위치에 있지 않습니다. 장관님께 물어보셔야죠." 험프리 경이 다시 답변했다.

눈치챈 사람도 있겠지만, 행정행정부나 험프리 경은 모두 실존하지 않는다. 1980년대의 인기 시트콤 〈예스 미니스터〉에 나오는 이야기로, 〈예스 미니스터〉는 절차를 무시하고 자신의 정책을 밀어붙이려는 무책임한 정치인과 그의 뜻을 꺾고 자기 조직의 이익을 고수하려는 관료기구 사이에 벌어지는 나날의 아귀다툼을 그린 드라마다.[13]

그러나 험프리 경의 기가 찬 꼼수나 언어 곡예는 코믹함을 위해 과장된 것이라도, 무시 못할 진실을 담고 있다. 이를 두고, 마거릿 대처는 수상 재임 중 이렇게 격찬한 적이 있다. "권력의 복도에서 벌어지는 일을 어찌나 잘 묘사하는지, 몇 시간 동안이나 즐거워진다"[14] 다우닝 10번 가의, 대처의 후계자 가운데 하나였던 데이비드 캐머런은 한 30년쯤 뒤에 똑같은 의견을 표했다. "옥스퍼드 대학에서 정치학을 공부하며, 나는 〈예스 미니스터〉가 얼마나 사실적인지에 대해 에세이를 쓸 일이 있었다……. 그때는 그 에세이를 쓰기 어려웠다. 그러다 수상이 되고 나니, 그 에세이를 지금 쓰라면 아주 잘 쓸 수 있겠다고 생각했다."[15]

지금 세계 곳곳에서 관료기구가 정치에 너무 큰 역할을 담당하고 있다고 걱정하는 건 불평 많은 정치인들만이 아니다. 학계의 아주 많은 영역에서도 관료기구의 의사결정 범위가 계속 넓어지고 있어 현대 정치인이 관료를 통제하는 일은 아주 어렵다고 의견 일치를 보고 있다.

가장 단순하게 볼 때, 국민은 입법부를 선거로 구성함으로써 국민의 뜻을 법으로 바꾼다. 그러면 관료들은 그 법을 실제 행정에 적용한다. 물론 그것도 중요한 역할이지만, 보조적이다. 궁극적으로 관료는 법에 구현된 국민의 뜻을 받들어 행하는 사람이다.

그러나 현실에서는 이야기가 그렇게 간단하지 않다. 예를 들어 막스 베버의 관료제론을 요약하면, 교과서적으로 볼 때 공무원은 "개별 사안마다 개별적인 지시에 따르기보다 일반 규칙을 따르도록" 강조된다.[16] 그러나 베버는 관료의 판단이라는 것이 "법률 문서와 처리 비용이 아래로부터 차곡차곡 쌓여서 순서에 따라 기계적으로 정해지는"[17] 것이 아님을 깨달았다. 오히려, 입법 내용의 집행 과정은 언제나 재량과 창조를 수반했다. 아주 자세하게 적혀 있는 법률 조문이라도 반드시 재량이 필요한 비구체적인 부분이 있기 마련이며, 행정의 중요한 부분들은 명확하게 기술되어 있지 않곤 한다. 그 결과, 근대 관료제의 탄생 이래 공무원들은 중요한 정치적 역할을 해왔다. 그들은 우리가 예상한 단순한 모델에서처럼 보조적인 역할에 그쳤던 적이 없다.[18]

그렇다해도 최근의 공무원 수 증가와 그들의 역할 증대는 놀랄 만하다. 20세기와 21세기 초를 거치는 동안, 공무원 수는 그야말로 치솟았으며 그들이 영향을 미치는 범위 또한 현저히 늘어났다. 그 결과, 국민이 뽑은 대표들이 공공정책에 갖는 영향력은 격감할 수밖에 없었다.

수치를 들여다보면 놀라울 따름이다. 가령 1930년 영국에서 중앙부처 공무원의 수는 10만 명이었으나 2015년에는 40만 명이 되었다(같은 기간 동안 인구는 겨우 3분의 1 증가했다).[19]

관료기구의 양적 증대도 놀랍지만, 두 가지 주목할 만한 질적 변화가 있다. 정부기구는 갈수록 의회에서 통과하는 법률의 디자인에 영향을 미치고 있으며[20] 동시에 준 입법기구로서의 역할을 점점 늘려가고 있다. 금융이나 환경 규제 등 중요한 부문에서 포괄적인 규칙을 세우고 집행하는 데 갈수록 지지를 얻고 있기도 하다. 이 두 가지 변화는 시민들이 받아들여야 할 규칙의 상당 부분이 이제는 선출되지 않은 공직자들의 손으로 작성되고, 집행되고, 때로는 심지어 발의되기까지 한다는 뜻이다.

전통적 관료기구는 입법부가 마련한 법을 집행하는 일에만 주력했으며, 그 과정에서도 대통령이나 수상이 선임한 정치인(대체로 국회의원)의 지휘를 받았다. 그러나 정책 영역들이 급증하면서, 입법 역할은 입법부나 선출직 고위공무원의 감독에서 놀랄 만큼 자유로운 이른바 '독립 기구들'의 손에 상당수 넘어가게 되었다.[21] 입법부에서 법이 통과되고 나면 위원회와 평의회 등의 독립 기구에서 '법률적으로 어렵고, 기술적으로 복잡하며, 보통 정치적으로 민감한 결정'을 맡게 된다. 그런 기구 대부분은 완전한 규제권을 갖고 있다. 달리 말하면, 규정을 제정할 수 있고, 그런 규정이나 규칙을 집행하기 위해 행정력을 동원할 수 있으며, 행정 심판을 통한 결정도 할 수 있다.[22]

미국에서, 이런 독립 기구로는 1934년에 설립되어 라디오와 텔레비전 네트워크를 규제하고 망 중립성과 같은 디지털 시대의 중요한 문제를 중재하는 연방통신위원회Federal Communications Commission, FCC,[23] 역시 1934년에 설립되어 은행과 기타 금융 서비스 업체를 규제해 투자자를 보호하고, 시장 공정성을 유지하고, 자본 형성을 돕는 등의 역할을 하는 증권거래위원회Securities Exchange Commission, SEC,[24] 1970년 설립되어 수질오염 방지에서부터 멸종위기 생물 보호까지 광범위한 사안에 대해 규제권을 갖는 환경보호국Environmental Protection Agency, EPA,[25] 그리고 2010년 설립되어서 저당이나 신용카드 등 개인 금융 관련 사안을 다루는 소비자금융보호국Consumer Financial Protection Bureau, CFPB[26] 등등이 운영되고 있다.

이런 독립 기구들이 이제껏 다루었던 논란 많은 문제들은 이 기구들이 하는 일의 중요성을 여실히 보여준다. FCC는 오랫동안 케이블TV에서 쓰이는 언어를 검열해왔고, 여러 텔레비전 프로그램에서 금지어를 말하면 말소리 대신 '삐' 소리가 들리는, 괴상한 미국만의 관행을 연출해왔다.[27]

20세기 후반에 가장 중요한 미디어를 규제하는 기구였던 FCC는 이제 21세기 초 가장 중요한 미래 미디어의 틀을 잡고 있다. 2015년, 이 기구는 다양한 웹 자원에 공평한 접속 기회를 보장해야 한다는 '망 중립성' 원칙을 인터넷 사업자들에게 요구했다.[28] 마찬가지로, 지난 50년 동안 EPA는 환경 문제를 놓고 벌어진 싸움에서 중요한 역할을 했으며, 그런 싸움에는 DDT 사용 금지에서 음용수 수질 보장까지 있었다.[29] 최근 EPA는 기후변화 문제에 대한 미국의 정책에 또 중요한 영향을 미쳤다. 탄소를 오염물질로 간주하고 신설 발전소의 탄소 배출량을 규제하도록 한 결정 등은 EPA에서 비롯된 것이다.[30] 한편, CFPB는 설립 직후 5년 동안, 소규모 대부payday lending 감축을 규정하고, 투자자의 최고 이익 보장을 금융 컨설턴트에게 의무화했으며, 2018년 서브프라임모기지 사태를 불러온 몇 가지 위험한 관행을 금지시켰다.[31]

독립 기구들은 몇 안 되는 특급 사안들만 결정하는 게 아니다. 지금 이들은 대다수의 법률, 규칙, 규제에 책임을 맡고 있다. 2007년에 의회는 138건의 법률을 제정했다. 같은 해에 미 연방 독립 기구들은 2926건의 규칙을 정했다.[32] 유권자들이 그들이 정한 규칙에 대해 얼마라도 살

펴볼 수 있었는지는 의문이다.[33]

　미국만이 아니다. 미국의 독립 기구에 해당되는 존재는 다른 나라들에서도 나타나고 있다. 예를 들어 영국에는 한때 900개 이상의 준비정부기구QUANGO가 있었다. 이는 말하자면, 세금으로 재원을 충당하지만 민주적인 감사는 전혀 또는 아주 조금만 받는 조직이다.[34] 환경 기구 Environmental Agency 같은 일부 QUANGO가 중요한 과제를 수행하는 한편, 빠르게 확산되고 그 역할도 급속히 증대된 데 대해 여론의 우려는 점점 커져갔다.[35] 2010년, 의회는 비판적 목소리를 받아들여 기존 QUANGO의 3분의 1을 감축하겠다고 약속했다.[36] 그러나 대부분의 QUANGO는 살아남았으며, 이루어진 변화는 대체로 겉보기뿐인 것으로 나타났다. "면밀히 분석해 보면, 정부가 공공기관의 수를 줄이기는 했어도 기능은 상대적으로 많이 줄이지 않았으며 '담당 부서 뒤섞기'로 끝났음을 알 수 있다."[37]

　그러나 세계 최강의 '독립 기구'는 아마도 유럽연합 집행위원회일 것이다. 대부분의 나라에서, 관료기구의 힘은 한편으로는 강력한 정부 수반에게, 다른 한편으로는 일반 국민의 실질적 지지를 받는 입법기구의 열정적 노력에 제한받는다고 할 수 있다. 하지만 유럽연합에서는 연간 몇 차례 열리지 않는 회원국 정상회담을 통해 나온 대강의 정책 우선순위만 정해질 뿐이고, 선출되는 입법부의 선거 참여율은 형편없으며 대체로 자기 정부에 불만을 표시하는 수단으로만 여겨지고 있는 실정이다. 그것은 부분적으로 유럽 의회의 권한이 어디로 보나 크게 제한되어 있기 때문이기도 하다. 그 결과, 경력직 관료들로 이루어진 유럽연합 집행위원회는 이제껏 대부분의 사안을 마음대로 주무를 수 있는 권한을 누려왔다. 유럽연합의 법규를 발의하고, 기초하고, 집행하는 주체는 집행위원회다.[38]

그러나 오해는 곤란하다. 독립 기구들은 나름대로 업적을 이뤄냈다. 나는 대체로 FCC, SEC, EPA, CFPB가 미국을 더 나은 곳으로 만들었다고 생각한다. 유럽연합 집행위원회와 영국의 여러 QUANGO에 대해서도 똑같이 말할 수 있다. 그러나 국민의 뜻을 반영하는 일과 복잡하게 얽힌 정책 문제를 푸는 일 사이에는 실질적 상충 관계가 존재한다. 독립 기구들이 다른 기구들은 해내기 어려운 중대한 과제를 달성하고 있다고 해도, 그들이 중요한 결정을 정치의 권외에서 처리하고 있음은 부정하기 어렵다.

_ 중앙은행

내가 1980년대와 1990년대에 독일에서 자랄 때, 초인플레이션이 바이마르 공화국의 지폐 가치와 안정성을 날려먹은 지 60여 년이 흘렀을 때지만 선생님들은 마치 그 일이 불과 몇 달 전에 일어난 일인양 그 이야기를 열심히 들려주시곤 했다.

3학년 때 수업을 가르치셨던 리멘스 선생님의 이야기가 아직도 기억난다. "우리 아버지는 예금이 좀 있으셨지. 그냥 은행에 넣어두고 계셨어. 하지만 모두가 빨리 그 돈을 써버려야 한다는 거야. 가치가 무섭

게 떨어지고 있다면서. 빨리 움직이지 않으면 안 될 거라면서. 그분은 고민 끝에 예금을 찾아 사람들이 항상 필요로 하는 걸로 바꾸셨지. 설탕 말이야. 아버지는 그 설탕을 조금씩 팔아서 빵이며 옷이며 사서 난리통이 끝날 때까지 버티시려 했던 거란다."

"그래서 잘되었나요?" 내 급우 가운데 하나가 질문했다. "바라는 모든 걸 사실 수 있었대요?"

"글쎄다." 그녀는 침울하게 대답했다. "아버지는 이웃집에서 소달구지를 빌려 설탕을 사러 가셨어. 아주 많은 양이라 달구지에 하나 가득 찼단다. 크고 하얀 산처럼 보였다지. 하지만 설탕을 싣고 아버지 농장으로 돌아오는 데는 생각보다 시간이 많이 걸렸어. 그리고 설탕을 막 부리려는데……."

"오, 오?" 그 친구가 말했다.

"설탕을 막 부리려는데, 비가 내리지 뭐니. 아주 퍼붓다시피 말이다. 몇 분 지나지 않아서, 그 크고 하얀 산은, 그 아끼고 아끼시던 예금은, 녹아 없어졌단다."

"맙소사." 그 친구가 소리쳤다.

"그래, 정말 맙소사지." 선생님이 말씀하셨다.

이런 식의 이야기들은 조금씩 다르지만 구성은 결국 똑같다. 위험, 그리고 구원. 리멘스 선생님은 황당해 하고 있던 우리 아홉 살짜리 아이들에게 그 모든 일의 원인은 "돈에 대해 뭐든 정치인들이 결정했기 때문이란다"라고 설명했다. 그리고 다음 말로 마무리했다. "그래서 전쟁이 끝난 뒤에는 분데스방크(독일 연방은행)를 독립시켰고, 이제는 그런 일이 생길 염려가 없단다."

　　인플레이션과 중앙은행 독립에 대한 진짜 이야기는 리멘스 선생님이 우리에게 들려준 이야기보다는 좀 더 복잡하다. 제1차 세계대전 뒤 떠안게 된 엄청난 부채와 이제 막 자신들이 꺾은 나라에서 반드시 빚을 받고야 말겠다고 작정한 채권 국가들 앞에서, 독일 정부는 필사적으로 외화를 얻을 방법을 찾았다. 온갖 나쁜 선택지들을 앞에 두고, 정부가 선택한 것은 그 가운데 최악수였다. 돈을 마구잡이로 찍어내는 것![39]

　　그러나 그 결과 일어난 초인플레이션에서 이 나라가 얻은 정치적 교훈은 리멘스 선생님이 우리 3학년 학생들에게 들려준 이야기만큼이나 황당한 것이었다. 제2차 세계대전이 끝난 다음, 많은 독일인들은 초인플레이션의 불안이 히틀러가 집권하게 된 원인이었다고 하면서 그 초인플레이션의 불안은 통화 공급을 정치적으로 주물렀던 게 원인이라고 보았다. 또 다시 혼란으로 또는 심지어 파시즘으로 되돌아가는 걸 피하기 위해, 그들은 분데스방크를 최대한 독립시켜야 한다고 결론지었다. 그 독립이란 은행의 일상 업무에 선출직 공무원들이 개입하거나 은행장 선출에 관여하는 일을 차단하는 정도로 그치지 않았다. 다른 나라의 중앙은행들과는 전혀 다르게, 스스로 통화정책을 세울 수 있고, 인플레이션을 낮추느냐, 실업률을 낮추느냐 등의 결정도 마음대로 내릴 수 있게 된 것이다.[40]

독일의 전후 경제발전과 도이치마르크의 놀라운 안정성은 곧 이 나라의 대표적 자랑거리가 되었다. 따라서 1980년대에 유럽의 정치 엘리트들이 화폐 통합을 추진하기로 결정했을 때, 독일 지도자들이 주장했던 것들 중의 하나는 분데스방크를 모델로 한 유럽중앙은행ECB을 창설해야 한다는 것이었다.

바로 그렇게 되었다. 다니엘 그로스에 따르면 ECB는 분데스방크 2.0으로 더 큰 독립성을 갖고 있으며,[41] 크리스토퍼 알레시는 조직의 설계 포인트가 "정치적 책임을 질 염려 없이, 비선출직 테크노크라트의 손으로 운영될 것"을 보장하는 데 있었다고 했다.[42]

분데스방크가 미친 영향은 그뿐이 아니다. 1970년대와 1980년대를 지나며, 경제학자들은 독일식 독립 중앙은행 모델에 대해 더 대담한 생각을 내놓기 시작했다. 로버트 배로나 로버트 J. 고든 같은 유력한 경제학자들은 선거에 좌우되는 정치인들은 단기 경제부흥을 유도하려는 유혹을 받기 쉽다면서, 독립성이 없는 중앙은행은 단기적으로 인플레이션을 부추기면서 장기적으로는 고용 불안 해소에 실패할 선택을 할 가능성이 높다고 주장했다.[43] 중앙은행을 독립시키면 이자율 관련 결정권과 같은 사안을 단기 성과에 목매는 사람들의 손에서 벗어나게 할 수 있어 장기적으로 경제에 도움을 줄 것이다. 이러한 믿음으로 영국에서 일본, 몰도바에서 케냐에 이르는 나라들이 자국 중앙은행에 전보다 큰 독립성을 부여했다. 1990년대가 되어서는, 시몬 폴리요와 마우로 기엔이 쓴 대로, "세계 54개국이 더 큰 독립성을 부여하기 위한 법적 조치"를 끝냈으며, "1989년 시점에는 중앙은행을 가지고 있는 나라 가운데 겨우 28개국만"이 1990년대에 그런 법 개정을 시도하지 않았다.[44]

세계 각국의 중앙은행들의 독립성 강화가 왜 그렇게 문제가 될까? 50년 전 선출직 입법부의 효과적 통제를 받고 있던 많은 기구가 이제는 정치적 책임을 지지 않는 비선출직 테크노크라트에게 지배되고 있어서만이 아니다. 같은 기간 동안 그들 기구가 내리는 결정의 중요성이 커졌다는 점 또한 문제다.

자유민주주의 역사의 대부분 기간 동안 중앙은행이 마음대로 휘두를 수 있는 무기는 제한되어 있었다. 19세기와 20세기 초 대부분의 통화 가치는 그 나라의 금 보유량에 연동되어 있었다. 제2차 세계대전 직후 세계 경제를 좌우했던 브레튼우즈 체제에서 환율은 대체로 고정환율제였다. 상대적으로 이런 체제가 변동하는 일은 드물었으며, 관련 결정권은 대체로 비선출직 테크노크라트보다는 선출직 정치인들의 손에 있었다. 폴리요-기옌에 따르면, 이 시기 동안에는, 재무부장관이 중요한 정책결정자였고 경제 및 금융 정책에 있어서 중앙은행은 상대적으로 제한적이거나 큰 의미 없는 결정자에 머물렀다.[45]

1970년대 초 브레튼우즈 체제가 붕괴하고부터 비로소 중앙은행은 스스로의 정책 목표에 따라 이자율을 정할 수 있는 힘을 얻었다. 오랫동안 선출직 정치인들이 안정적으로 다루어온 분야가, 이제는 핵심 독립기관들의 손에 있다. 가령 국가 경제에서 물가 억제와 실업율 감소

가운데 뭐가 더 중요한지를 결정하는 일 같은 것이 말이다.[46] 그 결과, 오늘날 전 세계에서, 한 국가가 직면한 가장 중요한 경제 문제 관련 결정권은 바야흐로 테크노크라트의 손아귀에 놓이게 되었다.

_사법 심사

집단적으로 움직이는 일반 대중을 그 어떤 정부 역할에서도 배제하려는 뜻을 품고 건국의 아버지들이 국가체계를 세운 지 250년, 어렵사리 얻어진 보통 선거권은 두 번째로 대단한 혁신 제도다. 그렇다면 첫 번째로 큰 혁신은? 아홉 명의 비선출직 판사에게, 국민의 뜻이 개인의 권리 보호와 충돌할 때 판결을 내릴 권력을 부여한 것이다.

역사적으로, 이런 권력은 몇 가지 고귀한 목적을 위해 힘을 발휘해 왔다. 대부분의 미국인들이 처참한 대우를 받던 소수자들에게 자신들이 가진 것과 같은 권리를 부여하기를 꺼릴 때, 움직인 것은 대법원이었다. 즉, 인종 분리의 종말은 미국 국민의 뜻이 아니라 그것이 헌법에 위배된다고 본 한 기관의 결정으로 성취된 것이다. 민권운동을 생각할 때, 우리는 로자 파크스<u>흑인 민권운동가. 평범한 주부였으나 1955년 12월 1일, 앨라배마주 몽고메리에서 '좌석은 백인에게 우선'이라는 당시의 관행대로 백인 승객에게 자리를 양보하라는 버스 운전사의 지시를 거부해 투옥되었고 이것이 전국적인 버스 승차 거부 운동을 불러옴으로써 민권운동의 아이콘으로 떠올랐다.</u>에서 제임스 후드<u>흑인 민권운동가. 대학의 인종 분리를 금지하는 연방 정부 방침에 따라 앨라배마 대학교에 등록하였으나 연방 정부 방침을 거부하는 월리스 주지사와</u>

<u>1963년 6월 11일 대학교 앞에서 대치하였다. 결과적으로 인종 분리 정책에 실질적인 종지부를 찍게 만들었다.</u>에 이르는 용기 있는 보통 사람들을 생각하는 경향이 있다. 하지만 그 역사는 선거로 다수파가 된 쪽의 반대에 따른 진보적 결정이 이긴 역사라고 할 수 있다.[47]

미국 시민의 권리가 가장 두드러지게 신장된 사례 가운데 사법부에서 이를 이뤄낸 예가 많음은 틀림없다. 또한 아홉 명의 비선출직 대법원 판사들이 막강한 힘을 지녔으며, 20세기 동안 적절한 경우마다 그 힘을 거리끼지 않고 사용한 것도 틀림없다.[48]

1954년 이후, 대법원은 학교와 대학교에서의 인종 분리에 종지부를 찍었다.[49] 또한 사형제를 폐지했다가 재도입했으며,[50] 낙태를 합법화했다.[51] TV와 라디오 방송 검열을 제한했고,[52] 성소수자 차별 행위를 불법화하고 동성결혼을 제도화했다.[53] 선거자금 관련 규제와 총기 통제 수단을 없앴다.[54] 수백만 명이 의료보험에 가입할 수 있을지와[55] 아메리칸 드림을 품고 온 수백만 명이 쫓겨날 염려 없이 살 수 있을지에 대해 결정했다.[56]

그래서 미국의 우파는 민권운동 판사들을 줄기차게 공격해온 한편 전후 대부분 기간 법원에서 우세를 차지했던 좌파는 판사들이 자기 할 일을 하고 있을 따름이라고 주장해왔다. 그리고 이제 그런 입장은 서서히 뒤바뀌고 있는데, 법원이 우경화하고 있기 때문이다.[57] 그러나 지난 수십 년 동안 법원의 지배권이 커졌는지에 대해서는 논란의 여지가 있을지 몰라도, 대법원에 관한 최상의 연구 결과를 보면 그 역할이 헌법

제정 당시보다 훨씬 커졌으며, 중요한 사안에서 국민의 뜻과 무관하게 작동하고 있음을 확인할 수 있다.[58]

지난 세기 동안 세계 대부분의 국가에서 나타난 사법심사권의 확대 현상은 미국보다 더 두드러졌다. 나의 연구에 따르면, 1930년에는 민주국가로 분류될 수 있는 22개국 가운데 겨우 8개국만이 사법심사권을 갖추고 있었다. 하지만 오늘날에는 21개국으로 늘어났다.[59]

헌법재판의 확대 현상은 조사 대상에 신생 민주국과 권위주의 국가들까지 포함해 보면 더욱 놀랍다. 톰 긴스버그와 밀라 버스티그의 연구에 따르면, 1951년에는 38퍼센트의 국가들이 헌법재판소에 사법심사권을 주었는데 2011년에는 83퍼센트가 되었다.[60]

심지어 헌법상 법원에 사법심사권을 명확히 부여하고 있지 않은 나라에서도 법원이 사실상 그런 역할을 담당하기 시작했다. 영국이 바로 그런 예다. 영국은 오랫동안 하원에 전권을 부여하는 의회주권체제를 자랑해 왔다. 수백 년이 넘도록, 이 나라는 사법부에 사법심사권을 주지 않았다.[61] 그런데 이는 영국이 유럽연합에 가입한 1973년부터 바뀌기 시작했다.[62] 이제 영국 법원은 유럽연합의 법에 따라 의회의 법안을 심사한다.[63] 유럽인권보호조약에 국내법이 적용되게끔 한 뒤로는 더욱 확대되었다.[64] 의회주권 이념이 명실공히 약화된 때는 2005년으로, 이때 영국 최고 법원에 새로운 명칭이 부여되었다. 이 나라의 최고위 재판관들은 한때 상원 소속이었지만, 이제는 독자적인 기구로 재편되었다. 바로 '영국 대법원'[65]이다.

한때 사법심사권을 제한했던 다른 나라에서도 비슷한 이야기를 들을 수 있다. 캐나다에서는, 1992년의 인권자유헌장이 의회주권에서 헌재주권으로의 변화를 가져왔다.[66] 프랑스의 경우, 국참사원Conseil d'État'콩세이 데타' 프랑스 최고 행정법원.의 권력은 서서히 증대했고, 지금 그 소속 판사들은 매년 1만 건 정도의 사안을 판결한다.[67] 심지어 헌법 제120조에 법원이 의회 제정 법률의 위헌성을 심판할 수 없다고 명시되어 있는 네덜란드에서조차 인권자유헌장의 채택으로 실질적인 사법심사권이 도입되었다.[68] 그 결과, 1930년 당시 법원이 의회의 권한 위에 설 수 없도록 못박았던 민주국가들 모두가 지금은 음으로 양으로 사법심사권을 도입한 상태다.

제레미 월드론 같은 법학자는 사법심사에 대해 날카로운 비판론을 편다. 법정의 영향력은 다수의 횡포에 대한 안전장치가 될 수 있다. 그러나 영국처럼 역사적으로 사법심사를 피해온 나라가 미국처럼 강력한 사법심사 제도를 이어온 나라보다 개인 권리 보장에 허술했다고 보기는 전혀 어렵다는 게 월드론의 주장이다.[69] 마찬가지로, 법원은 낙태 문제처럼 법과 철학 문제가 복잡하게 뒤엉킨 사안을 처리하기에 유리하다고 볼 수 있다. 그런 복잡한 사안은 일반인과 그 대표자들이 녹녹하게 처리할 수준을 넘어 보이기 때문이다. 그러나 월드론은 사법심사권이 없는 나라에서 낙태 문제와 같은 사안에 대한 의회의 토론이 매우 수준 높게 진행됨을 발견했다. 그리고 사법심사권이 있는 나라에서는 아직 난항을 겪고 있는 난문제들도 토론으로 이루어진 정치적 타협을 통해 사회적 합의 도출로 이어질 수 있었다.[70]

월드론의 지적은 설득력이 높지만, 나는 결국 한스 켈젠에서 로널드 드워킨에 이르는 쟁쟁한 이론가들의 사법심사 지지론에 동조하게 되었다. 위기시에, 국민의 뜻과 별도로 움직이는 판사들은 취약한 소수자들을 보호하고 권위주의적 지도자들에게 맞설 수 있다. 사법심사권은 분명 안전장치인 것이다.[71]

그렇지만 사법심사를 지지한다고 해서 그 본질을 오도하면 안 된다. 진실은 그 제도가 여러 사안에 있어서 정치적 목소리를 내는 다수의 굳은 의지를 좌절시킨다는 것이다.[72] 성적 소수자나 소수 종교 신도들을 보호하는 일은 너무도 중요하므로 국민 다수의 뜻을 무시할 필요가 있다는 말은 완벽하게 합리적이다. 그렇지만 그런 경우일지라도, 그런 권력을 가진 기구의 본질을 제대로 짚어야 지적으로 불성실하지 않으리라. 다시 말해서, 사법심사는 그것이 개인의 권리와 법치주의를 보호한다는 점에서만 정당화될 수 있다.

_ 국제조약과 국제기구

제2차 세계대전 이후, 국가들은 갈수록 여러 가지 차원(정치, 문화, 군사, 그리고 당연하게도 경제)에서 서로 얽혀들었다.

1960년대로 돌아가 보면, 세계 GDP의 겨우 25퍼센트만이 무역으로 창출되고 있었다. 그러나 세기가 바뀔 즈음엔, 절반 이상이 국가간 무역으로 창출되었으며 그 수치는 이후 꾸준히 오르고만 있다. 해외직접투자의 양적 증대는 더욱 놀랍다. 1980년대와 1990년대에 그 규모는 이전의 세 배로 늘었으며, 전체 투자의 10분의 1에서 3분의 1로 바뀌었다.[73]

국제적 상호연관성이 늘면 늘수록 국제조약과 국제기구의 수도 자연스레 늘어나기 마련이다. 인류의 경제활동 절반이 국경을 넘어 이루어지고 있는 상황에서 어떻게 국민국가가 경제정책을 완전히 통제할 수 있을까? 그리고 한 나라의 탄소 배출이 전 지구적인 온난화를 일으킬 수 있다면, 국제 협력 없이 어떻게 환경 규제를 할 수가 있을까?

이는 자유무역, 국제조약, 국제기구 등에 대한 끈질긴 비판자들은 결코 진지하게 받아들이지 않을 질문들이다. 하지만 그들이 새로운 방식의 '글로벌 거버넌스'를 아무리 기업들과 테크노크라트들이 벌이는 엘리트 음모의 일환으로 해석하려 해도, 그것은 그 누구도 부정할 수 없는 새로운 경향에 대한 마지못한 대응일 따름이다.

국제조약과 국제기구의 부상을 왜곡해서 볼 필요가 없음은 물론이지만, 그 경향이 국내 정치에 아무 영향 없는 듯한 태도 역시 적절하지 않다. 국제조약으로 사전 제약이 걸리거나 국제기구를 대표하게 되는 정치적 결정이 늘어나는 만큼, 민주적 경쟁 결과에 좌우될 수 없는 정책 영역 역시 늘어난다.

국제 협약의 요점이란 여러 나라들의 행동을 조정하여 그 향후 행동을 안정적으로 예상할 수 있게 하고, 공동의 목표를 위해 더 잘 협력할 수 있게 한다는 것이다. 따라서 국제 협약에 구속됨에 따라 개별 국가의 통제력이 감소되는 점은 국제 협약 시스템의 오류라고 볼 수 없다. 오히려 기본 기능이다. 그것은 유해 가스 배출을 제한하는 조약이나 세계은행, UN 같은 국제기구를 창설하는 조약 등에서 모두 작동한다.

특히 자유무역 협정은 그런 기능이 제대로 발휘되는 대표적 예다. 그런 협정을 체결하려면, 해당 국가는 가령 수입 관세 같은 사안들에서 스스로의 결정권을 일부 포기해야만 한다. 어느 시점에서 그 국가가 다시 관세를 부과하면, 자유무역 협정은 폐기될 것이다. 그 협정이 가진 경제적 이익의 주요 근거인 '장래의 예측 가능성'이 사라지기 때문이다.

자유무역은 참여하는 모든 국가에 큰 이익을 준다. 그러나 관세 부과권이 제한되는 등의 제약은 중요한 부문에서 참여 국가들의 자유를 빼앗는다. 과거에는, 여러 개발도상국들이 당분간 강력한 보호주의를 취함으로써 자국의 첨단산업을 육성할 수 있었다. 미국은 19세기에 철강 산업을 그렇게 보호했고, 일본과 대만도 20세기에 자동차, 전자 산업을 그렇게 보호할 수 있었다.[74] 오늘날, 세계무역기구WTO에 속해 있거나 더욱 부담이 많은 무역협정을 맺고 있는 개발도상국들은 같은 전략으로 자국 산업을 보호할 방법이 없다.[75]

그러한 자유 상실에다, 오늘날의 무역은 관세를 내리거나 없애는 문제를 넘어서 있다는 사실이 그들을 더욱 옥죈다. 국내 산업을 외국 투자자들에게 넘어갈 위험에서 보호한다면, 그 나라의 정부는 세계화에 따른 일자리 감소를 늦추고 관련된 여러 사회적 악영향을 억제하기 더 어려워질 수밖에 없을 것이다. 또한 국내 산업에게만 규제와 기술 기준을 달리해주는 등의 방법으로 비관세 무역 장벽을 높이려 하면, 새로 세워진 환경 보호 기준을 넘지 못하게 될 것이다. 북미자유무역협정 NAFTA처럼 보다 야심찬 무역협정에도 단기 취업비자에 대한 기준이 포함되어 있고, 그것은 외국인 유입에 대한 국가의 통제권을 잠식하며,[76] '투자자국가분쟁해결ISDS' 제도<u>외국에 투자한 기업이 상대방 국가의 정책 등으로 이익을 침해당했을 때 해당 국가를 상대로 직접 소송을 제기할 수 있는 분쟁 해결 제도. 한미 FTA를 비롯해 자유무역협정의 잠재된 독소조항으로 주목받아왔다</u>는 기업이 자신의 이익을 줄일 수 있는 국가 규제에 대해 국제재판소에서 시비를 가릴 수 있는 힘을 부여한다.[77]

이런 효과들은 대부분 유럽연합에서 가장 두드러진다. 진짜배기 '단일 시장'을 만들기 위해, 유럽연합은 회원국들의 자율성을 심하게 제약하는 체제를 수립했다.[78] 예를 들어, 유럽에서는 서로 다른 주류마다 다른 관세율을 적용하려고 해도 그렇게 하기 어렵다. 가령 맥주를 많이 생산하는 벨기에가 와인에 높은 관세를 물리려 해도 그러면 와인을 많이 생산하는 이탈리아가 맥주 관세를 올려 보복할 우려가 있기 때문이다.[79] 기술과 환경 관련 기준 역시 각국 정부보다 브뤼셀의 유럽연합 본부에서 자주 설정되며, 그만큼 유럽연합 집행위원회는 큰 힘을 과시한다.[80] 그리고 유럽연합 회원국 주민의 자유 왕래 보장<u>1985년 체결된 솅겐 조약에 따른 보장. 그러나 불가리아, 루마니아 등은 유럽연합 회원국이면서 아직 이 조약</u>

에 가입하지 않았고, 스위스, 노르웨이, 아이슬란드 등은 유럽연합 회원국이 아니면서 이 조약에 가입했으므로 이 표현은 완전히 정확한 것은 아니다.은 유럽 시민들이 타국의 국경을 자유롭게 넘나들 권리를 보장하고 있는데, 이는[81] 곧 자국 영토에 어떤 사람을 받아들일지 결정할 권한이 회원국에게서는 상실되었음을 뜻하는 것이다.[82]

자유무역협정은 지금의 국제체제를 구성하고 있는 국제조약과 국제기구의 작은 부분에 지나지 않는다. 사실 미국은 국무부가 마련한 568쪽짜리 『미합중국 조약 및 기타 국제협약 일람』에 나와 있는 협약들의 한 당사자일 뿐이다.[83]

자유무역이 실질적인 경제적 편익을 다루는 한편, 많은 조약들은 세계를 더 안전하게 만드는 일에, 또 기후변화 같은 전 지구적 문제를 풀어가는 데 도움이 되려는 목적을 가지고 있다. 비록 내가, 모든 시민들과 마찬가지로 그런 조약들의 세세한 내용을 모르기는 하지만, 그런 조약들이 결국 좋은 의도에서 마련되었음을 그리고 뭔가 중요한 기여를 할 것임은 의심하지 않는다.

하지만 우리의 현재 목표상, 그것은 논외다. 많은 의사결정을 민주적 정치 과정 밖에서 처리할 근거는 어쩌면 완벽할지도 모른다. 그러나 그렇다 해도, 국민이 그런 의사결정 영역에서 소외되고 있다는 사실은 부정할 수 없다. 달리 말해서, 비민주적 자유주의에는 상당한 혜택이 있다. 그러나 그 본질에 대해 눈을 감아야 할 이유는 없다는 것이다.

선출직 기구의 투항

우리 체제가 점점 비민주적으로 되어 가는(내 방식대로 말하면, 국민의 뜻을 공공정책으로 옮기는 일이 점점 제대로 되지 않는) 원인 중 한 가지는 지난 수십 년 동안 많은 중요한 의제가 민주적 정치 과정 밖에서 논의되어 왔기 때문이다. 왜 그런가 하면, 국회의원들은 관료들과 중앙은행의 역할 증대, 사법심사권의 부상, 국제조약과 국제기구의 중요성 증가 등으로 국민의 뜻을 법으로 바꾸어 정하는 일에 장애를 겪고 있기 때문이다. 그러나 이 비민주주의의 퍼즐에는 또 한 조각이 있다. 국회의원들이 입법부에 실질적인 재량권이 남아 있는 부문에서도, 국민의 뜻을 공공정책으로 바꾸는 일을 영 잘 해내지 못하고 있기 때문이다. 국민의 뜻을 대변하도록 국민에 의해 뽑혔으면서도, 그들은 점점 더 국민의 뜻과 멀어지고 있다.

마틴 길렌스-벤자민 페이지가 최근 논문에서 설명했듯, 가장 근본적인 질문, 『누가 통치하는가?』Who Governs?유명한 민주주의 이론가 로버트 달이 1961년에 쓴 책 제목이다. 그 책에서 달은 미국 사회는 어느 한 세력의 독점적이거나 지속적인 지배를 허용하지 않으므로 다원주의적 민주주의가 정착된 사회라고 분석했다.에 대해서는 네 가지 주요 이론이 있다.[84] 한 이론에서는 보통 사람들의 입장이 결정적이다. 또 다른 이론에서는 경제 엘리트가 주도권을 쥔다. 세 번째 이론에서는 전미은퇴자협회AARP같이 대중에 기반을 둔 이익집단들이 중요하다. 그리고 마지막 이론에서는 전국감자농가연합NPC 같은 좁은 이익 범위를 대표하는 집단의 입장이 결정권을 갖는다. 길렌스-페이지는 이 4개 이론들을 검증하기 위해 20년 동안 제기된 1779가지 정책 이슈를 가지고 의회가 입법하면서 어느 집단의 선호가 가장 잘 반영되었는지를 분석했다.

결과는 놀라웠다. 경제 엘리트와 좁은 이익 범위의 집단들이 큰 영향력을 발휘한 것으로 나온 것이다. 대중 기반 이익집단은 정책 결정에 거의 영향력이 없었다. 그러면 일반 대중의 영향력은? 아예 없었다! "공공정책 결정 과정에서 경제 엘리트의 선호와 조직화된 이익집단의 입장은 중요하게 반영되는 한편, 일반 국민들의 영향력은 거의 없다시피 해 통계적으로 볼 때 무의미했다."[85] 그것이 갖는 의미는 분명했다. "미국은 다수가 지배하는 나라가 아니다."[86] 길렌스-페이지의 결론이다.

어째서 입법부에 통하는 보통 사람들의 목소리가 거의 없는지, 입법부가 아직도 힘을 쓸 수 있는 분야에서까지 그런지를 이해하기 위해 우리는 그 원인을 캐내야 한다. 왜 국민이 뽑은 대표자에게 그 국민의 목소리가 '거의 무의미'해지게 되었는가?

_ 돈 문제

재선 준비를 하며, 보수당 의원인 루퍼트 앨러슨은 그의 지역구인 토베이에 있는 술집에 들렀다. 앨러슨은 못 말릴 플레이보이이며 포르셰 몰기를 즐기고, 수백만 달러의 개인 자산이 있다고 알려져 있었지만 그 술집 여종업원에게 팁을 주지 않았다. 지방신문 보도에 따르면 이에 몹시 화가 난 여종업원은 보수당 대신 자유민주당에 투표하기로 결심

했으며, 그녀의 동료들에게도 그렇게 하라고 종용했다고 한다.[87]

선거 당일 밤, 앨러슨은 자신만만했다. 5년 전 선거 때 그는 상대방을 5787표 차로 여유 있게 눌렀었다. 그러나 결과가 공표되자 의외로 접전 양상이 나타났다. 결국 세 차례의 재검표 끝에, 앨러슨의 맞수였던 에이드리언 샌더스가 12표 차로 당선되었다. 영국 하원의원 선거 사상 가장 아슬아슬한 승리 중 하나였다.

지방신문 보도 내용이 사실이라면, 팁 한 번 안 주었다가 승리를 놓친 셈이었다. 그리고 앤드류 에거스와 젠스 하인뮤엘러의 최근 연구를 믿을 수 있다면, 앨러슨의 짠돌이 짓은 하원의원 의석을 날려버렸을 뿐 아니라, 장기적 수입도 줄여버린 셈이다.[88]

대략 10년 전, 에거스와 하인뮤엘러는 정치인이 의회에 입성하면 재정적으로 득이 되는지를 연구하려 했다. 그러나 그들은 문제에 부딪쳤다. 온갖 요인들(인간적 매력, 전문 기술, 기존의 부 등등)이 어떤 후보자가 당선될지, 의회 밖에서 재정적으로 좋은 자리를 맡게 될지를 결정했기 때문이다. 이렇게 뒤섞여 작용하는 요인들을 간추리기 위해, 에거스와 하인뮤엘러는 '준 무작위' 사례에 집중하기로 했다. 승패가 아주 적은 표차로 갈려서, 운이 많이 작용한 것처럼 보이는 사례들만 한정해 조사하기로 한 것이다. 그렇게 얻은 결과는 놀라웠다. "죽은 시점을 기준으로 보면, 보수당 하원의원들은 역시 보수당원이지만 의회에 입성하지 못한 동료들에 비해 거의 두 배나 부유한 상태"였다.[89]

이 우려스러운 결론의 큰 부분을 떼어내서 보면, 선거에서 아슬아슬하게 이긴 후보자는 선거에서 아슬아슬하게 진 후보자보다 런던 주식 시장에서 세 배나 많은 이사진 대우를 받고 있다. 직위는 보수당 정치인들에게 재정적으로 유리하게 작용한다. 그것은 그들의 개인 재정을 충족하게 해줄 만한 정치적 연줄과 지식을 부여해 주기 때문이다.[90]

우리가 정치체제를 잠식하는 돈의 효과를 살필 때, 가장 분명하고 극적인 사례에 집중하는 것은 자연스럽다. 돈이 가득 든 가방을 들고 가는 사람, 사람이 많은 광장에서 수상쩍은 갈색 봉투를 주고 받는 모습 등이 떠오르리라. 세계의 여러 신생 민주주의 국가에서는 과연 그런 노골적인 뇌물이 문제가 되고 있기는 하다. 인도나 이라크 같은 나라에서는 운전면허 취득에서 건축 인가까지 온갖 것들에 '뇌물'이 필요하다.

독일이나 미국같이 민주주의가 공고화된 나라에서도, 일정한 정치적 배려를 노리고 거액이 오가는 사례가 있다. 바로 법학자들이 '등가교환quid pro quo 부패'라고 부르는 사례다. 2009년에 일리노이 주지사로 드 블래고제비치는 오바마가 대선에 승리함으로써 비게 될 상원의원 자리를 차지하려 했다. 블래고제비치는 도청된 전화 통화에서 이렇게 말했다. "빌어먹을 기회야. 이걸 놓치지 않을 거야. 금덩어리라고." 다른 통화에서는 이랬다. "빌어먹을 뭘 가지고도 절대 포기 안 해."[91]

블래고제비치는 결국 그의 못된 장난으로 감옥에 갔다. 그뿐만이 아니었다. 1990년에서 2002년 사이에, 약 1만 명의 미국 공무원들이 노골적이거나 우스꽝스럽거나 한 부패 범죄로 법의 심판을 받았다.[92]

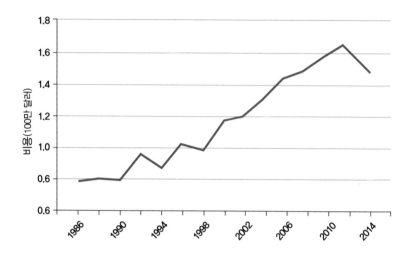

미국 하원의원 당선에 필요한 자금

그렇다 해도, 정치체제에서 돈의 역할은 공고화된 민주체제에서는 좀 더 미묘한 경향이 있다. 노골적 뇌물로 정치체제에서 이익을 취하는 대신, 개인과 기업은 기부금, 로비, 좋은 자리의 보장 등으로 자신들에게 유리한 정치적 결정을 이끌어내려 한다.

선거운동 자금은 특히 미국처럼 정치자금 제한 규정이 미약한 나라에서는 큰 문제가 될 수 있다. 그 결과, 지난 수십 년 동안 미국 선거자금은 계속 늘었고, 이제는 예상치를 훨씬 뛰어넘은 수준이 되었다. 예를 들어, 2012년 보고된 연방의원 선거 비용은 약 63억 달러에 이른다. 이는 부룬디 같은 아프리카 국가 연간 GDP의 두 배에 해당되는 금액이다.[93]

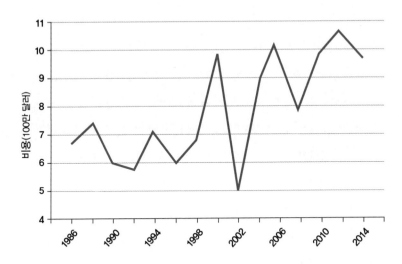

미국 상원의원 당선에 필요한 자금

어떤 정치인들은 이런 시스템에 아주 만족한다. 그들이 거액 기부자들과의 끈을 놓치지 않는 한, 라이벌이 될 수 있는 자들에게 재정적 우위를 가지기 아주 쉽기 때문이다. 하지만 만약 그들이 선거자금 관련 규칙을 바꾸려다가 실패한다면, 그들은 기부자 계층의 분노를 사게 되리라. 그리고 그들이 어떻게 해서 규칙을 조금이라도 바꾸는 데 성공한다면, 전혀 새로운, 불확실한 세상이 되고 말리라. 결국 모든 걸 이대로 놔두는 게 좋다……

하지만 또 많은 정치인들은 스스로 어찌해볼 수 없는 시스템에 얽매여 있다고 여긴다. 또한 아주 드물긴 해도, 체제를 바꾸려는 정치 의지가 성공하기도 한다. 2002년, 두 상원 중진이 갈수록 늘어가는 금권정치 현상을 우려한 나머지 당색을 초월하여 선거전의 전개 방식을 바꿔 보려 했다. 존 매케인과 러스 페인골드는 이른바 '소프트 머니', 다시 말해서 특정 후보를 위해서가 아니라 특정 정책의 지지를 얻기 위해 정당에 주어지는 기부금의 부정적 영향을 제한하는 법안을 만들고자 협력했다. 그리고 놀랍게도, 이 법안은 통과되었다. 수십 년 이래 처음으로, 정치에 미치는 돈의 영향력이 올라가지 않고 내려가는 순간이었다.[94]

그러나 매케인-페인골드 법이라고 널리 알려진 이 법은 약 7년 정도 실제 적용 사례 없이 묵혀져 있었다. 그러다가 시티즌 유나이티드라는 이름의 보수 로비 단체가 위헌법률 소송을 걸었다. 그들은 힐러리 클린턴에 대한 다큐멘터리(실제로는 연속 비방 광고)를 제작했다. 새 법에 따르면 예비선거 30일 전이나 총선 60일 전 시점 뒤에는 유료 다큐멘터리를 방송할 수 없게 되어 있었다. 그런데 시티즌 유나이티드 쪽에서는 이것이 수정헌법 제1조에 보장된 표현의 자유를 침해한다고 본 것이다.

기업이, 이익집단이나 노조 등 다른 조직들과 같이, 법인으로서 자연인과 같은 권리를 보유하고 있다는 데 대법원 판사의 과반수가 동의했다. 케네디 대법관은 매케인-페인골드 법이 시티즌 유나이티드의 표현의 자유를 침해했다며, 기업과 정치운동 단체는 그들이 어떤 후보를 지지하거나 반대하는 일에 마음껏 돈을 쓸 수 있어야 한다고 판결했다. 비록 후보자에 대한 직접 기부는 어느 정도 제약을 받더라도, 법원의 이런 결정은 사적 이익이 정치에 관여하는 데 봇물을 터준 셈이었다.[95]

'시티즌 유나이티드'와 그 관련 단체가 미국 민주주의에 끼친 악영향에 대해서(또는 반대로 그쪽을 변호할 논거에 대해서)는 수백 편의 책과 논문이 나와 있다. 그러나 그 주장들이 놓치고 있는 한 가지 중요한 점은 이 경우에 두 가지 형태의 비민주적 자유주의가 서로 힘을 합쳤다는 것이다. 사법심사권의 확대로 정치 과정 밖에서 중요한 결정이 내려졌으며, 비선출직 법관들이 국민의 대표들이 만든 법을 폐기시킬 수 있었다. 그리고 그런 힘은 다시 국회의원들을 위축시켜, 그들이 재량권을 가진 범위에서도 국민의 뜻대로 입법을 하기 어렵게 만들었다.[96]

여러 면에서, 로비의 변천은 선거 기부금의 증가보다 드라마틱하다.

제피어 티치아웃은 저서 『미국의 부패』에서 정치적 결정에 영향을 주려는 사람들이 쓰는 오만 가지 방법에 대해 건국의 아버지들이 큰 우려를 하고 있었다고 썼다. 유럽에서는 군주가 외국 대사에게 값비싼 선물을 주는 일을 존중의 표시로 여겨 허용했으나, 벤저민 프랭클린이 루이 16세에게서 호화로운 코담배갑을 받은 일을 미국 의회는 심각한 문제로 여겨 논란이 벌어졌다. 건국의 아버지들이 408개의 다이아몬드가 박혀 있으며 "분칠한 머리카락, 붉은 뺨, 목에는 레이스를 두르고, 어깨에는 두 개의 황금사슬을 걸고, 금실로 백합 문장을 새긴 푸른 예복을 걸친"[97] 외국의 절대군주가 그려져 있는 선물을 수상쩍게 본 일은 이해할 만하다. 그러나 티치아웃의 지적대로, 그들은 오늘날 기준으로 봐도 무해해 보이는 정치 활동에까지 의심의 눈길을 보냈다.

한 가지 놀라운 사례로, 어느 병든 노인이 연방정부에게서 돈을 빌렸다. 스스로 돈을 갚을 능력이 없던 그는 변호사를 고용해 자기 입장을 대변하게 했다. 이후 그의 아들이 변호사비를 내기를 거부하자 소송이 벌어졌는데, 법원은 그에게 비용을 내도록 강제해 달라는 요청을 거부했다. 변호사가 맺은 계약에는 아무런 불법성이 없었지만, 법원은 이것이 로비 활동의 법적 근거를 제공할까봐 우려했던 것이다.

> 이 나라의 어떤 대기업이 시장을 장악하기 위해 이런 식으로 승부사들을 고용하여 스스로의 사익에 도움이 되는 쪽으로 일반법을 제정하기를 꾀한다면, 건전한 생각을 가진 사람이면 누구나 그런 고용주와 피고용인을 부패에 발을 디딘 사람들로 경멸하게 될 것이다.[98]

티치아웃은 이 사례가 극단적인 듯 보이지만 결코 특별하지 않다고 주장한다. 미국 역사에서 대부분의 기간 동안, 연방정부는 여러 형태의 로비를 금지해왔다. 조지아주에서는 한때 주 헌법이 이런 식으로 개정되었다. "로비 활동은 범죄로 간주된다."[99] 캘리포니아에서는 아예 흉악 범죄였다.[100]

20세기가 되면서, 로비는 조금씩 그 불법성의 악취를 없애기 시작했다. 하지만 로비 활동이 합법화된 다음에도, 한동안 위축 상태에서 벗어나지 못했으며, 그 활동 영역은 지금과는 비교도 안 될 정도로 좁았다.

리 드러트먼은 『미국의 사업이란 로비 활동이다』에서 1960년대가 되었을 때까지도 상황은 크게 바뀌지 않았다고 한다. 당시 노동조합의 힘은 오늘날보다 훨씬 강했고, 공익집단 역시 큰 목소리를 내고 있었다. 주요 기업들은 직접 로비 활동을 벌이지 않았다. 장차 대법원 판사가 될 루이스 파월 2세는 그때 이렇게 썼다. "모든 경영자들이 알다시피, 오늘날 미국 사회에서 미국 기업인, 기업 법인, 심지어 수백만 명의 주식 투자자들만큼 미국 정부에 영향을 미치기 어려운 사람은 드물다. 그 사실을 못 믿겠다면, 상원 위원회에서 '로비스트'로서 업계의 이익을 주장해 보라."[101]

1970년대 초, 이 모든 것은 빠르게 바뀌기 시작했다. 임금 인상에 따른 비용 급상승과 새로운 법령에 대처하기 위해, 뛰어난 CEO들이 연방정부에 대한 영향력을 높이기 위해 로비스트들과 손을 잡았다. 처음에 그들의 활동은 대체로 방어적이었다. 목표는 그들에게 불이익을 줄 입법을 막는 것이었다. 그러나 대기업의 정치적 영향력이 확대되고 그들의 이익도 치솟으면서, 새롭게 등장한 전문 로비스트들은 자신들의 활동이 "정부를 멀리 떨어트려 놓는데 그치지 않고, 정부와 가까워지는 일도 해낼 수 있다"며 기업을 설득시켰다.[102]

오늘날 로비스트의 주 업무는 입법에 영향을 미치는 것이다. 드러트먼이 로비스트들에게 그들의 목적을 묻자, "정부 정책의 변화에 따른 여파에서 기업을 지키는 일"이라는 답변을 들었다. 그러나 또 다른 목적 역시 중요하다. 바로 '정부 정책의 바람직한 변화를 꿰뚫어 볼 수 있는 역량을 개발하는 것'이다.[103]

따라서 미국의 로비 비용이 꾸준히 빠르게 증가한 사실은 놀라울 일도 아니다. 가령 21세기의 첫 15년 동안, 그 수치는 2배가 되었다. 16억 달러에서 32억 달러를 조금 넘는 규모로![104]

결과는 단지 정치판에 더 많은 돈이 쏟아지는 데 그치지 않고, 판 자체가 왜곡되는 것으로 나타났다. 과거와는 다르게 이제 기업은 가장 유리한 입장에 서 있다. 드러트먼은 말했다. "노동조합과 공익단체가 1달러를 쓸 때마다, 대기업과 그 유관 단체는 34달러를 쓰고 있다. 로비에 가장 돈을 많이 쓰는 100개 단체 가운데 95개가 기업 쪽이다."[105]

한편, 로비 사업의 성장은 유럽에서 더 대단하다. 1970년대 브뤼셀

로비 활동에 지출된 자금

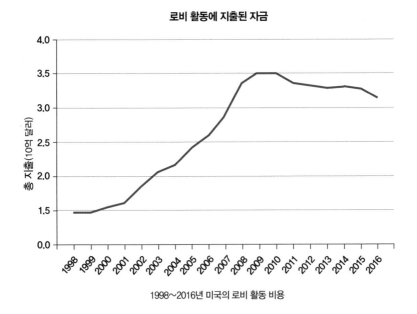

1998~2016년 미국의 로비 활동 비용

에서는 등록된 로비스트가 1천 명 미만이었다. 이제는 3만 명 이상의 로비스트가 유럽연합의 정책에 영향을 미치려 하고 있다.[106]

힐러리 클린턴이 왜 2005년 도널드 트럼프의 결혼식에 참석했었는지 질문을 받았을 때, 그녀의 대답은 절로 고개를 끄덕이게 했다. "재미있을 것 같아서요."[107]

트럼프는 클린턴 부부를 초청한 까닭을 좀 더 퉁명스레 밝혔다. "정치 자금 기부자로서, 나는 그들이 참석하기를 요구했다. 그들은 달리 선택할 수 없었다. 그리고 그게 바로 이 나라가 잘못 돌아가고 있는 까닭이다. 우리나라는 기부자들, 특수 이익집단, 로비스트들에 의해 돌아가고 있다. 그것은 우리나라의 성공에 별로 좋지 못하다."[108]

트럼프가 자기 재정 내역을 공개하기를 한사코 거부하는 점, 그리고 그를 둘러싼 여러 이익 갈등을 해결하려는 시도를 하지 않는 점 등을 미뤄 보자면 한 가지는 분명하다. 로비 활동에 대한 그의 비판은 진심이 아니라는 것이다. 그러나 그가 지적한 미국 정치체제의 기본 현실은 상당히 정확하다. 이 나라가 '기부자들, 특수 이익집단, 로비스트들에 의해 돌아가고 있다'는 건 과장일지 몰라도, 이 나라가 돌아가는 데 바로 그들과 웬만큼 협조하지 않으면 곤란하다.

케네디 대법관은 '시티즌 유나이티드'라는 글에서 이렇게 썼다. "기부와 로비를 통해서 선출직 공무원들에게 접촉하고 영향을 미치는 사람들이 존재한다고 해서 그 공무원들이 부패했음을 의미하지는 않는다."[109] 그렇다. 로비스트가 국회의원에게 이러저러한 법안 통과에 힘써 달라고 부탁하고, 몇 주 뒤에 그 로비스트가 대변했던 기업이 해당 의원에게 거액의 선거자금을 기부하는 일은 뇌물죄가 아니다. 영국의 하원의원이 재직 중에 대기업의 이익을 위해 애쓰고, 의회에서 물러난 다음 그 기업의 이사진에 앉는 것 역시 뇌물죄에 해당되지는 않는다. 그런 식으로 해나가야 정치 생명이 유지될 수 있는 이상, 시스템이 요구하는 대로 따른다고 해서 정치인들을 비난하는 것은 말이 되지 않으리라. 그러나 이런 허용된 관행이 쌓이면 로렌스 레식이 말한 '생계형 부패dependence corruption'[110]라는 것이 될 수 있다. 다시 말해 "정치적 특혜를 주고받는 선물경제의 결과 생겨나고, 제도적 차원에서 진행되는"[111] 부패의 시스템이 될 수 있다는 것이다.

달리 말해서, 생계형 부패와 실제 뇌물 사이에는 중대한 법적인(그리고 아마도 도덕적인?) 차이가 있다는 점에서 케네디의 말은 맞다. 그러나 비민주적 자유주의의 관점에서 보면, 두 가지 모두 효과는 비슷하다. 사적으로 돈을 쓴 덕분에, 거대한 이익 발생처와 공공정책의 방향이 바뀌었다. 국민의 뜻을 공공정책으로 바꾸는 과정에서, 입법부는 실망스러울 정도로 특수 이익에 사로잡혀 있다.

_ 사회적 환경

우리가 밤낮으로 만나는 사람들은 우리의 취향, 가치, 생각 등을 바꿔놓는다. 로비 활동이나 정치자금 후원이 정치체제를 왜곡하는 가장 음험한 방식은, 정치인들이 기부자와 로비스트들에게 많은 시간을 할애하는 상황을 당연한 것으로 생각하는 통념을 형성하는 것이다. 대체로 그들은 주요 기부자를 위한 법안에 투표할 때 자신의 이상을 접을 필요가 없다. 너무나 많은 시간을 특수 이익집단 대표와 시간을 보내왔기에 그들의 가치관을 상당수 공유하게 되어버린 까닭이다.[112]

이제껏 아무도 이 효과가 얼마나 강력한지를 체계적으로 연구하지 않았지만, 굉장히 강력하리라는 것은 의심의 여지가 없다. 아무튼 요즘 정치인들이 펀드레이징 자체에 쓰는 시간만 해도 막대하다. 1986년에서 2012년 사이, 상원의원 선거전에 들어가는 돈의 평균 액수는 62퍼센트 증가했다. 하원의원 선거전의 경우에는 무려 344퍼센트나 뛰었다. 따라서 몇몇 사례에서 유추해 보면, 지금 하원의원들은 모금 활동에 업무 시간 절반을 할애하고 있는 셈이다.[113]

이런 변화는 가장 높은 직책에서도 마찬가지로 두드러진다. 지미 카터와 로널드 레이건은 그들의 첫 번째 임기 때 20일에 한 번 꼴로 펀드레이저fund raiser(모금 전문가)에게 갔다. 레이건과는 달리, 오바마는 펀드레이저를 싫어했다고 알려져 있다. 그럼에도, 그는 그가 속한 정치의 틀에서 벗어날 수 없었다. 그는 5일에 한 번 꼴로 모금 조직과 만났다.[114]

모금을 해야 할 절대적 필요성이야말로 정치인들이 자신이 대표하고 있는 사람들과는 매우 다른 성격의 동료집단과 많은 시간을 보내는 한 가지 이유다. 그러나 그것은 사실 빙산의 일각일 뿐이다. 진실이 뭔가 하면, 이 입법자들 대부분이 직위를 차지하기 훨씬 전부터, 보통의 미국인들과는 동떨어진 문화적, 교육적, 경제적 엘리트들과 짝짜꿍이 된다는 것이다.

전체 미국인에서, 법학 석사 학위를 가진 사람은 200명 중 1명 꼴이다. 하원의 경우, 그 수치는 3명에 1명이다. 그리고 상원에서는 2명에 1명이다. 부에 대한 통계치는 더욱 놀랍다. 보통 미국인의 중위소득은 연간 4만 5천 달러 이하다.[115] 반면 하원의원의 평균 중위소득은 그보다 열 배 이상이며, 상원의원의 경우에는 당연히 그 이상이다.[116]

물론 건국의 아버지들은 언제나 국회의원들을 엘리트로 보고 있었다. 미국인들이 고도의 교육을 받은(또는 재정적으로 풍요로운) 지역사회의 명사를 자신들을 대표할 사람으로 뽑는다는 사실은 문제될 것이 없었다. 그러나 문제로 볼 수밖에 없었던 것은, 지리적 문제에서 생애의 경험에 이르기까지, 이 엘리트 나리들은 나머지 공동체 구성원들과 스스로를 분리해 본다는 점이었다.

몇 세대만 더 거슬러가 보면, 대부분의 하원의원들은 이 나라의 일부 지역과 끈끈한 유대관계를 맺고 있었다. 그들은 분명 지역 명사였으나, 그 지역에 대한 정체성을 잊지 않는 명사들이었다. 민주당 의원들은 지역 노동조합이나 학교 출신인 경우가 많았고 공화당 의원들은 지역 업체의 장이거나 지역사회 단체장 출신이 많았다. 출신 지역에서 태어나서 자라고, 대부분 대학 교육도 받았으며, 의원직을 내려놓은 뒤에는 대체로 고향으로 돌아가 살았다.

반면 오늘날에는 하원의원들과 그들의 지역구 사이의 유대관계는, 몇몇 해당 목적으로 이루어진 연구 결과에 따르면, 확실히 느슨하다. 의원 각자가 대표하는 지역구에서 태어나고 자란 경우도 적다. 그리고 비록 그들이 자기 지역구에서 지지를 받더라도, 그에 비례해서 그 지역구를 자기 삶의 중심으로 삼지 않는다. 보통 동해안이나 서해안 지역의 명문대에서 교육을 받은 그들은 초기 경력을 미국 최대의 대도시에서 쌓는 경우가 많다. 그리하여 사업을 하거나, 금융 또는 법률 일을 하거나, 보좌관 내지 연방 공무원으로 일한 끝에, 정치적 야심을 품고 자기 지역구로 돌아간다. 그리고 다수가 의원직을 그만둔 뒤에는 어떤 형태로든 지역구에 집을 마련하기는 하되, 그곳을 진정한 은퇴 후 삶의 근거지로 삼는 일은 거의 없다. 자신들의 선배들과는 달리, 이익이 쏠쏠한 자리를 찾기 위해 대도시에 주로 머무르려 한다.[117]

많은 유럽인들이 자신의 나라는 그런 점에서 미국보다 나으리라고 믿고 있다. 미국 민주주의는 오래전에 초극단적 자본주의의 정서와 그 상징인 기업들의 포로가 되었으나, 대륙은 훨씬 건전하다고.

그런 주장을 뒷받침할 근거는 있다. 대부분의 유럽 국가에서 선거자금 기부는 미국보다 더 엄격히 제한된다.[118] 로비 활동은 급증하고 있지만, 정치에 들어가는 자금은 그렇게 높지 않은 수준으로 유지되고 있다.[119] 더 중요한 점은, 유럽 사회가 미국 사회에 비해 훨씬 평등하다는 점이다. 국회의원과 보통 국민 사이의 사회적, 경제적 격차는 그렇게 크지 않다.

그러나 유권자와 국회의원들 사이의 이질성은 유럽에서도 적지 않다. 가령 선거자금 기부에 대한 규제가 실제적이지만, 이에 맞서 더욱 교묘하고 추적이 힘든 방법으로 영향을 미치려는 거대 특수 이익집단들이 존재한다.

일단, 합법적으로 선거자금 모으기가 어려우면 정치인들은 불법 선거자금 확보의 유혹을 받게 된다. 독일 수상을 오래 지낸 헬무트 콜이 아마 가장 좋은 예일 것이다. 그가 기독교민주당의 당수일 때, 당은 무기 수출 같은 중요 안건에서 정부 정책을 쥐고 흔들 수 있는 비정형적, 비공개적 기부 시스템을 만들어냈다.[120] 불법 선거자금 문제는 프랑스에서 더 심각한데, 이 건으로 부패 혐의 조사를 받은 유력 정치인이 수십 명도 넘는다.[121]

또한, 상대적으로 선거자금 모으기가 어렵기 때문에 정치인들은 자기 말을 대중에 전달하기가 더 어렵다. 이는 그들이 매스미디어에 어떻게 비쳐지는지가 더욱 중요해지는 결과를 낳았다. 이탈리아에서 영국에 이르기까지 한 사람의 오너가 다양한 매체를 좌지우지하는데, 따라서 그런 오너들은 킹메이커의 위치에 오르기 유리하다. 예를 들어, 영국에서 가장 널리 읽히는 신문인 《선sun》지의 후원을 받은 후보가 지난 총선 10회에 10번 모두 당선된 일은 결코 우연이라고 볼 수 없다.[122] 또한 이탈리아 최대의 텔레비전 네트워크를 소유한 실비오 베를루스코니가 온갖 실정에도 불구하고 20년 동안 이탈리아 정치를 쥐락펴락한 일도 이상할 게 없다.

유럽인들이 정치인들의 특권계급화를 걱정해야 할 까닭은 또 하나 있다. 아주 소수만 배출하는 국립행정학교École National d'Administration전후 설립된 프랑스의 엘리트 교육기관. 대통령 2명, 총리 7명을 비롯해 다수의 고위공 직자를 배출했다.를 나오지 않고서도 최상위 직책까지 올라간 정치인이 뉴스 거리가 되는 프랑스 같은 나라에서는 이런 까닭이 특히 두드러진 다. 어쨌거나 유럽 전역의 국회의원들 대부분도 갈수록 그들에게 투표 한 유권자들과의 관계가 멀어지고 있는 중이다.

불과 한 세대 전만 해도, 유럽의 좌파 지도자들은 노동조합 운동과 긴밀한 관계를 맺고 있었다. 비록 그들 스스로가 노동자가 아니었더라 도 그들의 부모는 노동자였으며, 노동계급의 분위기 속에서 성장했다. 따라서 그들과 노동계급 사이의 관계는 정치적일 뿐 아니라 문화적이 고 생애적이었다.[123]

마찬가지로, 대부분의 우파 리더들은 종교운동 및 농업 단체와 끈끈 한 관계를 맺고 있었다. 그들이 비록 지금 당장 대도시에서 살고 있더 라도, 그들은 매우 색다른 사교계에 속했으며 자신들의 라이프스타일 을 지키는 데 자긍심을 느꼈다.

정치가 다분히 합의 지향적이고 사회민주당과 기독민주당의 정책이 기본적으로는 서로 비슷했을 때조차, 이런 문화적 차이가 유럽 정치 구 조의 틀을 형성했다. 유권자 다수와 그들이 지지하는 국회 대표들 사이 의 거리는 상대적으로 가까운 반면 라이벌 정당의 국회의원들과는 상대적으로 멀었다. 따라서 정당 지도자들은 라이벌 정당 사람들보다는 지역구 사람들과 식사를 하는 게 훨씬 편했다. 하지만 오늘날에는 전혀 그렇지 않다.

이 모든 것은 실질적인 정치적 영향을 갖는다. 우리는 상상이 잘 안 되는 이해관계보다는 우리 눈에 잘 들어오는, 타당성 있는 이해관계에 더 무게를 싣게 되기 마련이다. 또한 만나본 적도 없는 사람들이 선호하는 법안보다 우리 친구들이 지지하는 법안에 찬성하게 되는 일이 자연스럽다. 국회의원들이 자기 지역 구민들의 뜻을 공공정책으로 옮기는 일에 갈수록 젬병인 데는 정치 엘리트와 유권자 다수 사이의 사회적, 문화적 균열이 커진 점도 크게 한몫한다.

탈출구는 있는가?

민주주의란 정치사상가의 숫자만큼 다양하게 정의되고 있다. 어떤 철학자의 말처럼 그것은 근본적으로 합의가 어려운 개념이며, 무엇이 민주주의에서 중요한지를 놓고 계속 이의가 제기되는 이상 민주주의에 대한 일치된 정의란 없다고 보아야 한다.[124] 그러나 과연 오늘날의 미국이 완전히 민주적인 나라인지를 두고 무슨 옛이야기의 불한당처럼 사전을 뒤져가며 애쓸 필요는 없다.

나는 적어도 민주주의라면 국민의 뜻을 공공정책으로 옮기는 효과적인 제도적 메커니즘을 갖추고 있어야 한다고 본다. 미국에서, 이 메커니즘은 지금 심각하게 훼손되었다. 이 나라는 자유주의적 권리를 보장하는 일에 한껏 집착하고 있다. 그러나 이런 형태의 자유주의는 가면 갈수록 비민주적인 양상을 띤다.

이런 비민주적 자유주의의 추세는 미국만 겪고 있는 게 아니다. 거의 모든 선진 민주국가들은 지금 강력한 수호자주의 메커니즘을 나타내고 있다. 수많은 중요 사안들이 정치 공론장을 떠나 무역협정이나 독립 기관들의 손에 처리되고 있다. 국민의 뜻이 정치권에 받아들여지지 못하고 떠도는 동안, 미국 대법원에서부터 유럽 중앙은행에 이르는 테크노크라트 기관들이 그 동력을 죽여 버린다. 심지어 국민이 형식적으로나마 스스로의 운명을 결정할 수 있는 영역에서조차 이 메커니즘은 사회 경제적 엘리트의 이해관계에 주로 맞춰져 있어, 국민이 자국 정부에 미칠 수 있는 영향력은 말도 못하게 제한되고 있는 실정이다.

지난 30년 동안 서구의 정치는 법원, 관료기구, 중앙은행, 초국가적 기구의 역할 증대로 특징지어질 수 있다. 동시에, 로비스트의 활동, 정치자금의 규모, 정치 엘리트와 그들이 대표하는 국민 사이의 거리 역시 크게 늘어났다. 그 여파가 하나가 되면서, 정치체제는 국민의 뜻과 유리되어 버렸다.

스티븐 레비츠키와 루시안 웨이는 '경쟁적 권위주의 체제competitive authoritarian regime'라는 용어를 제시하는데, 이는 가령 헝가리처럼 '불공정한 경쟁'이 정치 과정에서 전개되는 체제다. 말하자면 '기울어진 운동장'에서 선거가 진행되는, 그래도 예상 밖의 결과가 나올 가능성이 전혀 없는 것은 아닌 상태다.[125] 이와 비슷하게, 이제는 많은 학자들이

민주주의가 경쟁적 과두체제를 닮아 가고 있다고 보고 있다. 법안에 관련된 논의가 어느 정도 의미가 없는 것은 아닌데, 그래도 불공정한 정책 결정 과정은 지배 엘리트가 기득권을 더욱 넓힐 기회를 충분히 주고 있다.

이런 현상에 대해 글을 쓴 학자들 가운데 그 원인이 간단한 만큼 극복 방법도 분명하다고 한 사람은 거의 없다.

그들의 주장으로는, 국민이 힘을 잃게 된 원인은 정치, 경제 엘리트의 권력 강화에 있다. 대기업과 슈퍼리치super-rich들은 중앙은행의 독립과 '비즈니스 프렌들리' 무역협정을 지지했고, 그 결과 대박을 쳤다. 정치인, 학자, 언론인들은 테크노크라트 형 통치 형태를 선호했는데 그렇게 하면 국민의 뜻에 상관없이 의사결정을 할 수 있기 때문이다. 그리고 이 모든 사적 이익의 추구는 신자유주의 이데올로기에 의해 효과적으로 포장되었다. 부유한 기부금의 혜택을 입고 있는 싱크탱크와 학자들의 신자유주의 찬양에 힘입어.

지금의 상황은 명명백백히 잘못되어 있으므로, 그 해결책은 아마도 단순명쾌할 것이다. 국민이 권력을 되찾아야 한다!

전문가들은 독립적인 중앙은행을 두는 게 경제성장에 유익하다고 한다. 또 자유무역협정은 소비자 가격을 내린다고 한다. 그들은 대규모의 관료기구와 강력한 국제기구 역시 필요하다고 하는데, 보통 사람들이 다루기에는 너무 어렵고 복잡한 문제들을 다룰 수 있기 때문이다. 그러나 일단 이런 기구들이 사실은 국민을 따돌리려는 속셈에서 비롯되었음이 밝혀진다면, 그런 주장들의 허구성이 명백해질 것이다.

비민주적 자유주의의 병폐를 해소하려면 수호자주의적 제도를 철폐해야 한다. 또한 엘리트들에게서 권력을 빼앗아야 하며, 국민에게 결정권을 되돌려주어야 한다.[126]

이런 기초적인, 거의 본능적이라고도 할 수 있는 기본 입장은 극좌에서 극우에 이르는 여러 정치 논의에서 수없이 제기되었다. 이는 자유무역협정과 중앙은행에 대한 반대 운동에 불을 지폈다. 그리고 도널드 트럼프 뿐만 아니라 질 스타인미국 녹색당 대선 후보.의, 스티븐 배넌전 백악관 수석 전략가로 트럼프의 오른팔로 불렸으나 주한미군 철수 발언 등을 이유로 경질되었다. 뿐만 아니라 나오미 클라인캐나다 출신의 작가이자 언론인으로 반세계화 운동의 주요 인물이다.의 언행에 대한 경각심을 불러일으켰다.

이 모든 것의 문제점은 그것이 이런 기구들의 기원, 작동 방식, 목표에 대해 진실보다는 과장된 허구를 그리는 데 그친다는 점이다.

정치 엘리트들이 자신들에게 큰 힘을 실어주는 테크노크라트 기구에 과도하게 애착을 가지는 것은 사실이다. 재계 엘리트들이 이런 기구에 돈을 물 쓰듯 하며 자신들의 편으로 만들려 애쓴 것도 사실이다. 그러한 기부금이 특정 아이디어를 다른 아이디어보다 선호하게 하며, '진지한' 견해의 범위를 좁히고 있는 것도 역시 의문의 여지가 없다.[127]

그러나 국민 의견을 억제하는 기구들의 연혁을 따져 보면 대부분 그 비판자들의 생각보다는 많이 복잡하다. 예를 들어, 유럽연합은 기업들의 담합으로 만들어진 게 아니며, 제2차 세계대전 이후 유럽 대륙을 재건하려는 합리적이고 이상주의적인 시도에서 비롯된 것이다. 한편 EPA에서 IAEA에 이르는 기구들은 분명, 이전에는 해결이 곤란해 보였던 문제(대기 오염이나 핵 확산)에 대응하려고 만들어졌다. 이런 기구들의 일상적 활동은 더욱 복잡성을 띤다. 예를 들어 그리스와 3대 채권국 사이의 협상은 흔히 그리스 유권자들과 국제 테크노크라트들의 충돌로 묘사된다. 그리고 중요한 점에서, 맞는 얘기다.(나 또한 이를 앞서 비민주적 자유주의의 사례로 들었다시피). 그러나 왜 앙겔라 메르켈 같은 지도자들이 그리스에게 더 좋은 조건을 제시하지 않았는가 하면, 큰 이유는 그들 스스로가 자신들을 뽑아준 유권자들의 입장을 살펴야 했기 때문이다. 그들의 입장에서, 그리스 국민의 뜻은 다른 유럽연합 회원국 전체 국민의 뜻에 따라서 무시될 필요가, 적어도 부분적으로는 있었다.[128]

테크노크라트 기구들의 연혁과 활동이 그 비판자들이 지적하는 것보다는 복잡하듯, 비민주적 자유주의의 해법 역시 생각보다 분명하지가 않다. 불완전한 기구니까 쓸모없다, 기구 스스로를 위한 기구라고 비판하기 쉽지만, 사실 이 기구들은 중요한 역할을 수행하고 있다.

지금 우리가 살고 있는 세계는 말할 수 없을 만큼 복잡하다. 경제가 계속 돌아가게 하고 심각한 재난을 방지하기 위해, 우리는 은행을 규제하고, 소비자 안전 기준을 집행하며, 태풍 추이를 살피고 발전소 상태를 점검해야 한다. 이런 과제를 수행하는 방식에는 여러 가지가 있다. 국회의원들에게 필요한 규칙을 제정할 힘을 더 실어주고, 관료기구가 더 책임성 있게 만드는 개혁을 단행한다면 분명 의미 있을 것이다.

　그러나 결국에는 이런 규제의 설계와 실행 모두 상당한 기술적 전문성을 필요로 한다. 대부분의 시민이 적극적으로 스스로의 관심사를 추구하고 있다고, 또는 선출직 국회의원들이 그들 앞에 놓인 문제의 온갖 복잡다단함을 통달하고 있다고 믿기란 어렵다. 그리고 이런 과제들이 과연 테크노크라트적 기구들을 폐지하면 달성될까? 확실하지 않다.

　국제 협력이 상당 수준으로 필요한 정책 영역으로 가면, 문제는 더 심각하다. 기후변화를 늦추거나 핵무기 확산을 통제하는 일, 이런 일은 거의 모든 국가들이 행동방식에 대한 합의를 이뤄야 가능하다. 이 시점에서, 이런 류의 의사결정은 보통 정부 수뇌(또는 그가 선임한 대표)의 재량으로 이루어진다. 민주국가에서, 이런 수뇌나 대표들은 당연히 선거로 뽑힌다. 그러나 책임을 위임하는 단계 단계는 극단적으로 많을 수 있고, 국제조약에 영향을 미칠 수 있는 일반 시민의 역량은 대단히 제한되어 있다. '기후변화에 대한 파리 협정'<u>2015년 파리에서 체결된 조약. 195개국이 서명하여 각국의 탄소 배출을 줄이기로 합의했으나 2017년에 트럼프 행정부는 탈퇴를 결정했다.</u>과 같은 국제 협정은 실질적인 민주적 합의 과정을 결여한 채 이루어졌다.

　그러나 다시 보면, 현실적인 대안을 찾기가 어렵다. 진정한 세계 의회 같은 것은 어디에도 보이지 않으며, 적어도 대부분의 시민들에게는 전혀 와닿지 않는다. 그렇다고, 각국이 각자의 길을 간다면 기후변화와 같은 세계적 규모의 문제에 대처하지 못하게 될 것이다. 결국, 우리는 문제가 많은 비민주적 길을 따라 국제 협력을 추진하거나 아예 국제 협력을 포기하거나, 택일해야 할 것 같다.

자유주의와 민주주의의 관계 역시 테크노크라트 기구의 비판자들이 주장하는 것보다 훨씬 더 복잡하다. 그 모든 결점에도 불구하고, 헌법재판소처럼 다수결에 따른 결과를 뒤집을 수 있는 기구는 개인의 권리를 지키는 일에 큰 공헌을 했다. 따라서 그 반대자들은 적어도 그 기구가 철폐될 때 인종이나 종교적 소수자들이 더욱 취약해질 가능성을 심각하게 고려해야 한다. 더 넓게 보면, 독립기관들은 역사적으로 격동기에 민주주의를 수호하는 일에 있어 매우 중요한 역할을 해냈다. 헝가리나 터키 같은 나라의 최근 사례에서 보듯, 국민의 뜻이 판사나 관료의 결정을 압도하는 시스템은 단기적으로는 더 민주적인 듯 보인다. 그러나 장기적으로는 민주주의를 압살하는 독재자를 등장시킬 소지가 있다.

자유민주주의가 양쪽으로 위기에 처한 지금, 쉬운 해결책을 찾으려 하기 쉽다.

포퓰리스트들의 반자유주의적인 태도를 가장 크게 우려하는 전문가들은 그 배경이 되는 힘에 뭔가 민주적인 성격이 있음을 인정하지 않으려 한다. 그들 가운데 일부는 심지어 정치적 결정을 국민의 뜻에서 더더욱 분리해야 한다고 주장한다.[129] 반대로, 기성 엘리트들의 테크노크라트적 태도를 가장 크게 우려하는 사람들은 그런 기구가 본래 좋은 의미로 창립되었음을 인정하지 않으려 한다. 그 결과, 그들은 그런 기구를 대부분 그냥 철폐해버려야 한다고 주장한다.[130]

그러나 그렇게 단칼에 민주주의의 위기를 해결할 수는 없다. 이 체제의 자유주의적 요소를 보존하고 싶다고, 중요한 결정이라는 결정은 모두 전문가들의 손에 맡김으로써 포퓰리스트들의 영향력을 봉쇄하려 들지는 말아야 한다. 그럴 게 아니라, 유권자들에게 그들을 투표에서 꺾자고 설득해야 한다. 마찬가지로, 이 체제의 민주주의적 요소를 보존하고자 우리 경제를 안정시켜 주고 세계의 가장 긴급한 문제를 처리해 주는 기구들을 철폐하려 해서는 안 된다. 그보다, 이들 기구의 전문성과 국민의 뜻에 대한 부응 사이에 더 나은 균형을 이룰 수 있도록 개선을 모색해야 한다.

~~~~

전후 시대의 첫 번째 중요 가정은 오류로 나타났다. 자유주의와 민주주의는 대부분의 시민들(그리고 많은 학자들)이 생각했듯 자연스럽게 하나로 뭉치지 못했다. '국민의 뜻'이 갈수록 '개인의 권리'와 충돌하면서, 자유민주주의는 그 구성 요소의 해체를 겪고 있다. 이는 심각한 사태다. 왜냐하면 첫째, 자유주의와 민주주의는 모두 타협이 불가능한 가치들이기 때문이다. 개인의 권리를 포기할까? 국민의 뜻을 외면할까? 그어떤 선택도 불가능하다. 두 번째로, 반자유주의적 민주주의나 비민주주의적 자유주의나 안정적인 체제가 아니라는 것이 점점 확인되고 있다. 국민의 뜻을 떠받드느라 개인의 권리를 희생하는 체제는 결국 국민

전체를 탄압하게 될 것이고 반대로, 개인의 권리를 보장하느라 국민의 뜻을 버리는 체제는 결국 고조되는 대중의 불만을 억누르느라 점점 더 노골적인 폭압 수단을 쓰게 될 것이다.

이는 두 번째 가정, 더 근본적 의미를 갖는 가정에 의혹을 드리운다. 민주주의란 세우기 어렵다. 그러나 일단 한 나라가 경제적 번영과 민주주의를 달성하고 나면, 그 정치체제는 반석 위에 앉게 된다. 프랑스나 미국 같은 나라에서, 민주주의는 '공고화'되었다. 그러나 자유주의와 민주주의가 학자들이 오랫동안 믿었던 대로 찰싹 달라붙어 떨어지지 않는 게 아니라면, 두 가치 모두 따로 분리되었을 때 더 취약해지기 마련이라면, 이 정치체제는 우리의 예상을 뛰어넘는 위협에 직면하고야 말 것이다. 그러니, 오늘날의 이 불완전한 자유민주주의, 그것은 우리가 오래 믿어 의심치 않았던 대로 안정적인 체제라 할 수 있겠는가?

03_____무너져 내리는 민주주의

      1960년대와 1970년대 초, 미국 정치인들에 대한 신뢰는 산산조각났다. 학생운동, 베트남 전쟁, 워터게이트 사태 등이 일으킨 소용돌이는 오랫동안 변치 않던 믿음의 토대를 부숴버렸다. 리처드 닉슨이 오명을 쓰고 대통령직을 물러나야 하리라 여겨지던 때, 문화비평가들은 미국 민주주의에 심각한 신뢰의 위기가 닥쳤다고 선언했다. 최근, 데이비드 런시먼은 그 시절에 대해 이렇게 썼다. "대통령직의 표리부동함과 편집증적 성향이 드러나면서…… 민주주의의 민낯이 드러난 듯했다. 그 썩어빠진 진면목이."[1]

  바로 그 해에 갤럽이 처음으로 그동안에는 꺼리던 설문을 한 일, 사실 미국 국민들은 바로 몇 해 전부터 답변을 확정해 두었던 설문을 한 일은 결코 우연이 아닐 것이다. 그들은 다음과 같은 질문을 받았다. '정치인들을 신뢰합니까?' 공직에 있거나 공직을 차지하려 뛰고 있는 사람들을? 하지만 결과는 놀랄 만큼 낙관적이었다. 심지어 그 모든 스캔들로 난리가 나 있던 1974년에도 미국 국민 다수는 공직자를 신뢰하고

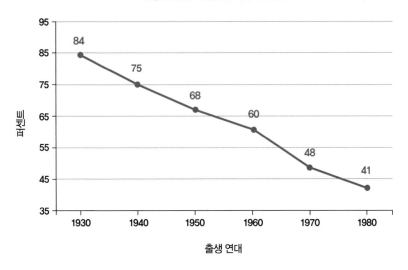

출생 연대별 미국 국민의 정치 관심도

있었다.[2]

　하지만, 그뒤 수십 년이 흐르는 동안, 정치인들을 신뢰하는 미국 국민의 수는 급격히 줄어들었다. 오늘날, 그들 대다수는 공직자를 신뢰하지 않는다고 밝히고 있다.[3]

　여러 기구에 대한 신뢰 역시 저조하다. 예를 들어 2014년 6월, 미국 국민의 겨우 30퍼센트만이 대법원을 신뢰한다고 했다. 대통령을 신뢰하는 수치는 29퍼센트였다. 입법부에 대한 신뢰도는 더욱 참담했다. 1970년대 초만 해도 하원에 대한 신뢰는 40퍼센트 이상이었다. 그러

나 2014년, 그 수치는 7퍼센트 아래로 떨어졌다.[4]

이렇게 정치체제에 대한 불신이 하늘을 찌르는 상황에서, 많은 미국 젊은이들이 정치 자체에 신경을 쓰기 싫어하는 것도 놀라운 일이 아닐 것이다. 그렇다 해도, 정치에 대한 관심이 얼마나 빨리 줄고 있는지를 보면 놀라지 않을 수 없다. 1930년대와 1940년대에 태어난 미국인들은 정치에 적극 참여하겠다고 밝히는 비율이 매우 높았다. 그에 비해 젊은 미국인들은 그 절반도 안 된다.[5]

비슷한 경향이 세계의 여러 선진 민주국가들에서도 나타나고 있다. 예를 들어 유럽 대부분의 나라에서, 선출직 의원들이 일반 대중의 이익을 우선시한다고 믿는 비율은 몇 십 년 전에 비해 감소했다.[6] 그들은 전에 비해 공식 정치기구에 덜 참여했고,[7] 미국과 마찬가지로 유럽 젊은이들도 윗세대에 비해 정치에 대한 관심이 많지 않은 것으로 나타났다.[8]

이러한 불만은 특정 정부에 대한 싸늘한 반응에서 그대로 드러났다. 2005년 6월, 프랑스 자크 시라크 정권에 대한 지지율은 기록적으로 저조했다. 설문 대상자의 겨우 4분의 1이 시라크가 국정을 잘 수행하고 있다고 대답했으며, 이는 여론조사 기관인 TNS-소프르가 1979년 9월 대통령 지지율 조사를 시작한 이래 가장 낮았다.[9] 5년 뒤, 시라크는 그의 후임자가 맞이한 불운을 보며 어느 정도 위안을 삼았을지 모른다. 니콜라 사르코지는 프랑스에 격이 다른 리더십과 더 나은 미래를 약속하며 대통령이 되었다. 그러나 그는 그 약속을 지키는 데 실패했다. 국민의 평가 역시 가차없었다. 2011년 4월, 사르코지가 잘한다고 응답한 국민은 5분의 1에 불과했다.[10] 그리고 또 5년 뒤, 이번에는 후임자가 당한 꼴을 보며 사르코지가 위안 삼을 차례였다. 프랑수아 올랑드는 기성 정권에 대한 불만의 파도를 타고 대통령이 되었는데 그 자신에 대한 불만이 하도 높아져서 재선을 꿈꾸지도 못할 지경이 되어버렸다. 2016년 11월, 그는 20분의 1의 응답자에게서만 지지를 받았다.[11] 에마뉘엘 마크롱이 2017년 5월 대선에서 승리한 일은 기존의 정치체제에 대한 넌더리, 또한 그 개인의 폭발적 지지에 힘입은 것이었다. 그리고 모든 것이 바뀌는 듯했다. 그러나 그해 여름이 다 가기도 전에, 그의 지지율은 37퍼센트로 떨어졌다. 사상 최대의 급락이었다.[12]

프랑스 대통령 지지도

간단히 말해서, 북미와 서유럽 전체에 걸쳐, 국민들은 전처럼 정치인을 믿지 않는다. 그들은 민주적 제도에 대해서도 신뢰를 잃어간다. 그리고 정부에 대한 불신은 늘어간다. 이 모든 일은 우려스러운 상황이다. 그러나 가장 우려스러운 현상은 그보다 잘 드러나지 않는 것이다. 정치인들이란 언제나 대중의 짜증을 유발하기 마련이지만, 지금 그들이 일상적으로 직면하고 있는 불신, 증오, 위협은 전에 없는 수준이다. 심지어 베테랑 정치인들도 자신들에게 쏟아지는 독설에 당황해 하고 있다.

몇 달 전 국회의원들과 이야기를 할 일이 있었는데, 어느 중견 공화당원(그의 주에서 매우 논란이 되던 법안을 통과시킨 골수 보수파)이 내게 다가왔다. 그는 여러 해 동안 자기 지역구민들이 점점 더 화를 내고 불신을 드러내는 모습을 보며 우울감에 빠질 때가 많았다고 했다. 그리고 그 사실을 체념하고 받아들이게 된 계기는, 그의 라이벌 의원이 복잡한 정책 문제를 한 문장으로 해결하려 하고 자신은 세 문장으로 대응했을 때, 대부분의 유권자들이 그가 자신들을 속이려 한다며 그에게 적대적으로 나왔을 때라고 했다.

이 국회의원이 결코 순진한 신출내기가 아니었음에도, 그 일은 그를 뒤흔들어 놓았다. 그는 6학년 때 자신의 선생님 덕분에 정치에 입문했다고 내게 들려주었다. 그녀는 열두 살 때부터 그 의원의 멘토였으며, 가족 말고는 누구보다 그를 잘 아는 사람이었다. 그런데 며칠 전, 그 선생님께 전화를 드렸을 때 그녀는 이렇게 말했단다. "너는 왜 거짓말을 하는 거니?"

"무슨 말씀이세요?" 그가 물었다.

"라디오에서 그러더라. 이 새 법안에 대해 네가 거짓말을 한다고."

그는 자신이 보수파의 원칙에서 벗어나지 않았고, 다만 전술적 이유에서 투표를 보류하고 있을 뿐이라고 해명하려 했다.

"절 아시잖아요. 어떻게 된 일인지 설명드리게 해 주실래요?" 그가 말했다.

그러나 그의 옛 은사는 들으려 하지 않았다. "모르겠다. 라디오에서는 네가 거짓말을 한대. 난 네게 정말 실망했다."[13]

정치학자들은 오래전부터 민주적 제도에 대한 신뢰가 줄고 있음을 인식하고 있었다. 정치인에 대한 평가가 대체로 부정적인 쪽으로 바뀌었고, 공직자와 공공기관에 대한 긍정 평가도 낮아졌다. 그러나 최근까지, 그들은 그런 사실들을 대수롭게 여기지 않곤 했다.

오랫동안, 로널드 잉글하트, 피파 노리스, 러셀 달튼 등등의 유명 정치학자들은 어둠 속에서 빛을 보려 안간힘을 썼다. 그들은 생각했다. 어쩌면 이전 세대는 단지 지나치게 순종적이고 순진했던 것이 아닐까? 오늘날 유권자들이 겪고 있는 환멸은 불안정의 전조라기보다는 그들이 성숙했음을 보여주는 신호가 아닐까? 2015년 여름이나 되어서 나온 린 베이브렉의 주장처럼, "최근 신뢰의 하락 현상은 사람들이 정부에 실망했다기보다 그들이 정부 활동에 대해 더 많이 알게 되었음"을 뜻할 수 있다. 그녀는 정부에 대한 신뢰가 객관적으로 낮다는 사실은 인정했지만, 이런 경향은 "정부의 불투명성에서 꾸준히 벗어나려는 의지를 의미하며, 그것은 『독립선언서』에 꾸밈없이 나타난 우려에서 보다시피 미국의 전통"인 것이라고 했다.[14]

낙관론을 정당화하기 위해 흔히 쓰는 한 방법은 '정부 정당성government legitimacy'과 '체제 정당성regime legitimacy'을 구분하는 것이다.[15] 이들 학자들은 정부 정당성이 줄어들고 있음은 인정한다. 시민들은 현 정권을 점점 더 비판적으로 대하고 있다. 그러나 그들은 체제 정당성은 여전히 안정적이라고 주장한다. 과거에나 지금이나 시민들은 기본적인 정치 체제 자체에는 별 불만이 없다는 것이다.

그럴 듯해 보인다. 그러나 최근에 들어서 보면, 점점 더 그럴 듯하지 않은 이야기가 되어가고 있다. 첫째, 일반 시민들이 체제 자체에는 불만을 느끼지 않으면서 특정 정부에는(그리고 민주적 기관들의 일상적 활동에는) 그토록 비판의 날을 세우는 건 앞뒤가 맞지 않는다. 둘째, 민주주의 자체가 비판의 대상이 되고 있다는 증거가 점점 늘고 있다.

서유럽에서는, 핵심적인 민주주의 규범을 체계적으로 두들기고 깨트리는 정당들의 지지율이 상승하고 있다. 전 세계적으로는, 이집트에서 태국까지, 막 시작된 민주주의 실험이 실패로 돌아가고 기존의 민주주의가 독재주의로 후퇴하고 있다. 전 세계 정부들의 민주화 수준을 평가하는 프리덤하우스는 수십 년 이래 처음으로, 민주주의로 나아가는 나라보다 민주주의에서 후퇴하는 나라가 더 많다는 보고를 내놓았다.

래리 다이아몬드의 말대로, '민주주의의 퇴조democratic recession'는 지금 진행 중이다.[16]

따라서 낙관론자들이 오랫동안 기대온 가설들을 경험적으로 검증할 때가 되었다고 볼 수 있다. 북미와 서유럽에서 아직도 체제 정당성이 건재하고 있는가? 한때 공고화 되었다고 여긴 민주주의 체제가 이제는 무너지기 시작했다고 볼 수는 없는가? 그리고 과연 어떤 시점에서, 우리는 민주주의가 더 이상 유일한 게임 규칙이 아니라고 결론지을 수 있겠는가?

적어도 세 가지, 민주주의가 아직도 유일한 게임 규칙이라고 여길 수 있는 잣대를 생각해볼 수 있다. 그리고 이 잣대에 합격한다면, 대부분의 정치학자들이 생각하듯 아직은 민주주의가 안정적이라고 판단할 수 있겠다.

- 첫째, 시민 대다수가 자유민주주의에 대해 굳건한 믿음을 가지고 있다.
- 둘째, 시민 대다수가 민주주의 대신 권위주의를 선택하기를 거부한다.
- 셋째, 실질적 영향력이 있는 정당과 정치운동 단체들이 민주주의의 기본 원칙과 규범을 준수하려고 한다.

아직도 그렇다고 할 수 있는가?

이 질문에는 여러 가지 방법으로 해답을 찾을 수 있다. 여론조사 결과를 들여다보는 일은 그 가운데 하나일 뿐이다. 그러나 여론조사는 첫 번째 문제에 대한 해답을 찾기에 아주 유용하다. 가장 확보하기 좋은 자료가 많은 시민들이 특정 정부만이 아니라 민주주의 자체에 염증을 내고 있음을 보여준다면, 그것은 민주주의가 더 이상 유일한 게임이 아니라는 두려움에 확신을 더해줄 수 있다.

따라서 내 동료 로베르토 스테판 포아와 나는 세계가치관조사World Values Survey 자료에서 국민이 민주주의 제도를 얼마나 신뢰하는지 알아보기로 했다. 이 조사는 정치에서 사회 이슈에 걸친 시민의 태도를 모조리 다루는, 세계 최대의 여론 표본 조사이다. 우리는 결과를 보고 놀랐다. 북미에서 서유럽까지, 시민들의 다수가 분명 민주주의에서 돌아서고 있었다.

시민들, 민주주의에 대한 사랑이 식다

국민이 그 정치체제에 얼마나 애착을 갖고 있는지 알아보는 한 가지 직접적인 방법은 '당신은 민주주의 국가에서 사는 일이 얼마나 중요하다고 여기십니까?'하고 물어보는 것이다. 민주주의에 깊은 애착을 갖고 있는 사람이라면, 결코 독재 치하에서는 살 수 없다고 대답하리라. 반대로 그가 민주국가에서 사는 일에 별반 중요성을 느끼지 않는다고 한다면, 그 체제에 대한 옹호는 사뭇 심드렁하리라.[17]

더 윗세대는 민주주의에 열정적인 애착을 갖는 듯하다. 민주주의 국가에서 사는 일이 얼마나 중요하다 여기는지 대한 질문에 1930년대에서 1940년대생 미국인들이 가장 긍정적 반응을 나타냈다. 그들은 그것이 그들의 삶에 필수적이라고 보는 게 틀림없었다. 그러나 대부분의 젊은이들은 정치체제에 대해 별로 마음 쓰지 않았다. 1980년대생 이후인 미국의 '밀레니엄 세대' 가운데는 민주주의 국가에 사는 일이 중요하다고 보는 비율이 3분의 1도 되지 않았다.[18]

미국 외의 나라에서는 이 모양이 좀 더 복잡하다. 최근의 역사에서 권위주의 체제를 경험한 일부 국가에서는 민주국가에서 사는 일의 중요함에 대해 청년층과 노년층의 입장 차이가 크지 않았다.[19]

그러나 민주주의가 오래 지속되어 온 대부분의 나라들, 특히 영어를

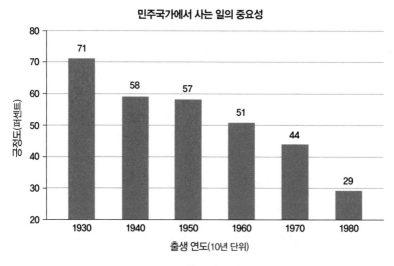

민주국가에서 사는 일의 중요성

미국 국민 가운데 민주국가에서 사는 일이 '중요하다'고 밝힌 응답자의 연령별 분포

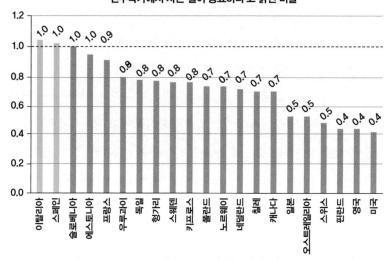

1980년대 출생자가 1930년대 출생자에 비해
'민주국가에서 사는 일이 중요하다'고 밝힌 비율

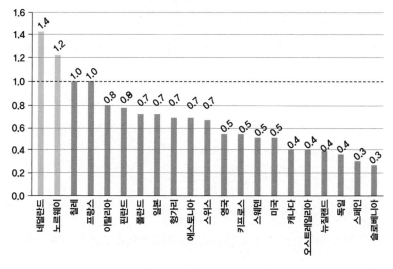

1930년대 출생자가 1980년대 출생자에 비해
'민주주의는 나라를 이끄는 방법으로 나쁘다 또는 아주 나쁘다'고 밝힌 비율

사용하는 나라에서 밀레니엄 세대의 염증은 매우 두드러졌다. 미국 젊은이들이 정치체제에 무관심한 것처럼, 스웨덴에서 오스트레일리아, 영국에서 네덜란드에 이르는 나라의 젊은이들 역시 민주국가에서 사는 일이 중요한 문제가 아니라고 보는 경우가 많았다.

비판자들은 민주국가에서 사는 일에 무관심한 것과 정치체제로서의 민주주의를 거부하는 것은 별개라고 지적한다.[20] 그러면 그런 나라의 시민들이 민주주의를 '나쁘다' 또는 '아주 나쁘다'라고까지 보는 경우는 없는가?

슬프게도, 있다.

예를 들어 미국 밀레니엄 세대들은 네 명 중 한 명 꼴로 민주주의는 나라를 이끄는 적합한 방법이 아니라고 생각한다. 이런 설문의 가장 오래된 결과와 비교해 보면 100퍼센트가 증가한 수치다.

역시 세계적으로도 비슷한 모습이다. 민주주의에 대한 실망은 영국과 네덜란드에서, 스웨덴과 뉴질랜드에서 증가하고 있다. 사실, 캐나다, 독일, 스웨덴처럼 자유민주주의의 위기론에 반증이라고 여겨지는 나라의 젊은이들도 그들의 부모나 조부모 세대보다는 민주주의에 훨씬 비판적이다.[21]

시민들, 갈수록 권위주의적 대안에 눈을 돌리다

대체로, 시민들이 전보다 민주주의를 비판적으로 보고 있으며 특히 젊은이들은 민주국가에서 사는 일을 별로 중요시하지 않고 있음은 뼈아픈 사실로 다가온다. 이는 분명 우려할 일이다. 그러나 이는 또한 대안의 부재 역시 반영한다. 아마도 시민들은 지금의 정부를 없애고 더 권위적인 체제가 들어서는 데는 그리 자신이 없지 않을까?

이 가설을 검증하고자, 우리는 보다 권위주의적인 통치 형태에 대한 직설적인 지지를 알아보는 세팅을 마련해 보았다. 처음에, 우리는 이 세팅이 얼마나 효과적일지 의문을 가졌다. 민주주의 사회에서 '선거를 폐지했으면 한다' 또는 '군대가 정권을 잡아야 한다' 등의 말을 하는 것은 강력한 터부일 것이다. 많은 사람들이 은근히 민주주의의 대안을 바라더라도, 과연 스스로가 반민주주의 성향임을 낯선 이의 눈을 바라보며 밝히려 들 사람이 얼마나 될까?

그러나 뚜껑을 열어 보니, 그들은 그렇게 했다.

권위주의 체제라는 대안에 얼마나 열려 있는지를 따져 보는 한 가지 방법은 응답자에게 '의회나 선거 결과를 아랑곳 않는 강력한 리더가 좋은 정부 형태에 맞는다고 보느냐'라고 물어보는 것이다. 이 질문은 민주주의를 철폐하기 바라느냐고 직접적으로 묻는 것은 아니지만, 핵심적인 면에서 반민주적인 정치체제에 대한 개방성을 알아볼 수 있다. 선거 결과를 무시하며 입법부의 지지를 필요로 하지 않는 강력한 리더, 그것은 다른 말로 하면 독재자다. 그렇다면 미국인들은 권위주의적 지도자에 더 눈을 돌리게 되었는가?

그렇다. 사실 젊은 미국인들만이 노년층보다 권위주의적 지도자를 선호하는 경향이 있는 게 아니었다. 모든 연령대의 미국인이 20년 전에 비해 지금, 권위주의적 지도자를 선호하고 있었다.

1995년, 18세에서 24세까지의 젊은 미국인 가운데 34퍼센트가 의회나 선거 결과에 구애받지 않는 강력한 리더를 가진 정치체제는 좋거나 매우 좋다고 대답했는데 2011년, 그 수치는 44퍼센트로 올랐다. 사실 전 연령대가 비슷한 추세다. 1995년에는 미국인 전체에서 권위주의

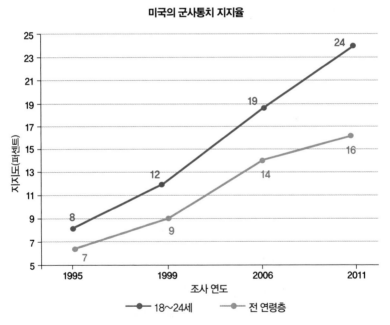

미국의 군사통치 지지율

1995년에서 2011년까지, 미국 국민 가운데 군사통치가 정치 형태로
'좋다' 또는 '아주 좋다'고 밝힌 응답자의 연령별 분포

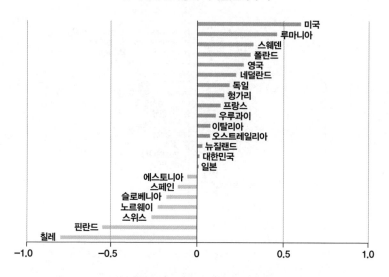

전 세계의 군사통치 지지율 변화 추이

미국
루마니아
스웨덴
폴란드
영국
네덜란드
독일
헝가리
프랑스
우루과이
이탈리아
오스트레일리아
뉴질랜드
대한민국
일본
에스토니아
스페인
슬로베니아
노르웨이
스위스
핀란드
칠레

-1.0   -0.5   0   0.5   1.0

군사통치가 정치 형태로 '좋다' 또는 '아주 좋다'고 밝힌 응답자의 연간 분포 변화율

적 지도자에 대한 지지도가 24퍼센트였는데, 오늘날에는 32퍼센트로 뛰었다.

권위주의적 지도자를 지지하는 비율을 보고 놀란 우리는 자유민주 주의보다 급진적인 대안 체제에 투표할 의사가 있는 사람은 얼마나 될 지 알아보았다. 미국인들의 상당수가 노골적인 군사독재에 지지를 표 할 것인가?

좋은 소식은 군사독재가 미국을 위한 체제로 적당하다는 사람의 수 가 의회와 선거를 무시하는 권위주의적 지도자를 선호하는 사람의 수보

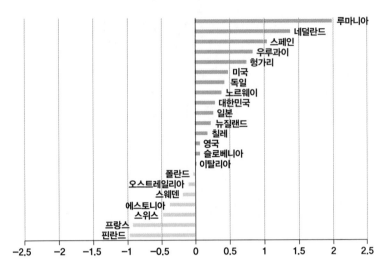

전 세계의 권위주의적 지도자 지지율 변화 추이

'의회와 선거에 구애받지 않는 강력한 정치 지도자'가
'좋다' 또는 '아주 좋다'고 밝힌 응답자의 연간 분포 변화율

다는 적다는 점이다. 나쁜 소식은 그 수가 빠르게 늘고 있다는 점이고.

1995년, 16명 중 1명 꼴의 미국인이 군사독재를 선호한다고 밝혔다. 실제 군부통치를 경험한 나라들의 경우와 비교하면 매우 적은 숫자였다. 그러나 20년 이상이 흐른 최근, 2011년에는, 그 숫자가 두 배로 늘어 6명에 1명 꼴이 되었다. 이는 군사독재를 지지하는 미국인의 숫자가 실제 문민정부와 군사정부가 번갈아 집권하는 역사를 경험한 알제리인(2013년 조사에서 17퍼센트가 군사통치 선호)이나 예멘인들(같은 해 조사에서 20퍼센트가 선호)과 비슷한 규모라는 뜻이다.

놀랍게도, 군부통치에 대한 선호도는 한때 이를 한 목소리로 거부했던 집단에서도 상승했다. 1995년, 부유한 미국인들은 가난한 미국인들보다 군부통치를 훨씬 기피하는 모습이었다. 이제는 그렇지 않다. 그런 변화가 얼마나 빠른지는 젊고 부유한 미국인들 가운데 군부통치 지지도가 얼마나 높은지를 보면 선명해진다.

20년 전, 이런 범주의 집단은 겨우 6퍼센트만 군부통치를 지지했다. 그 뒤 지지도는 여섯 배나 뛰어올라, 6퍼센트가 35퍼센트까지 올랐다.

이 역시 미국만의 변화가 아니다. 미국과 비교해서 본다면, 지난 수십 년 동안 군부통치에 대한 지지도가 하락한 나라들도 있다. 그러나 그런 나라는 칠레처럼 아주 최근에 군부독재에서 벗어난 나라들이 대부분이다. 반면 우리가 자료를 얻을 수 있었던 거의 모든 나라들(독일, 영국, 스웨덴, 그리고 특히 인도처럼 민주주의 역사가 오래된 나라들을 포함한)에서는 군부가 통치하는 게 좋다는 응답자가 현저히 늘고 있다.

우리는 의회와 선거를 무시하는 권위주의적 지도자를 지지하는 시민들에게서도 같은 경향을 보았다. 그 수치가 스웨덴, 스위스 같은 일부 나라에선 내려갔지만, 독일에서 미국에 이르는 많은 국가에서는 현저히 올라갔다. 우려스럽게도, 보다 최근의 자료는 증가 속도가 올라가고 있음을 보여준다. 가령 2017년의 여론조사에서 권위주의적 지도자를 지지하는 독일인들은 16퍼센트에서 33퍼센트로 늘었다. 프랑스의 경우에는 35퍼센트에서 48퍼센트, 영국에서는 더욱 놀랍게도 1999년에 25퍼센트에 그쳤던 것이 이젠 50퍼센트에 이르렀다.

민주주의 규칙에 대한 존중이 줄어들다

이런 여론조사 결과들은 분명 중요하다. 그러나 민주주의가 아직도 유일한 게임인지 알아보려면 숫자 이상의 것을 보아야 한다. 민주주의가 안정적일 때는, 모든 주요 정치행위자들이 민주주의 게임의 기본 규칙을 대부분 기간 동안 준수하기 때문에 안정적일 수가 있다.

그런 규칙 일부는 공식적이다. 대통령이나 수상은 사법부가 정부 각료의 비리를 조사하도록 허용해야 하며, 문제를 제기하는 검사를 파면하는 식으로 대응해서는 안 된다. 언론의 비판적 보도를 참아야 하며, 함부로 신문을 폐간시키거나 언론인을 처벌해서는 안 된다. 선거에서 지면 권좌에 집착하지 않고 평화롭게 정권을 이양해야 한다.

그러나 그외 많은 규칙은 비공식적이다. 따라서 그것이 위반되었는지 여부가 꼭 분명하지는 않다. 가령, 정부는 선거 몇 달 전에 선거법을 고쳐서 여당의 승리 가능성을 극대화하지 말아야 한다. 정치적 반대 시위자들은 과거의 권위주의적 체제를 칭송하지 말아야 하며, 그들의 적들을 탄압하겠다고 공언거나, 인종적 또는 종교적 소수자들의 권리를 침해하려 하지 말아야 한다. 선거 패배자는 라이벌이 차지한 공직의 영향력을 좁히려 애쓰지 말아야 한다. 야당은 대법원 판사를 공석으로 놔두느니보다는 자신들과 이념이 다른 판사라도 받아들여야 하며, 정부를 셧다운shutdown(일시 업무 정지)으로 몰고 가느니보다는 불완전하더라도 예산 협상에 만족해야 한다.

간단히 말해서, 그 체제에 기득권이 있는 정치인이라면 정치를 일종의 '접촉 스포츠'로, 즉 모든 참여자들이 밀고 당기며 상대편보다 나은 위치를 점하려고 하는 게임으로 생각할 수 있다. 그러나 그들은 스스로의 이익을 추구하는 일에 일정한 제약이 있음을 잘 알고 있다. 중요한 선거에서 이기거나 긴급한 법안을 통과시키는 일은 체제 자체를 지키는 일만큼 중요하지는 않다. 그리하여 민주정치는 막장으로 치닫지 않을 수 있는 것이다.

정치이론가이자 캐나다 전 자유당 당수인 마이클 이그나티에프는 몇 년 전에 이렇게 썼다. "민주주의가 제대로 작동하려면 정치인들이 적 enemy과 적수adversary의 차이를 구별할 필요가 있다. 적수는 꺾고 싶은 상대이며, 적은 말살해야 할 상대다."[22]

미국과 다른 여러 나라에서, 민주정치는 더 이상 그런 식으로 작동하지 않는다. 이그나티에프의 지적대로, 우리는 갈수록 "정치를 적수와의 관계가 아니라 적과의 대립 관계로 보고 있다."[23] 그리고 지난 수십 년 동안 새로 등장한 포퓰리스트들이 그런 프레임을 주로 양산했다.

정치 신인들이 많이 등장하는 일은 민주주의가 시들지 않고 건강하고 활력 있게 움직인다는 표시도 된다. 정치체제는 역동적인 아이디어 경쟁과 주기적인 집권 엘리트 교체로 활력을 얻는다. 새로운 정당은 두 가지 점에서 도움이 된다. 오랫동안 외면되어 온 이슈를 정치 어젠다에 내놓음으로써 정치체제의 대표성을 높인다. 또한 새로운 정치인들을 공직에 내보냄으로써 젊은 피를 수혈한다.

그렇지만, 오늘날 정당체제의 변동은 도무지 좋게 볼 여지가 없다. 새로 등장한 정당들 다수는 민주주의 체제 내에서 이념적 대안을 찾지 않고 체제 자체의 핵심 규칙과 규범에 도전하기 때문이다.

주목받은 최초의 포퓰리스트들 중 하나인 오스트리아의 외르크 하이더는 카린티아 출신의 언변 좋고 카리스마 있는 정치인이다. 그는 1986년 오스트리아 자유당의 당수가 되자마자 그 정당을 극우화시켰다. 그의 극단적인 반이민 입장은 유권자들의 뜨거운 지지를 통해 '주류 정당들이 대체로 외면해온 문제를 쟁점화했다'고 호평 받았다. 그러나 그가 오스트리아의 구 나치를 교묘하게 재평가할 때마다 자유민주주의의 핵심 규범들을 서슴없이 훼손하려는 태도가 드러났다.

옛 친위대 장교들 여러 명을 포함한 청중들 앞에서, 하이더는 "우리 병사들은 범죄자가 아닙니다. 적어도, 희생자입니다"라고 말했다. 제3제국에 대한 찬미를 한층 더하여, 그는 아돌프 히틀러의 살인 기계였던 친위대원들에게 이렇게 찬사를 보냈다. "최악의 압제에도 불구하고, 아직 신념을 고수하고 계시는 고귀하고 선량한 분들이 계십니다."[24]

정치 규범을 깨부수는 일은 네덜란드 자유당PW 당수인 헤이르트 빌더르스도 뒤지지 않는다. 그는 이슬람교를 "위험한 전체주의 이데올로기"라 부른다.[25] 다른 포퓰리스트들이 미나렛이나 부르카를 불법화하려 하는 동안, 빌더르스는 한 발 더 나가서 이슬람교의 경전인 『코란』까지 금지하려고 했다.

하이더나 빌더르스와는 사뭇 달리, 베페 그릴로는 언뜻 보기에 더 온건해 보인다. 그릴로는 베를루스코니의 부패 의혹(몽땅 사실이었던)에 대해 욕설까지 섞은 비난과 성토 속에서 무대에 등장했다. 그가 5성운동을 창립했을 때, 그는 자기들밖에 모르는 노친네들인 '정치 카스트'에게서 권력을 빼앗아 오겠다고, 그리고 더 현대적이고 관용적인 이탈리아를 만들기 위해 싸우겠다고 약속했다.[26]

그러나 그의 운동이 인기를 얻자, 5성운동은 빠르게 반체제적 색채를 띠어갔다. 개별 정치인들의 부패에 대해 가해졌던 공격은 차차 정치체제의 핵심 요소들(의회제도 자체를 포함한)에 대한 급진적 거부로 바뀌어갔다. 기성 정치권에 대한 분노는 음모이론과의 연계 또는 정적들에 대한 새빨간 거짓말 등으로 동력을 유지했다.[27]

포퓰리스트들과 정치 신인들이 민주주의의 기본 규범에 도전하는 이유는 전술적인 차원일 때가 많다. 포퓰리스트들이 그런 규범을 깰 때마다, 그들은 기성 정치권의 비난을 일제히 받는다. 이는 분명 그들이 떠들어온 대로 포퓰리스트들이 현상유지를 깨뜨릴 주인공임을 뒷받침해준다. 따라서 포퓰리스트들이 민주주의 규범에 도전하는 일은 어느 정도 퍼포먼스라고 할 수 있으며, 그들의 가장 도발적인 발언들 역시 실수라고 평가되지만, 사실 계산에 따른 것이다. 그러나 그렇다 해도 그들의 거친 태도는 위협적이다. 정치체제의 일부 구성원들이 규칙을 깨려 하면, 나머지 구성원들도 그에 따라가고 싶은 유혹을 느끼게 된다. 그리고 그런 일이 갈수록 현실화되고 있다.

민주주의의 기본 규범에 대한 가장 두드러진 공격은 정치 신인들에게서 나왔다. 그러나 수년 전부터, 오래된 기성 정당들 역시 게임의 기본 규칙을 점점 더 지키지 않으려 하고 있다.

때때로 이는 다만 포퓰리스트들의 도전에 맞서는 방편처럼 보인다. 예를 들어 니콜라 사르코지는 프랑스 대통령이었을 때 인간이 유발한 기후변화 문제를 늘 인식하고 있었다. 그러나 재선을 노리던 2016년에는 극우파와 상대하느라, 입장을 표변했다. 그는 이제 "기후는 40억년 동안 계속 변화해왔다. ……인간이 기후를 바꾸었다고 여긴다면 너무 오만한 생각이다"라고 언급했다.[28]

기성 좌파 정당들도 때때로 민주주의 규범을 깬다. 미국에서, 민주당은 오랫동안 용납할 수 없는 개리맨더링자기 당의 후보에게 유리하도록 선거구를 확정하는 일. 1812년 매사추세츠 주지사 게리의 이름에서 따왔다.을 해왔다.[29] 그리고 오바마 집권 당시, 행정부의 역할은 꾸준히 늘어났는데 그 가운데는 몇몇 우려스러운 방식도 포함되어 있었다. 가령 기밀을 다루었다고 해서 기록적인 숫자의 언론인을 고발한 것, 환경 문제에서 이민 문제에 이르는 정책 영역에서 의회를 거치지 않으려고 행정 명령에 의존한 것 등이 그렇다.[30]

그래도, 대부분의 정치학자들은 기성 정당으로서는 지금 공화당 쪽이 훨씬 더 민주적 규범을 많이 깨트리고 있다는 데 의견을 같이한다.[31]

2008년으로 돌아가서, 존 매케인은 자신의 경쟁자를 라이벌로 대할지 아니면 적으로 대할지에 대한 차이점을 잘 이해하고 있음을 보여주었다.

　어느 타운홀 미팅미국 특유의 풀뿌리 민주주의 제도로, 소규모 지방자치구의 회관이나 학교 등에 주민들이 모여 정치 의제를 논의하며, 대선 후보나 지역 국회의원 등 정치인을 초빙하여 설명을 듣고 주민들의 입장을 전달하는 자리.에서 한 주민이 "만약 버락 오바마가 당선되면 무슨 일이 일어날지 두렵지 않는가?"라고 묻자, 매케인은 자기 라이벌을 변호해 주었다. "이걸 말씀드리지 않을 수 없군요. 그는 좋은 사람입니다. 그리고 미합중국 대통령이 된다고 해서 우리가 두려울 까닭은 없는 사람이죠." 나중에, 같은 미팅에서 어느 노부인이 "오바마는 믿을 수 없다. 왜냐하면 그는 '아랍인'이기 때문이다"라고 말하자, 매케인은 역시 분명하게 대답했다. "아닙니다, 부인. 그는 좋은 가정에서 자랐으며 좋은 시민입니다. 다만 저와 기본적인 쟁점들에서 의견이 다를 뿐이죠. 그리고 그 때문에 지금 이 선거운동을 하고 있는 거고요."[32]

　하지만 지난 몇 년 동안에는 매케인이 정치적 맞수의 정당성을 인정함으로써 대중의 호감을 사던 일 같은 경우가 증발해 버렸다. 오바마가 취임 후 의회에서 첫 연두교서를 발표할 때, 그런 때는 정숙해야 한다는 오랜 전통을 한 공화당 의원이 깨버렸다. "거짓말쟁이야!"라고 대통령에게 소리친 것이다.[33] 그 즈음, 12개월 전에 만들어져서 사라 페일린(매케인의 러닝메이트였던)이 이끌고 있던 티파티Tea Party2009년부터 시작된 미국의 보수주의 운동 단체. 연방정부의 권력을 줄이려 하고 민주당 정부 등의 진보정책에 반대하는 입장 위주이다. 보수적인 미국 중서부와 소상공인 등을 지지

기반으로 삼고 있다.는 오바마 대통령이 미국 시민의 자식이 아니라는 음 모론에 기꺼이 동참했다.[34]

더 넓게는, 오바마에 대한 전면적 반대로 돌아선 공화당은 의회 규칙 도 남용하기 시작했다. 아주 특별한 경우를 위해서만 만들어둔 규칙을 쓰거나, 심지어 자신들의 의무까지 내버린 것이다. 이런 변화가 미 상 원에서만큼 뚜렷이 나타난 곳도 없었다. 그 규칙과 절차는 상원의원들 이 꼭 필요한 경우, 시스템이 돌아가게 하기 위해서 당파적 이익은 포 기할 수 있게끔 만들어진 것이다. 그러나 오늘날에는 상원의원들이 헌 법에서 보장한 비상 수단을 걸핏하면 꺼내든다. 자신들의 권한에 주어 진 법적 한계를 존중하지 않는 것은 아니나, 모든 규칙과 절차가 허용 하는 한도 내에서 최대한 이용하려 든다. 심지어 그런 행동이 그런 규 칙 및 절차의 제정 의의에 어긋날 때도 말이다. 그 결과, 제도적 틀은 서 서히 만신창이가 되고 있다.

예를 들어 필리버스터는 역사적으로 아주 드문 경우에만 쓰도록 마 련된 제도다. 린든 존슨이 대통령이었을 때, 상원의 소수당은 필리버스 터를 16차례 시도했다. 반면 오바마 때는 필리버스터를 506차례나 벌 였다.[35]

헌법에 보장된 규범을 더 악랄하게 남용한 일은 안토닌 스칼리아 대 법관의 사망 뒤에 벌어졌다. 2016년 3월, 버락 오바마는 그의 후임으 로 메릭 갈란드를 지명했다. 그는 온건파 법관으로 화려한 경력 내내 두 정당의 지지를 고르게 받아왔다.[36] 헌법상 상원은 대통령의 인선에 대해 조언할 수 있는 권한만 갖고 있음에도, 미치 매코넬 상원의장은 법사위원회가 갈란드 인준 청문회를 개최하는 것조차 거부했다. 유례 없이, 대법원 판사 1석은 2016년이 거의 저물 때까지 채워지지 못한 채로 있었다. 그리고 상원이 갈란드의 지명에 딴지를 건 이 사례가 유독 크게 부각되어서 그렇지 이는 오바마가 사법부와 행정부의 요인을 지명할 때마다 노상 벌어지는 일의 일부였다.[37]

전국의 이목이 쏠리지 않는 지방의 주(州)에서는 민주주의의 기초 규범들이 더 대놓고 위반된다. 지금까지 수십 년 동안, 공화당 위원회들은 다음 선거에서 공화당이 유리하게끔 선거구 구획을 고치곤 했다.[38] 또한 수십 년 동안, 공화당 의원들은 불필요한 인증제 법안을 내거나 민주당 지지자가 많은 곳의 투표소를 없애는 식으로 투표자들의 행동을 조작하려 해왔다. 노스캐롤라이나주 같은 곳에서는 그들의 선거 승리 의지가 언제나 공정 선거 의지를 한참 앞서곤 했다.[39]

그러나 그런 낮은 기준을 가지고 봐도, 2016년 노스캐롤라이나 주지사 선거 이후 벌어진 일을 보면 어안이 벙벙해진다. 민주당 후보인 로이 쿠퍼는 박빙의 승부 끝에 아슬아슬하게 승리했다. 그러나 공화당은 그를 4년 임기의 주지사로 인정하는 대신, '주지사'라는 직함의 의미를 고쳐 버리기로 작정했다. 이전에 공화당 다수의 주의회에서 통과시킨 법에 따르면, 노스캐롤라이나 주지사는 1500명의 주정부 직원을 임명할 수 있었다. 그러나 공화당은 그 숫자를 425명으로 깎아버렸다. 본래는 주의 선거관리위원회 위원 과반수를 선임할 수 있었으나, 그 권한을 공화당이 다수인 주의회와 나눠가지게 했다. 마지막으로, 본래 주지사에게는 노스캐롤라이나 대학교 이사회의 이사 66명 뽑을 권한도 있었지만, 이제는 그런 권한이 깡그리 없어졌다.[40]

이런 노골적인 당리당략적 행동은 변호가 불가능하다. 그리고 그 의미 역시 명백하다. 노스캐롤라이나주의 공화당은 자유롭고 공정한 선거로 정치적 이견을 해결한다는 개념, 그리고 선거에서 지면 정치적 라이벌에게 기꺼이 승복한다는 개념을 무효화해버린 것이다.

이제 도널드 트럼프는 연방의회에서, 그리고 여러 주의회에서 자행되어온 다양한 헌법적 비상 수단을 백악관에서 남발하고 있다.

대선 기간 내내, 트럼프는 민주정치의 기본 규칙을 거의 남김없이 깨트렸다. 그는 정적들을 감옥에 가둘 거라고 으름장을 놓았으며, 선거 결과에 승복하겠다는 발언을 거부했다. 언론을 위협하고 명예훼손 관련법을 확대하겠다고 협박했다. 상대 후보의 힘을 빼기 위해 외세를 끌어들이기까지 했다. 인종 및 종교적 소수자들에 대한 증오를 부추겼으며, 그들에게 위헌적인 조치를 취하겠노라 약속했다.[41]

당선 이후, 트럼프는 계속해서 민주주의의 기본적 규범을 훼손하고 있다. 대통령 당선자로서, 트럼프는 다양한 유권자들에게 사기일 수밖에 없는 주장을 내던졌다. 그는 법원에서 정보기관에 이르는 독립기관의 중립성에 코웃음쳤다. 그는 자신의 장벽 건설 프로젝트를 어찌해야 할지를 놓고 외국 정상들과의 국제전화에 의존했다. 그는 자신의 사기

업에 대한 백지신탁을 거부했으며, 경쟁 국가의 독재적 지도자들에게 계속해서 찬사를 바쳤다.[42]

대통령으로서, 트럼프는 똑같은 짓을 두 배나 심하게 벌였다. 그는 그와 관련된 심각한 이해 갈등을 해결하기를 거부했다. 그는 정부 기관을 거짓말 퍼뜨리는 기관으로 사용했으며 영주권 소지자들이 한 번 출국하면 재입국을 못하게 만들려고 했다. 그는 '소위 판사 따위'를 닦아세우고, 언론인들을 '미국의 적'이라고 매도했으며 주요 미디어 오너들을 세금 폭탄으로 위협했다. 그는 자신에게 충성하는 국회의원들과 공모하여, 러시아와의 연계를 밝히려는 FBI 국장을 파면하고 그의 비밀 기록을 두고 그를 공공연히 비난하는 것으로 저지했다.[43]

어쨌거나, 지금 세계 최강의 민주국가의 최고 공직을 거머쥔 사람이 민주정치의 기본 규칙을 대부분 하찮게 여긴다는 사실, 그리고 어쩌면 그런 멸시를 자랑스레 여긴다는 사실은 틀림없어 보인다. 우리는 이 체제의 불안정이 어떤 의미인지를 이제 막 알기 시작했을 뿐이다.

젊은이들은 우리를 구하지 않는다

지금 시민들은 어느 때보다 민주주의에 대한 애착이 없으며, 권위주의적 대안에 눈을 돌리고 있다. 민주주의적 규칙과 규범에 대한 존중은 급락 중이다. 더 이상 유일한 게임이라고 할 수 없는 민주주의, 그것은 이제 반(反)공고화deconsolidation되고 있다.

나도 잘 알고 있다. 그런 결론은 받아들이기 어렵다는 것을. 우리는 세상이 점점 좋아진다고 믿고 싶다. 그리고 자유민주주의가 매년 그 뿌리를 깊이 내리고 있다고. 그게 아마도 젊은이들이 특히 민주주의에 비판적이라는 나의 주장을 받아들이기 가장 어려운 까닭이리라.

특히 미국과 영국 사람들은 젊은이들의 냉담함을 믿기 어려워할 까닭이 있다. 아무튼 청년들은 지난 미국 대선에서 당시 여당 후보였던 힐러리 클린턴을 더 많이 지지했다. 30세 미만의 투표자는 55퍼센트가 클린턴을 지지한 반면 트럼프에게는 37퍼센트의 지지만 보냈다. 브렉시트 역시 마찬가지다. 연금 수혜자 연령의 영국인 가운데 3분의 2가 유럽연합 탈퇴에 투표한 반면, 밀레니엄 세대의 3분의 2는 잔류를 선택했다.[44]

그럼에도 불구하고, 과격화에 대한 수용성과 민주주의에 대한 열의 없음이 노년층의 몫이라고, 또는 자유민주주의의 위기란 더 자유주의적인 세대가 선배 세대를 교체함으로써 자연스레 해결될 것이라고 여기는 것은 안이한 결론이다.

많은 나라에서 젊은이들은 노인들보다 급진적인 모습을 띤다. 그리고 정치적 극단주의에 대한 그들의 선호는 점점 늘고 있다.

예를 들어, 독일, 영국, 미국 같은 나라에서 스스로를 극좌 또는 극우로 여기는 청년층의 비중은 지난 20년 동안 대략 두 배로 늘었다. 스웨덴에서는 무려 3배가 넘었다.

포퓰리즘 정당 관련 여론조사 역시 그런 경향을 드러냈다. 젊은이들이 트럼프나 브렉시트에 별로 지지를 보내지 않았을지는 몰라도, 그들이 세계 여러 나라에서 등장한 반체제 정당에 투표하는 경향은 뚜렷하다.

이는 대개 좌파 쪽에서 포퓰리스트가 나타나는 남유럽과 라틴아메리카 국가들에서 가장 두드러진다. 이탈리아의 5성운동, 스페인의 포데모스, 그리스의 시리자, 그리고 장 뤽 멜랑숑이 이끄는 프랑스의 좌파당 등은 모두 젊은이들 사이에서 인기가 매우 높다. 이탈리아의 경우, 2016년 2월 선거에서 5성운동을 지지한 유권자 40퍼센트가 40세 이하였다. 반면 65세 이상은 15퍼센트밖에 되지 않았다.[45]

민주주의에 심드렁해진 젊은이들에게 극좌 정당들만 득을 보는 건

청년층의 정치적 급진주의

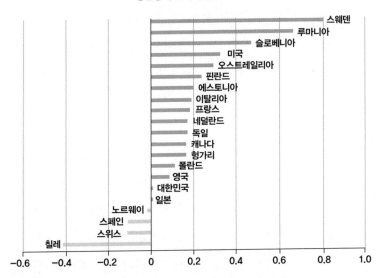

청년층 가운데 스스로를 정치적 스펙트럼에서 극좌 또는 극우로 놓는 응답자의 연간 분포 변화율

아니다. 여러 나라에서, 젊은이들은 노년층에 비해 극우 포퓰리스트들을 더 지지하는 경향을 보인다. 그 예로 마린 르펜은 자신의 가장 열성적인 지지자인 젊은층에게 의지한다. 2017년 대선의 2차 투표에서, 일부 출구조사 결과 르펜을 지지한 노년층은 겨우 5명에 1명 꼴이었던 데 비해 청년층은 둘 중 하나가 르펜을 찍은 것으로 나타났다(이와는 다른 조사 결과도 있다. 그렇게 봐도 르펜은 전반적으로 청년층에게서 더 지지를 얻었지만 노년층과의 차이는 보다 줄어든다).[46] 여기서 '프랑스가 예외'라고는 결코 볼 수 없다. 비슷한 투표 결과가 오스트리아, 스웨덴, 그리스, 핀란드, 헝가리 등에서도 나타났다.[47]

심지어 영국과 미국에서도, 보다 덜 뚜렷하기는 해도 이런 양상이 보인다. 오랫동안 '듣보잡' 수준에 머물던 제러미 코빈은 영국 노동당 당수에 오르고 2017년 총선에서 기대 이상의 결과를 얻어냈다. 그것은 그가 젊은이들 사이에서 인기가 높기 때문이었다.[48] 미국에서도 포퓰리즘에 더 잘 호응하는 것은 젊은 층이다. 30세 이하 백인 투표자들의 결과만 보면 도널드 트럼프는 힐러리 클린턴을 48대 43으로 눌렀다.[49]

왜 많은 젊은이들이 민주주의에 애착을 갖지 않게 되었는지에 대한 한 가지 가능한 설명은 그들이 민주주의 아닌 체제에서 산다는 게 무엇인지를 별로 이해하지 못하기 때문이라는 것이다. 1930~40년대에 태어난 세대는 아동 시절에 파시즘의 위협을 경험했거나 그 위협에 맞서 싸운 사람들의 손에서 자랐다. 그들은 냉전시대 동안 가치관을 형성할 시기를 보냈으며, 소련의 팽창주의로 그들의 나라가 공산화될지 모른다는 두려움을 실질적으로 안고 살았다. 민주주의 체제에서 사는 일의 중요성을 물을 때, 그들은 그 대안이 무엇인지에 대해 웬만큼 이해하고 있을 것이다.

반면 영국이나 미국 같은 나라의 밀레니엄 세대는 냉전 경험이 거의 없으며, 파시즘과 싸운 누군가를 알지도 못한다. 그들에게, 민주주의 체제에서 사는 일이 중요한가 하는 문제는 상대적으로 추상적이다. 그렇다고 실제로 체제 위기에 직면했을 때 그들이 그 수호에 나서지 않으리라는 의미는 아니지 않을까? 하지만 나는 그 점을 확신할 수 없다. 젊은 이들이 다른 체제가 아닌 이 체제에서 사는 의미를 잘 모른다면, 새로운 정치 실험에 적극 참여할 수 있을 것이다. 그들이 자라날 때부터 속한 체제의 부정의와 위선(매우 현실적인)을 보고 비판하기는 쉽지만, 그들 가운데 다수는 그 긍정적인 면을 당연한 것인 양 잘못 생각해 버릴 수 있다.

젊은이들 사이에서 트럼프가 상대적으로 인기가 덜하다는 사실을 두고 밀레니엄 세대가 위기시에 그 수호에 앞장서리라고, 또한 젊은이들이 나이든 세대가 되면서 위기는 저절로 사라지리라고 여기는 일은 그럴싸하다. 그러나 나는 더 비관적인 결론을 돌아봐야 한다고 본다. 반체제적 에너지는 아직 대부분 수면 아래 있다. 젊은 투표자들이 다음 선거에서는 민주주의 체제를 구원해줄지도 모르나 현 체제에 대한 그들의 불만이 아직은 모호하고 불확실한, 채 나타나지 않은 급진적 운동에 불을 붙일 가능성 또한 충분하다.

반공고화, 그 결과는?

이런 조짐은 매우 심각하게 받아들여야 한다. 미국에서 영국, 스웨덴에서 오스트레일리아에 이르는 세계 여러 나라에서 민주주의는 더 이상 유일한 게임이 아니다. 점점 더 많은 시민들이 민주주의를 부정적으로 보거나 그것이 그다지 중요하지 않다고 여기고 있다. 아직은 그 수가 적지만 빠르게 숫자를 늘려 가며, 아예 권위주의적 지도자나 군부독재를 선호하기도 한다.

한편 민주주의의 기본 규범에 별로, 또는 전혀 애착이 없는 포퓰리스트들은 막대한 힘을 얻고 있다. 그리고 그런 정치인 가운데 하나가 최근 세계에서 가장 힘 있는 자리를 차지했다.

그러나 민주주의 체제가 반공고화하고 있음이 확실하다 해도, 그 과정에 따른 결과가 무엇일지는 아직 알기 어렵다. 민주주의 반공고화가 일시적인 과정이며, 곧 강력한 면역을 갖춘 재공고화가 이루어짐으로써 한 10년쯤은 소란스럽겠지만 그 이상 문제는 없을 것인가? 아니면 민주주의 반공고화는 한때 문제 없이 안정적이라 여겼던 정치제도들의 존속에 심각한 위협을 가하며, 지난 75년 동안 유지되었던 장기적인 민주주의의 안정성은 마침내 끝장나고 말 것인가?

이론적으로 이런 심각한 문제들을 해결하려면 과거에 부유하고 공고화되어 있던 민주주의 체제가 분열하기 시작했을 때의 사례를 살펴봐야 한다. 문제는 그런 사례가 없다는 것이다. 최근까지, 민주주의 공고화의 과정은 일방통행이었다. 역사적으로 그런 길이 유턴을 겪기 시작한 사례는 도무지 찾을 수 없다.

그러나 우리가 당면한 상황과 아주 유사한 전례는 없어도, 어느 정도 가까운 사례는 있다. 가령 폴란드와 베네수엘라 같은 나라들은 포퓰리스트 후보자가 선출되어 그 정치체제에 치명상을 안기 전까지는 순조로운 민주주의 공고화의 길로 가고 있다고 여겨지고 있었다. 과연 반자유주의적 민주주의의 등장이 독재로 귀결될 것인지 알고 싶다면, 그런 나라에서 민주주의가 악화되기 이전에 그와 같은 과정이 진행되었는지를 조사할 필요가 있다.

정치학자들은 오랫동안 폴란드를 공산체제 붕괴 이후 민주주의로 정착한 위대한 성공 사례로 여겨왔다. 그들에게는 큰 희망을 품을 만한 근거가 있었다. 1990년에서 2005년까지, 폴란드 정권은 다섯 차례의 평화롭고 공정한 선거로 교체되어 왔다. GDP는 여섯 배 상승했고, 보통 민주주의가 안정되는 경계선으로 여겨지던 1인당 1만 5천 달러 선을 훌쩍 뛰어넘었다. 다른 점에서도 낙관적이었다. 이 나라는 보기 드물게 활동적인 시민 사회 제도를 이뤄냈다. 많은 폴란드인들이 스포츠 클럽에서 가톨릭교회에 이르는 사회집단에서 활발히 활동했다. NGO들은 광범위한 사회정치적 쟁점을 두고 사회운동을 벌이기 시작했고 최고 수준의 신문들이 여러 정부들을 평가하고, 실정을 비판하거나 부패 사례를 캐내는 데 전혀 제약을 받지 않았다. 학교와 대학교도 속속 세워졌다.[50]

2004년, 이런 진보의 성과로 폴란드는 자신 있게 유럽연합 가입 신청을 할 수 있었다. 유럽연합 회원국이 되려면, 폴란드는 '민주주의, 법치주의, 인권을 보장하는 안정적인 제도'[51]들을 갖추었음을 입증해야 했다. 이 점에서 폴란드의 성적은 최상위권이었다.

따라서 많은 정치학자들이 폴란드는 이미 '공고화된 민주주의'라고 단언한 일이 이상할 까닭은 없다.[52] 비록 폴란드의 민주주의 제도가 캐나다나 미국의 경우처럼 든든히 뿌리를 내렸다거나 안전하다고 하는 사람은 없었어도, 자유민주주의는 완전히 자리잡은 듯 보였다.

그러나 이 자신만만한 낙관론은 섣부른 것이었음이 드러났다.

2015년의 선거는 묘한 시점에 치러졌다. 도날트 투스크 수상이 이끄는 시민연단Civic Platform 정부는 대체로 긍정적인 성과를 자랑하고 있었다. 2008년의 세계 경제 위기 때도 나라 경제를 잘 이끌었고, 이웃나라들과 관계를 개선했다. 처음으로 유럽연합 의장국이 되는 일에도 성공했다. 누가 봐도, 폴란드는 아주 잘 나가고 있었다.

그러나 거의 7년 동안 집권한 뒤, 이 정부는 매너리즘에 빠지기 시작했다. 유권자들은 변화를 바랐다. 그런 분위기 속에서 고위 공직자들 사이에 비밀리에 오간 사담 내용이 공개되고, 그들이 상스런 말을 쓰며 이권 문제를 놓고 거래를 했음이 드러나자, 정부의 인기는 급락했다.[53]

이는 극우 정당인 법과정의당PiS에 기회를 주었다. 이미 2005년에서 2007년까지 야로스와프 카친스키의 영도 아래 나라를 다스린 적이 있는 법과정의당은 당시 일련의 대형 부패 사건과 내각 구성원들 사이의 끊임없는 싸움질로 빠르게 인기를 잃었었다. 많은 폴란드인들이 이 정당의 골수 보수주의와 분열을 선동하는 언사에 넌더리를 냈었다. 그러나 이번에 이 정당은 중도 성향인 듯 보였다. 그 주요 공약도 은퇴 연령 높이기, 감세, 아동의료보험 혜택 증대였다. 당 수뇌 자리에서는 공식적으로 내려왔지만 장막 뒤에서 계속 당을 이끌던 카친스키는 선거 운동 기간에 대중 앞에 별로 모습을 드러내지 않았고, 자신은 집권 후 주요 정부 직책을 맡지 않을 것이라 약속했다.[54]

선거 당일, 법과정의당은 대통령 당선과 의회 과반수 의석 확보에 모두 성공함으로써 막강한 힘을 거머쥐게 되었다. 그리고 그 힘을 가지고 폴란드 민주주의의 기본 규칙을 어그러뜨리기 시작했다.

첫 단계로, 법과정의당은 독립 국가기관들의 중립성을 훼손했다. 최고 법원인 헌법재판소를 장악하기 위해, 정부는 판사 정원을 늘리고, 이전에 지명된 세 사람의 투표권을 정지하는 한편 남은 인원을 여당에 충성하는 인사들로 채우는 작업을 하룻밤 사이에 끝냈다. 그래도 헌재가 야당 몫의 판사 3인의 투표권을 승인하는 결정을 내리자, 의회에서 그 권한의 대부분을 박탈하는 조치를 취했다.[55]

다음 단계로, 법과정의당은 정부 기금을 써서 선전선동에 나서는 한편 비판적인 언론인들에게 재갈을 물렸다. 이전 폴란드 정부도 폴란드 최대 텔레비전 네트워크인 폴란드 국영방송국TVP의 보도 방침에 영향을 미치려 했으나, 이 정권이 선임한 새 이사진은 전임자와는 전혀 달랐다. 수십 년 동안 TVP에 줄곧 출연했던 해설자들은 하룻밤 사이에 화면에서 자취를 감추었다. 이런 저런 점에서 친정부 성향을 드러내곤 하던 뉴스 프로그램들은 아예 노골적인 어용 선전 수단이 되었다.[56]

정부는 국영 방송을 장악한 것에 만족하지 않고, 민간 방송과 신문사들에까지 손을 뻗었다. 지난 몇 년 동안, 정부는 민간 언론사의 광고주들을 압박해서 광고를 끊게 하고, 주요 외국 투자자들을 위협해 소유 지분을 어용 언론 쪽에 팔도록 공작했다. 한 법과정의당 간부가 뻐기며 말했듯, 여당은 그 나라의 언론을 '재폴란드화'하려 하고 있었다. 국영이든 민간이든 가리지 않고.[57]

하지만 자유민주주의의 훼손 과정에는 또 남은 단계가 있었다. 법과정의당은 정부를 비판할 수 있는 자유를 억압하고, 정부 정책에 반대하는 시위를 금지하고, 그런 발언이나 시위를 가감없이 보도하는 자체를 금지했다. 폴란드 국민들 사이에 반감이 퍼지는 것을 바라지 않던 정부는 얀 그로스에게 이전 정부가 수여한 훈장을 취소하려 했다. 그로스는 프린스턴 대학교의 역사학 교수로 제2차 세계대전 당시 홀로코스트에 폴란드가 얼마나 책임이 있는지를 파헤쳤던 사람이다. 그리고 '폴란드의 죽음의 수용소'[58]라는 표현을 사용하지 못하도록 하는 법을 제정했다. 2016년 여름, 반정부 시위가 터져나오자, 법과정의당은 집회의 자유를 제한하는 조치로 대응했다. 그리고 수천 명의 시민들이 의회로 몰려가 시위를 벌이자, 수상은 민간 방송사들이 의회 건물 주변을 보도하는 일을 금지했다.[59]

폴란드의 자유민주주의가 위기인지를 알아보는 사명을 띤 베니스 위원회(유럽연합 평의회의 원로 학자와 헌법 전문가들로 구성된 자문단)는 보기 드물게 외교적 고려를 뺀 결론을 발표했다. "법치주의만 위기에 처한 것이 아니라, 민주주의와 인권도 위험하다."[60] 폴란드의 유럽연합 가입을 협상했던 사람인 기 베르호프스타트 역시 비슷한 취지의 발언을 했다. "바르샤바가 취하고 있는 수단은 반민주주의적이며 법치주의에 어긋난 것들로, 폴란드가 유럽연합에 가입하며 약속한 내용과 전혀 상치된다. 만일 이 나라가 지금 가입을 신청한다면, 거부될 것이 틀림없다."[61] 얀 베르너 뮐러는 더 선명하게 요점을 지적했다. "중부 유럽이 1989년 때로, 거꾸로 돌아가는 듯한 느낌을 지울 수 없다. 그해, 자유민주주의라는 이름의 평화로운 혁명이 공산국가들 사이로 퍼져나갔다. 오늘날, 우리는 새로운 '권위주의 인터내셔널'의 등장을 보고 있다."[62]

대부분의 정치학자들은 폴란드가 빠르게 자유민주주의에서 멀어지는 모습을 보며 어쩔 줄 몰라 했다. 오랫동안 아주 잘해오고 있는 것으로 보였기 때문이다. 그러나 그 정치체제는 아주 쉽게 썩어버리고 말았다. 이 보기 드문 빠른 악몽을 어떻게 설명해야 할까? 아니면 이를 단지 유별난 사례라고, 정치학자들로서도 미처 예상할 수 없는 역사의 묘한 뒤틀림이라고 치부해 버려야 할까?

그렇게 생각하고 싶을 것이다. 그러나 최근 나의 연구에 비추어 보면, 폴란드의 사례가 특별한 것은 그 위기가 놀랄 만큼 뚜렷하다는 것뿐이다. 민주주의가 무너지기 훨씬 전부터, 폴란드인들은 이미 민주주의에 대해 대단히 회의적인 입장이었고, 권위주의적 대안을 매우 유념하고 있었다. 그리고 민주주의의 근본적 규범을 깨는 정당에 투표해왔다.

- 이웃 나라 사람들 또는 세계인의 평균치에 비하면, 폴란드인들은 오랫동안 민주주의에 대해 매우 비판적이었다. 전 세계적으로는 민주주의가 국가 통치 방식으로 나쁘거나 매우 나쁘다는 응답자가 열에 하나 정도였지만, 폴란드인들은 여섯에 하나 꼴로 그런 생각을 한 지 오래되었다(미국의 밀레니엄 세대의 경우에는 응답자 4명에 1명 꼴이다).

- 현 정부가 들어서기 오래전부터, 폴란드인들은 권위주의적 정부에 보기 드물게 친근감을 가졌다. 2010년 초 유럽연합 전체에서 군사통치가 좋은 정부 형태라고 대답한 응답자는 10명 중 1명 이하였는데 폴란드에서는 5명 중 1명 이상이었다.(미국의 밀레니엄 세대의 경우 비슷한 정도로 지지율이 높다).[63]

- 마지막으로, 강력한 포퓰리즘 정당들이 오래전부터 민주주의의 핵심 규범들을 훼손하기 시작했다. 법과정의당은 음모론을 퍼뜨리고 외국 정부들에 대한 두려움을 선동하며 집권당을 폴란드 국민의 배반자로 몰아가면서도 (또는 그 때문에) 다수의 지지를 얻었다. 그런 일에 법과정의당은 혼자가 아니었다. 사무브로나, 즉 농민당의 이전 지도자였던 안제이 레페는 '긍정적인 독재자'가 되기를 열망했다. 그는 반유대주의를 입에 달고 살았고, 폴란드 정부를 전복시킬 비밀 작전에 대한 음험

한 경고를 내놓곤 했다. 또한 골수 보수당인 폴란드가족연맹은 유럽연합이 자국의 가톨릭교를 말살하려는 공산주의자들의 수족이라고 비방했다.[64]

간단히 말해, 지금 북미와 서유럽 대부분에서 붉게 빛나고 있는 경고등은 법과정의당이 집권 후 작정하고 민주적 제도를 공격하기 훨씬 전부터 폴란드에서 빛나던 것이다. 정치학자들이 민주주의의 반공고화 징후들(지금은 북미와 서유럽에서 뚜렷이 나타나 있는)에 좀 더 주의를 기울였다면, 폴란드의 우려스러운 사태는 그토록 의외의 사건은 아니었을 것이다.

민주주의 쇠퇴의 전조는 전부터 그곳에 넘칠 만큼 드러나 있었다. 그러나 정치학자들은 보려 하지 않았다.

~~~~~~

고매한 자유민주주의 수호자들은 그들이 애착을 갖는 정치체제에 뭔가 유일무이하게 정당한 것이 있다고 믿는다.

그들은 그 요소가 만민평등의 보장이라고 주장한다. 군주제에서는 우연히 왕가에 태어난 사람이 모든 사람 위에 군림한다. 반면 민주주의에서는 모든 시민이 피부색이나 가문에 상관없이 1표씩 나눠가진다.

한편 자유주의적 요소는 시민들의 자유를 보장한다. 독재체제에서는 통치자가 신민들의 삶을 아주 세세한 부분까지 규제하며, 자신의 변덕에 따라 처벌을 남발한다. 반면 자유주의 체제에서는 법의 규제 범위가 제한되며, 시민들은 그들의 삶을 자의적인 간섭에서 지킬 수 있다.

자유민주주의의 특별히 천재적인 특성은 이 두 가치를 동시에 보장한다는 것이다!

그러나 이러한 자유민주주의 옹호론은 다소 경솔한 면이 있다. 돈으로 권력을 살 수 있는 한, 많은 시민들은 당연하게도 정치적 평등이 말뿐이라고 느끼게 된다. 또한 경제적 사정 때문에 시민들이 취할 수 있는 선택이 크게 제한될 수밖에 없는 이상, 그들은 자신들에게 약속된 자유가 실현되지 않았다고 느끼게 된다. 그 옹호자들의 목소리가 제대로 통하게 하려면, 자유민주주의는 더 넓은 사회경제적 맥락에서 정의와 결합해야 한다. 그리고 시민들이 스스로 참된 주권자라고 느낄 수 있게 해야 한다. 그러나 내가 보기에, 우리 정치체제의 특별성에 대해 위에 든 거친 평가는 오류보다 진리를 많이 담고 있다. 자유와 평등 모두를 간절히 원하는 사람이라면 그 누구에게나, 자유민주주의는 최선의 정치체제로 남아 있을 것이다.

물론 자유민주주의가 다른 정부 형태보다 정당하다는 확신에 동의하지만, 나는 바로 그것이 역사적으로 그만큼 널리 지지를 받을 수 있었던 이유라는 데는 회의적이다.

자유민주주의의 특별한 정당성을 믿는 사람들은 그 정당성이 성공의 주 원인이라고 생각해 버리는 경향이 있다. 모든 시민이 공공영역에서 당당히 의사를 표시할 수 있고 자유로운 사생활을 즐길 수 있는 이상, 자유민주주의만이 가장 심층적이고 가장 보편적인 인간의 열망을 충족시킬 수 있다고, 그들은 계속 주장한다. 이것이 자유민주주의가 차차 전 세계를 석권하고, 나아가 아마도 미래에도 번영하게 될 이유라는 것이다.

그러나 손에 넣을 수 있는 최상의 자료들에 근거해보면, 시민들이 자신이 속한 정치체제에 충성심을 갖는다면 그 까닭은 그 체제가 안전을 보장하고 주머니를 두둑하게 만들어 주기 때문이지, 그들의 가장 근본적인 원리원칙에 잘 들어맞기 때문이 아니다. 따라서 자유민주주의가 패권을 잡은 데는 그것이 그에 관련해서 좋은 결과를 낳았기 때문이라는 게 우려 섞인 판단이다.

그 판단이 옳다면, 자유민주주의에 대한 대중의 애착은 고매한 지지자들이 생각하는 것보다는 얄팍하고 깨어지기 쉬울 수 있다. 그리고 그런 이상론은 지금의 위기를 설명하기에 벅찰 것이다. 실상은 자유민주주의가 시민들의 욕구를 충족시키는 데 효율이 떨어져서 벌어지는, 심각한 '실적 위기'다. 지금 전 세계적으로 고조되는 포퓰리즘 운동은 이 위기를 최대한 활용하여 우리 체제의 핵심 요소들을 파괴하려 하고 있다.

국민의 욕구를 충족시키는 체제의 활동이 멈출 때, 민주주의의 공고화에 필수적이라 보이는 제도들이 어떤 일을 겪게 될지는 역사적 참고 사례가 거의 없다. 경제 침체와 국력 저하의 상황에서도 그런 제도들은 안정적으로 남아 있을지 모른다. 그러나 그렇지 않은, 참담한 결과를 느닷없이 마주하지 않으려면, 우리는 그렇지 않을 가능성을 확실히 파악해 두어야 한다. 그리고 왜 시민들이 자유민주주의의 실적에 점점 실망하게 되었는지부터 먼저 살펴보아야 한다.

PART TWO

위기는 어디서 왔는가?

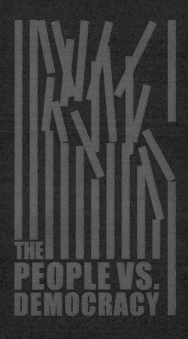

만약 내가 뉴욕에서 물이 끓는 온도를 기록한다면, 섭씨 100도라고 적을 것이다. 보스턴이나 마이애미, 시애틀, 또는 샌디에이고에서 또 측정을 한다면? 계속 똑같은 결과를 얻을 것이다. 나는 계속해서 얼마든지 실험할 수 있지만, 모든 교과서가 알려주는 대로 물은 100도에서 끓는다는 말이 사실임을 거듭 확인할 따름이리라.

그러나 뭐든 절대적인 것은 별로 없다. 몽블랑 꼭대기에서 실험을 한다면? 물은 약 85도에서 끓을 것이다. 그리고 에베레스트 산 위로 주전자를 가져간다면? 약 70도로, 끓는 속도는 훨씬 빨라질 것이다.[1]

즉, 온도와 물의 끓는점 사이의 관계는 실험을 수행하는 장소의 고도, 그리고 주변 공기의 압력이 변하지 않는 한에서만 고정이다. 만약 내가 오직 해안 도시에서만 실험을 수행했다면, 나는 내가 심지어 알지도 못하는 조건들에 의존했다는 사실을 깨닫지 못했으리라. 일단 상황이 바뀌면 원인과 결과 사이의 관계도 변한다.

민주주의 앞에 어떤 운명이 기다리고 있는지 진지하게 연구하고 싶다면, 매우 관련이 있는 이야기다. 제2차 세계대전이 끝난 이래, 민주주의는 전 세계 많은 지역에서 믿을 수 없을 정도로 안정적으로 나타났다. 우리는 그것이 영원하리라 믿는 함정에 빠졌다. 그러나 이제는 우리가 알고 있는 세계가 물의 끓는점(또는 버트런드 러셀의 닭고기를 먹으려는 농부의 욕망)만큼 우연에 지배되는 것이 아닐지 두려워할 만한 이유가 있다.[2]

민주주의의 미래에 대해 지적인 추정을 하고 싶다면, 정치학자들이 소위 말하는 '범위 조건'에 대해 알아야 한다.[3] 과거 민주주의가 안정적일 수 있었던 조건은 더 이상 존재하지 않는 걸까? 그렇다면 지난 10년 동안 이 조건이 어떻게 침식되어 버렸는지 설명할 수 있을까? 그리고 그것은 다가올 피비린내 나는 운명에서 벗어날 수 있는 방법을 알아내는 데 도움이 될까?

내가 보기에, 이러한 범위 조건은 최소 세 가지다.

- 첫째, 극단적인 아이디어의 배포를 제한하고, 일련의 공유된 사실과 가치관을 만들어냈으며, 가짜 뉴스의 확산을 늦추었던 지배적인 매스미디어. 그러나 인터넷과 소셜 미디어의 등장 이후 전통적 '문지기'의 지위가 약화되면서, 한때 주변부에 국한되어 있던 시민운동과 정치인들이 고개를 들 수 있었다.

- 둘째, 민주주의가 안정적이었던 시기 내내, 대부분의 시민들은 생활수준이 급격히 향상되는 것을 즐겼고, 더 나은 미래에 대해 높은 기대를 가지고 있었다. 이제는 어려운 지경에 처한 시민들이 많아졌고, 미래에 훨씬 더 큰 어려움을 겪게 될 것을 두려워하게 되었다.

- 셋째, 거의 모든 안정적인 민주주의 국가들은 단일민족국가로 수립되었거나 한 민족 집단이 지배하는 상황에 있었다. 이제, 그러한 지배는 점점 더 크게 도전받고 있다.

다음 장에서는 이러한 각 원인을 자세히 설명하는데 주력할 것이다. 그러나 민주주의의 안정성을 뒤흔들 커다란 변화를 찾는 것도 중요한 일이겠지만, 포퓰리즘의 등장에 관하여 최근 언론에, 그리고 학계에 널리 퍼져 있는 네 가지 공통적인 실수를 지적할 필요가 있다.

많은 분석가들은 특정 국가에만 존재하는 요인들에 초점을 맞추면서, 지역적 맥락에 맞춰진 이야기들을 해왔다. 하지만 포퓰리즘의 등장은 전 세계적인 현상이기 때문에, 우리는 최근 포퓰리즘이 대두한 대부분의 국가에서 확인할 수 있는 공통적인 원인들을 찾아야 한다.

또 많은 분석가들은 최근의 사건들이 경제적 불황으로 설명 가능하다고 생각했다. 그 때문에 골치 아픈 포퓰리스트의 대약진이 빚어졌다는 것이다. 그러나 포퓰리즘이 고개를 들기 시작한 것은 2008년보다 한참 전이므로, 우리는 장기적인 추세를 살펴보아야 한다.

많은 분석가들은 우리의 정치적 위기가 경제적 요인 때문인지, 아니면 문화적 요인에 의해 설명 가능한 것인지 여부를 두고 특히 격렬하게 논쟁하고 있다. 하지만 경제적, 문화적인 불안은 서로를 강화시키기 때문에, 우리는 그러한 '단일 원인 설명'을 피해야 한다.

마지막으로, 많은 분석가들은 포퓰리즘 성공의 구조적 추진력이 직접적이고 명백한 방식으로 나타날 것이라고 가정했다. 따라서 경제적 설명이 중요한 역할을 하는 경우 빈곤층이 가장 많이 포퓰리스트들을 지지하고, 문화적 요인이 중요한 역할을 하는 경우 이민이 많은 지역의 사람들이 포퓰리스트들을 가장 많이 지지할 것이라 보았다. 그러나 사람들은 자신뿐만 아니라 다른 사람들의 운명에서도 동기를 부여받고, 그들의 현재 상황에 대해 많은 시간 숙고하면서 미래에 대한 두려움을 갖기도 하기 때문에, 우리는 경제에 대한 불안과 인종적 적대감이 정치로 드러날 수 있는 보다 세밀하고 간접적인 경로도 고려할 필요가 있다.

04_____소셜 미디어

　　중세 말까지, 많은 사람들에게 정보를 전파하려면 엄청나게 비용이 많이 들고 번거로웠다. 긴 글을 복사하기 위해서는, 전문 필사가나 수도승이 원본 원고를 단어 하나하나 일일이 필사해야 했다. 그리고 한 부를 더 만들려면, 처음부터 다시 그 힘든 작업을 해야 했다.

　결과적으로, 서면 정보는 특정 고위층들만 접근할 수 있었다. 한 편의 글을 50명 혹은 100명의 사람들과 공유하는 일은 대단한 사업이었다. 수천 명과 함께 공유하는 것은 왕이나 고위 성직자들만이 감당할 수 있는 일이었다. 서면으로 된 정보의 전파에 관한 기술적 한계는 정치적, 종교적 정통을 강요하는 데 도움이 되었다. 사제와 군주의 손에 사상 전파의 권한이 확고히 주어져 있었기에, 정치적 반대와 종교적 이단을 탄압하는 일은 비교적 쉬웠다.

　그러고 보면 인쇄술의 발명이 왜 그렇게 중대한 일이었는지 알 만하다. 요하네스 구텐베르크가 각 페이지의 마스터판을 만들어서, 그것들로 여러 페이지를 훨씬 싸게, 놀랄 만큼 빠른 속도로 몇 번이든 찍어낼 수 있는 방법을 처음 개발함으로써 그는 의사소통의 구조적 조건을 근본적으로 변화시켰다. 곧 '일대다' 의사소통은 인류 역사상 처음으로 상당한 수의 사람들이 접근할 수 있는 범위 내에서 이루어지게 되었다. 관련 기술 및 필요한 자본을 가진 사람은 이제 자신의 생각을 수천 명의 사람들에게 동시에 전달할 수 있었다.[1]

구텐베르크의 동시대 사람들은 인쇄술의 혁명적인 의미를 재빨리 파악했으며, 그들 중 다수는 그것이 가져다 줄 경이로운 결과에 대한 희망으로 가득 차 있었다. 의사소통이 더 용이해진다면, 아이디어를 전파하고, 배움을 증가시키고, 경제 성장을 촉진할 것이었다.

이러한 희망들 중 일부는 실현되었다. 예를 들어, 마틴 루터의 글들은 불과 몇 년 동안 25만 회 인쇄되었다. 그의 추종자들이 인쇄 기술에 접근하지 못했다면, 루터가 세상에 그러한 혁신적인 영향을 미쳤을 것이라고는 상상하기 어렵다. 의심할 여지없이, 인쇄기는 생각을 재생하고 전파하는 데 중요한 역할을 했고, 16세기와 17세기 급속한 문해율 상승의 견인차가 되었다.[2]

이처럼 인쇄기는 인류 역사상 가장 획기적인 발명품 중 하나로 칭송받을 만하지만, 수많은 희생자들을 낳기도 했다. 새로운 종교적 사상이 유럽 전역에 퍼지면서 종교적 투쟁도 확산되었다. 그리고 체제 반대의 목소리가 예비 추종자들과 의사소통하는 능력을 얻으면서, 폭력적인 정치적 반란을 선동할 수 있는 능력도 높아졌다. 한마디로, 인쇄술은 읽고 쓰는 능력뿐만 아니라 죽음, 불안정, 해방과 혼란을 널리 퍼뜨렸다.

지난 몇 년 동안, 많은 작가들이 디지털 기술의 발명, 특히 소셜 미디어의 발명을 인쇄기의 발명과 비교했다. 클레이 셔키Clay Shirky는 말했다. "대중에게 생각을 공유하기 위해 예전에는 라디오 송신탑이나 텔레비전 송신탑 또는 인쇄기를 소유해야 가능했는데, 이제는 인터넷 카페 또는 공공 도서관만 이용할 수 있어도 된다."[3] 헤더 브룩은 훨씬 더 간결하게 비슷한 점을 강조한다. "우리의 인쇄기는 인터넷이다. 우리의 커피하우스는 소셜 네트워크다."[4]

이러한 거창한 주장들은 그냥 웃어넘기기 쉽다. 어느 시대나 일부 선도적인 사상가들은 '자시대중심망상chronocentricism', 다시 말해서 자신의 시대야말로 인류 역사의 중심에 있다는 망상에 빠지곤 하니까.[5] 트위터나 페이스북과 같은 최근의 발명품이 인류 역사에 근본적인 변화를 일으키고 있다는 믿음 역시 그런 편향된 인식의 산물이 아닐까?

자시대중심망상은 확실히 경계할 필요가 있다. 그러나 디지털 기술의 발명과 인쇄술의 발명 사이에 실제 유사점이 있음은 부인하기 어렵다. 인쇄술과 같이, 인터넷과 소셜 미디어의 출현은 의사소통의 구조적 조건을 근본적으로 바꿨다.

인쇄기가 발명된 이래로 500년 동안, 일대다 통신에 필요한 비용과 소요 시간은 크게 줄었다. 그 콘텐츠와 전달해야 할 거리가 크게 늘어났음에도 그랬다. 1992년쯤에는, 전 세계 수십억 명의 TV 시청자들에게 사건의 소리와 광경을 즉각적으로 전달할 수 있게 되었다.

그러나 두 가지 측면에서 볼 때, CNN의 세계는 여전히 마틴 루터가 살던 세계와 비슷했다. 즉 TV 네트워크와 라디오 방송국, 신문 및 출판사와 같은 한정된 수의 중앙 집중식 전달자와 수많은 수령자가 있다는 것. 그리고 통신 비용은 대부분의 시민들이 스스로 해낼 수 없을 만큼 컸기 때문에, 여론의 대변자가 되려면 많은 돈을 지출하거나, 언론 소유자에게 그들의 플랫폼에서 자신을 소개하도록 설득해야 할 필요가 있었다.

1992년 이래 25년 동안, 이러한 두 가지 제약이 사라졌다.

처음 월드 와이드 웹World Wide Web은 선진국에 사는 거주자라면 누구나 자신의 견해를 전 세계로 방송할 수 있게 해주었다. 일단 그들이 저렴한 비용으로 웹사이트만 개설하고 나면 인터넷을 이용할 수 있는 누구나 그들이 만든 콘텐츠를 확인할 수 있었다. 처음 나타난 지 500년이 지난 뒤에야, 일대다 의사소통에 내재된 가능성이 마침내 민주화되었다.

여기서의 '정도의 차이'는 곧 '종류의 차이'를 낳았다. 웹사이트는 인터넷을 연결할 수 있는 누구에게나 접속권을 주었지만, 처음에는 여전히 몇몇 중요한 자산을 구식 배급 플랫폼distribution platforms과 공유했다. 이론상으로는 조 보그스라는 사람의 개인홈피joeboggs.com나 뉴욕타임스의 홈피nytimes.com나 똑같이 쉽게 접근할 수 있다. 그러나 실제로 조 보그스가 전 세계의 예비 독자들에게 그의 웹사이트를 인지시키기란 매우 어려운 일이다.

소셜 미디어가 이 마지막 제약 조건을 약하게 만들었다. 페이스북과 트위터에서는 한 사용자가 만든 콘텐츠를 그 사용자와 연결된 모든 사용자가 신속하게 리포스트할 수 있다. 콘텐츠에 새로움이나 흥미로움만 충분하다면, 기존에 연결이 거의 없던 사람이라도 단 몇 분만에 무수한 시청자에게 다가갈 수 있다.

서로 의사소통하는 확산 네트워크를 만듦으로써, 소셜 미디어는 결국 정보 배급의 역학을 뒤바꿔 놓았다. 그것이 '밈meme' 이나 '바이럴리티virality' 같은 단어들이 우리의 일상 언어로 새로 진입한 까닭이다. 그런 단어들은 세계 어디에서든, 아무리 소수라도, 그 상상력을 과시할 작품을 만들 수 있다면 세계 누구에게나 공유할 수 있음을 반영하는 것이다.

이런 변화의 한 가지 포인트를 짚어 보면, 소셜 미디어의 등장 덕분에 일대다 의사소통이 이제는 '다대다 의사소통'으로 변화했다는 것이다.[6] 그리고 아마도 다대다 의사소통의 가장 중요한 특징은, 이 바닥의 거물 플레이어들이 이제껏 일반 사람들에게 아이디어를 공감시키거나 메시지의 확산을 통제하던 능력을 많이 잃어버렸다는 것이다.

25년 전만 해도, 전통적인 방송사들은 고양이의 웃긴 장난이라든지 테러 집단이 저지른 참혹한 참수와 같은 수백만 명의 사람들이 관심을 가졌을 만한 영상을 방송하기를 거절함으로써 그 확산을 막을 수 있었다. 오늘날에도 여전히 그러한 내용을 방송하기를 거부할 수 있고, 때로는 실제로 거부한다. 그러나 문지기로서의 힘은 대부분 사라졌다. 기존 방송사의 방영 결정 여부와 관계없이, 바이러스성 콘텐츠는 소셜 네트워크를 통해 거침없이 전파될 수 있다.[7]

이 모든 것은 디지털 통신 기술의 발명이 실제로 정치적 영향을 크게 미칠 것임을 암시한다. 그렇다면 문지기의 영향력 감소는 일반 시민들의 권한을 확대하고, 민주주의를 발전시킬까? 아니면 포퓰리스트들이 우리의 정치체제를 해치는 데 필요한 플랫폼을 제공함으로써, 민주주의에 해를 끼치고(이미!) 있을까?

기술 낙관론의 등장

몇 년 전까지만 해도, 대부분의 관찰자들은 매우 낙관적이었다. 예를 들어 래리 다이아몬드는 '해방 기술Liberation Technology'이라는 표현을 쓰며, 그에 관련된 가장 예리한 초기 분석을 내놓았다. 그에 따르면 새로운 디지털 도구는 "뉴스 보도, 부정행위 폭로, 의견 표명, 시위 동원, 선거 감시, 정부 감사, 참여 독려 등의 시민 활동을 촉진하여, 시민이 누리는 자유의 범위를 넓힌다"[8]는 것이었다. 그는 말레이시아에서 디지털 도구가 민주화 운동가들이 독재 정권에 대해 비판적인 뉴스 기사를 발표할 수 있게 했다는 사례를 들었다. 우즈베키스탄에서 필리핀, 베네수엘라에서 나이지리아에 이르는 국가에서, 일반 시민들이 정부의 월권을 고발함으로써 정부에 책임을 묻는 데 활용되었다. 심지어 '전자 만리장성Great Firewall'을 설치한 중국에서도 사용자들은 창의적으로 정권의 강압적인 검열을 피하고 있었다. 다이아몬드가 관찰한 대로는, "정부가 모든 것을 감시하고 검열하기에는 너무나 많은 커뮤니케이션과 네트워크가 존재한다"[9]는 것이다.

다이아몬드가 쓴 그 글은 2010년 여름에 나온 것이었다. 그해야말로 가장 낙관적인 예측이 실현되는 듯한 해였다. 튀니지, 이집트, 리비아, 그리고 마침내 시리아에서 대규모 시위가 벌어졌다. 그리고 결국 장기 집권 중인 독재자들이 권력에서 축출되었다. 시위대는 정부를 비판하고, 탄압 시도를 기록하고, 시위의 시간과 장소를 조정하기 위해 소셜 미디어를 사용했다. 앤드류 설리반은《아틀랜틱》에 트위터가 '조직을 위한 중요한 도구'[10]가 되었음을 입증했다고 기록했다. 이에 호응하여, 니콜라스 크리스토프도《뉴욕타임스》의 기고 글에서 "총탄을 발포하는 정부 폭력단은 21세기의 분쟁에서 갈수록 트위터를 사용하는 젊은 시위자들의 저항에 맞서게 될 것"이라고 단언했다.[11]

디지털 기술의 긍정적인 효과도 이제 점점 더 친숙하게 느껴진다. 클레이 셔키가 『이제 모두가 앞장선다Here Comes Everybody』에서 주장한 대로, 조직 없이 조직을 구성하는 힘, 다대다 의사소통의 힘은 심지어 미국 같은 나라에서도 시민운동가들의 조정 작업을 훨씬 쉽게 하였다.[12] 금융 위기 이후에는, 이런 이점을 활발히 활용해 나갔다. 우파의 경우, 티파티는 CNBC에 대한 바이러스 공격에 영감을 받아 온라인 도구를 meetup.org에서 전자 메일 목록에 이르기까지 한껏 활용했다. 좌파 쪽에서는 '월가를 점령하라' 운동과 '흑인의 생명도 소중하다Black Lives Matter' 운동을 소셜 미디어에 크게 의존하여, 전국 각지의 시민운동 네트워크를 구성하고 조정할 수 있었다. 정치적 영역의 양측에서, 다시 열의에 찬 대중은 소셜 미디어의 민주화 가능성을 입증하는 것처럼 보

였다.[13]

소셜 미디어가 민주주의를 심화시키고 확산시키는 잠재력은 의심할 여지가 없는 듯 싶었고, 그 지지자들은 민주주의의 잠재력에 대해 더욱 야심차게 주장하기 시작했다. 토머스 프리드먼은 현 시대의 사회적 통념을 특별히 생생하게 담아서, 2014년 5월, '광장의 사람들square people' 이 세계 정치를 더 좋게 만들어갈 것이라고 썼다.

> IT 혁명과 세계화가 엘리트를 위한 노트북에서 모든 사람을 위한 스마트폰으로, 다보스의 예처럼 운좋은 소수를 위한 네트워킹에서 모든 사람들을 위한 페이스북으로, 부유한 사람들끼리 권력의 중심부에서 이루어지는 소통에서 트위터를 통해 지도자들과 모든 사람이 함께하는 소통 등등, 민주화의 확산으로 변화를 이끌어내면서 새로운 국제정치 세력이 나타나려 하고 있다.
>
> 그들은 대부분 젊고, 더 높은 수준의 삶과 자유를 희구하며, (각자의 현재 정부에 따라 다르겠지만)개혁이나 혁명을 추구하고, 상호 연결을 통해 광장이나 가상 광장, 또는 양쪽에서 집단으로 뭉쳐 움직이며, 공통 프로그램으로서는 더 적게, 그들의 사회가 나아가길 원하는 공유된 방향으로는 더 많이, 단결하고 있다.[14]

기술 비관론의 반박

2014년이나 2015년이 되도록, 소셜 미디어에 대한 일반적인 인식은 압도적으로 긍정적이었다. 그러나 그 뒤부터는, 완전히 뒤집어졌다.

물론, 처음부터 경고가 있었다. 『자유화 기술』에서 다이아몬드는 새로운 디지털 도구가 좋은 용도뿐만 아니라 나쁜 용도로 사용될 수 있다는 점을 강조하려 애썼다. 그는 "라디오와 TV가 정보 다원주의와 합리적 토론의 수단이 될 수 있는 것처럼, 광적인 동원과 총체적 국가 통제를 위해 전체주의 정권의 도구로 쓰일 수도 있다"[15]고 보았다.

몇 년 뒤, 에브게니 모로조프에서 캐스 선스타인에 이르는 비판론자들이 다이아몬드의 경고에 가세했다. 모로조프에 따르면 트위터와 페이스북의 최고 열성 팬들은 이러한 신기술들이 과거의 적들을 연결해 주고 해묵은 증오를 극복하면서 지역 맥락을 재구성할 것이라고 믿는다. 하지만 사실은 그 반대일 수 있다. 다른 지역 맥락들은 어떤 맥락에서는 해방적이지만, 또 어떤 맥락에서는 독재 지배를 강화하고 인종적 증오를 부추길 것이다. 그래서 페이스북과 같은 도구의 사용법이야말로 재구성되리라는 것이다.[16]

선스타인은 인터넷이 풀어 놓은 원심력 또한 우려했다. 소셜 미디어 사이트에서는 자신의 정보 소스를 자체적으로 평가할 수 있어서 사용자들이 정치적으로 뜻을 같이 하는 다른 사람들에게 온통 둘러싸이는 '반향실echo chamber'듣고 싶은 소리만 듣는 여론의 함정을 반향실 효과라고 한다. '내 주위에는 아무도 찍은 사람이 없다는데, 왜 저 사람이 당선되었지?'하는 식이다. 효과가 나타나리라고, 그는 생각했다. 역설적이게도, 세계 어느 누구와도 의사소통이 쉽게 가능하지만 그에 따라 가장 두드러진 사회적,

정치적 분열을 완화하는 의사소통은 훨씬 줄어들 수 있다.[17]

내가 2013년 봄에 하버드 대학에서 '디지털 시대의 민주주의'라는 강의를 시작했을 때, 대부분의 학생들은 이러한 경고에 대해 관심을 가지면서도 약간 이해 못하겠다는 태도였다. 전반적으로, 그들은 여전히 소셜 미디어에 대해 긍정적인 견해를 가졌고, 그 해방 가능성을 가장 중요하게 여겼다.

그런 다음, 도널드 트럼프가 등장했다.

미국 정치의 전통적인 문지기를 우회하는 트럼프의 예상을 뛰어넘는 선거운동을 보면, 소셜 미디어가 얼마나 큰 역할을 하는지는 분명해졌다. 예전이었다면, 텔레비전 방송사들은 이민자, 종교 소수자 및 정적들에 대해 뻔뻔스러운 거짓말이나 비방을 늘어놓는 그를 방송에 내보내지 않았을 것이다. 하지만 트위터 덕분에, 도널드 트럼프는 전통적인 언론 매체의 기반 시설이 필요 없게 되었다. 대신 그는 수백만 명의 팔로워들에게 메시지를 직접 트윗할 수 있었다. 일단 그가 그렇게 하니, 기성 방송사들은 냉혹한 선택에 직면했다. 한창 논의되고 있는 이야기를 팔장을 끼고 무시하느냐? 아니면 트럼프의 트윗 내용을 마치 정밀 조사를 끝내고 내보내는 것처럼 상세하게 보도하면서 증폭해 주느냐? 당연하게도, 그들은 두 번째를 선택했다.[18]

트위터 피드는 트럼프에게 강력한 무기가 되었다. 그러나 그것은 이념적인 이유 혹은 재정적인 이유로 행동하는, 중견 전문가들의 분산된 네트워크에 의해 강화되었다. 이들 중 가장 두드러진 곳이《브라이트바트》사였는데, 이 신문사의 급부상은 디지털 시대에 대중매체가 민주화되는 정도를 드러내주었다. 몇 년 지나지 않아, 이 사이트는 규모와 영향력 면에서 오래된 기성 미디어 조직과 맞상대할 수 있게 되었다. 그리고 기성 언론이 받는 제약에 얽매이지 않는다는 방침이었기에, 진실을 전하기보다 센세이션을 일으킴으로써 대중에게 어필하고자 했다.[19]

하지만《브라이트바트》말고도 더 많은 거짓과 루머를 퍼뜨리는 소규모 매체들은 많다.《브라이트바트》는 그 정점일 뿐이다.《비데어》,《인포워즈》,《아메리칸르네상스》와 같은 포털 사이트에서 제작되고 유포된 많은 이야기들은 너무 억지스럽거나 유혈이 낭자하여 대체 누가 어떻게 이걸 믿나 싶다. "프란치스코 교황, 전통을 깨고 도널드 트럼프를 미국 대통령으로 명백하게 지지하다"[20] "충격! 힐러리 클린턴의 사탄 네트워크가 드러나다"[21] 이런 따위를 말이다!

그러나 의외로 상당수 사람들이 이를 믿었다. 2016년 8월의 한 여론조사에 따르면, 42퍼센트의 유권자가 힐러리 클린턴이 '악마'라고 믿게 되었다고 했다.[22] 노스캐롤라이나주에서 나온 훨씬 더 놀라운 조사에서는, 트럼프가 클린턴을 '악마'라고 언급한 뒤 며칠 후 그의 지지자 중 41퍼센트가 그것이 정말 사실이라고 믿는다고 응답했다.[23]

그런 말 같지도 않은 이야기들이 그렇게 쉽게 신뢰를 얻는 까닭, 그것은 다다다 의사소통의 새로운 가능성이 계속해서 좁아지는 반향실의 등장과 만났기 때문이다. 인터넷의 한귀퉁이, 즉 미국인 상당수가 사용하는 페이스북 피드나 트위터 타임라인에서는 힐러리 클린턴에 대해 악담을 하지 않으면 너무 이상해서 어리둥절해질 정도다.

도널드 트럼프는 끊임없이 경쟁자를 비방한 덕에 근소한 차이로 승리를 거두었다. 그 뒤 몇 달 동안, 통상적인 지혜는 뒤집혔다. 몇 년 내내 구원자로 여겨지던 소셜 미디어가 이제는 죽음의 천사처럼 보였다. 디지털 기술의 해방 가능성에 대한 숨막히는 주장을 숨막힐 듯한 미래의 운명에 대한 증거로 바꾸어 놓은 소셜 미디어는 이제 자유민주주의의 가장 위험한 적으로 선언되었다.《뉴욕타임스》의 파하드 만주는 선거 며칠 후에 "때가 되었다"라고 썼다.

> 오랫동안 세상을 바꿀 힘이라고 그 추진자들이 약속해온 소셜 네트워크가 사실 세상을 파괴하는 힘이 되고 있다는 것을 인식하기 시작한 것이다. 그에 따른 사회적 변화는 고무적이기보다는 불안한 것이라고⋯⋯ 어떤 면에서 보면, 우리는 지금 한때 일부 사람들이 소셜 미디어에 의해 이루어지리라 했던 기술적 유토피아의 기괴한 버전에서 살고 있다.[24]

격차 줄이기

만주는 소셜 미디어의 부정적인 잠재력이 모두 너무나 현실적이라는 점을 파악했다. 그러나 소셜 미디어를 단지 디스토피아를 불러올 '세계를 파괴하는 힘'이라고 말하기는 지나치다.

내가 지적하고 싶은 것은 소셜 미디어가 반드시 자유민주주의를 위해 좋은 것도 나쁜 것도 아니라는 것이다. 또한 소셜 미디어는 본질적으로 관용을 강화하거나 약화시키지도 않는다. 이와는 다르게, 소셜 미디어는 내부자와 외부자 사이의 기술적 격차를 해소한다.

수십 년 전까지만 해도 정부와 대기업들은 대중매체를 통한 과점 행위를 즐겼다. 결과적으로, 그들은 허용 가능한 정치적 담론의 기준을 정할 수 있었다. 잘 작동하는 민주주의 체제에서, 이것은 인종차별적인 내용, 음모 이론, 또는 노골적인 거짓말을 걸러냄으로써 자유민주주의를 안정시키는 효과를 낼 수 있다. 반면 독재 국가에서는, 독재자에 대한 어떠한 비판도 검열함으로써 자유민주주의를 억제하는 효과를 내기도 했다.

소셜 미디어의 등장으로 이러한 기술적 특권은 거의 사라졌다. 결과적으로, 권위주의 국가에서 민주적 반대파는 오랫동안 확고부동히 군림해온 독재자를 전복시킬 더 많은 도구들을 가지게 되었다. 하지만 마찬가지로, 혐오의 선전꾼, 허위를 파는 상인들 또한 자유민주주의를 훼손하는 일이 더 쉬워졌다.

이 변화를 주도하는 메커니즘은 디지털 기술의 등장에 관한 가장 잊기 어려운 연구들 중 하나에서 드러난다. 몇 년 전, 얀 피어스칼라와 플로리안 홀렌바흐는 휴대전화 기술의 도입이 이전에는 커뮤니케이션이 극도로 어려웠던 아프리카 오지 지역에 어떤 영향을 미쳤는지 조사했다.

그 경제학자들은 결과가 긍정적일 거라고 기대했다. 정보가 확산됨에 따라 사람들은 더 나은 의료정보를 얻을 수 있을 것이다. 상품을 절실하게 필요로 하는 광범위한 지역으로 운송하는 것이 더 쉬울 것이다.

대도시 중심지와의 긴밀해진 연결은 심지어 교육에 대한 접근을 개선하고, 읽고 쓰는 능력을 높일 수도 있다. 이러한 긍정적인 효과들 중 일부는 실제로 나타났다. 하지만 피어스칼라와 홀렌바흐는 매우 부정적인 효과도 발견했다. 즉, 휴대전화가 보급된 지역에서는 정치적 폭력이 급증했던 것이다.[25]

피어스칼라와 홀렌바흐는 휴대전화가 도입되기 전에 정부군이 반란군에 비해 엄청난 기술적 이점을 누렸다고 했다. 유선 전화나 군용 무전기와 같은 도구를 이용할 수 있기 때문에 저항 세력이 극복하기 거의 불가능한 두 가지 문제를 해결할 수 있었다. 그 문제란 첫째, 행동 집단화의 문제였다. 본부와 멀리 떨어져 있는 정부군에게는 임무를 회피하고자 하는 유혹이 있었지만, 지휘관들은 그들에게 정기적으로 직접 명령을 받도록 하고, 일과를 하나하나 지시했다. 그럼으로써 무임승차의 사례를 줄일 수 있었다. 둘째, 조정의 문제였다. 전투에 참여할 때, 병사들이 다른 병사들이 무엇을 하고 있는지를 아는 것과 실시간으로 적군의 위치를 공유할 수 있는 것은 중요한 일이었다. 정부군은 군용 무전기를 사용함으로써 이 문제를 해결할 수 있어 전술적 민첩성이 높았다.

이와는 달리, 반란군들은 비슷한 수단을 구할 수 없었고, 계속해서 큰 문제에 부딪쳤다. 보병들은 반란군 지도자들로부터 봉급을 받는 데는 열중했지만, 죽음에 대한 두려움으로 종종 그들의 임무를 회피했다. 설상가상으로, 그들이 전투에 참여했을 때, 그들의 동료들과 손발을 맞출 수 없었기 때문에 종종 심각한 피해가 발생했다. 결과적으로 정부군과 반란군 간의 대부분의 충돌은 일방적 게임이 되고, 이로써 반란이 억제되고 전반적인 무력 충돌의 발생률이 낮아질 수 있었다.

휴대전화의 도입은 이 모든 것을 바꾸어 놓았다. 반란군 지도자들은 새로운 기술을 사용하여 부하들에게 정기적인 명령을 내리고 전투 중 그들의 행동을 조정할 수 있었다. 갑자기 반란군들은 전투 정신과 전술적 민첩성에서 정부군과 대등해졌다. 많은 충돌이 일방적이지 않게 전개되면서, 전쟁은 훨씬 더 오랫동안 지속되고, 그 피해도 더욱 치명적이었다.[26]

휴대전화가 아프리카의 외진 지역에서 폭력의 발생률을 증가시킨 이유는 디지털 기술이 온건파보다 극단주의자를 선호해서도, 선보다는 악을 선호해서도 아니다. 오히려 더 평범한 이유 때문이다. 정치적 내부자와 외부자 사이의 격차를 줄이면서 질서유지보다는 불안정한 세력에게 유리함을 제공한 탓이다. 통화를 하고 문자를 보낼 수 있는 휴대전화는 트위터나 페이스북을 통해 수백만 명의 사람들에게 메시지를 퍼뜨릴 수 있는 스마트폰과 같지 않다. 그리고 국가의 역량이 낮은 외진 아프리카 지역은 당국이 확고하게 통제할 수 있는 선진 민주주의 국가와 동등하지 않다. 그러나 피어스칼라와 홀렌바흐의 연구는 디지털 기술이 미국이나 프랑스와 같은 민주주의 국가에서 정치를 재편성하도록 하는 메커니즘을 이해하는 데 도움이 될 수 있다. 한때는 정치 후보자들이 중요한 행동 조정과 집단화 문제를 극복하기 위해 방대한 자원과 기존의 조직에 접근해야 했다. 이제 그들은 잠재적 협력자들에게 다가가 정치적으로 활발하게 활동할 수 있도록 동기를 부여한다. 그들의 행동을 조정하는데 필요한 도구를 충분히 가지고. 정치 고위층의 기술적 우위는 케냐와 나이지리아에서뿐만 아니라 미시간과 사우스다코타에서 급격하게 감소했다.

이런 관점에서 볼 때, 우리는 이란의 녹색 혁명과 ISIS의 소셜 미디어 사용, 아랍의 봄과 도널드 트럼프의 당선 모두를 한몫에 이해할 수 있다. 소셜 미디어가 일부 맥락에서 긍정적인 효과를 가져오고, 다른 맥락에서는 부정적인 효과를 가져오는 것이 역설적이라고 생각하기 쉽지만 사실 그것은 동일한 기본 역학의 결과이다. 디지털 기술은 외부자들에게 힘을 실어주면서, 전 세계의 정부 고위층들을 불안정하게 만들고 변화의 속도를 가속화한다. 그 효과는 우리에게 아주 오랫동안 지속될 것 같다.

인쇄기가 발명된 지 12년이 지난 뒤에도 신기술은 아직 마인츠시를 떠나지 않고 있었다. 전 세계 인구의 극히 일부만이 인쇄된 책을 손에 쥐고 있을 뿐, 세상의 대부분은 의사소통과 정치를 뒤흔드는 혁명의 영향을 아직 받고 있지 않았다.[27]

대조적으로, 페이스북이 발명된 지 12년이 지난 지금, 이 신기술은 전 세계의 모든 곳으로 퍼져나갔다. 약 20억 명의 사람들이 이 플랫폼을 적극적으로 사용한다. 의사소통의 혁명 결과는 이미 우리 정치 현실의 중요한 특징이 되었다.[28]

수십 년 혹은 수백 년이 지난 후를 꿰뚫어볼 혜안이 없는 한, 이것이 세상을 더 좋게, 또는 더 나쁘게 변화시킬 수 있을지 여부를 말하기는 너무 이르다.

최근 몇 년 동안, 이 신기술을 가장 효과적으로 이용한 사람들은 자유민주주의의 기본 요소를 약화시키고 있는 포퓰리스트다. 그들은 구식 매체 시스템의 제약에 구애받지 않은 채 기꺼이 거짓말하고, 혼란을 주고, 시민들에게 증오심을 부추기는 등 선거에 당선되기 위해 필요한 어떤 것이라도 했다.

아마도 그들의 정치적 미사여구는 막을 수 없으리라. 주 상원의원이 내게 지적했듯이, 이성적인 정치인이 1문장 답에 3문장 대답을 해서는 논쟁을 이기기 어렵다. 더욱이 그의 경쟁자가 트위터나 페이스북을 통해 얼척없는 발언을 남발할 때라면.

그러나 독재자들을 전복시키기 위해 소셜 미디어를 활용한 민주화 운동가들이 그들의 승리를 공고화하는 일이 어려울 거란 점을 과소평가했듯이, 주도권을 잡은 포퓰리스트들은 기술적으로 달라질 미래가 그들이 기대하는 것보다 더 도전적이라는 것을 아직 모를지도 모른다. 조지 오웰은 일찍이 "지금 승리하는 사람은 항상 무적처럼 보일 것이다"[29]라고 썼다. 그러나 일단 포퓰리스트가 정권을 잡은 뒤 약속의 많은 부분을 깨기 시작하면, 그들은 그들의 지배에 반대하는 새로운 외부자들에게 힘을 실어줄 소셜 미디어의 잠재력을 그때서야 상기할 수 있으리라.

05_____경제 침체

       경제적으로 보면, 지난 300년은 이상 현상이 나타났다고 봐야 한다.

대부분의 역사에서 꾸준한 경제 성장은 거의 없었다. 아테네의 건설과 증기 기관의 발명 사이, 수천 년 동안 평균 연간 성장률은 0.1%에 머물러 있었다. 그나마도 평균 가구의 생활수준이 증가했기 보다는 전체 인구의 증가 때문이었다.[1]

성장이 매우 느렸기 때문에, 경제적 발전은 개인이 수명을 다할 때까지 거의 발생하지 않았다. 항상 부족한 시대와 풍요로운 시대가 있어왔다. 실제로 우리 조상들 대부분은 그들의 삶의 어느 시점에서 홍수나 가뭄이 식단에 미치는 영향을 느껴봤을 것이다. 그리고 물론 엄청난 역경에도 불구하고, 어린 시절에는 상상할 수 없었던 부를 얻으며 사회적 지위를 초월하는 드문 사람은 항상 있었다. 그러나 역사상 대부분의 시간 동안 대부분의 사람들에게 경제는 근본적으로 정체 상태였다. 그들의 운이 매 계절마다 바뀌었을 수도 있지만, 그들은 태어났을 때와 똑같이 부유하게 죽거나 (훨씬 더 가능성이 높게) 가난하게 죽었다.

　18세기에 들어서야 경제 성장이 많은 사람에게 현실로 다가왔다.

　경제가 50년 동안 0.1%씩 성장하면, (복리 이자로 인해) 약 5.1%의 누적 성장률을 보일 것이다. 매년 1%씩 성장한다면, 50년 동안 64% 성장할 것이다. 2.5%씩 성장하면 344% 성장할 것이다. 그래서 영국과 같은 나라의 경제가 18세기에 매년 1%씩 성장하기 시작하고, 19세기 동안 매년 약 2.5%까지 성장을 가속화했을 때, 누적률은 인류 역사에서 이전에 기록된 것보다 훨씬 높은 수치였다.[2] 사상 처음으로, 수백만 명의 사람들은 자신의 문명이 식량과 주택을 제공하고, 의류나 심지어 사치품들을 생산하는 등 경제의 능력이 근본적으로 변화하는 것을 보았다.

　한 가지 문제가 있었는데, 바로 이러한 이득의 대부분이 사회의 부유층에게 돌아갔다는 것이다. 그래서 가장 급속한 성장의 시기는 종종 불평등이 가장 큰 시기와 일치했다. 예를 들어, 1827년과 1851년 사이에 영국 경제는 약 80% 성장했다. 그러나 같은 기간 동안 소득 불평등의 표준 척도인 지니계수도 똑같이 급속히 증가했다. 결과적으로, 영국은 25년 동안 소득 불평등이 오늘날의 아이슬란드 수준에서 인도 수준으로 떨어졌다.[3]

　그 후 인류 역사상 또 하나의 커다란 변화가 나타났는데, 이는 전대미문의 경제적 평등 시기였다.

　토마스 피케티는 1928년 당시 가장 부유한 1%가 프랑스나 영국과 같은 유럽 국가에서는 전체 소득의 15~20%를, 미국에서는 전체 소득의 거의 25%를 차지했다고 추정한다. 하지만 1960년, 부의 분배는 상당히 평평해졌다. 프랑스와 영국에서는 가장 부유한 1%가 전체 소득의 10% 미만을 차지했다. 미국에서는 12%를 넘지 못했다. 결과적으로, 대부분의 시민들은 그들의 생애 동안 삶의 질이 가장 크게 향상되는 것을 즐겼다.[4]

이러한 개선들은 단지 추상적인 것이 아니었다. 오늘날의 많은 사람들은 냉장고나 자동차, 또는 텔레비전 없이 자랐다. 이제 그들은 냉장고와 2대의 자동차 및 가정 내 대규모 엔터테인먼트 시스템을 가지고 있다. 선진 민주주의 국가에서는 엄청난 경제 성장과 전례 없는 상대적 평등 기간이 결합되면서, 평범한 개인들의 일상생활이 변화되고, 진보라는 것이 그들의 가정에 실질적으로 구현될 수 있었다.

그리고 상황이 바뀌었다.

종전과 영 딴판으로, 최근 수십 년 동안 선진국 경제의 발전은 급격하게 느려졌다.

미국 경제가 전후 첫 20년 동안 매년 평균 4%의 속도로 성장한 반면, 지난 20년 동안에는 매년 2% 성장에 그쳤다.[5] 그 차이는 서유럽에서 더 크게 나타났다. 예를 들어, 프랑스의 경제는 전후 시대에 평균 5%씩 성장했다. 하지만 지난 20년 동안 연평균 성장률은 1.5%에 그쳤다(독일에서도 비슷하게 실망스러운 수준이었고, 이탈리아에서는 훨씬 더 심

각했다).[6]

이와 동시에 전반적인 경제 성장이 둔화되면서, 불평등도 증가했다. 1980년대부터 대서양 양쪽에서 불평등이 급속히 증가했다. 오늘날, 북미와 서유럽 대부분은 1930년대에 비해 더 이상 평등하지 않다.[7]

성장 둔화와 불평등 가속화가 결합된 효과로 인구 대부분의 생활수준이 정체되었다. 이 정도의 성장률은 인류 역사의 긴 흐름에 비교해 보면 여전히 좋아보일지도 모른다. 하지만 민주주의의 안정성이 절정에 달한 수십 년의 기록과 비교해 볼 때는 처참한 하락이라고밖에 할 수 없다.

이 이야기는 특히 미국에서 심각하다. 1935년부터 1960년까지, 미국 중산층 가정의 생활수준은 두 배로 증가했다. 1960년부터 1985년까지, 그것은 다시 두 배로 늘었고 1985년부터, 대체로 평행선을 달렸다. 현재 미국의 평균 가정은 30년 전과 비교할 때 더 부유하지 않다.[8]

이러한 변화는 중년의 나이에 갑자기 경제성장이 멈춰 버린 성인들에게는 고통스러운 일이다. 하지만 열심히 일하면 부자가 될 것이라는 약속을 들으며 성장하다가, 이제는 부모가 비슷한 나이에 쉽게 도달했던 수준만큼도 도달하지 못하는 젊은 사람들에게는 더욱 충격적이다.

실제로, 라즈 체티와 그의 팀이 발표한 괄목할 만한 연구에 따르면, 스스로 부를 이뤄본 경험이 없는 사람들의 수가 최근 몇 년 동안 대폭 늘어났다. 이 연구자들은 사람들이 얼마나 잘 지내고 있냐는 질문을 받게 되면 보통 "자신의 생활수준을 부모의 생활수준과 비교하는 경우가 많다"[9]고 설명한다. 최근까지만 해도, '절대 소득 이동성absolute income mobility'이라고 불리는 이 비교는 흐뭇했다. 1940년대에 태어난 미국인 10명 중 9명 이상이 30세가 될 무렵, 같은 삶의 단계에서 그들의 부모보다 더 많은 수입을 올렸다. 대조적으로 1980년대에 태어난 미국인은 비슷한 삶의 단계에서 단지 2명 중 1명만이 부모보다 더 많은 수입을 얻는 것으로 나왔다.

이 놀라운 현상을 표현할 한 가지 방법은 미국 인구의 급속한 증가 추세에 따라 아메리칸 드림의 일부인 '부자가 될 수 있다'는 약속이 이제는 부도가 났다는 것이다. 옛날에는 젊은 미국인들 중 아주 적은 수만 인생에서 자신의 생활수준이 향상되는 것을 보지 못했다. 오늘날은 그들 중 절반이 그렇다.[10]

가디언에서 진행한 광범위한 연구에 따르면, 서유럽과 북미의 많은 지역에서 기본적으로 동일한 추세가 나타나고 있다. 그 보고서는 "미국, 이탈리아, 프랑스, 스페인, 독일, 캐나다의 밀레니엄 세대는 실질적인 임금 손실을 겪어왔다"고 밝혔다. 그리고 경제대불황이 이 추세를 악화시켰지만, "일부 국가에서는 2008년 금융 위기 이전에도 진행되고 있었다"고 했다.[11] 부모가 신탁 기금을 개설해 주거나 관대히 주택 계약금을 내주지 못하는 젊은 층이 급증하면서 더 큰 재정적 어려움을 겪고 있다.

삶의 질에서 중요한 비경제지표들을 볼 때도 같은 이야기가 나온다. 평균 수명을 예로 들어보자. 전후 시대에 기대수명은 급속히 증가했었

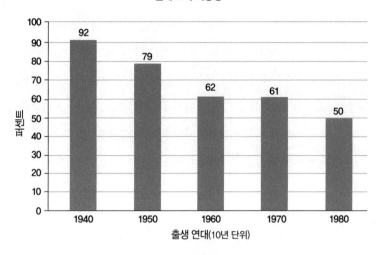

절대 소득 이동성

미국에서 30세의 가구 소득이 그 부모가 30세였을 때보다 큰 비율

다. 예를 들어, 1900년에 미국에서 태어난 사람은 49세까지 살기를 기대할 수 있었던 반면, 1950년에 태어난 사람은 68세까지 살기를 기대할 수 있었다. 즉, 거의 20년을 더 살 수 있게 된 것이다. 그러나 의료 발달이 느려지면서, 수명 증가도 정체되었다. 2003년에 태어난 사람은 조부모 세대보다 불과 9년 더 오래, 77세까지 살기를 기대할 수 있다. 그리고 앤 케이스와 앵거스 디튼의 연구에서 알 수 있듯, 백인 미국인의 평균 수명은 이제 기록이 시작된 이래 사상 처음으로 떨어지고 있다. 1978년에서 1998년까지, 45~54세 백인 미국인의 사망률은 평균적으로 2%씩 떨어졌고, 이와는 대조적으로 1998년까지 사망률은 연

0.5%씩 증가했다.[12]

따라서 우리가 가장 좁은 범위인 경제 관련 데이터를 넘어서 초점을 넓히더라도, 전반적인 메시지는 거의 동일하게 유지된다. 산업 혁명과 현대 민주주의의 시작 이후, 시민들은 한 세대에서 다음 세대까지 그들의 삶의 조건이 눈이 번쩍 뜨이는 발전을 경험했다. 그러나 지난 25년 동안, 그들은 기껏해야 보잘것없는 수준의 이득만 보았다.

이 결과 생기는 좌절감은 어떤 영향을 주게 될까?

미래에 대한 두려움

전후 시대에 일반화되었던 급속한 경제 발전은 자유민주주의에 많은 정당성을 부여하기에 충분했다. 미국인들이 정치인을 사랑하거나 워싱턴 D.C.를 도덕적 미덕의 독특한 보고로 생각한 것은 아니다. 그러나 이 제도가 그들을 위해 기능을 발휘하고 있었기 때문에 대부분의 사람들은 정치인들이 궁극적으로 그들의 편에 서 있다고 기꺼이 믿었다. "내가 정치인들을 믿는지 잘 모르겠다. 하지만 나는 아버지보다 2배는 더 부자가 될 것이고, 내 아이들도 아마 나보다 2배는 더 부자가 될 거다. 그러니 그들의 말을 믿어주자……"라고 그들은 말했다.

그러나 오늘날은 정치인들을 믿어줘야 하는 그 남은 이유가 사라졌다. 그래서 많은 유권자들이 더 이상 그 정치 기구가 그들의 편이라는 것을 못 믿는 것도 당연하다. 그들은 이제 "나는 평생 열심히 일해 왔다. 그리고 그 덕분에 보여줄 만한 것이 별로 없다. 내 아이들은 아마도 더 나빠지겠지. 그러니 벽에 똥이나 던져서 무엇이 달라붙는지 보자고……"라고 말할지 모른다.

그렇다고 개인의 경제 문제와 포퓰리스트 후보자를 뽑으려는 성향 사이에 직접적인 상관관계가 있다는 얘기는 아니다. 어쨌든, 하급 중산층 가정에서 자라 상급 중산층으로 올라가기를 꿈꾸는 사람들은 가난하게 태어나서 가난하게 지낸 사람들 못지 않게 경제적 향상의 부진에 좌절감을 느낄지 모른다. 이와 비슷하게, 아이들의 미래를 걱정하거나 이웃의 사정이 더 악화되는 경우를 보다 보니 비교적 부유한 시민들도 자신들의 경제적 상태가 매우 불안정하다고 여기게 되고, 겨우 먹고 살 만큼 벌려고 애쓰는 사람들과 마찬가지로 포퓰리스트에게 투표할 가능성이 높아지는 것이다. 다시 말해서, 중요한 것은 경제적 현실보다 경제적 불안이다.

조나단 로스웰과 파블로 디에고-로젤은 미국 성인 12만 5000명을 대상으로 한 2016년 선거에 대한 갤럽 설문 조사 데이터를 분석하면서 비슷한 결론을 얻었다. 경제적 수준이라는 가장 직접적인 지표는 트럼프를 찍었는지, 클린턴을 찍었는지의 예측지표가 될 수 없었다. 예를 들어, 트럼프를 좋게 본 미국인들은 평균 가계소득이 8만 2000달러인 반면, 트럼프를 나쁘게 본 사람들의 가계 소득은 7만 7000달러였다. 이와 비슷하게 트럼프 지지자들은 이 샘플의 다른 사람들에 비해 실직할 가능성이 낮고, 아르바이트로 고용될 가능성도 적었다.[13] 간략히 말하자면, 트럼프가 주로 가난한 사람들과 하위계층에게 호소력이 있다는 대중 매체의 보도는 그다지 들어맞지 않는다.

많은 현명한 분석가들은 이 복잡한 발견으로부터 매우 직접적인 결론을 도출해냈다. 그들은 경제가 포퓰리즘의 확산을 설명하는 데 전혀 도움이 되지 않는다고 주장한다. 《뉴 리퍼블릭》에서는 "아니다, '경제 불안'은 도널드 트럼프를 설명하지 못한다"라고 썼다.[14] MSNBC 방송도 "'경제 불안'은 도널드 트럼프의 승리를 설명하지 못한다"라고 했으며,[15] 《복스》 역시 "트럼프의 지지가 경제 불안 때문이라는 것은 말이 안 된다"라고 주장했다.[16]

하지만 우리가 관심을 특정한 유권자의 특성에서 그들이 사는 곳과 그들이 직면하게 될 운명으로 돌리면, 경제적 요인이 중요하다는 것은 분명해진다. 한 예로, 트럼프를 선호하는 유권자들은 대학 학위를 소지했다거나 전문 직업을 가졌을 확률이 상대적으로 훨씬 적다. 이는 세계화와 자동화로 인해 경제적 자산이 축소될 것을 우려하는 더 큰 이유가 있음을 의미한다.[17] 또 다른 이유로, 유권자들은 '건강 악화, 사회적 이동성 감소, 사회적 자본 감소, 사회 보장에 대한 높은 의존도'를 보이는 지역에 사는 경향이 있다. 이는 자신의 도시나 지역이 가난해지고 있다고 느끼기 훨씬 더 쉽다는 것을 암시한다.[18] 요컨대,

트럼프의 지지자들은 자신은 비교적 부유하더라도 이웃들이 다른 형태의 고난을 겪는 곳에 거주한다. 그들의 지역 사회에서는 타 지역에 비해 백인 거주자가 더 일찍 죽고, 가난하게 자란 젊은 사람들이 성공하기는

더 어려워지고 있다. 트럼프 지지자들 스스로 심각한 경제적 고통을 겪지는 않았을지 모르지만, 차세대를 위한 경제적 기회가 부족한 곳에서 살고 있다.[19]

다른 많은 연구들이 이 기본적인 발견을 뒷받침한다. 예를 들어, 제드 콜코가 보여주었듯이, 고도로 일상화되고 반복적인 업무, 즉 로봇으로 쉽게 교체되거나 해외로 이전될 수 있는 직업에 종사하는 사람들은 트럼프에게 투표할 확률이 훨씬 높다.[20] 특정 카운티 주민들이 2012년 선거에서 미트 롬니 <u>매사추세츠 주지사를 지낸 미국 정치인으로 2012년에 공화당 대선 후보로 나섰다가 오바마에게 패했다. 트럼프처럼 기업인 출신이었다.</u>를 지지하는 것에 비교될 만큼 2016년 트럼프에게 쏠렸다는, 좀 더 섬세한 척도로 본 답도 마찬가지다. 콜코의 연구는 트럼프를 향한 쏠림이 '실업률이 더 높고, 일자리 증가가 느리고 수익이 더 낮은 곳에서' 훨씬 강력하다는 것을 보여준다.

그는 "경제 불안은 당장 현재에 초점을 둔 게 아니라 미래에 관한 것"이라고 결론지었다.[21]

벤 델스만도 자동화 대상이 되는 직업의 비율이 높은 지역이 포퓰리스트에게 더 민감한지 여부를 테스트했는데, 동일한 결론에 도달했다. 그의 발견은 분명하다. 비율이 높은 지역 22개 주 중 21개 주가 도널드 트럼프에게 표를 던졌고, 반면에 가장 낮은 15개 주 중 15개 모두 힐러리 클린턴에게 표를 던졌다. 평균적으로 자동화에 대한 취약성이 1%

증가할 때마다 트럼프의 투표 점유율이 3% 증가하는 상관성이 도출되었다.[22]

이 모든 것은 경제적 성과와 정치적 안정성 간의 관계가 종종 예상보다 다소 더 복잡하다는 것을 암시한다. 꼭 사회의 가장 빈곤한 구성원들이 정치체제에 등을 돌리는 것은 아니다. 그들은 정부 혜택에 많이 의존해야 하는 상황이니 말이다. 또한 개인적으로 경제적 재난을 겪은 사람들이라고 반드시 반체제적이 되는 것도 아니다. 오히려, 지금은 물질적으로 편안하게 사는 편이지만, 미래가 그들에게 가혹해질까봐 두려워하는 그룹들이 가장 불만이 크다.[23]

그들의 회사는 여전히 잘 해나가고 있을지 모르지만, 많은 비슷한 회사들이 파산하거나 노동력의 많은 부분을 대체하는 것을 보아왔다. 그들은 담보 대출금을 꼬박꼬박 지불하고 있을지 모르지만, 그들의 이웃들이 체납했을 때 어떻게 집에서 쫓겨났는지를 가까이서 보았다. 그리고 가까운 이웃들이야 여전히 살기 좋은 곳에 있지만, 불과 1~2마일 정도 거리에 있는 조금 더 가난한 이웃들은 사정이 급속히 악화되고 있다는 것을 잘 알고 있다.

나는 보고서를 쓰는 과정에서 포퓰리스트 당의 지지자들과 이야기를 나누는 데 꽤 많은 시간을 보냈기 때문에, 이 사실에 전혀 놀라지 않았다. 그들은 나에게 "경제가 정말 안 좋아요"라고 말하곤 했다. "그 정치인들은 우리보다 외국인들을 더 신경써요"라며 그들은 덧붙인다. "이 나라는 파산하고 있어요."

그들의 말을 예의바르게 들은 후, 나는 진지하게 그들의 개인적인 상황에 대해 물어본다. "뭐요, 나요?"라고 그들은 미소 지으며 되묻는다. 그러면서 이렇게 말한다. "오, 불평할 건 없어요. 큰 문제없답니다."

미국, 영국 또는 이탈리아와 같은 국가들은 여전히 엄청나게 풍족하다. 인류 역사상 그렇게 많은 구성원들이 경제적 여유를 누릴 수 있었던 적이 없었다. 어떤 의미에서, 이 특권을 누리며 살고자 하는 사람들은 감사히 여겨야 한다.

하지만 그것은 동전의 한 면일 뿐이다. 다른 한 면은, 이 같은 국가들이 더 이상 시민들에게 진정한 모멘텀을 제공할 수 없다는 점이다. 비록 그들은 풍요한 삶을 유지하고 있지만, 물질적 발전에 대한 기대는 깨졌으며, 미래에 더 나쁜 소식이 있을지도 모른다는 두려움을 가질 만한 충분한 이유가 있다.

이는 우리 시대에 대해 답이 없는 큰 질문들을 제기한다. 자유민주주의 국가들이 과거의 놀랄 만한 안정성을 연장하려면 무엇을 해야 할까? 시민들에게 좋은 삶을 제공하는 것으로 충분한가? 아니면 각 세대가 이전 세대보다 훨씬 더 좋은 성과를 낼 수 있다는, 급속도로 성장하던 수십 년간 암묵적으로 이루어진 약속을 지킬 수 있어야 가능한가?

솔직히 말해서, 이러한 질문에 답을 내리기란 쉽지 않다.

놀랍도록 안정적이었던 민주주의의 역사는 여전히 자유민주주의가 반드시 존속되어야 한다는 것을 우리에게 확신시키면서, 우리의 정치적 상상력을 일깨우고 있다. 안정의 시기 동안에는 두 가지 사실이 동시에 존재했다. 안정된 민주주의 국가는 매우 부유했고, 대부분의 시민들은 절대 소득 이동성을 누렸다. 러셀의 닭이 자기 체중이 4파운드에서 5파운드로 늘어났을 때 무슨 일이 벌어질지 경험해본 적이 없는 것처럼, 우리는 성장 없는 풍요로움이 자유민주주의의 정치적 역동성에 주는 영향을 예측하는데 도움될 만한 역사적인 전례를 갖고 있지 않다.

06_____사람 잡는 정체성

민주주의는 사람들이 통치하는 것이다. 하지만 이것은 바로 어처구니없을 만큼 간단한 질문을 제기한다. 그 사람들이란 대체 누구인가?

민주주의 역사의 대부분, 그 답은 매우 제한적이었다. 예를 들어, 고대 아테네에서 여성과 노예는 결코 완전한 시민으로 간주되지 않았다고 종종 지적된다. 그러나 별로 거론되지 않는 또 다른 배제는 이민자들과 그들의 자손 역시 아테네 시민권을 받을 자격이 없었다는 사실이다.

아테네 건국 초기 수십 년 동안, 폴리스의 정식 구성원 자격은 '그 땅에서 태어난' 사람들에게만 주어졌는데, 그들은 건국 당시 그곳에 살았던 소수의 사람들에게 닿는 계보를 추적할 수 있다고 여겼다. 시간이 지나고 도시가 점점 부유해지면서 기술이 발달했고, 점점 더 많은 이민자들이 아고라에 몰리면서 '사람들'에 대한 아테네의 개념은 더욱 더 좁은 것이 되었다. 그래서 민주주의 역사상 가장 유명한 연설자 중 한 사람인 페리클레스가 새로운 시민권 법을 제안했다. 이후 아테네 출신의 아버지와 아테네 출신의 어머니를 가진 사람들은 시민의 권리와 의무에 접근할 수 있었다. 아테네 역사상 가장 유명한 인물들 중 일부는 이러한 엄격한 국적 기준을 충족하지 못하고, '메틱스metics' 즉 거주 외국인으로 분류되었다. 예를 들어, 아리스토텔레스도 디오게네스도 그 도시 통치에 참여할 수 없었다.[1]

로마 공화정은 아테네보다 더 관대했다. 해방된 노예는 로마인이 될 수 있었다. 혼혈 자녀도 광범위한 권리를 가지고 있었다. 또한, 일부 연합국의 주민들에게도 시민권이 주어졌다. 그러나 비교적 관대한 로마에서조차 시민권 법은 여전히 엄격한 계급제도를 만드는 데 도움을 주었고, 상류층은 같은 핏줄로, 하류층은 외국인으로 간주되었다. 예를 들어, 라티니아의 인종적으로 유사한 지역에 사는 주민들은 명목상 시민권을 취득할 수 있었지만 공화국 역사상 대부분 시기에 투표권이나 출마할 권리가 없었다. 한편, 라티니아 이외의 지역에 사는 사람들은 모두 시민권에서 제외되었다.[2]

로마 공화정이 로마 제국으로 나아갔을 때, 시민권의 지위가 자치의 권리 및 의무와 더 이상 연동되지 않게 됨으로써, 시민 자격 규정이 보다 포괄적인 형태로 바뀌었다. 서기 212년, 카라칼라Caracalla 칙령은 제국에 거주하고 있는 모든 자유민에게 로마인과 같은 권리를 주었다.[3] 하지만 그때쯤엔 그런 권리들이 원래 의미의 많은 부분을 잃어 버렸다.

이것은 불편한 진실을 제기한다. 왕이나 황제가 그의 백성들에게 평등한 시민권을 부여하는 것은 비교적 쉽다. 결국, 군주제에서 시민권은 실제적인 권력이 없기 때문이다. 민주주의나 자치 공화국이 회원 자격 규정에 관대하기란 훨씬 어렵다. 결국 국민이 지배할 수 있는 체제에서, 시민의 지위를 얻은 사람은 그의 모든 동포들에게 발언할 권리를 갖게 된다. 그리하여 로마 제국이 로마 공화국보다 더 관대한 회원 규칙을 채택했다는 사실은 민주주의와 시민권의 배타적 개념 사이에 어떤 연관성이 있음을 나타낼까? 아니면, 보다 극명한 용어로 말하자면, 자치 정부의 이상이 다양한 시민들이 서로 평등하게 사는 것을 더욱 어렵게 만드는가?

2천 년의 유럽 역사가 이 의문을 푸는 데 상당한 도움을 준다.

다른 소수민족과 종교단체의 평화로운 공존이 가장 훌륭히 이루어졌던 때는 종종 강력한 군주의 감시 아래 있었다. 예를 들어, 합스부르크 제국과 오스만 제국이 번성했던 까닭에는 다양한 종교를 믿으며 더욱 다양한 언어를 사용하는 사람들의 산업과 창의력에 의존한 것이 한몫했다.[4] 반면 18세기와 19세기에 시작된 민족주의적 열기는 거의 언제나 민주주의뿐만 아니라 민족적 순수성에 대한 갈망을 포함했다.

이는 다신교 제국에 대항하여 반란으로 정치적 정체성을 가진 국가들에서 가장 명백하게 드러났다. 예를 들어, 체코인, 슬로바키아인, 헝가리인은 자신들과 다른 언어를 사용하고, 현지의 관습과 고려사항을 충분히 챙기지 않는 황제의 통치를 받는 데 불만이 많았다. 집단적 자치에 대한 욕망과 제각각의 문화를 번영시킬 집단생활에 대한 욕망이

한껏 부각되었다.[5]

비록 많은 면에서 훌륭한 점이 있었지만, 이러한 문화적 민족주의는 시작부터 배제 요소를 수반했다. 레온 비젤티에가 간단명료히 표현했듯, 대부분의 유럽 국가들은 '민족, 영토 및 국가의 완벽한 결합'을 원했다.[6] 헝가리인들이 스스로 통치를 한다면 진정한 헝가리인들만이 국가의 정치에 참여해야 했다. 따라서 헝가리의 민주주의가 실현되는 과정에서 오스트리아인, 체코인, 슬로바키아인, 루마니아인의 참여는 제한되었다.[7]

같은 충동이 이탈리아와 독일의 자유주의적 민족주의자들을 자극했다. 그들이 받아들인 원칙은 여러 면에서 숭고했다. 그들은 언론의 자유와 종교적 반대를 허용하는 자치 정부를 수립하려고 애썼다. 그러나 '진정한' 독일인 또는 이탈리아인으로 고려되는 사람들(그들이 만드는 국가에 포함하고자 했던)과 다른 국가의 구성원이 되는 사람들(제외하려고 했던)을 구별하는 것은 그들의 사업에서 핵심적인 부분이었다.[8]

이러한 배타적 충동은 민족주의적 열기가 커짐에 따라 더욱 강해졌다. 19세기 후반까지, 독일과 이탈리아 같은 새로운 국가들은 좀 더 동질적인 문화를 만들고 언어적 소수민족을 억압하기 위해 강압적인 정책을 추구하고 있었다.[9] 1920년대와 1930년대에 폴란드, 독일, 스페인과 같은 국가에서 민주주의의 발판을 마련하기 위해 노력할 때 국내의 적들은 매번 소수민족과 종교에 대한 분노를 이용했다.[10] 마침내, 한때 파시즘 세력이 유럽의 많은 지역에서 권력을 장악하자, 국경 너머에 살고 있는 '동포 민족'은 전쟁에 대한 변명의 수단이 되었다. 예를 들어, 나치 독일의 주데텐란트 병합은 체코슬로바키아에 살고 있는 독일 민족이 겪었던 부당한 대우에 의해 정당화되었다.[11]

제2차 세계 대전의 공포가 해소되고 퍼지고 해소될 쯤, 많은 대륙이 민족적으로 정화되었다. 유럽 역사상 처음으로, 대부분의 국가에서 오랫동안 열망해온 완벽한 '민족, 영토 및 국가 연합'을 자랑할 수 있게 된 것이다. 그리고 민주주의가 유럽의 많은 지역에서 승리한 것도 바로 이 시점이다.

1920년대와 1930년대에 이탈리아나 독일 같은 국가에서 민주주의가 실패했다가 1950년대, 1960년대에 확고한 뿌리를 내리기 시작한 이유는 여러 가지가 있다. 그러나 해당 국가의 인종 구성은 파시즘이 인민이라는 명목으로 의회 기관을 제쳤을 때 상당히 이질적이었고, 국민들이 자유민주주의 관행을 받아들일 준비가 되었을 때 상당히 동질적이었다. 이는 결코 우연처럼 보이지 않는다.

인종적 동질성은 이러한 신생 민주주의 국가들의 성공에 기여했을 뿐만 아니라, 이들 국가의 정체성 확보에도 기여했다. 지난 수세기 동안 유럽의 정치를 지배해온 다국적 제국과는 극명히 대조적으로, 그들은 완전히 단일 민족이었다. 그 문제 때문에, 독일인이나 이탈리아인 또는 스웨덴인이나 네덜란드인이 되기 위해서는 특정 민족의 혈통을 지녀야 했다.

따라서 대량 이민mass immigration이 강렬한 긴장을 초래할 수 있다고 생각하는 데는 충분한 이유가 있는 것이다. 민주주의 사회의 역사를 통해 시민들은 항상 외부인들이 그들의 목소리를 약화시키는 것을 경계해왔다. 게다가 오랫동안 동질성으로 정의되어 오다가 현재 급속도로 증가하는 경제 불안을 겪고 있는 유럽에서 인구 통계학적 변화가 쉽게 이뤄지긴 어려울 것이다. 지금 문제는 이러한 긴장이 얼마나 근본적인 것인지, 그리고 극복될 수 있는 것인지 여부이다.

다원주의에 대한 반란

역사적으로 볼 때, 제2차 세계대전이 끝나고 단일 민족 국가들이 이질화된 속도는 놀라울 정도이다. 예를 들어, 영국에서는 '1950년대에는 소수민족 시민의 수가 수만 명이었다.'[12] 오늘날에는 800만 명이 넘는다.[13] 이는 다른 서유럽 국가에서도 매우 비슷하게 나타난다. 독일에서는 정부가 그리스, 이탈리아, 터키에서 비숙련 노동자들을 모집하여 전후 경제 기적을 불러 일으키고, 1964년에 100만 번째 '외국인 노동자'를 맞이했다.[14] 1968년, 그 나라의 외국인 시민 수는 2백만 명에 육박했다. 오늘날 약 1700만 명의 이주자들과 그들의 후손들이 독일에 거주하고 있다.[15] 이탈리아에서도 최근 이민이 급증하고 있다. 2002년에는 외국인 거주자가 100만 명이 조금 넘었는데, 2011년엔 400만 명이 조금 넘는 숫자로 늘었다.[16]

공유된 문화와 민족성으로 스스로를 정의한 사회로 대규모 이주가 시작되자, 이론과 실제 사이의 긴장이 점점 더 폭발력을 갖게 되었다.

이민에 대해 극렬 반대하는 정치 세력이 지난 수십 년 동안 급부상한 것은 아마도 당연한 일일 터다.

이민에 대한 두려움은 이제 유럽 전역의 유권자들에게 최우선 관심사다. 예를 들어, 2016년에 덴마크인 71%, 헝가리인 67%, 그리고 독일인 57%가 이민 문제를 가장 큰 정치 이슈로 꼽았다. 유럽연합 회원국 27개국 중 유권자들이 이민을 가장 큰 우려사항으로 언급하지 않은 국가는 단 한 곳이었다.[17] 한편, 미국의 경우 2016년 선거에서 유권자의 70%가 이민을 매우 중요한 사안으로 꼽았으며, 이는 2012년의 41%에서 증가한 수치이다.[18]

포퓰리스트 정당들이 이민에 대한 우려를 자신들의 가장 중요한 메시지로 삼고 있는 것은 의심의 여지가 없다. 오스트리아 자유당의 대표는 "빈이 이스탄불로 변해서는 안 된다"라고 선언했고[19] 독일 AfD는 "더 많은 독일 가정 자녀들"[20]을 약속함으로써 비슷한 두려움을 건드렸다. 덴마크 인민당의 반이민 감정 자극은 너무 노골적이었다. 그들의 선거 운동 문구는 "Duved, hvad vi star(여러분은 우리가 누구를 대표하는지 아십니다)"였다.[21]

게다가 선거 결과를 보면 이민에 대한 두려움과 포퓰리스트의 성공 사이에는 꽤 긴밀한 관계가 있음이 드러난다.[22] 여러 연구에 따르면, 이민에 대한 태도는 특정 개인의 투표 의도를 예측하는데 가장 좋은 지표 중 하나임이 분명하다. 이민자와 소수민족에 대한 부정적인 생각은 브렉시트부터 마린 르펜이 성취해낸 지지율까지 높은 상관관계가 있다.[23]

언뜻 보면, 미국은 단일 인종 체제를 토대로 세워진 유럽의 민주주의 형태와 전혀 다른 것처럼 보인다. 과거 식민지였던 이곳은 건국 이래 '이민의 나라'로 여겨졌다. 결과적으로, 시민권은 '국기와 그것이 표상하는 공화국'에 충성을 맹세하기만 하면 충분하다는 개념이 처음부터 깊이 뿌리내렸다. 유럽과는 다르게, 미국에서 태어나면 그냥 미국인이 된다는 이야기는 너무도 당연할 것처럼 느껴진다.[24]

이민의 나라라는 역사는 다인종 민주주의라는 약속에 미국이 잘 맞는 나라인 것처럼 느끼게 한다. 하지만 미국인들이 이민에 익숙하고 유럽인들에 비해 이민자들에게 관대하다 하더라도, 현재 유럽 국가들이 경험하고 있는 이민자의 비율은 미국 역사의 기준에서도 매우 높다.[25]

1960년대 후반에는 미국에 살고 있는 20명 중 1명만 해외 출생이었다. 오늘날, 7명 중 1명이 그렇다. 20세기 초반에 이 비율이 너무 높아지자, 민족주의적 정서가 급속히 확산되어 이민에 관한 매우 엄격한 법률이 채택되었다.[26]

도널드 트럼프가 분노를 쏟는 단골 대상인 히스패닉과 무슬림의 인구는 특히 급속히 증가했다. 예를 들어, 외국 출신의 히스패닉 인구는 1980년에서 2008년 사이에 4배가 되었다.[27] 그리고 학자들이 무슬림의 총인구수에 관해서 서로 다른 결론을 내리고 있지만, 거의 모두가 지난 수십 년 동안 무슬림 수가 급속도로 증가했음을 동의하며, 또한 2050년까지 다시 두 배가 될 것이라고 예측한다.[28]

유럽에서와 같이, 극우주의적 포퓰리스트들은 재빨리 외국 출신 인구가 증가했다는 통계 자료를 이용했다. 1990년대에 팻 뷰캐넌은 미국이 '제 3세계 국가'가 될 것이라며, "만약 우리가 우리의 해안에 밀려오는 이민 물결에 맞서 방파제를 건설하지 않는다면"이라고 주장하여 대통령 직에 도전했다.[29] 그리고 2016년에 도널드 트럼프는 멕시코가 "강간범과 범죄자들을 미국으로 보내는 경향이 있다"고 주장하면서 같은 수사학에 다른 수법을 사용하여 백악관에 입성했다.[30]

유럽에서와 같이 이민자 집단이 커진 일, 그리고 아마도 그들이 문화적, 정치적으로 전보다 더 눈에 띄게 된 일은 이민에 대한 태도에 따라

미국의 외국 출신 인구

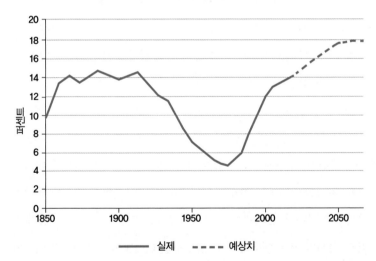

정치체제를 양극화시켰기 때문일 것이다.[31] 예를 들어, 증명서가 없는 이민자에게 법적 신분을 취득할 수 있는 기회가 주어져야 한다고 보는 사람들은 60% 대 34%의 표차로 힐러리 클린턴에게 투표했다. 이와는 대조적으로, 그런 이민자는 추방되어야 한다고 믿는 사람들은 84% 대 14%의 표차로 도널드 트럼프에게 투표했다.[32] 이와 비슷한 패턴은 인종적 적개심을 명백히 드러낸다. 다양한 여론 조사에 따르면, 버락 오바마가 미국에서 태어난 게 맞는지 여부를 묻는 질문에 대한 답변으로도 도널드 트럼프에게 투표할 가능성을 예측할 수 있는 확률이 높게 나타났다. 2016년 12월에 실시된 한 설문조사에 따르면, 클린턴 지지자의 82%가 오바마가 케냐에서 태어났다고 믿지 않는 반면 트럼프 지지자는 53%만이 믿지 않았다.[33]

물론 유럽과 미국 사이에는 큰 차이가 있다. 대서양을 가로질러 있는 그들의 사촌들과는 달리, 미국인들은 그들의 조상들 모두가 한때 같은 숲에 모여 살았노라는 역사적 환상에 결코 빠지지 않는다. 그러나 역사를 통해, 완전한 권리를 가진 시민의 대부분이 더 큰 의미에서 인종적 유대관계를 공유했다. 그들은 유럽 출신이었고, 거의 모두 기독교도였다.

마찬가지로, 원주민, 아프리카에서 온 노예, 멕시코 국경을 따라 오가는 라틴 아메리카인, 그리고 마지막으로 상당수의 아시아계 미국인 등등, 비백인 주민들이 언제나 있었다는 것은 사실이다. 그러나 인종적 다양성은 언제나 미국이 가진 특징이었지만, 인종적 평등은 그렇지 않았다. 역사의 많은 부분에서, 많은 소수인종 집단이 공개적으로 억압당하거나 노예화되었다.

다시 말해서, 북미 이외의 대부분의 선진 민주주의 국가와 유럽의 역사는 다인종 민주주의에 대한 반란의 결과로 독일이나 스웨덴과 같은 민주주의 국가가 탄생하도록 운명 지어진 것처럼 보인다. 반면에, 미국의 역사는 미묘하게 다르다. 즉 모든 개인을 진정 평등하다고 인정하는 다인종 민주주의에 대한 반란이 일어나도록 운명 지어진 것처럼 보인다.

분노의 지리학

지금까지는 큰 그림을 소개했다. 하지만 우리가 경제 문제를 놓고 상세한 투표 패턴을 살펴보기 시작하면서 전반적인 이야기가 불확실해 보였듯, 이민 관련 자료를 자세히 볼수록 해석하기 더욱 복잡해지는 것이 보이리라.

여기에 분명한 문제점이 있다. 이민과 다인종 사회에 대한 반발이 그들의 호소력에서 가장 중요하다면, 포퓰리스트는 이민이 많은 지역의 비이민 유권자들 사이에서 가장 큰 지지를 얻어야 한다. 다시 말해서, 도널드 트럼프는 시카고, 로스앤젤레스, 뉴욕시의 백인 유권자들 사이에서 지지율이 높아야 한다. 비슷하게, 프랑스의 마린 르펜도 파리와 마르세이유의, 인종이 덜 다양한 지역에서 특히 인기가 높아야 한다. 또한, AfD는 베를린이나 노르트라인베스트팔렌 지역에서 가장 강력한 지지를 얻어야 한다.

그러나 조금도 그렇지 않다.

반대로, 도널드 트럼프는 시카고에서 13%, 뉴욕시에서 17%, 로스앤젤레스에서는 22%에 불과한 지지율을 얻었다. 그러나 외국 출신 주민이 거의 없는 시골 지역에서는 극도로 성적이 좋았다. 캘리포니아주의 트리니티 카운티(외국 출신 인구 : 3.4%)에서 48.6%를, 뉴욕주 루이스 카운티(1.7%)에서는 65%를, 마지막으로, 일리노이주 갤러틴 카운티(0.3%)에서는 72%의 득표율을 얻었다.[34]

같은 이야기가 서유럽 국가에도 적용된다. 예를 들어, 2017년 9월 독일의 연방 선거에서 AfD는 사상 최대의 성공을 거두었는데, 외국 출신 인구가 가장 적은(4퍼센트 미만) 작센주에서 다른 모든 정당을 쓰러트렸다.[35] 비슷하게, 2015년 12월 결선투표에서 마린 르펜은 프랑스의 노르-파-드-칼레-피카르디Nord-Pas-de-Calais-Picardie 지역, 현지 인구의 5%만이 외국 출신인 곳에서 42%의 득표를 기록했다.[36]

북미와 서유럽 이외의 국가에서는 그림이 더 복잡해진다. 아무튼 포퓰리스트는 폴란드와 헝가리 같은 중부 유럽 국가에서 특히 위력을 과시했다. 그럼에도 불구하고, 하지만 이들 국가들은 과거 10년 동안 매우 이민 증가율이 낮았고 현재는 서부의 이웃 국가들보다 훨씬 더 민족적으로 동질하다.

따라서 두 개의 똑같이 뚜렷한 경향이 서로 엇갈리는 것처럼 보인다. 한편으로는 전반적인 이민 규모가 급속도로 증가했고, 반이민 메시지가 포퓰리즘 선동의 핵심에 자리 잡고 있으며, 인종적 분노의 수준이 높은 사람들은 포퓰리스트 정당에 더 많이 투표를 하는 경향이 있다.

그리고 다른 한편으로, 포퓰리스트 정당은 이민자가 적은 지역에서 가장 지지율이 좋으며, 이민의 증가 수준이 매우 낮은 폴란드와 헝가리 같은 국가에서도 성공을 거두었다. 이 명백한 모순을 어떻게 이해할 수 있을까? 대규모 이민이 포퓰리스트의 성공을 이끄는 주요 동력 중 하나라면, 상대적으로 높은 이민 증가율을 가진 지역보다 왜 이민이 상대적으로 적은 지역에서 성공하고 있을까?

이것이 커다란 수수께끼라는 생각은 너무 단순해서 함정이 있는 가정 때문이다. 대규모 이민이 포퓰리즘의 부상을 설명하는 데 도움이 된다면, 이민률이 높은 지역의 비이민 유권자들 사이에서 포퓰리즘에 대한 지지가 특히 강해야 한다는 가정. 그러나 우리가 꼭 그렇게 가정해야 할 분명한 이유는 없다. 이민이 많은 지역의 비이민 유권자들이 오히려 관대해질 수 있는 많은 이유들이 있기 때문이다.

우선, 이민이 많은 지역은 다양성을 지향하는 젊고 교육받은 사람들이 많이 모이는 대도시에 밀집되는 경향이 있다. 이민에 대해 자유로운 견해를 가진 사람들은 아이오와의 시골보다는 뉴욕시로 이주할 가능성이 훨씬 더 높기 때문에, 뉴욕시의 주민들이 아이오와 주민보다 이민에 대해 더 자유로운 시각을 갖고 있다는 것은 놀라운 일이 아니다.[37]

게다가 소수자 집단과의 정기적인 접촉이 소수자 집단에 대한 편견을 줄일 수 있다는 연구 결과가 많다. 고든 올포트에서 토마스 페티그루에 이르는 많은 학자들의 연구에서 알 수 있듯, 서로 다양한 민족 집단 사이에 잦은 접촉이 있으면, 다른 조건이 나쁘지 않은 경우, 신뢰가 구축되고 상호 적대감이 줄어들 수 있다. 반면에 매우 동질적인 사회가 처음으로 이방인과 마주칠 때, 특히 마침 정치인들이 자신의 목적을 위해 긴장감을 높이려고 한다면, 접촉 또한 갈등을 악화시킬 수 있다.[38]

이는 시민들의 삶에서 가장 극적인 변화는 일상 속에서 상호작용하는 이민자의 수가 증가할 때가 아니라, 정기적으로 이민자를 다루어야 할 상황이 시작될 때 일어날 수 있음을 시사한다. 인구 구성상 이민자 비율이 높은 지역에 거주하는 사람들은 이미 자신의 지역사회가 '순수'하지 않다는 사실에 익숙하며, 언어, 문화 또는 인종적으로 동질적이지 않은 사람들과 신뢰 관계를 쉽게 구축한다. 비록 그들 가운데 일부는 외국 출신 인구의 비중이 커지는 상황을 좋아하지 않거나 복지국가로서의 재분배 실시를 지지하기 꺼려할지 모르지만, 그 정도로는 그들의 세상이 근본적으로 바뀌지 않는다. 그들이 매일 두 명의 이민자들과 상호작용을 하는가, 아니면 그 숫자가 네 명이 되는가의 문제는 궁극적으로 유형의 차이보다는 정도의 차이를 발생하는 데 그친다.[39]

그러나 전후 시대 내내 이주 규모가 국가 차원에서 상승했지만, 보다 농촌 지역이거나 외딴 지역에서의 경험은 그렇다고 볼 수 없었다. 서유럽의 많은 지역 사회에서, 심지어 북미에서조차, 이민 규모는 30년 혹은 40년 전보다 더 낮게 유지되어 대부분의 거주자들은 거의 새로운 사람을 접할 일이 없었다. 그 결과, 그들은 이민자들을 다루며 신뢰관계를 구축해본 경험이 별로 없으며 단일 인종적인 이해에 더 많은 투자를 해왔다.

오늘날, 이 같은 지역들은 여전히 다른 지역보다 현저히 낮은 이민률을 기록한다. 그러나 과거와 비교해서는 크게 변화했으며, 중요한 문턱을 넘어섰다. 이민자들이 이런 지역들로도 눈에 띄는 숫자로 이주하기 시작함에 따라, 기존 질서가 흔들리고 있다. 서로 다른 곳에서 온 사람들을 상대해야 할 필요성이 일상생활에서 빈번해지고 있는 것이다. 간단히 말해서, 전반적인 이주율이 비교적 낮더라도 주민들의 사회적 세계는 두드러진 변화를 겪었다.

지난 수년간의 새로운 연구 결과로, 왜 퀸즈나 로스앤젤레스 도심지보다는 오히려 미시간주 교외와 같은 지역에서 포퓰리즘을 지지하는 투표가 밀집되어 있는지에 대한 설명에 상당한 근거를 얻었다.

미국의 연구자들은 오랫동안 큰 해안 도시를 이민의 핫 스팟으로 생각해왔지만, 지난 수십 년 동안 가장 급격히 다양성 지수가 증가한 곳은 인구 밀도가 가장 낮은 외딴 자치주이다. 예를 들어, 1980년으로 거슬러 올라가면, 미국 지역사회의 약 3분의 2가 매우 동질했고 백인이 전체 거주자의 90% 이상을 차지했다. 그러나 그다음 30년 동안 이민이 가속화됨에 따라, 이 지역 많은 곳이 빠르게 이질적으로 변했다. 그리고 2010년, 미국 지역사회의 약 3분의 1만이 백인 인구가 90% 이상을 차지하는 곳으로 남았다.[40]

여러 학술적이고 일상적인 증거들이 이러한 변화가 큰 분노를 불러일으켰음을 분명히 보여준다. 특히 급속한 인구 통계학적 변화를 경험한 위스콘신주 아카디아 카운티에 있는 한 초등학교 교장은 "우리는 쓰나미에 강타당했어요"라고 기자에게 말했다. 지역 거주자 중 한 사람은 "마을에서 벌어진 일들이 우리 마을을 어떻게 바꿔놓는지를 보았다면, 당신은 '어떤 조치가 필요하다'고 말할 거요"라고 힘주어 말했다.[41]

어떤 조치, 그것은 종종 도널드 트럼프에 대한 지지로 실현되었다.

많은 선거 분석 결과는 트럼프가 승리한 주요 원인으로 전통적으로 민주당에 표를 던져온 다수의 백인 노동자 계층이 도널드 트럼프의 지지로 돌아섰기 때문임을 알려준다.[42] 그래서 그런 유권자가 지난 수십 년 동안 높은 동질성을 갖고 있다가 상당히 이질적으로 급변한 중서부 지역에 많이 거주한다는 사실은 매우 의미심장하다. 《월스트리트저널》의 한 분석에 따르면, 아이오와, 인디애나, 위스콘신, 일리노이, 미네소타 등 중서부 지역 주들은 2000년과 2015년 사이에 비백인 거주자가 가장 빠르게 유입된 곳들이다. 백인 거주자들이 거의 대부분이던 수백 개의 도시들에 중미나 캘리포니아와 텍사스에서 이주한 히스패닉 미국인들이 살게 된 것이다. 이 다양성 지수의 변화가 투표 패턴에 미친 영향은 명백했다. 예를 들어, 예비 선거에서 트럼프는 미국 전역의 71% 카운티에서 승리했다. 그러나 그는 '다양성 지수'가 2000년부터 2015년까지 2배로 증가한 카운티에서는 73%, 다양성 지수가 150% 증가한 카운티에서는 80%를 장악했다.[43]

인구 통계학적 불안

이 모든 것에는 또 다른 측면이 있다. 이민에 대한 분노의 크기는 현실에 대한 불만보다는 미래에 대한 막연한 두려움에 좌우된다는 것이다. 이민율이 상승하면 일상생활이 변화할 뿐만 아니라, 국가의 미래에 대한 사회학적 상상력도 변형된다. 결과적으로, 현재 다수 집단의 사람들이 나중에는 소수자가 되리라는 두려움은 서유럽과 북미에서 나타난 극우 정치적 상상력에 점점 더 큰 역할을 하게 되었다.[44]

예를 들어, 미국의 아이오와주 공화당 하원의원인 스티브 킹은 "최근 인구 통계학은 우리의 운명입니다. 우리는 다른 누군가의 아이들과 함께 우리 문명을 복원할 수 없습니다"[45]라고 트윗했다(우연의 일치인지는 모르겠지만 킹은 내가 방금 설명한 것과 같은 인구 통계학적 변화를 겪은 지역을 대표하고 있으며, 그 지역에서는 2009년과 2015년 사이에 외국 출신 거주자의 수가 24% 증가했다.).[46] 마이클 앤튼 백악관 외교 정책 선임 보좌관은 2016년 대선 때 익명으로 발표한 에세이에서 도널드 트럼프에 대해 더욱 뚜렷한 견해를 밝혔다. 그는 '제3세계 외국인의 끊임없는 유입'을 우려하였고, 9·11 알카에다 테러 분자들에 의해 납치된 비행기 중 한 대를 들먹이면서, 다음과 같이 주장하였다.

2016년 대선은 '플라이트 93' <u>9·11 테러 당시 테러단에게 점령당한 4대의 여객기 가운데 승객들이 테러범과 싸워 통제권을 되찾은 유일한 항공기. 이후 미국의 영웅들로 찬양 받았다.</u> 선거다. 조종실을 점거하거나, 죽거나다. 어쨌든 당신은 죽을 수 있다. 당신이나 당신이 지지하는 당의 지도자는 비행기를 조종하거나 착륙시키는 법을 모를 수도 있다. 뭐든 장담할 수는 없다. 뭐든지 시도하지 않으면 죽음이 확실하다는 한 가지를 제외하면 말이다.[47]

이러한 두려움은 단순히 정치 엘리트들 사이의 담론이 아니다. 이는 일반 시민들의 투표 방식을 결정하기도 한다. 예를 들어 2016년 4월, 그해 최대의 정치적 논란이 벌어지던 와중에 실시된 퓨 리서치 센터 여론 조사에 따르면, 공화당 지지자의 약 3분의 1이 미국이 백인 아닌 사람이 다수인 나라가 되면 '국가에 해롭다'고 생각했다. 도널드 트럼프는 이러한 인구 통계학적 두려움을 공유한 사람들 가운데서, 각광받았다. 트럼프에 대해 우호적인 감정을 가진 사람은 63%인 반면, 냉담한 감정을 가진 사람은 26%에 불과했다. 이와는 대조적으로, 그 같은 인구 통계학적 두려움을 공유하지 않은 사람들 가운데에서 그는 훨씬 부정적으로 여겨졌다. 46%가 그를 좋아한다고 응답했고, 40%가 그를 싫어한다고 응답했다.[48]

서유럽의 정치인들도 다가오는 인구 통계학적 변화에 대해 관심을 가지고 있으며, 이에 대한 두려움을 이용하는데 능숙하다. 예를 들어, 2010년에 출판되어 독일 전후 역사상 베스트셀러 중 하나가 된 『독일은 자멸하고 있다』는 언젠가 자국 내에서 독일 민족이 과반수가 되지 않을 것이라는 두려움에서 비롯되었다(이 책의 저자 틸로 자라친은 독일인들이 터키인보다 유전적으로 더 지적인 경향이기 때문에 특히 심각하다고 강조했다).[49] 바로 몇 년 지나지 않아 시리아 내전으로 수백만 명의 난민이 서유럽으로 유입되자, 인구 통계학적 두려움이 정치 담론의 중심에 있게 되었다.

놀랍게도, 출신 인구가 대대수가 되지 않을 수도 있다는 두려움은 언뜻 보기에 당장 그렇게 될 객관적인 이유가 거의 없는 국가에서도 마찬가지로 강력하다. 예를 들어, 중앙유럽과 동유럽에서는 대륙 밖에서 태어난 인구의 비율이 매우 적다. 그러나 소수민족과 종교 소수자의 '침략'에 대한 두려움은 정치 환경의 중요한 부분이다. 폴란드에서는, 야로스와프 카친스키가 이민자들이 국가에 '기생충 그리고 질병'을 가져올 수 있다고 반복적으로 경고했고, 무슬림 난민들이 폴란드의 안보를 위협할 것이라고 주장했다.[50] 이는 단순히 말만으로 끝나지 않았다. 폴란드 정부는 법원의 허가 없는 외국인 구류를 합법화하려는 시도에 의회가 인종차별 외국인 혐오, 불관용이라는 점에서 반대 입장을 밝히자, 의회를 폐쇄하였다.[51] 한편, 헝가리에서 오르반 빅토르는 방대한 국경 울타리를 세우고 3000명의 '국경사냥꾼'을 고용했다.[52]

에스토니아 정치에서 이주민에 대한 두려움은 더욱 두드러진다. 투쿨러 이시크셀이 지적했듯이,

에스토니아의 비유럽계 이민자는 전체 인구의 1.1%다. 한 전거에 따르면, 2011년 에스토니아 인구조사에서 아프리카계(기이하게도, 아프리

카계 미국인도 포함시켰다.)는 31명이었다. 에스토니아의 인구 증가율은 오랫동안 부정적이었다. 출산율이 사망률보다 낮고, 이민을 나가는 인구가 이민 들어오는 인구를 압도했다. 그럼에도, 2016년 5월 유로바로미터 설문조사에서 에스토니아인의 73%는 이민을 유럽연합이 직면한 가장 중요한 두 가지 문제 중 하나라고 언급했다. 두 번째는 46%를 기록한 테러였다.[53]

왜 이런 비합리적으로 보이는 여론이 생겨났는가? 아주 간단하게, 소수민족, 특히 무슬림 인구의 비율에 대해 체계적인 과대평가가 이루어졌기 때문이다. 이것은 오늘날 거의 모든 자유민주주의 국가들의 현실이다. 미국인들은 자국 인구의 17%가 무슬림이라고 생각한다. 그러나 가장 유용한 추정치에 따르면, 실제로는 약 1%이다. 프랑스 사람들은 인구의 31%가 무슬림이라고 믿는다. 실제로는 8%인데도 말이다.[54]

이반 크라스테프가 주장한 것처럼 이러한 인구통계학적 두려움은 크게 과장되어 있지만, 생각한 것만큼 불합리하지 않을 수도 있다. 크라스테프는 "최근 중동부 유럽의 역사에서 국가나 민족은 어느새 사라지곤 했다"면서, 중동부 유럽 국가의 거주자들(그리고 서유럽의 농촌 지역 거주자들)은 인구의 빠른 감소를 민감하게 느끼고 있음을 지적했다. 흔히 이 문제에 대한 유일한 해결책으로 대량 이민이 옹호되고 있으며 그러한 정책은 이미 유럽 대륙의 다른 부분을 변형시켰다. '지난 25년 동안', 그는 다음과 같이 강조했다.

불가리아인의 약 10%가 해외에서 살면서 일하기 위해 이 나라를 떠났다. 유엔의 전망에 따르면, 불가리아의 인구는 2050년까지 27%가 줄어들 것으로 예상된다. '인종 소멸'에 대한 경고는 동유럽의 많은 소규모 국가들도 느끼고 있다.[55] 그러나 그들에게 이민자의 유입은 역사로부터 퇴출이라는 신호며, 고령화된 유럽은 이주민을 필요로 한다는 흔한 주장은 실존적 우울감만 강화시킬 뿐이다.

이러한 현상을 부정적으로 해석할 수도 있다. 오랫동안 단일 인종이었던 지역은 아마 이민 수용을 위한 지역적 여건이 부족할 것이다. 그들은 새로운 이민자를 환영해본 역사가 거의 없고 이방인을 맞이할 시설도 제한된 탓에, 오랜 이민 유입 역사를 지닌 지역의 거주자보다 이민자의 증가에 훨씬 더 부정적으로 반응한다. 이 경우, 외국 출신 인구의 증가와 포퓰리즘 당의 지지율 상승 사이에 비교적 직접적인 관계가 있는 것으로 증명됐다. 한 신문은 스프레드시트를 매우 오랫동안 들여다보던 연구자들의 기이한 자신감에 힘입어 "이민자의 비율이 약 22%에 이르면, 우익 포퓰리즘 정당에 투표할 비율이 50%를 초과한다"라고 본다고 주장하기도 했다.[56]

그러나 좀 더 희망적인 해석도 있다. 특정 지역으로 들어오는 이민의 첫 번째 물결은 아무래도 뒤에 들어올 물결보다 훨씬 부정적일 수밖에 없다. 그 지역이 다민족 사회의 현실에 익숙해지면 그들의 두려움도 기우에 지나지 않았다는 걸 확인하고, 계속 변화되는 분위기에 대해서도 덜 염려하게 될 것이다.

캘리포니아 일부 지역의 사례는 이런 낙관적인 해석이 유효함을 보여준다. 1980년에서 1990년까지, 외국 출신 인구의 전체 비율은 15%에서 22%로 증가했다. 큰 걱정의 물결이 그 주를 휩쓸고 갔다. 많은 캘리포니아 토박이 주민들은 그 변화의 속도에 혼란스러워했고, 정치가들이 이민자의 문화와 언어를 기꺼이 수용한 조치에 분노했다. 반발은 곧 정치적 형태를 취했다. 캘리포니아 주민들은 단호한 반이민 구호로 재선 캠페인을 벌였던 주지사에게 엄청난 승리를 안겨주었다. 광범위한 이슈에 대해서 국민투표를 허용하는 이 주의 고도로 민주적인 주 헌법을 이용하여, 그들은 서류 미비 이민자들을 공공 혜택에서 제외시켰다. 공립대학이 소수계 우대 정책을 취하는 것도, 학교에서의 2개 국어 교육도 금지했다.[57]

당연하게도 당시 전문가들은 캘리포니아의 인종 관계의 미래에 대해 걱정했다. 그러나 2000년대와 2010년대가 되자, 그 열기는 다소 가라앉았다. 대부분의 캘리포니아 주민들이 높은 이민율을 지역적 경험의 하나로 받아들이고, 그 주가 '소수인종 다수majority minority' 지역미국 전체적으로는 소수인종인 흑인, 히스패닉, 아시아계 등이 해당 지역에서는 다수를 이루는 지역.이 되었다는 사실도 불편해하지 않게 되었다. 그 결과, 그 주는 현재 미국에서 가장 관용적인 주 중 하나로 알려져 있다. 지난 수년간 캘리포니아에서는 백인 주민들의 강력한 지지를 받아, 20년 전 국민투표에서 통과된 많은 가혹한 법을 폐지했다. 그리고 트럼프 대통령의 이민 정책을 공개적으로 비판하는 주 정치 지도자들이 우세한 주 정부는 대선 이후에도 많은 이민 법안을 신속히 제정해 오고 있다.[58]

계층 하강의 문제

에이브러햄 매슬로에 따르면, 인간은 욕구의 계층구조에 따라 움직인다. 가장 기본적이고 긴급한 욕구는 안전이며, 인간은 이를 위해 식량, 피난처, 육체적 공격으로부터의 보호 등을 포함한 재화를 원한다. 이러한 기본적인 욕구가 충족될 때, 그들은 더욱 희소한 욕구에 점점 더 많은 관심을 기울인다. 사랑과 소속감을 추구하고 존경받기를 갈망한다. 그리고 마지막으로 매슬로가 '자아실현'이라고 부른 것을 성취할 수 있는 방법을 모색한다.[59]

로널드 잉글하트와 같은 영향력 있는 사회과학자들은 이 기본 개념에서 매우 낙관적인 비전을 끌어냈다. 대부분의 사회가 심각한 결핍을 겪고 폭력적인 분쟁이 끊임없는 위협을 제기했던 때를 돌아보며, 잉글하트는 1970년대에 이제껏 주된 정치적 대립은 매슬로우의 하위 계층 욕구에 의해 결정되었다고 주장했다. 식량과 피난처를 마련해야 한다는 필요성 때문에 정치는 거의 계급 구도에 따라 조직되었으며, 빈곤층 유권자들은 복지국가를 옹호하고 재분배를 요구하는 정당을 지지할 가능성이 높았고, 부유층 유권자들은 자신들의 부를 보호해 주려는 정당을 지지할 가능성이 높았다. 한편, 안보 관련 두려움은 도덕적, 민족적, 국가적 경계가 매우 엄격하게 강화되게끔 했다. 대부분의 유권자들은 그들의 내집단에 대한 충성심이 높았으며, '이방인'과 소수민족, 종교 소수자, 그리고 다른 국가의 구성원들에 대해 가혹한 태도를 취했다.

그러나 민주주의 사회가 더욱 풍요롭고 평화로워짐에 따라 많은 사람들이 기본적인 생리 및 안전 욕구가 당연히 충족되는 것으로 여기기 시작하면서 매슬로의 상위 계층 욕구에 더 많은 관심을 기울이게 되었다. 잉글하트는 이것이 시민들의 사회·정치적 태도에 큰 영향을 미칠 것이라고 예측했다. 더 이상 신체적 생존에 대해 걱정하지 않음에 따라, 환경, 언론의 자유, 또는 전 세계의 가난한 사람들의 운명과 같은 사회적 문제에 집중할 것이다. 그리고 더 이상 안보 위협에 직면하지 않음에 따라, 민족, 종교 및 성 소수자에 대해 훨씬 관대한 태도를 취할 것이다.[60]

잉글하트의 통찰력은 사회적 자유주의 정당의 등장을 예고하고 문화적 관용이 전반적으로 상승한 분위기를 이해하면서 중요한 정치적 변혁을 예측하는 데 도움이 되었다. 그러나 자유민주주의를 연구하는 대부분의 학자들이 민주적 통합이 일방적으로 진행될 것이라 너무 섣부른 추측을 한 것처럼, 잉글하트가 탈물질주의자들의 가치 경향성이 무기한으로 계속될 것이라고 추측한 것 역시 속단이었다. 그는 이민 증대가 깊고 지속적으로 침체되는 경제 상황과 맞물리면서 '탈물질주의로의 전환'의 길에 역주행이 발생할 것이라고 미처 깨닫지 못했다.

경제 성장이 빨랐을 때는 모두가 승자가 될 수 있었다. 부자와 가난한 자 사이에 서로 경쟁적인 이해관계가 있을 수 있지만 분배 다툼은 막대한 경제적 잉여를 두고 벌어진다. 그렇다면 중요한 문제는 누가 무언가를 잃을지의 여부가 아니라 누가 얼마나 많이 얻을 것인가가 된다.

반면 경제 성장이 느릴 때, 자원 경쟁은 훨씬 혹독해진다. 부유한 사람들이 상태를 유지하기 위해서는 가난한 사람들의 몫을 빼앗아야 한다. 노벨 경제학상 수상자인 앵거스 디턴은 최근 인터뷰에서 "이것은 제로섬 게임입니다"라고 설명했다. "1년에 2~3%의 성장밖에 없다면, 누군가의 황소를 죽이지 않고는 나눠가질 수 있는 것이 많지 않습니다."[61]

그 결과로 생기는 변화는 경제적일 뿐만 아니라 심리적이기도 하다. 성장이 정체되면서 불평등이 심화되고, 불안감이 커지면서 인구의 대다수가 자아실현의 가치에 집중하지 않게 된다. 대신, 유권자들은 다시 한 번 매슬로가 말하는 하위 계층 욕구에 관심을 돌린다. 백인들은 자신들의 생계 유지에 대해 걱정하면서 자원의 집단적 배분을 주장하는 이민자와 소수인종에 대해 더욱 분개한다. 그리고 세계화와 테러리즘의 통제할 수 없는 힘에 더욱 위협을 느끼며 소수민족과 종교적 소수자에 대해 덜 관대한 관점으로 되돌아가 버린다.

수십 년 전, 잉글하트는 탈물질주의 가치의 대두가 새로운 정치 환경을 만들 것이라 예측했다. 그는 자아실현을 추구하는 유권자들이 임금 인상을 약속하는 사회민주당보다는 환경과 개발 지원금을 걱정하는 녹색당에 투표할 수 있다는 이론을 세웠다. 비슷한 맥락에서, 이제 물질주의 가치의 귀환이 우리 정치에 큰 영향을 미칠 것이라 생각할 충분한 이유가 있다. 자신의 안전과 생계유지를 걱정하는 유권자들은 단순한 경제적 해결책을 제시하고 우리의 모든 문제에 대해 외부자를 희생양으로 삼는 포퓰리스트들의 호소에 훨씬 더 솔깃해할 수 있다. 포퓰리즘이 최근에 성공을 거두어 왔다면, 그 이유 중 큰 부분을 차지하는 것은 탈-탈물질주의 유권자들을 등장하게 만든 오래 지속된 사회·경제적인 추세 탓이 아닌가 한다.[62]

~~~~~

　나는 정치적으로 불안한 오늘날의 세계가 과거 정치적으로 안정된 세계와 세 가지 중요한 점에서 다름을 제기했다. 한때, 자유민주주의는 시민들에게 생활수준을 급속도로 향상시킬 수 있다고 보장했다. 그런데 이제는 더 이상 그럴 수 없다. 한때, 정치 엘리트들은 가장 중요한 의사소통 수단을 통제했으며 공공 영역에서의 급진적인 견해를 효과적으로 배제할 수 있었다. 하지만 이제, 정치적 외부자들은 거짓과 증오를 제멋대로 확산시킬 수 있다. 그리고 한때, 시민의 동질성 또는 적어도 인종 사이의 확고한 계층 구조는 자유민주주의를 유지하게 해준 큰 요인이었다. 그러나 이제는 시민들이 훨씬 더 평등하면서 다양한 민주주의에서 살아가는 법을 배워야 한다.

　이러한 각각의 문제들은 긴급하고 위험한 도전을 요구한다. 이러한 도전들을 해결하기란 매우 어려우리라. 이 세 가지를 한번에 해결하기란 아예 불가능하다고 밝혀질지도 모른다. 그러나 우리는 노력해야 한다. 자유민주주의의 운명이 여기에 달려 있을지도 모르기 때문이다.

PART THREE

어떻게 극복할 것인가?

'선거의 여왕'이 나라의 최고의 자리에 올랐을 때, 많은 국민들은 그녀가 한국의 민주주의를 위협할지 모른다고 염려했다.

박근혜는 언제나 논쟁의 대상이 되는 인물이었다. 수십 년 동안 군부독재의 수장으로서 나라를 통치한 장군의 딸인 그녀는 대중적 표현을 즐겨 쓰는 한편, 확고한 법 질서를 옹호했다. 군부독재에 대항해 싸우고 아시아에서 가장 안정적인 민주주의를 이룩한 그 나라의 동포들은 오랫동안 그녀를 신뢰하지 않았다. 그러나 박근혜는 선거 운동에 재능이 있었으며 감동을 주는 연설가였다. '재벌'이라고 불리는 한국의 대기업들을 손보겠다는 약속에 인기가 치솟기도 했다. 몇 년 동안 정치적으로 어려운 시절을 보냈지만, 선거에서 놀라운 승리를 이끌어냄으로써 자신의 능력을 보여주었으며 서서히 그 나라의 가장 큰 우파 정당을 접수해 나갔다.

결국, 박근혜는 2012년에 목표를 달성했다. 압도적인 승리로 청와대에 입성한 것이다. 그리고 그녀의 동지들은 국회에서 안정적인 다수 의석을 확보했다. 마침내 박근혜는 나라를 자기 마음대로 뒤바꿀 수 있는 위치에 오른 것이다.

그러나 우려했던 대로 박근혜의 권위주의적 성향이 그녀의 대통령직에 치명타를 안긴 것은 아니었다. 그녀의 전임자들과 마찬가지로, 경영자 엘리트 집단과 친밀한 관계를 맺은 것이 화근이었다. 몇 년의 재임 기간 동안 친구이자, 최측근이자, 영적 의지자인 최순실에게 자신의 권력으로 특혜를 주어왔다는 사실이 드러나기 시작했다. 박근혜와 가깝다는 점을 이용해, 최순실은 재벌들에게 자신의 재단에 수십억 원을 기부하게 했다. 그녀는 삼성이 승마로 출세하려던 자신의 딸에게 비싼 말을 사주게 했으며, 가장 최악인 점은 경쟁이 심한 대학 입학제도를 가진 한국에서, 인맥을 활용하여 딸을 명문 대학에 부정 입학시켰다는 것이다.

스캔들이 터진 직후, 선거의 여왕은 청와대에서 꼼짝도 않으려 했다. 그리고 여당 의원들은 박근혜를 정치적으로 지지하기로 맹세했다. 이전에 다른 부패한 대통령들처럼, 박근혜는 난국을 돌파할 것처럼 보였다.

그러자 국민적 저항이 시작되었다. 2016년 11월 초, 10만 명 정도의 사람들이 서울의 거리로 쏟아져 나와 "박근혜 하야"를 외쳤다. 그달 중순에는 100만 명의 사람들이 박근혜에게 청와대에서 나오라고 외쳤다. 그리고 그달 말에는 대한민국 역사상 가장 규모가 큰 시위가 일어났다. 약 200만 명의 사람들이 서울 광장에 모여 박근혜의 탄핵을 주장했다.

언제나처럼 뻔뻔스럽게, 박근혜는 사임하지 않았다. 그러나 지지율 급락과 몇 달 동안 이어진 시위 때문에 박근혜의 동맹자들은 그녀와 점점 거리를 두기 시작했고, 62명의 여당 의원까지 동참한 덕에 국회는 탄핵안을 가결할 수 있었다. 탄핵안이 헌법재판소로 넘어가자, 헌법재판소는 박근혜를 파면하고 뇌물 수수에서 권력 남용에 이르는 그녀의 범죄를 적시했다.[1]

박근혜를 청와대에서 성공적으로 끌어내린 일은 전 세계 자유민주주의 옹호자들에게 영감을 주었다. 부패하거나 포퓰리즘적인 정부의 권력 공고화를 막기 위해, 시민들은 민주주의적 규칙과 규범의 위반을 적발해야 한다. 포퓰리스트가 전체 국민을 대변하지 않는다는 것을 증명하기 위해, 거리로 나와야만 한다. 권위주의적 집권자의 동맹자들과 아첨꾼들에 대한 경멸이 아무리 커도 그것만으로는 불충분하다. 집권 세력의 몇몇 인물들에 대한 실체를 밝히기 위해 최선을 다해야 한다.

포퓰리스트들이 앞으로도 다시 권력을 잡지 못하게 하고 장기적으로 민주주의를 보호하기 위해서는, 더 야심찬 무엇인가를 해야 한다. 다시 한 번 자유민주주의가 시민들의 요구에 부응하게 해야만 한다.

지난 몇 년, 터키 정부는 수많은 언론인들을 구속하고, 수많은 공무원들을 파면했으며, 민주주의의 제도적 안전장치를 무수히 파괴함으로써 노골적인 독재의 길로 빠르게 진입했다. 2015년 대통령 취임식 이후로, 폴란드 정부는 사법권의 독립성을 약화시키고, 공영 언론을 장악하고, 관료들을 정권의 손발로 삼음으로써 선거판이 야당에게 크게 불리하도록 만들었다. 주와 연방 정부 모두에 대한 거부권을 부여하여 자유주의적 제도의 퇴락을 늦추고 있는 미국에서조차, 행정부가 법치주의를 전복시키려는 듯한 의미심장한 행보를 보이고 있다.[2]

권위주의적 정치인들이 권력을 쥐고 게임의 가장 기본적인 규칙들을 구조적으로 바꾸려고 하는 이러한 나라에서, 자유민주주의는 바야흐로 존폐의 위기에 처해 있다. 자유민주주의를 지키려는 입장에서 포퓰리스트들이 미래의 권력을 장악하지 못하도록 하려면 어떻게 해야 할 것인가?

정부가 작정하고 벌이는 일에 반기를 들기란 본래 쉽지 않다. 게다가 권력에 대한 전통적 견제 장치를 무시하고 제도를 자기 마음대로 주무르기 위해 발악하는 권위주의적 포퓰리스트들이 권력을 잡았을 때라면, 저항은 더욱 어려워진다. 위험한 법들과 행정 명령들에 저항하기 위해서는 한국처럼 국민들이 거리로 나와야 할지도 모른다. 여기에다 반대 당파의 국회의원들이 기존 입장과 다른 목소리를 내도록 자극하는 일, 그리고 시민들이 수호하는 숭고한 목적과 어울리지 않는 것처럼 보이는 많은 집회들, 복잡한 지원 확보, 끝없는 모금 활동 등등, 수없이 많은 따분한 일들이 필요할 수 있다.

프란체스카 폴레타가 자신의 책 제목에서 밝힌 것처럼, '자유란 중단되지 않는 집회freedom is an endless meeting'다. 심각한 정치적 위기 속에서, 자유를 수호하기 위해서는 다양한 형태의 중단 없는 집회가 있어야 한다.[3]

저항한다는 것은 말할 수 없이 힘이 들지만, 대부분의 정치학자들은 그러한 노력들이 포퓰리즘 정부의 수명을 제한할 수 있다고 확신한다. 괴로움을 견디며 끈질기게 저항한다면, 잘 알려지지 않은 정부 정책에 대중의 관심을 돌릴 수 있다. 또한 결정되지 않은 법안의 처리 속도를 늦출 수 있고, 반헌법적 법률을 판사가 폐기할 수 있도록 독려할 수 있다. 또한 언론의 저항을 도와주며, 정권 내부 온건파들의 입장을 변화시킬 수 있다. 외국 정부와 국제 조직들이 독재로 탈바꿈하려는 집권 세력을 저지할 수 있게 한다.[4]

최근 이러한 성공을 입증한 예가 많다. 폴란드에서 일어난 대규모 시위는 카친스키의 집권당이 사법부를 더 심하게 옥죌 수 있게 하는 법률에 대통령이 거부권을 행사하게 도왔다.[5] 헝가리에서는 오르반이 중앙유럽 대학교를 폐교시키는 법률을 통과시켰음에도, 대규모 시위로 학교의 운영을 허가할 수밖에 없었다.[6] 미국의 대규모 시위는 사법부가 행정부의 여행 금지 조치를 불법으로 판결하도록 압박했다.[7]

포퓰리즘의 위협에 대한 해결책, 그 첫 단계는 먼저 어려운 상황에 똑바로 마주서는 것이다. 그러다가 엄청난 역경에 부딪히고, 모든 노력들이 시간 낭비라고 여겨질 때도, 자유민주주의의 수호자들은 기존 정치체제의 기본 원칙과 규범을 지키기 위해 싸워야 할 것이다. 포퓰리즘 지도자가 초법적 권력을 행사할 때마다, 자유민주주의 수호자들은 떠들썩하게, 그리고 많이, 아주 많이 거리로 나가 커다란 경종을 끊임없이 울려야만 한다.

비록 저항할 이유들이 자꾸 늘어만 가고, 저항의 효과가 슬프게도 나타나지 않을 때라도, 자유민주주의의 수호자들은 반드시 용기와 확신을 가지고 권위주의적 정치인들에게 맞설 필요가 있다. 그런데 더 중요한 것은 독재자가 일단 집권했다 하더라도 선거에서 포퓰리스트들을 때려눕혀 재집권을 저지해야 한다.

아직 포퓰리스트들이 집권하지 못한 나라에서도 이것은 굉장히 중요하다. 스웨덴, 프랑스, 오스트리아, 스페인의 시민들은 민주주의 제도를 노골적으로 경멸하는 태도를 보이는 후보자들이 그들이 내놓은 정책을 실현할 기회를 얻지 못하도록 하고 있다. 시민들의 이러한 권력 행사는 매우 중요하다. 그러나 이미 포퓰리스트들이 집권한 나라에서는, 선거가 더더욱 중요하다. 권위주의적 지도자가 권력을 공고히 하려면 대개 여러 해가 걸리므로, 야당이 선거에서 전략 전술을 잘 짜서 대응할 필요가 있다.

레제프 에르도안, 블라드미르 푸틴, 휴고 차베스가 집권하고 첫 5년 동안에는, 아직도 그들이 자국의 민주주의 제도를 더욱 강화했다고 평가받았다. 이 세 사람은 정치의 개방성이 갖는 가치와 과거의 권위주의 유산 청산이 얼마나 중요한지를 깨우쳐 주었다. 첫 재선에 도전할 때쯤 이들은 자신의 입맛대로 선거판을 주무를 줄 알았으나, 그래도 여전히 야당이 집권할 가능성은 실재했다. 이들은 선거에서 두 번, 또는 심지어 세 번의 승리를 더 거두고 나서야 비로소 노골적인 독재로 접어들 수 있었다.[8]

이러한 사실은 야로스와프 카친스키, 나렌드라 모디, 도날드 트럼프 같은 포퓰리즘적 권위주의자들이 재선에 도전할 때 그 결과가 굉장히 중요하다는 것을 보여준다. 이들이 확실히 실패한다면, 적어도 단기적으로는, 폴란드, 인도, 미국의 민주주의는 회복될 것이다. 이들이 재집권에 성공한다면, 판은 뒤집힐 것이다. 그들 모두 충분한 시간과 힘을 갖고 민주주의에 치명적이고 돌이킬 수 없는 상처를 줄 것이다.

그러므로 권위주의적 지도자의 충격을 막는 유일한 민주적인 방어책은 그들이 뽑히지 않게 유권자들을 설득하는 것이다. 그러나 가장 활발히 활동하는 저항 세력의 시민운동가들은 야당의 선거 승리를 돕는 일에는 놀랍게도 전혀 관심이 없는 경향이 있다. 예를 들어, 폴란드에서 영향력이 있는 '민주주의 수호를 위한 협의회'는 선거와 관련된 정치적 문제에 관여하지 않겠다고 공개 거부했다. 미국에서도, 트럼프를 반대해온 #TheResistance라는 단체는 민주당에도 굉장히 적대적이어서 2018년 민주당이 의회에서 다시 다수석을 갖거나, 2020년에 민주당의 대선 승리를 돕는 일을 전혀 고려하지 않는다.

야당이 아무리 흠이 많다고 할지라도, 이것은 잘못된 접근이다. 결국 포퓰리스트에 대한 유일한 안전대책은 그들을 권력으로부터 멀어지게 하는 것이다. 시민운동가들로서는 주류 정당을 돕는 것이 전혀 흥미롭지 않은 일일지라도, 선거 승리라는 실현 가능한 희망을 위해 동참하는 것은 민주주의를 지키기 위한 최선의 방법 중 하나라는 것을 알아야 한다.

야당은 시민운동의 에너지와 열정을 나눠받을 필요가 절실하다. 또한 다음 선거의 승리를 위해 미래를 내다보는 전략들을 세워야 하며, 일단 집권하면 의미 있는 발전을 이뤄야만 한다. 그렇다면 포퓰리스트를 선거에서 무찌르기 위해서 구체적으로 어떤 것을 해야 하는가?

선거 시스템과 정당 분포도가 어떤 형태인가, 정치 스타일과 개인들이 선호하는 가치들은 각각 무엇인가는 나라별로, 심지어 지역별로 다르다. 만병통치식의 유일한 승리 전략을 찾아내기란 불가능할 것이다. 그럼에도 불구하고 권위주의적 포퓰리스트들과 맞선 민주주의의 수호자들은 우리에게 몇 가지 확실한 해결책을 충분히 보여주고 있다.

첫 번째 교훈은 단결이 매우 중요하다는 것이다. 포퓰리스트들이 집권하거나 재선에 성공한 모든 사례에는 야당의 과도한 분열이 결정적인 역할을 하였다.

예를 들어, 폴란드의 선거 시스템상 총선에서 정당연합은 최소 8%, 정당은 최소 5%를 득표해야 의회에 입성할 수 있다. 따라서 2015년 선거 전에 다양한 좌파 정당들은 연합에 대한 합의안을 도출하는 것이 매우 중요했다. 하지만 좌파 정당들은 연합에 실패하여, 그 득표율이 통합좌파연맹은 7.5%, 동반당은 3.6%, 자유주의 정당 코르윈 또한 4.8%에 그쳤다. 결국 세 정당의 득표는 의미가 없게 되었다. 한편 카친스키의 법과정의당은 겨우 38%를 득표했음에도 의회의 과반을 차지하게 되었다.[9]

폴란드에서만 야당의 분열이 그들을 가로막는 최악의 적으로 드러난 것은 아니다. 최근 헝가리, 터키, 인도, 미국에서도 야당이 분열됨으로써 포퓰리스트들이 집권하거나 권력을 계속 유지할 수 있었다.[10]

두 번째 교훈은 대중의 언어로 설명하고 유권자들의 관심을 모으는 것이 대단히 중요하다는 것이다. 2016년 선거 유세 기간 동안, 내 친구는 도널드 트럼프가 "교육받지 못한 사람들을 사랑한다"라고 말한 것을 듣고 매우 기뻐했다. 그녀는 "결국, 미국에는 두 개의 정당이 있어. 하나는 대학을 나온 사람들을 위한 정당, 다른 하나는 모두를 위한 정당이야"라고 말했다.[11] 나는 그녀가 디스토피아적 이분법에서 벗어나도록, 그녀에게 미국인의 3분의 1 정도가 4년제 대학 학위를 가지고 있다고 신중하게 말했다. 그녀의 정의에 따르면, '기득권 쪽'은 교육받은 사람들만 대변할 것이다. 그러면 선거마다 백전백패 아니겠는가.

베네수엘라에서도 야당은 똑같은 잘못을 오랫동안 저질렀다. 경제학자 안드레스 미구엘 론돈은 차비스모(차베스주의자)들이 얼마나 멍청한지 빈정거리지 않을래야 않을 수 없다고 말하며 이렇게 덧붙였다. "'진짜, 이 사람을 찍는다고? 당신들 바보야? 완전히 돌았군'이라는 말은 뭐겠는가? '봐, 얼간이들아, 차비스모가 나라를 망칠 거라고'라는 뜻이다." 론돈은 야당이 방침을 바꾸는 데 십 년이나 걸렸다면서 이렇게 말하기도 했다. "야당이 단 한번 슬럼가와 시골로 갔을 때에만 운이 조금 트이기 시작했다. 야당 정치인들 역시 베네수엘라 사람이라는 걸 보여주기 위해서는 국민들에게 연설이나 집회가 아니라, 도미노를 하거나 살사를 추는 모습을 보여주어야 한다. 국민들에게 재미없는 질책이나 할 게 아니라, 야구공을 칠 수 있고, 농담을 할 수 있다는 것을 보여 주어야 한다."[12]

이러한 접근법이 갖는 위험은 분명 있다. 대중의 언어로 호소하거나, 농담(결코 썰렁하지 않은) 써먹기가 필요하다는 주장은 포퓰리스트들이 시민들을 분열시키기 위해 사용하는 레토릭을 그저 모방하면서 내놓는 변명일 수도 있다. 그러나 고학력자 특유의 말투를 멀리하는 것과 자유민주주의의 가치를 버리는 것은 전혀 다른 문제다. 론돈의 지적처럼, "핵심 원칙들을 쉽게 통하는 언어로 표현하는 것은 결코 포퓰리즘이 아니다. 견해를 표현하는 유일한 방법이다. 쉬운 언어로 말하는 것은 우리가 반향실 안에서 살고 있지 않다는 사실을 보여준다."[13]

세 번째, 중요한 교훈은 포퓰리스트들의 흠잡기에 열중하기보다 긍정적인 메시지 전달에 더 초점을 두어야 한다는 것이다. 이탈리아 경제학자인 루이지 징갈레스는 미국 대선이 끝난 뒤 며칠 후, 미국의 독자들에게 충고했다. "실비오 베를루스코니가 이탈리아에서 압승을 거두었던 까닭은 야당이 베를루스코니에 대한 인신 공격만 집요하게 하면서 중요한 정치적 논쟁은 놓쳤기 때문이다. 그 결과 베를루스코니의 인기만 올라갔다."[14]

많은 후보들은 징갈레스의 충고를 따르기 쉽지 않다고 할 것이다. 포퓰리스트들의 집중포화에 치명적 상황에 처했다면(또는 그렇게 만들 거라는 위협을 받았다면), 명예를 중시하는 정치가라면 분노를 자유롭게 표출하고 싶을 것이다. 그러한 분노 표출이 적절한 선을 지키며 이루어진다면 긍정적일 수 있다. 포퓰리스트에 대한 열정적인 비판은 진정성 있게 보일 수 있으며, 가장 유력한 반대자에게 힘을 모으고, 민주주의 원칙을 재건하는 계기가 될 수 있다. 그러나 많은 유권자들이 포퓰리스트들의 그럴듯한 공약에 혹하기 쉽고, 아마도 포퓰리스트들의 호언장담을 잘 믿는 경향마저 있다는 사실을 기억해야 한다. 자신들만이 나라의 문제를 바로잡을 수 있다는 포퓰리스트의 내러티브와 경쟁하기 위해서, 자유민주주의 수호자들은 그들만의 실현 가능한 공약을 내세워야 한다.

가장 중요한 마지막 교훈은 바로 이것이다. 자유민주주의 수호자들이 현상 유지를 선호하는 것처럼 보이는 이상 포풀리스트들과 싸워 이길 수 없다는 것이다. 2016년에 도널드 트럼프가 힐러리 클린턴과 겨룰 때, 정치적 대결 구도가 그렇게 뚜렷해 보일 수 없었다. 한쪽은 변화를 바라는 급진적인 후보였다. 트럼프는 '미국 대학살'이라는 표현을 쓰며 "녹슬어 버린 공장들이 묘비처럼 미국의 전역에 흩어져 있습니다…… 범죄, 갱단, 마약이 수많은 목숨을 앗아가고, 미국의 잠재력을 좀먹고 있습니다"라며 탄식했다.[15] 이에 대한 해결책으로 트럼프가 간단명료하게 제시한 것은 바로 '모조리 뒤집어엎는 것shake-up'이었다. 오하이오주 애크런의 선거 유세에서, 트럼프는 대다수가 백인인 청중들에게 외쳤다. "제가 묻겠습니다. 아프리카계 미국인들, 히스패닉들, 엄청나게 많은 그런 사람들 때문에, 젠장할, 여러분이 왜 희생해야 합니까? 제게 기회를 주세요. 제가 다 뜯어고치겠습니다. 제가 뜯어고친다고요. 왜 여러분이 희생해야 합니까?"[16]

그런데 다른 한쪽은? 현상 유지를 바라는 냄새가 풀풀 나는, 뜨뜻미지근한 후보였다. 트럼프에 대한 대답으로, 클린턴은 버락 오바마와 함께 "우리는 함께 갈 때 더 강해질 수 있습니다",[17] "미국은 이미 대단한 나라입니다"라고 되풀이했다.[18]

극단적 행보나 지나치게 단순한 해결책을 좋아하는 포퓰리스트처럼 클린턴도 그랬어야 한다는 것이 아니다. 특정 순간에는 극좌와 극우가 두드러져 보이지만, 북아메리카와 서유럽의 유권자들은 아직도 대부분의 이슈에서 중도적인 입장을 취하고 있다. 다만 클린턴은 유권자들에게 현재 상황을 바꾸기 위해 최선을 다하겠다는 것을 확실히 보여주었어야 했다는 것이다. 유권자들은 현재의 전반적인 상황에 대해 크게 불만스러워 하고 있었다. 예를 들어, 최근의 선거 결과에 따르면 프랑스, 독일 유권자의 절반 이상이 중도 성향으로 옮겨 왔다. 그러나 한 걸음 더 나가 보면, 독일, 영국 유권자 3명 중의 2명, 프랑스 유권자 10명 중 9명은 정치의 현상 유지보다는 변화를 원한다고 밝혔다.[19]

결론은 명확하다. 2016년에 클린턴이 했던 실수를 다시 하지 않기 위해, 자유민주주의 수호자들은 유권자들의 고민을 진지하게 받아들이고, 자신들이 실현 가능한 변화를 모색하고 있음을 유권자들에게 증명해야만 한다. 포퓰리스트들의 단순한 해결책을 모방하거나 그들이 주장하는 저급한 가치에 영합할 필요는 없지만, 더 나은 미래를 위해 대담한 계획을 시급히 마련해야 한다.

지난 몇 십 년 동안 북미, 서유럽, 기타 지역에서 포퓰리스트들이 큰 성공을 거둘 수 있었던 몇 가지 이유가 있다. 전문가들은 그 원인을 국가별 특징에서 찾기도 하지만, 포퓰리스트들의 성공은 한 나라의 특수성이나 후보 개인의 정치적 감각으로 온전히 설명할 수 없다. 그보다 수많은 구조적 변화가 오랫동안 지속된 민주주의 규범에 대한 시민들의 충성을 약화시켰다고 봐야 한다. 여러 나라에서 보통 사람들의 삶의 수준은 점점 낮아지고 있다. 일원적 사회의 민주주의에서 다원적 사회의 민주주의로 변화하는 것은 예상보다 더 어렵다는 것이 증명되었다. 소셜 미디어의 발달은 정치적 아웃사이더들에게 더 큰 힘이 되고 있다.

이러한 변화가 아직까지는 합리적인 정치인들이 개별적으로 시민들의 신뢰를 얻을 수 없을 정도로 사회를 급진적으로 변형시키지는 않았다. 단기적으로는, 카리스마가 있는 후보자라면 낡은 선거운동의 기본 원칙에 충실한 것만으로도 선거에서 굉장한 승리를 거둘 수 있다.[20]

그러나 깜짝 놀랄 만큼 많은 나라에서, 최근 몇 년간의 변화가 포퓰리스트들의 정치적 대약진을 돕고 있음은 명백하다. 장기적으로 봤을 때, 자유민주주의를 안정적으로 되돌려 놓기 위해서는 좋은 선거운동 전략 그 이상이 필요할 것이다. 어쩌다 경기가 침체로 돌아서거나 주요 후보가 뻘짓 한 번 할 때마다 자유민주주의의 존속 위기가 닥치는 꼴을 피하려면, 우리는 포퓰리스트가 인기를 얻는 구조적 원인이 무엇인지

고심해야 한다.

  민주주의를 구하기 위해, 우리는 국가에 대한 공통의 인식을 가진 시민이 필요하다. 다시 말해, 그런 인식으로 시민들을 결집시켜야 한다. 시민들에게 경제에 대한 실질적인 희망을 주어야 하고, 시민들이 미디어에서 매일 쏟아지는 거짓말과 증오 표현을 비판적으로 수용할 수 있도록 도와야 한다. 그것은 포퓰리즘에 맞서기 위한 힘겨운 과제이자, 앞으로 수십 년 뒤에 우리가 더 나은 사회에서 살 수 있도록 하는 노력이다.[21]

07 _____ 민족주의 길들이기

국가라는 아이디어는 저절로 생겨난 게 아니다. 대부분의 기록된 역사에 따르면, 인간은 가족, 종족, 도시, 공국, 종교 공동체를 조직해 왔다. 국가가 역사의 강력한 동인으로 떠오르게 되는 미국 독립혁명과 프랑스 혁명 때도, 큰 틀에서 국가란 엘리트들의 프로젝트에 불과했다. 민족주의자의 열정이 최고조에 이르러 이탈리아가 통일 국가를 이루던 때만 해도 그랬다. 프랑스 작가 막심 뒤캉은 나폴리 거리에서 군중들이 "이탈리아여 영원하라"라고 외치는 것을 구경하였다. 얼마 뒤, 군중 중의 한 명이 박식해 보이는 신사인 그에게 다가와 "대체 이탈리아라는 게 뭡니까? 먹는 건가요?"라고 물었다고 한다.[1]

우리 집안은 국가라는 게 얼마나 제멋대로인지, 민족주의가 얼마나 파괴적인지, 어느 누구보다 잘 알고 있다. 나의 조부 레옹이 1913년에 리비우 인근의 작은 유대인 마을20세기 초까지, 동유럽과 기타 유럽 지역에서는 유대인들만 모여 살도록 하는 '게토'가 많이 있었다.에서 태어나셨을 때, 그 마을은 합스부르크 제국의 영토였다. 그로부터 한 세기 동안, 그곳은 폴란드 땅이었다가, 소련 땅이었다가, 우크라이나 땅이 되었다.

20세기에 나의 조부께서 겪었던 여정은 그분의 고향이 겪은 것만큼 우여곡절의 연속이었다. 그분은 시베리아의 홀로코스트에서 살아남았고, 인생의 황금기인 몇십 년을 폴란드에서 보냈으며, 마침내 독일에서 피신처를 찾을 수 있었다. 그리고 지금은 남부 스웨덴의 작은 도시에 잠들어 계신다.[2]

따라서 내가 지난 한 세기 동안 잔인하게 날뛰었던 민족주의의 횡포로부터 도망치고 싶어 하는 것은 당연하다. 새 천년이 시작될 즈음 영국에 있는 대학에 가기 위해 독일을 떠나며, 나는 전쟁과 파괴로부터, 인종 간 증오와 종교적 불관용 등으로부터 벗어나기 위해서는 국가가 아닌 다른 형태로 사람들을 묶거나, 사람들이 공동체를 이룰 필요 자체를 버려야 한다고 생각했다.

사람들은 예술가나 축구 선수로, 사색가나 활동가로 스스로를 규정할 수 있다. 자신이 살고 있는 도시의 주민이나 유럽의 시민으로, 또는 지구의 거주자로도 규정할 수 있다. 가장 간단한 규정은 그들을 단지 그들 자체로 보는 것이다. 특히 독일과 영국 그리고 이탈리아와 프랑스의 언어와 음식과 관련한 문화적 차이는 별로 크지 않아서, 이런 변화를 상상하기란 별로 어렵지 않은 것처럼 보였다.

나의 삶의 배경이 그런 유토피아적 희망을 갖게 만들었다. 그러나 그것은 넓게 보면 그 당시 정치적, 학문적 유행에 부합하는 것이기도 했다.

유럽연합이 최근까지도 새로운 정치 조직의 모델로 추앙받았다는 사실을 지금은 잊은 사람이 많다. 세계화가 급속히 이루어지면서 늘어만 가는 복잡한 정치적 문제들과 직면하게 된 상황에서, 상대적으로 작은 국가들이 모인 서유럽은 자원의 공동 소유를 추진할 까닭이 충분했다. 그리고 유럽 대륙 전역에서 정치 지도자들이 유럽을 통합하겠다는 열망을 활발히 논의하고 대부분 의견 일치를 보았기 때문에, 유권자들은 결국 그들의 주장을 따라가기 마련이었다.[3]

한때는 열렬한 민족주의를 지향했던 유럽연합 주변 국가들도 유럽연합에 가입하고 싶어 안달인 것처럼 보였다. 그러는 동안, 아프리카, 남아메리카 국가들도 그들만의 연합체를 만들었다.[4] 영향력이 있는 많은 사상가들이 유럽연합이 미래의 정치 형태를 보여준다고 말했다.[5]

초국가적 형태에 대한 이상적 바람은 과거 유럽의 극단적 민족주의에 대한 반성과 딱 들어맞는 것이었다. 많은 정치학자들이 민족주의는 "발전하면 할수록 쓸모 없어지고, 점점 약화되어 무의미해지거나 사라질 수밖에 없다"[6]라고 생각했다. 조지아의 작가 기아 노디아의 지적처럼, 이런 예측은 매우 고무적이었다. 그는 이렇게 덧붙였다. "민족주의가 끝날 것이라는 예측은 규범과 이론의 행복한 일치가 아닐 수 없다."[7]

몇 달 동안 영국에서 살면서, 나는 영국과 독일의 문화 차이가 내가 상상했던 것 이상으로 크다는 것을 알게 되었다. 문화 차이는 범위 또한 넓었다. 음식이나 언어에만 국한되는 것이 아니라, 유머와 기질, 개인의 옷차림과 집단적 가치 등등이 매우 달랐다.

대학 졸업 후, 나는 이탈리아에서 오랫동안 지내고 다음에는 프랑스에 있었는데, 그곳에서도 똑같은 결론을 내렸다. 내가 믿고 싶었던 것 이상으로 여러 유럽 국가의 주민들은 자국의 문화에 상당히 몰입되어 있었고, 스스로를 '유럽인'이라고 보는 데 떨떠름해 했다.

나의 개인적인 경험이 초국가주의의 달성 가능성을 점점 회의적으로 보게 만들었다면, 지난 몇 십 년 동안의 급격한 정치적 변화 또한 초국가주의에 대해 회의감을 갖게 한다. 전 세계적으로 민족주의가 다시 부활한 것이다. 초국가주의에 대한 이상은 정말 멀어져 가고 있다.

전후 시대 내내, 유럽연합 회원국들은 브뤼셀에 계속 많은 권한을 부여하면서 그에 대한 국민들의 의견은 거의 또는 전혀 묻지 않았다.[8] 따라서 2000년대 초 유럽연합의 통합 수준 제고를 결정하는 국민투표가 있었을 때, 여러 유럽 국가에서 반대표가 많이 나와 정치인들을 망연자실하게 만들었다. 프랑스, 네덜란드, 아일랜드 국민이 속속 통합 제고에 반대표를 던졌다.[9]

뒤이어, 유럽연합 체제의 심각한 위기가 시민들의 의견을 더욱 부정적이게 만들었다. 2008년 금융 위기가 일어나자, 남유럽 국가들은 파산 직전에 처했다. 그렇지만 그 국가들은 유로존에 속했기 때문에, 통화를 평가절하할 수도 채무 불이행을 선언할 수도 없었다. 결국 경제가 10년 내내 침체되었고, 실업률이 치솟았다.[10] 유럽연합의 중요한 제도들이 현재 상태로는 지속가능하지 않다는 것이 점점 명백해졌다. 다음 불황이 닥쳤을 때 유로화 위기를 피하기 위해서 유럽 대륙은 현재의 단일 화폐를 폐지하거나, 전혀 호응을 얻지 못하는 대대적인 정치적 통합을 향해 나아갈 수밖에 없다.[11] 두 가지 방법 모두 딱히 입맛에 맞는 것도 아니지만. 영국이 스스로 유럽연합 탈퇴를 결정하기 전부터, 유럽연합은 존립 자체를 위협받고 있었다.

유럽연합이 혁신적인 변화를 시도한다면 여러 문제점들을 해결할 수도 있을 것이다. 그렇다면 유럽연합의 미래가 어둡다는 예측은 과장이라 할 것이다. 그러나 유럽연합 같은 지역 블록이 언젠가는 국가의 정치적, 문화적, 정서적인 문제들을 덮을 수 있을 것이라는 오랜 희망은 이제 묘하게도 시대에 뒤떨어진 것처럼 보인다. 초국가적 미래를 꿈꾸는 데 가장 근접했던 유럽에서조차, 국가가 최고라는 목소리가 다시 높아지고 있다.

민족주의의 부활은 유럽연합 밖에서 더 두드러진다. 중앙유럽과 동유럽에서는 포퓰리즘적 정부가 자유민주주의에 맞서 폐쇄적이고, 배타적이고, 인종차별적인 민족주의를 내세우는 데 성공했다. 터키는 민족주의와 이슬람주의를 한데 섞는 권위주의적 지도자의 통솔 아래 노골적인 독재체제로 빠르게 바뀌고 있다. 미래의 세계 질서를 재편할 당사자이며, 나라의 큰 규모 덕분에 초민족주의적인 체제를 시험할 수 있을 것으로 기대되어온 인도와 중국조차 민족주의의 부활 때문에 진통을 겪고 있다.[12]

2000년도로 돌아가 보면, 탈민족주의적인 미래를 쉽게 꿈꿀 수 있었다. 그 상상은 민족주의가 역사에서 사라지기를 바라는 사람들이나 그럴 수 있다고 믿는 사람들 양쪽 모두에게 타당해 보였다. 그러나 지난 십여 년을 되돌아보면, 이 희망, 노디아의 표현으로는 '행복한 일치'에 대한 기대는 점점 더 약해지고 있다.[13] 아마 2036년이나 2054년쯤 되면 초국가적 미래에 대한 희망이 다시 등장할지 모른다. 그러나 내가 이 책을 쓰는 지금, 그런 미래는 매우 의심적다.

좋든 나쁘든 간에(아주 크게 나쁠지 모르지만), 민족주의는 19세기와 20세기에 그랬던 것처럼(그때는 가장 유력한 정치 이념이었다고 해야 하리라) 21세기에도 건재하다.[14] 민족주의의 실체는 이제 구체적으로 형성되기 시작했다. 과연 그것은 정치 기업가들이 인종적, 종교적 소수자를 억누르고, 자국 중심주의가 자유 단체를 탄압하고, 타국인들끼리 서로 반목하게 할 것인가? 아니면 21세기의 민족주의는 인종적 종교적 다양성을 인정하는 장을 만들고, 생동하는 민주주의를 뒷받침할 수 있을 것인가?

배타적 민족주의의 부활

유럽의 국가들과 다르게, 미국은 건국 당시 공통된 역사, 윤리, 종파가 없었다. 미국이라는 아이디어는 항상 정치적인 것이었다. "We, the People"에 담긴 뜻은, 좀 더 완벽한 연합을 이루고, 정의를 세우고, 국가의 평안을 보장하고, 공공의 방어를 제공하고, 일반적 복지를 증진하며, 우리와 후손을 위한 자유의 축복을 수호하는 것이 미국의 일차적인 목표라는 것이다.[15] 미국 시민권을 갖고 이 공동의 목표에 서약하는 사람은 누구든지 'we'라는 집단에 속할 수 있다. 미국이 이민자의 나라가 된 것은, 오랫동안 새로운 이민자들이 미국으로 모여들었다는 단순한 사실 때문이 아니라 미국 시민권이 지켜온 개방된 관점에 비롯한다.

물론, 이러한 원칙들은 실제로 일어난 침해 역사를 보면 지나치게 높은 평가를 받아온 셈이다. 노예와 그들의 후손은 몇 세기 동안 미국의 자유에 대한 약속에서 배제되었다. 가톨릭교도와 유대인, 아시아계와 라틴계 사람들, 심지어 이탈리아계와 아일랜드계 사람들 또한 극심한 차별을 받았다. 실제 헌법의 보편적 이상주의는 영국계 프로테스탄트 국가에 대한 끈질긴 집착으로 훼손되었다.

차별이라는 쓰디쓴 현실은 언제나 미국의 일부였지만, 보다 나은 통합을 위한 불안정한 발전은 있었다. 수십 년 내지 수세기에 걸친 갈등 끝에 노예제도와 인종차별은 철폐되었다. 카톨릭계와 유대인에 대한 편견도 완화되었다. 이탈리아계와 아일랜드계는 평범한 미국 국민으로 대우받게 되었으며, 라틴계와 아시아계도 빠르게 이탈리아, 아일랜드계처럼 되는 듯했다. 수천만이 넘는 미국인들이 흑인을 백악관에 보내는 데 표를 던졌다. 비록 인종차별이 암묵적인 사회적 폭력으로 남아있고, 우파 정치인들이 종종 인종적, 종교적 소수자들에 대한 혐오를 암암리에 표출하였지만, 미국은 전반적으로 고결한 이상을 향해 점점 가까이 다가가는 것처럼 보였다. 종교나 신념의 차이가 진정한 미국인이 되는 데 전혀 방해되지 않는 날이 어느 때보다 가까워 보였다.

그러다 도널드 트럼프가 등장했다.

선거 유세 기간 내내, 트럼프는 무슬림 이민을 금지해야 한다면서, 특정 종교를 믿는 사람들은 미국 시민권을 박탈해야 마땅하다는 암시를 했다. 또 그는 멕시코인들의 이민을 반복해서 비난했으며 멕시코계 판사의 판결이 공명정대할지 의문시함으로써 특정 인종은 미국인답지 못하다고 암시했다. 이러한 발언들은 인종과 종교에 대한 미국식 민족주의를 드러냈고, "We, the People"의 이상이 실질적으로는 인종과 종교적 신념에 상당히 묶여 있었음을 상기시켰다.

트럼프는 포괄적인 국가에서 배타적인 국가로 얼마나 빠르게 돌아갈 수 있는지 보여주었고, 그리하여 민주주의의 원칙을 공격하는 데에 독재자 지망자의 의도가 얼마나 강력할 수 있는지도 입증했다. 포퓰리스트들이 발휘하는 호소력의 핵심은 '표현의 도덕적 독점'이기 때문에,[16] 모든 포퓰리스트의 반대자는 당연히 반애국자로 정의된다. 언론을 '미국 국민의 적'이라 부르거나 오바마 대통령이 케냐에서 태어났다는 점을 문제삼는 것 등이 그 예다. 그리고 물론, "아메리카 퍼스트"라는 슬로건에도 의미심장한 뜻이 있다.[17]

미국 정치를 바라보는 유럽인들은 트럼프의 배타적 민족주의가 묘하게도 익숙하게 느껴진다. 많은 유럽 국가에서는 시민권을 공통 조상의 혈통에 따라 정했다. 그 결과, 유럽은 새로 이주해온 사람들을 최선의 경우에는 손님으로 환영했고, 최악의 경우에는 침입자로 박대했다.

전후 수십 년 동안, 이러한 태도는 이민자들의 기회를 제한하였고, 차별을 확장시켰으며, 많은 나라의 시민권 관련 입법에도 영향을 미쳤다. 선거철에, 보수 정당은 이민이 사회의 토대를 위협한다며 이따금 독설을 퍼부었다. 그러나 배타적 민족주의가 많은 거주자들이 자유민주주의적 권리를 온전히 누리지 못하게 하기는 했어도, 자유민주주의 체제 자체를 위협하는 무기가 되지는 않았다.

이는 지난 몇 십 년 동안 서서히 바뀌었다. 새로운 포퓰리스트들은 배타적 민족주의를 드러내는 강력한 공약에다 기존 제도에 대한 반자유주의적인 공격들을 섞고 있다. 트럼프, 와일더나 르펜 등등의 정치인들은 민족주의를 무기처럼 흔들면서, 자유민주주의를 얽어맬 가능성을 증명하려고 한다. 대서양의 양쪽에서, 민족주의와 민주주의는 서로 반목하는 것처럼 보인다. 공격적이고 배타적인 민족주의가 승리하게 되면, 자유주의적이고 다인종적인 민주주의의 이상은 서서히 소멸할 것이다. 이것은 미국뿐 아니라 스페인, 독일, 헝가리에서도 똑같다.[18]

민족주의를 포기하려는 유혹

인종에 관한 한, 미국 헌법의 고귀한 원칙과 약속은 몇 번이고 몇 번이고 위배되었다. 미국이 탄생한 뒤 첫 번째 세기 동안, 아프리카계 미국인들은 노예였거나, 잘해봤자 이등 계급의 시민으로 대우받았다. 두 번째 세기에, 아프리카계 미국인들은 정치적으로 배제되었고 노골적인 차별로 고통받았다. 세 번째 세기에는, 괴로울 만큼 자주 법의 보호를 받지 못했다.

지금은 이러한 차별들이 법적이라기보다 경험적으로 일어나고 있다. 아프리카계 미국인이 구직 시장에서 차별을 받는다면, 똑같은 범죄에 대하여 더 높은 형량을 받는다면, 경찰의 총에 맞을 확률이 높다면, 그것은 공식적인 법률상 지위가 달라서가 아니다. 중립적이어야 할 법률의 원칙이, 현실에서는 차별적으로 집행되고 있기 때문이다.[19]

이것이 미국의 인종차별적 문제를 놓고 보수 쪽에서 내놓는 해답들이 충분하지 못한 이유이다. 대법원장 존 로버트와 토미 라렌에 이르는 보수 논객들은 미국의 법이 얼마나 고상하고 불편부당한지 말하는데, 그것은 개선해야 할 심각한 인종적 부정의가 있음을 부인하려는 것이다. 대법관 로버트는 저서 『부모의 관여Parents Involved』에서 학교에서 벌어진 인종차별에 대한 대법원의 판결을 언급하면서 "인종차별을 멈추는 방법은 인종을 구별하지 않는 것"이라고 말하였다.[20]

이것은 솔직하지 못하다. 부동산 중개인부터 인사관리 담당자에 이르는 개인들이 인종을 구별하는 한, 국가가 인종 앞에서 색맹을 연기하는 것은 만연한 부정의에 대한 올바른 해결책이 아니다.[21] 설상가상으로, 유색인종들은 색맹 노릇을 할 기회를 가질래야 가질 수도 없다. 사회학자 아이다 하비 윙필드는 "대부분의 사회적 상호 작용 속에 백인들은 개인으로 존재할 수 있다. 이와 반대로, 인종적 소수자들은 어린 시절부터 사람들이 자신을 인종의 테두리 안에서 판단하고, 인종에 대한 (보통 부정적인) 고정관념에 따라 대우한다는 사실을 알게 된다"라고 설명한다.[22]

피부 색깔에 눈을 감는다는 '고상한 원칙'이 모든 것을 고칠 수 있다는 주장은 순진하거나 진실하지 못하다. 이를 염두에 두고, 일부 좌파는 인종에 대한 부정의를 바로 잡을 수 있는 유일한 방법은 미국이 건국되었을 당시 세웠던 기본적 원칙들 일부를 완전히 버리는 것이라고 주장한다.

그들은 대중문화가 다분히 인종적, 종교적 소수자들을 무시하거나 멸시한다면, 유색인종에 대해 둔감하거나 그 문화를 함부로 도용하는문화적 전유cultural appropriation 행태에 대해 강력한 경멸을 표시해야 한다고 본다. 대놓고 인종주의와 은밀한 차별microaggression을 일삼는 담론들을 정당화하려고 언론의 자유를 들이댄다면, 언론의 자유라는 신성한 원칙을 인종적 정의를 위하여 희생해야 한다.[23] 피부색 차이에 눈감는 법률이 그러한 원칙을 내세운 피부색 차별에 눈감는다면, 인종과 정체성 문제를 법률 구조의 핵심에 단단히 못 박아야만 한다. 공통의 시민권과 헌법의 보편 법칙들에 근거한 호소가 종종 솔직하지 못하다면, 미국인의 정체성을 드러내기를 막는 장애물과 덫들을 뜯어내 던져버려야 한다.

이러한 생각들의 배경이 되는 울분에는 뭐랄까, 참된 정의로움이 있다. 부정의가 끈질기게 존재하는 현실에 대한 냉정한 비판에서, 또한 현상 유지를 옹호하는 보수적 변론들에 대한 반발(충분히 이해할 만한)에서 자라났다. 그러나 이러한 생각들은 목욕물을 버리려다 함께 아기까지 버리는 격이다. 너무 극단적이거나, 전략적으로 현명하지 못해서 (동정적인 비평가들의 말처럼), 진정 개방적이고 다인종적인 민주주의를 이룰 가능성을 궁극적으로 파괴할 원칙들을 포함하는 우를 범했다.

'문화적 전유'에 관한 논쟁이 그런 문제의 명백한 예다. 관례적으로, 문화적 전유의 개념에는 인종적·종교적 소수집단의 문화적 관행들을 다수 집단이 차용하는 것은 허용될 수 없다는 의미가 포함된다. 예를 들어, 미국에서는 백인이 드레드락스dreadlocks머리카락을 여러 가닥으로 가 늘게 묶어서 곱슬곱슬하게 한 헤어스타일.를 한다거나 초밥을 쥐는 일은 가 당치 않다고 여겨진다.[24]

과거에 부당한 고통을 받았고 지금도 차별을 받고 있는 집단 사람들 로서, 국외자들이 자신들의 문화를 모방하는 것을 불편해하는 것은 충 분히 이해할 수 있다. 더구나, 도덕적으로 비난받을 만한 문화적 전유 사례도 있다. 소수집단의 문화 그 자체에 감명을 받은 것이 아니라, 소 수집단을 조롱하고 모욕하기 위해 다수집단이 소수집단 문화의 상징 과 전통을 선택적으로 활용하는 경우가 있기 때문이다. 문화적 감수성 과는 거리가 먼 경우다.

그러나 문화적 전유를 일체 거부한다는 원칙은 진정 자유롭고 다문 화적인 민주주의의 이상과 극명한 갈등 관계에 있다.

문화적 도용을 반대하는 주장은 사실 역사적으로 넌센스다. 예를 들 어 드레드락스의 기원만 해도 고대 그리스와 고대 이집트로 거슬러 가 므로, 아프리카계 미국인들 스스로도 문화적 도용을 하고 있다고 볼 수 있으니 말이다.[25]

문화를 역사적으로 검토해 보면 더 많은 문제들이 드러난다. 역사가 들이 말하듯이, 문화는 언제나 뒤섞여 왔다. 게다가, 다문화사회 옹호자들은 12세기 바그다드에서 온 문화가 19세기 빈에 영향을 주고, 다시 21세기 뉴욕에 영향을 주면서 다양한 문화가 한데 섞여 생동감 있고 우수한 문화를 만드는 데 기여했다고 말한다.[26] 서로 다른 문화들이 서로 좋은 영향을 주고받는 것에 대해 긍정적으로 생각하기는커녕, 문화적 전유의 반대자들은 문화란 순수한 것이라고, 특정 집단만 그 문화를 영원히 향유할 수 있다고 보며, 그렇기 때문에 문화 간의 상호작용을 엄격히 규제해야 한다고 생각한다. 달리 말해, 특정 집단만이 향유할 수 있는 문화라고 생각하는 사람들은 자국 문화에 대한 외부의 영향을 끊임없이 반대하는 극우적 외국인 혐오자들과 의견이 같은 셈이다.[27]

이처럼 문화적 전유에 대한 맹목적 두려움은 시민들의 인종과 문화를 떠나 공통적 경험을 공유하는 이상적인 사회에 매우 치명적일 수 있다. 우리는 다른 문화와의 상호작용이 다양성 사회의 필수불가결한 요소임을 받아들여야 한다. 만약 우리가 다양한 문화의 상호작용을 가로막는다면, 문화별, 인종별 집단 사이에 넘을 수 없는 장벽을 세우는 셈이다.

언론 자유 원칙에 대한, 갈수록 커지는 거부감 역시 비슷하게 혼란에 빠져 있다.

다시 한 번 말하지만, 이러한 거부감은 이해할 만하다. 북아메리카와 서유럽에서 외국인 혐오 정서가 높아지고, 인터넷상에서 외국인 혐오 발언이 공공연해지면서, 많은 선량한 사람들은 이런 선동적인 목소리를 잠재우고 싶다는 바람을 가지게 된다. 파시즘의 역사로 지금까지 고통 받고 있는 독일 같은 나라에서는 이러한 현상이 놀라울 것도 없다. 그러나 문화적 전유의 경우와 마찬가지로, 언론의 자유에 족쇄를 채운다면 궁극적으로 자유민주주의의 근간을 흔들게 될 것이다.

한 푼의 가치도 없는 발언도 분명 있다.[28] 가치 없는 발언이 만들어지지 않고, 만들어졌다 해도 퍼지지 않도록 효과적으로 금지될 수만 있다면 세상은 훨씬 좋아지리라. 그러나 언론의 자유를 옹호하는 사람들이 몇 세기 동안 말했듯이, 어떠한 권력에도 유해한 발언을 금지하는 권한을 부여해서는 안 된다. 권력자들이 오류 없이 또는 자기 이해관계를 떠나 검열한다 하더라도 이내, 혹은 나중에라도 마침내, 진정 가치 있는 발언까지 금지하게 될 것이기 때문이다.

전략적으로 근시안적인, 언론의 자유 제한을 옹호하는 입장은 미국적 맥락에서 한결 뚜렷이 나타난다. 사회 정의를 위해서는 언론의 자유를 억제해야 하지 않을까, 하는 생각은 엘리트 대학 캠퍼스나 미국의 가장 진보적인 도시의 진보적인 동네에서 쉽게 찾아볼 수 있다. 시민운동가들은 남부침례교대학교의 학과장, 텍사스주 헤리퍼드시 시장, 그리고 언론이라면 원수 보듯 하는 미국 대통령 등이 본인이 싫어하는 발언들을 검열할 권한을 갖게 되었을 때 무슨 일이 일어날지를 간과하곤 한다.[29]

언론의 자유는, 전략적 우려를 접어두더라도 가장 기본적인 수준에서 유지되어야 한다. 열린 사회는 어떤 공무원도 누구의 관점이 옳고 그른가에 대하여 판단할 수 없다는 원칙 위에 세워졌다. 시민들이 가치 없는 발언을 금지하는 권력을 당연하게 생각한다면, 자유민주주의의 핵심적 교리는 위협 받을 수밖에 없다.[30]

언론의 자유와 문화적 전유에 관한 논쟁은 종종 학계 또는 출판계의 사소한 논쟁으로 인해 촉발된다. 이 문제는 대부분의 독자들보다 이 문제에 몰입한 작가와 편집자들에게 훨씬 중요하다. 작가와 편집자들이 계속 그러한 관점을 갖게 하는 것은 중요하다. 그러나 특정 논쟁이 지나치게 집중되는 반면, 다양한 민주주의를 옹호하는 사람들이 희망하는 사회가 무엇인가에 대한 근본적인 질문은 그리 거론되지 않는다.

다시 언급하지만 오늘날에도 여전히 존재하는 피부색 차이를 없는 체하는 것은 정치적으로 어리석거나 지적으로 정직하지 못한 것이다. 윙필드가 말했듯이, 소수인종은 그가 속한 집단을 떠나 독자적인 개인으로 존재하거나, 대우받을 특권이 없다.[31] 그렇다고, 보다 정의로운 사회는 집단적인 권리와 의무 중심으로 이루어진다는 결론을 성급하게 내리면, 그런 집단 사이의 부정의를 바로잡는 것을 완전히 포기하는 것이 되고 만다. 그런 사회에서는, 특정 노래는 특정 집단만이 부를 수 있다거나, 특정 요리는 특정 집단만이 할 수 있다거나 따위가 됨으로써 집단 사이의 분열이 더욱 극심해질 것이다. 흑인, 라틴계, 아시아계 미국인들이, 그리고 터키, 시리아, 모로코계 유럽인들이 저마다 개인으로서 존중받지 못한다면, 사회의 모든 구성원들은 그 피부색이나 혈통에만 묶인 삶을 살게 될 것이다.

요컨대, 문제는 자유민주주의의 기본 원칙에 있지 않다. 또한 미국 헌법이나 독일의 기본법에 근본적인 오류나 위선이 있어서도 아니다. 그보다는 그러한 기본 원칙들이 아직 실현되지 않았을 뿐이라고 보아야 한다. 문제의 해결책은 특정 인종 및 종교 집단의 권리와 의무를 보장하기 위하여 자유민주주의의 보편적 원칙을 버리는 것이 아니라, 그러한 보편적 원칙들이 궁극적으로 실현되도록 싸우는 것에 있다.

민권운동 지도자들보다 이러한 기본적 통찰을 더 절절하게 깨친 사람은 없으리라. 이 선구자들은 자유민주주의의 기본 원칙을 버리기는 커녕, 당대 사람들의 양심에 호소하고자 자유민주주의의 기본 원칙에 대한 미국인들의 존중심을 이용했다. 도널드 트럼프가 당선한 뒤 존 루이스는 또 다른 민권운동 지도자 필립 랜돌프가 한 말을 인용했다. "우리의 조상들은 이 위대한 땅에 각각 다른 배를 타고 왔을지 몰라도, 우리는 지금 모두 똑같은 배를 타고 있습니다." 간단히 말해, 루이스는 정의를 향해 역사의 궤도를 움직일 수 있는 방법은 애국심을 배제하지 않으면서 미국의 상징들을 요령 있게 활용하는 것이라 보았다.

이와 다르게, 오늘날 좌파는 갈수록 국가 그리고 국가와 관련된 모든 요소에 대한 철저한 거부로 치닫고 있다. '비애국자들non-Patriot 만들기'라는 제목의 7월 4일자 신문 논평만 봐도 그렇다.[32] 좌파들은 "트럼프는 가라. 장벽도 가라. 미국도 가라No Trump, No wall, No USA at all"라는 구호를 즐겨 외치고 있으며,[33] 건국의 아버지들에게도 중대한 실수가 있었음을 지적하는 것에 그치지 않고, 도덕적 오점 이외의 것으로는 그들을 평가하려 하지 않는다. 숀 킹은 사설에서 "토머스 제퍼슨은 괴물이었다. ……토머스 제퍼슨이 지금 우리가 미합중국으로 알고 있는 나라의 토대를 닦는 데 큰 역할을 했다는 것은 인정하지만, 그는 어쨌든 절대 추앙받아서는 안 될 사람이다"라고 썼고, 이는 곧 논란을 불러왔다.[34]

이러한 점에서, 미국의 좌파들은 서서히 유럽 좌파들의 전철을 밟고 있는 것으로 보인다. 미국의 옛 좌파들은 자국의 보편주의적 전통 덕분에 애국주의가 자유주의적 다민족 사회의 이상에 더 친화적일 수 있다는 것을 알고 있었다. 이와 반대로, 유럽 좌파는 국가의 지배적 개념을 인종과 종교로 설정했다. 결과적으로 미국 좌파의 일부는 이 전략을 채택한 셈이다. 현재 미국의 좌파는 전해져 내려온 그동안의 전략들을 급진적으로 비판하면서 민주주의적 애국주의를 버리고 있다.[35]

결과는 기대와 딴판이다. 애국주의를 그 궁극적 목적에 비춰 이해하면서 애국주의를 활용하지 않음에 따라, 좌파는 민족주의에서 일체 퇴장해 버렸고 우파가 그 공간을 채우고 들어가 버렸다.

포용적 애국주의

일부 우파가 소수자들에게서 국민의 권리를 박탈해야 한다고 주장하고 일부 좌파가 다양한 인종과 종교를 가진 시민들의 차이점을 강조하면서 우파와 좌파의 합의점을 찾기 어려운 지금, 우리는 포용적 애국주의를 새롭게 살펴볼 필요가 있다.

이 포용적 애국주의는 지속적인 부정의에 절대 눈감아서는 안 된다. 마찬가지로 국내의 소수자를 억압하거나 다른 국가들의 분쟁을 조장해서도 안 된다. 대신, 다민족적 민주주의 전통의 토대 위에서, 우리를 묶는 유대 관계가 인종과 종교를 뛰어넘음을 보여줄 수 있어야 한다.

이것은 어느 정도 표현의 문제인데, 많은 지도자들이 사실상 이런 형태의 애국심을 지난 몇 년간 주장해왔기 때문이다. 예를 들어, 미국의 유명한 민권운동 50주년 기념 행사에서, 버락 오바마는 미국인의 삶이 얼마나 차별 반대와 깊이 연관되었는지를 강조했다. "나팔 소리 크게 울려퍼질 때, 사람들은 모여 들었습니다. 흑인도 백인도, 젊은이도 노인도, 기독교인도 유대교인도, 저마다 미국의 깃발을 흔들며, 믿음과 희망에 가득 찬 송가를 함께 부르면서 말입니다."[36]

같은 연설에서, 오바마는 민권운동이 미국 헌법에 보장된 기본적 가치에 호소한 것이었음을 강조했다. '이분들이 가졌던 놀라운 믿음'을 거론하며, 그는 1965년 3월, 민권운동 시위대가 셀마에서 몽고메리까지 행진을 시작한 그 장소에 서서 경탄을 표시했다.

> 주에 대한 믿음 안에서, 미국에 대한 믿음 안에서…… 미국의 실험에 담긴 믿음의 징표로 이보다 더한 것이 있겠습니까. 이보다 더한 애국이 있겠습니까. 미국은 아직 완성되지 않았다는 믿음, 우리는 스스로를 비판할 수 있을 만큼 강하다는 믿음, 새로운 세대들이 선대의 불완전함을 돌

아볼 수 있고 우리의 높은 이상에 부합하는 나라로, 우리의 나라를 새롭게 만들 수 있는 힘이 우리에게 있다는 믿음의 징표로 이보다 더한 것이 있겠습니까?

이것이 바로 셀마가 미국인의 체험에서 빠질 수 없는 이유입니다. 셀마는 현재와 동떨어진 박물관도 기념물도 아닙니다. 셀마는 우리의 창립 문서에 기록된 신념의 증표입니다.

"우리 국민은(We the People…) 보다 완벽한 통합을 위하여."

"우리는 모든 인간이 평등하다는 자명한 진리를 따른다."[37]

2017년 대통령 선거 몇 달 전에, 에마뉘엘 마크롱은 이보다 더 분명하게 애국주의에 호소했다. 국민전선에 대한 지지와 더불어 국민전선이 내세운 배타적 시민권 개념에 대한 지지도 상승에 직면하여, 마크롱은 문화적으로 굉장히 복잡한 도시인 마르세유를 방문했다.[38] 마크롱은 지지자들 앞에서, 다양성을 품에 안은 자랑스러운 프랑스에 대하여 연설했다.

마르세유를 보고 있자면, 저는 2000년에 걸친 유럽의 이주 역사에 의해 형성된 프랑스 도시가 보입니다. 저는 아르메니아인, 이탈리아인, 알제리인, 모로코인, 튀니지인이 보입니다. 저는 말리, 세네갈, 코트디부아르 사람들을 봅니다. 저는 제가 언급하지 않은 수많은 사람들을 봅니다. 그런데 실제 저는 무엇을 봅니까? 저는 마르세유 시민들을 보고 있습니다! 저는 무엇을 봅니까? 저는 프랑스 국민을 봅니다!

프랑스 국민, 그들을 보세요. 그들은 여기 있습니다. 그들은 자랑스럽습니다. 프랑스인이라는 것이 자랑스럽습니다. 그들을 자랑스럽게 바라보세요, 국민전선 지지자 여러분, 프랑스인으로서 자랑스러워 해야 할 점은 바로 이것입니다.[39]

표현은 중요하다. 왜냐하면 국가는 베네딕트 앤더슨의 유명한 말처럼, '상상의 공동체imagined community'이기 때문에 국가에 대해서 우리가 말하는 방식은 국가의 성향에 영향을 미친다.[40] 기나긴 배타적 역사를 가진 국가를 포용적인 의미로 다시 규정하는 정치 지도자들은 민족주의를 길들이는 데 기여할 것이다.

그러나 표현은 그 이상의 효과를 내지는 못한다. 점점 많은 국가들이 공격적인 민족주의로 나아가는 데는 복잡한 정치, 역사적 이유가 있다. 북아메리카와 서유럽에서 외국에서 출생한 사람의 수는 사상 최고치를 기록하고 있다. 단일 민족의 역사를 가진 국가에서는 많은 국민들이 이민자를 거부하거나 이민자의 후손을 동포로 보지 않는다. 동시에 대다수의 이민자들은 언어 능력을 기르고, 현지인들의 교육 수준을 좇아가면서 그 나라의 문화에 적응하기 위해 무진 애쓰는데, 이민 3세대도 마찬가지이다.[41]

이 모든 사실들은 단순하지 않으면서도 원칙에 따르고, 포퓰리스트가 되지 않으면서도 대중의 지지를 받을 수 있는 방법을 모색해야 함을 말해 준다. 포용적 애국주의를 위한 이 투쟁에서 승리하기 위해서, 국가는 시민들에게 공동체에 관한 실질적 감각을 일깨워야 하며, 시민들이 가진 대량 이민으로 변할 미래에 대한 끊임없는 두려움을 덜어 주어야 한다.

이 싸움의 첫 번째 단계는 자유주의 원칙이 경계를 넘어 그 어디서나 똑같은 힘을 가짐을 증명하는 것이다.

비록 자유민주주의가 모든 시민들을 동등하게 대우한다고 하지만, 이 약속은 실망스러울 정도로 자주 깨어져왔다. 스웨덴에서 캐나다에 이르는 모든 국가에서, 공공연한 차별이 자행되고 있다. 공적 관계에서나 민간에서나, 단체든 개인이든, 자행되는 차별은 소수자들이 평등한 시민권을 누리는 것을 방해한다.

다행히도, 상식적인 조치들이 차별 사례를 줄이는 데 기여할 수 있다. 그러나 여전히 많은 국가와 지방 정부는 고용주와 지주가 소수자를 차별하는 것을 금지하는 포괄적인 법률들을 아직 통과시키지 않고 있다. 오랫동안 지속되었던 관습들을 바꾸는 것 또한 변화를 일으킬 수 있다. 예를 들어, 유럽 국가들은 구직자가 이력서에 사진을 붙이는 공공연한 관행을 금지했다. 한편, 회사들은 고용 절차의 첫 번째 관문에서 소수자의 걸림돌이었던 구직자 이름과 인종을 기입하는 란을 없애 버림으로써 무의식적인 편견을 완화할 수 있게 했다.

인종적·종교적 소수집단의 성공을 가로막는 더 큰 구조적 장벽들이 존재한다.[42] 교육은 특별히 냉혹한 장벽이다. 독일 같은 나라에서는 다층적 학교 제도에 따라 4학년 말에 대학에 진학할 수 있는 사람이 결정되는데, 부모가 이 제도의 구조를 잘 알거나, 고학력자이면 훨씬 이점이 있다.[43] 프랑스와 같은 나라는 표면적으로는 평등한 교육 제도를 가지고 있지만, 프랑스 정부는 몇몇 상위 학교에 예산을 퍼부으면서도 이민자들이 많은 지역의 낮은 교육 수준에 대해서는 무시하고 있다.[44]

한편 미국도 공립학교는 철저히 분리되어 있다. '분리-평등 정책 separate but equal'을 표방하는 학교들이 헌법을 위반했다고 판결한 브라운 VS. 교육위원회 소송 사건으로부터 60년이 지난 지금, 의회는 미국 회계 감사원을 통해 한 학교 안에 인종 통합이 얼마나 진척되었는지 조사하였다. 결과는 참담했다. 안타깝게도 대다수의 어린이들이 자신이 속한 인종으로만 구성된 학교에 다니고 있었다. 또한 주로 소수민족 학생들만 다니는 학교의 수는 2000년에서 2013년 사이 2배가 되었다.[45]

소수집단의 학생들에게 좋은 삶의 기회를 주기 위한 실질적 노력에는 이런 가슴 아픈 현상을 뒤집어엎을 만한 것이 반드시 포함되어야 하리라. 각각 다른 배경을 가진 시민들이 서로를 진정한 동포로 여기는 나라를 위한 첫 걸음은 함께 교육받게 하는 것이다. 이러한 목표를 향한 실질적 진전은 정치적 어젠다에 근거한 근본적인 개혁에 의해서 일 것이다. 독일에서는 인종의 경계를 희미하게 하고 이민자의 자녀들이 대학에 더 쉽게 입학할 수 있도록 하기 위해 학제를 재검토해야 할 것이다. 미국은 인종차별적인 학교를 철폐하는 것에 중점을 두어야 할 것이다.

진정한 자유주의적 통합 정책은 소수집단의 구성원이 차별받지 않게 하고, 그들의 장래가 구조적 장벽에 의해 제한받지 않게 하는 새로운 해결책을 포함해야 한다. 그와 동시에, 차별로 인하여 고발되는 것에 대한 두려움이나, 문화적 상대주의에 대한 맹목적인 믿음 때문에 자유민주주의 시민의 기본적인 권리와 의무로부터 소수집단을 배제하지 않는 것도 포함된다.

이러한 예들은 아주 많다. 스웨덴에서 미국에 이르기까지, 놀랍게도 여전히 수많은 소녀들이 강제 결혼이나 여성 성기 할례로 고통 받고 있다.[46] 벨기에와 영국에서는 강력 범죄에 대한 경찰 수사가 문화적 민감성에 대한 고려 때문에 제대로 이루어지지 않는 경우가 많다.[47] 심지어 많은 사례에서 당국은 그 치명적인 행위가 개인의 문화적 배경에 기인한다는 변명을 인정하고 있다. 예를 들어, 독일에서는 모로코 출신 남편에 의해 폭행을 당한 한 여성이 긴급 이혼을 요청했는데, "모로코의 문화에서는 남편이 부인에게 체벌을 가하는 관행이 이상하지 않다"라는 논리에 근거하여 판사가 이를 인정하지 않았다. 판사는 "이 여성은 결혼을 할 당시 그러한 행동을 예상했어야 한다"라고 말했다.[48]

이러한 접근은 일견 타 문화에 대한 관용처럼 보일지 몰라도, 사실 소수집단을 대수롭지 않게 취급하는 것밖에 안된다. 문화의 일부라는 이유로 이민자들의 범죄를 용인해 버린다면, 인종주의적 경멸을 고착화시키는 일이 될 것이다. 할례로 고통 받는 소녀들의 문제를 다른 각도로 접근하는 것이야말로 국가의 관용을 소수집단에서도 가장 힘이 없는 구성원에게 베푸는 것이다. 사람에 따라 차별 대우하는 것이 아니라, 종교나 피부색에 관계없이 모든 국민을 동일한 기준으로 대하겠다는 국가의 의지는 국민에 대한 가장 중요한 의무를 다할 수 있는 유일한 길이다.[49]

포용적 민족주의의 이상은 모든 개인의 권리를 보호하는 것이며, 때로는 그 개인의 가족이나 이웃을 통제하면서라도 그리하는 것이다. 우리가 만약 자유민주주의를 보호하고 싶다면, 자유민주주의의 요구로부터 소수집단을 배제해서는 안 된다. 하지만 그 이상이 이민의 성격 규정 및 받아들이는 정도와 같이 감정이 개입되는 사안에 대해서는 확실한 해결책을 주지 않는다.

한 가지는 분명하다. 자유민주주의를 옹호한다면 포퓰리즘적 감정에 휘말려서는 안 된다는 것이다. 자유민주주의 옹호자들은 자유민주주의의 기본 원칙을 지키기 위하여 이민자들을 부당한 학대로부터 보호해야 한다. 인구 문제에 대한 두려움과 경제적 불안이 한데 섞이고 있는 상황에서도 대서양 양쪽의 포퓰리스트들이 주장하는 수많은 반이민 정책들이 결국에는 역효과를 낸다는 것을 깨달아야 한다. 그런데, 장기적으로 봤을 때 경제에 치명적인 악영향을 주는 급진적인 규제가 포퓰리스트들의 지지를 악화시킬 것 같지 않다.

주의할 것은, 국민들이 품고 있는 비효과적인 국경 관리에 대한 불신이나 현재 이민 정책에 대한 불만을 자유민주주의 옹호자들이 무시한다면, 오히려 포퓰리즘을 부추길 수 있다는 것이다. 따라서 자유민주주의 옹호자들이 현 정치체제에 대한 뿌리 깊은 불신에 전기를 마련하려면, 선호하던 정책들로부터 약간 일탈하는 것도 필요하다.

간단한 해결책은 없다. 그러나 원칙을 지키는 선에서의 타협은 가능하다. 포용적 애국주의 옹호자라면, 이미 자신의 나라에서 거주하는 사람들의 권리를 지켜내야 하며, 또한 가까운 나라의 이웃들과 숙련된 기술을 가진 이민자들에게 국가의 문을 활짝 열어 놓는 것에 찬성해야 한다. 그와 동시에, 이민의 급증에 대한 우려도 심각하게 받아들여야 하며, 국가는 국경을 통제할 때만 지속될 수 있는 지리적으로 제한된 공동체라는 것을 인정해야 한다.[50]

이 말은 우리가 국가의 모든 합법적 거주자들을 피부색이나 종교에 상관없이 똑같이 대할 것을 주장해야 한다는 것이다. 우리는 트럼프가 주장한 무슬림 입국 금지와 같이 개인의 종교에(아니면 인종과 같은 개인 특성 기술적 지표들에) 근거하여 사람을 배제하려는 시도에 반대해야 한다. 그리고 비록 법적 뒷받침이 부족하다 해도, 어렸을 때 입국했거나 오랜 시간 거주해온 체류자의 강제 추방은 고발해야 한다.

같은 이유에서, 우리는 우리의 영토로 들어오는 사람들을 추적하고 관리하는 능력을 향상시키는 것이 자유민주주의의 원칙을 위반하지 않음을 인식해야 한다. 그리고, 우리가 국경을 굳게 지키는 것이 보다 관대한 이민 정책에 대한 대중의 지지를 이끌어낼 수 있을 것이다. 이와 마찬가지로, 안전을 위협하는 이민자들을 식별하고 추방하는 시스템을 가다듬는 일은 인종 갈등을 증폭하기보다, 가라앉힐 것이다.

이민 문제 전반에 관하여 이런 식의 타협안들이 가능하다. 이 나라에는 더 많은 이민을 환영할 만한 여러 가지 이유들이 있다. 그러나 동시에, 대중의 긍정적 평가를 받기 위해 이민자의 수를 줄인다고 해서 그것이 자유민주주의 원칙에 모순되는 것은 아니다. 간단히 말해서, 국가가 어느 정도로 이민자를 받을 것인가 하는 문제를 민주적 논쟁에 따라 결정하면 된다는 것이다.

이민과 관련된 선택들은 흔히 벌어지는 뜨거운 논쟁들이 의미하는 것 이상으로 미묘한 문제들을 갖고 있다. 자유민주주의 원칙을 존중하면서도 이민과 관련해서 널리 퍼진 공포를 잠재울 수 있는 수많은 방법들이 존재한다. 예를 들어서, 캐나다는 이민을 열렬히 환영하는 동시에 납득할 범위 안에서 이민 허가가 엄격할 수 있음을 보여주고 있다. 수많은 이민자들에게 문을 열어주면서도 이민자의 자격을 확실히 검토함으로써 관용 정책의 모범을 제시했다.[51]

~~~

민족주의는 반은 야생적이고 반은 길들여진 동물이다. 민족주의가 우리의 영향력 아래에 있다면, 민족주의는 정말 다양하게 활용될 수 있고, 우리의 삶을 풍요롭게 할 것이다. 그러나 민족주의는 항상 우리가 민족주의에 부과한 제약들로부터 도망치려 한다. 만약 그런 일이 벌어진다면, 정말 치명적일 것이다.

나는 민족주의 너머의 이상 세계를 꿈꾸는 사람이다. 사람들이 인종이나 문화적 차이에 종속되지 않고, 인류의 공통 일원이라는 개념에 의해 규정되는 사회를 말이다. 그러나 동시에 야수적 민족주의가 아직 생생하게 살아 있음을 인지할 만큼은 비관주의자이다.

우리는 당연히 그러한 민족주의를 무시할 수 있고, 민족주의가 없어지길 바랄 수 있다. 그러나 우리가 민족주의를 외면한다면, 다른 사람들이 야수로서의 민족주의를 자극하고 화를 돋울 것이다. 그래서 그 가장 포악한 형태를 세상에 풀어놓을 것이다. 민족주의에 대한 모든 근본적인 불안에 직면해, 민족주의를 최선을 다해 길들이는 것 외에는 선택의 여지가 없다.

08 _____경제 뜯어고치기

　　포퓰리스트들이 쓰는 말은 과거에 대한 향수를 불러
일으키려는 의도를 숨기고 있다. 미국의 도날드 트럼프는 그 유명한 문
구 "미국을 다시 위대하게Make America Great Again"를 내세웠다.[1] 영국에서
유럽연합 탈퇴를 주장하는 슬로건은 "통제권을 환수하라Take Back
Control"였다.[2]

　　이러한 단순한 슬로건들이 강력한 이유 중 하나는 유권자들이 자신
의 개인적인 향수를 슬로건에 투영할 수 있기 때문이다. 어떤 유권자들
은 자신의 조국이 단일 인종에 의해 통치되었던 시대를 간절히 그리워
하며, 어떤 유권자들은 보수적인 사회 규범이 최고의 가치로 여겨졌던
때를 그리워한다. 어떤 사람들은 그들의 조국이 누렸던 영광을 19세기
식민지 시절과 동일시하기도 하고, 어떤 사람들은 조국의 번영을 20세
기의 전쟁 승리와 관련 짓기도 한다. 어쨌거나 이 슬로건들이 불러일으
키는 여러 가지 의미들의 공통점은 풍족하고 일자리가 확보되었던 경
제적 황금기의 추억에 호소한다는 것이다.

유권자들이 경험하고 있는 불안의 대부분은 돈에 관한 것이다. 북아메리카와 서유럽의 많은 나라에서 일반 가정의 삶의 질은 몇 년째 나아지고 있지 않다. 젊은 사람들의 삶은 구세대의 삶 같지 못하며, 불평등은 계속 상승하고 있다. 이들이 몇 년간 겪었던 좌절에 비추어 볼 때, 대부분의 시민들이 미래에 닥칠 물질적 어려움을 두려워하는 것은 비이성적인 것이 아니다.

하지만 과거 경제 부흥기에 대한 향수는 단순히 돈 때문만은 아니다. 이 향수는 희미해져가는 희망에 대한 것이기도 하다.

미국, 영국, 스웨덴, 이탈리아 사람들은 그들의 조부들이 그들과 같은 나이었을 때보다 훨씬 부유하다. 그러나 그들의 조부들은 그때 낙관적일 수밖에 없었던 이유가 있었다. 그들은 가난하게 자랐기 때문에, 자식들이 자신들보다는 더 나은 삶을 살 수 있을 것이라는 기대를 가지고 살았으며 그래서 상대적으로 행복했다. 오늘날은 이와 대조적으로, 경제 침체를 경험한 대부분의 시민들은 미래를 매우 불안해하고 있다. 이들은 세계화의 힘이 국가가 국경을 통제하거나 국가의 경제 정책을 수립하는 데 장애가 될 것이라고 크게 우려하고 있다. 그리고 국가가 더 이상 단독으로 어떤 것을 결정할 수 없게 되면서, 시민들은 경제 변화가 자신들의 통제 밖에 있다고 인식했다. 한때 안정적이었던 직업이 해외로 옮겨지거나 기술의 발달로 쓸모가 없어지게 되고, 공장이 문을 닫고 노동조합이 영향력을 잃어감에 따라, 노동은 시민들에게 사회에서 편하게 쉴 곳을 제공하지 못하게 되었다.

사람들이 "미국을 다시 위대하게", "통제권을 환수하라" 등의 슬로건을 부르짖는 것은, 더 많은 월급을 바라서가 아니다. 그들은 단순한 소비주의에 동요된 것이 아니라, 급격하게 변하고 있는 세계에서 그들만의 고유 영역을 마음 놓고 보장받을 수 있기를 간절히 원하는 것이다.[3]

포퓰리즘의 부상을 막기 위해, 우리는 이러한 복잡한 두려움을 누그러뜨리고, 더 나은 미래를 상상하게 해야 한다. 사람들은 자신들의 직업이 10년, 20년, 30년이 지나도 존중받을 수 있다는 확신을 원하고 있다. 물질적으로 안정된 상태에서 살아갈 만큼 그들의 삶을 충분히 이끌어 갈 수 있을지 알고 싶어한다. 사람들은 자식들이 자신들보다 더 나은 삶을 살 수 있는 기회를 가질 수 있는지 확인하고 싶어한다. 세계화의 변화에도 불구하고 국가가 자국의 정책을 결정하고 취약한 시민들의 삶을 돌봐주길 바란다. 우리가 이러한 모든 면에서 변화를 이끌어내지 못한다면, 단지 과거에 대한 향수였던 감정은 과거를 재현하겠다고 약속하는 포퓰리스트들에 대한 투표로 바뀔 것이다.

경기 침체 가운데, 서방 국가의 경제 규모가 몇 년째 계속해서 증가하고 있다는 것을 잊기 쉽다. 1986년 이후 미국의 1인당 GDP는 59% 증가했으며 국가의 총 자산 가치는 90% 증가했고 기업 이익은 283% 증가했다.[4]

그러나 이러한 수치는 분배의 평등을 나타내지는 못한다. 1986년부터 2012년까지 전체 자산 성장의 1%만이 하위 90% 가정에 돌아갔다.

이와 대조적으로 전체 자산의 42%가 상위 0.1%에게 돌아갔다.[5]

이 경제 이야기에서 주목할 만한 점은 특정 미국 정치인들이 슈퍼리치와 평범한 시민들의 격차를 완화하기보다는 심화시키는 음모를 꾸몄다는 것이다. 로널드 레이건은 1981년에 고소득자의 최고 세율을 70%에서 50%로 낮췄으며, 1986년에는 다시 한번 38.6%으로 낮췄다. 조지 부시는 2003년에 최고 소득세를 35%로 낮추고 부자들에게만 부과되었던 양도 소득세를 20%에서 15%로 낮췄다.[6]

정치인들은 부자들이 전체 소득의 많은 부분을 차지할 수 있도록 법을 바꾸는 한편, 사회의 취약 계층이 오랫동안 의지했던 많은 조항들을 파내버렸다.

레이건은 임대료 보증 및 공공 주택 예산을 절반으로 삭감했고 푸드 스탬프<u>미국의 대표적인 저소득층 식비 제원 제도.</u> 제공 인원을 백만 명 줄여버렸다. 빌 클린턴은 평생 제공되던 연방정부의 혜택인 '부양아동가족부조AFDC'를 '빈곤가정일시부조TANF'로 대체했다. '빈곤가정일시부조'는 주 정부에서 관리하며, 시민들은 2년 연속 또는 평생 동안 5년 이내로만 혜택을 받을 수 있다. 주 정부는 결과적으로 연방정부로부터 받은 보조금을 다른 곳에 사용함으로써 사회 보장 제도를 망가뜨렸다. 많은 주에서 보조금은 빈자들에게 재정적 도움을 주거나 아이들을 돌보는 곳에 쓰이지 않고 주 예산의 빈 구멍을 채우는 데 사용되고 있다.[7]

이러한 여러 가지 변화의 총체적 영향은 엄청나다. 20년 전에는 자녀가 있는 빈곤층의 68%가 복지제도로 현금을 보조받았다. 지금 그 수

치는 26%에 불과하다.[8]

미국 바깥의 이야기는 이보다는 삭막하지 않다. 예를 들어, 대부분의 유럽에서 슈퍼리치에 대한 과세는 미국만큼 떨어지지는 않았다. 그러나 유럽 역시 10년 동안의 내핍 상태는 어떤 사람들을 삶의 위험으로부터 보호할지 결정하는 데 영향을 주었으며, 감당할 수 있는 복지 혜택의 정도를 침식했다. 특히 남유럽 국가들은 실업수당이 삭감되고, 연금 수혜액이 줄고, 공공 교육에서 시골의 버스 노선에 이르는 공공 서비스 수준이 낮아졌음에도, 보통 사람들의 세금은 인상되었다.[9]

최근의 경제 불황은 금융 산업의 실패로 촉발되었음에도 불구하고, 미국만 아니라 유럽에서 부자와 빈자의 양극화를 빠르게 심화시키고 있다.

지난 몇십 년 동안의 경제 불황은 종종 정치인들이 어찌해볼 수 없는 자연적 흐름 때문이라고 분석된다. 말하자면 기술 발전과 자동화로 수백만 개의 일자리가 사라졌다.[10] 중국과 방글라데시에 이르는 저임 경쟁자들의 등장은 자국 노동자의 임금을 낮추고 저숙련 노동자의 고용율을 감소시켰다.[11] 이제 북미와 서유럽 민주주의 국가의 시민들은 유례없는 번영의 시대가 끝났다는 사실을 직시해야 한다.[12]

이 이야기에는 많은 진실이 있다. 정부가 기술 발전과 국제 무역을 막는 것은 매우 어려운 일이다. 설령 그것이 가능하다 할지라도, 바람직하지 않다. 이러한 변화로 인해 전 세계 수십만 명의 사람들이 빈곤

282

에서 벗어났으며, 언젠가는 부유한 국가의 시민들에게 고된 노동과 결핍으로부터의 전례 없는 해방을 선사할 것이다.[13]

하지만 지금의 큰 흐름이 정부의 통제력 밖에 있다 해도, 정부가 보통 사람들의 지갑과 삶의 태도에 미친 부정적 영향은 정치적 실패에 따른 결과다. 분명 기술이 지금 존재하는 직업을 혼란에 빠뜨리는 것은 사실이다. 하지만 정부는 이러한 직업적 변화에 가장 많은 영향을 받는 사람들이 물질적 삶 속에서 존엄을 잃지 않고 살아가게 할 수 있다. 서구 민주주의 국가들이 경제적 우위를 잃어 가고 있는 것도 사실이다. 그러나 이들 국가의 시민들이 물질적으로 고통 받는 이유는 경제 침체 자체가 아니라 세계화의 이윤을 공평하게 분배하지 않는 것에 있다.

일부 서구 국가들은 비슷한 어려움에도 불구하고 훌륭하게 국가를 운영하고 있다. 차이점은 공공정책에 있다. 말하자면 지난 몇십 년 동안의 거대한 경제적 흐름을 막자는 것이 아니라 공정하게 이 흐름을 운영하자는 것이다. 그것이 과제다.[14]

세금 정책을 뜯어고쳐라

지난 수십 년 동안의 우려스러운 흐름을 뒤집을 수 있는 명백한 방법은 상황을 악화시킨 정책을 뒤집는 것이다. 구체적으로는 고소득자와 수익성이 높은 기업에 대한 실효 세율을 높이는 것이다.[15] 또 복지국가의 기본 요소를 복원해야 한다.[16] 모든 분야의 예산을 삭감할 것이 아니라, 사회 공공 기반 시설, 연구, 교육과 같이 공공 지출로써 장기적으로 긍정적인 수익을 창출하는 분야에 투자해야 한다.[17] 그리고, 모든 시민들에게 의료 서비스를 보장해야 한다.[18]

그러나 세계화로 얻은 이익을 모든 시민들이 나누는 것을 진지하게 고민한다면, 단순히 과거의 정책들을 복원하는 것 이상의 경제적 어젠다를 추구해야 한다. 지금의 세금 제도와 복지 제도는 경제 활동 범위가 한 국가 안으로 제한되었던 시대에 만들어졌다. 그 시절에는 대부분의 사람들이 평생 일했다. 그리고 대부분의 직업이 매우 안정적이었다. 경제적 평등과 자유 시장의 생산적 힘이 모두 중요한 전후 시대의 경제 질서 목표는 여전히 고귀하고 관련성이 높지만, 이것을 실현시키기 위한 방법이 변화하고 있다.

오래된 목표를 달성하기 위한 새로운 방법에 대한 요구는 조세 제도에서 특히 뚜렷하게 나타난다.

2012년, 미국 기업에 대한 최고 과세율은 39.1%로 거의 세계 최고에 가까웠다. 그러나 같은 해에, 기업의 실질 세율은 단지 12.1%에 불과해 40년 중에 가장 낮았다.[19]

이렇게 큰 차이가 나는 원인은 슈퍼리치가 낸 돈이 다시 그들에게 돌아가도록 하는, 의회가 뻔히 알면서 만든 어처구니없는 법제 때문이다. 한 가지 예를 들면, 개인 제트기에 대한 혜택은 기업이 이를 구입하기에 매우 쉽게 만들었다.[20] 또 한 가지 큰 원인은 기업들이 본사를 해외로 옮기거나, 과세를 거의 하지 않고 합법적인 비잔틴 웹byzantine web으로 이윤이 몰려들게 하여 세법의 원래 의도를 피해가기 때문이다. 옥

스팸에 따르면, 미국의 대기업 50개가 거의 완벽하게 합법적으로 1조 달러 이상을 해외 조세 피난처로 옮기는 바람에, 미국 정부가 1100억 달러의 세금 손실을 입었다고 했다.[21]

부유한 개인에게도 이와 비슷한 방식으로 느슨하게 과세된다. 일부 억만장자들이 그들의 비서들보다 실제 세율이 낮은 이유는, 워랜 버핏이 안타까워한 것처럼, 정치인들이 그들에게 많은 혜택을 주기 때문이다. 예를 들어, 이월 이자 공제는 헤지펀드매니저가 백만장자의 소득에 대한 세금을 절반으로 줄여주는 것을 가능하게 한다.[22] 그러나 무엇보다도 부유한 개인이 기업처럼 세무 당국을 피해가는 데 능숙하다는 것이다. 유출된 파나마 페이퍼Panama Paper 2016년에 드러난 파나마의 로펌, 모색 폰세카의 내부 자료로, 조세 피난처에 페이퍼 컴퍼니를 설립한 인물들이 실린 명단를 들여다보면, 매년 엄청난 자산들이 조세 피난처로 모이고 있다. 대부분의 이러한 행위는 불법이지만, 기소된 적은 거의 없다.[23]

개인과 기업이 정당한 그들의 몫의 세금을 납부하도록 하기 위해, 우리는 과세 제도가 처음부터 불편부당하게 만들어졌다면 어떤 모습일지를 고려해야 한다. 세계화 시대의 거대한 자금 유동에도 불구하고 소득과 이윤에 대하여 합당하게 과세할 수 있는 능력을 국가는 어떻게 되찾을 것인가?

해결책은 보기보다 간단하고 명확하다. 역사적으로, 국가의 가장 큰 자산은 영토였다. 사실상 근대 국가의 정의는 특정 지리적 영역에 특정 규칙을 강제할 수 있는 능력에 근거한다.[24] 우리가 직면하고 있는 문제는 이러한 자산의 경제적 타당성이 지난 몇십 년 사이에 점점 감소한 것과 관련이 있다. 농업이 경제의 대부분을 차지하던 때에는, 자본이 국경을 넘어가는 일은 거의 없었다. 경제 활동이 제조, 일반 서비스, 금융 산업으로 이동하면서, 자본은 이동하기가 쉬워졌다. 그러므로 자본이 억류되었던 시기에 만들어진 세금 정책이 새로운 현실의 문제들을 해결하기에 부적합한 것은 전혀 이상한 일이 아니다.[25]

그렇지만, 꼬인 문장을 다시 한 번 꼬아서 보면, '국가가 무력하다는 말은 지나친 과장이다.' '국가가 강력하다는 말은 지나친 과장이다'라는 상투적 문장이 있다.[26] 이러한 점은 개인 과세 부분에 더욱 도드라진다. 대부분의 사람들, 심지어 대부분의 슈퍼리치들조차 그들의 국가와 긴밀하게 연결되어 있다. 비록 그들이 세금을 적게 내기 위해 1년 중 183일을 바하마에서 보낸다 할지라도, 모국에 돌아가고 싶어 하지 않을 사람은 극히 일부일 것이다. 이 지점에서 국가는 시민에게 명백한 영향력을 갖는다. 만약 자국의 영토에 접근하길 바란다면, 시민들은 자국에 세금을 납부해야 한다.

미국은 이미 이것을 시행하고 있는 세계에서 유일한 선진국이다. 미국 시민권자나 영주권자는 미국에 세금을 내야만 한다.[27] 다른 국가들은 미국의 주도에 따라야 하며 공정한 몫을 지불해야 할 의무를 회피하기 위해 조세 피난처로 이동한 슈퍼리치에 대한 특혜를 끝내야 한다.[28] 미국에서도 동일한 원칙이 보다 적극적으로 시행되고 시민권을 넘어서까

286

지 확대 적용될 수 있다. 예를 들어, 어떤 나라의 주거용 부동산을 소유한 사람에게 그 나라에 세금을 납부하도록 하는 것은 타당한 일이다.[29]

이러한 노력은 합법적 조세 피난처가 행하고 있는 불법적인 문제를 해결하는 데 큰 도움이 되지만, 불법적 조세 피난처의 문제를 해결하는 데는 도움이 되지 않는다. 그러나 불법적 조세 피난처에서조차도, 국가는 운명론자들이 예측하는 것보다 더 많은 비장의 무기를 가진다.

드문 일이지만 큰 국가들이 조세 피난처에 압박을 가하기 위해 힘을 모은 결과, 이들은 놀라운 성과를 거둘 수 있었다. 영국과 미국을 포함한 여러 선진국과 스위스 간에 이루어진 최근의 거래들이 그 예다.[30] 더 나아가, 국가는 국제적 공조 없이도 실질적 진전을 볼 수 있다. 예를 들어, 정부가 대형 세금 포탈에 대한 형사처벌을 강화하고, 허위 수사와 유죄 판결로 이어질 수 있는 유출된 금융 정보에 돈을 투자할 의사가 있다면 슈퍼리치들의 행동을 제한할 수 있다. 정부가 모험도 불사하고 부자들을 감옥으로 보낼 수 있다면, 부자들은 그러한 위험에 연루되고 싶어하지 않을 것이다.[31]

법인세의 경우에는 이것보다 좀 더 복잡한데, 굉장히 복잡한 생산 방식과 유통 구조를 가지고 있는 다국적 기업에 영토 원칙을 적용하는 것이 어렵기 때문이다. 그러나 이러한 국면을 바꿀 수 있는 여러 가지 잠재된 가능성이 있다. 개인이 국가의 영토에 접근하는 것을 포기하려고 하지 않는 것처럼, 기업도 마찬가지로 물건을 팔고 서비스를 제공하기 위해 국가의 영토에 접근해야 한다.

오늘날, 애플과 스타벅스가 납부해야 할 세금은 그 명목상 본사 소재지가 더블린이냐 뒤셀도르프냐, 룩셈부르크냐 런던이냐, 윌밍턴이냐 워싱턴이냐에 달려 있다.[32] 비정상적으로 낮은 법인세를 부과하는 몇몇의 작은 국가가 전체를 좀 먹는 영향력을 해결하기 위해, 다른 지역과 국가들은 기업들에게 사업을 하고 있는 각각의 영토에 적정한 초국가적 세금을 납부할 것을 요구해야 한다.[33] 애플이 세금을 덜 내기 위해 유럽 본사를 아일랜드에 둘 수도 있지만, 애플은 여전히 아이폰을 영국에서 판매해야 하고 판매 수익에 대한 적정 수준의 세금을 지불해야만 한다. 이러한 관점에서, 주요 첨단 기술 기업들이 '물세real tax'를 내도록 하는 최근 독일과 프랑스 정부의 강력한 조치는 더 공정한 미래를 위한 전조가 될 것이다.[34]

주택 공급의 숨통을 틔워라

노르웨이 또는 미국, 그리스 또는 캐나다에서 빵과 버터의 가격을 올리겠노라 약속한 정치인은 절대 선출될 수 없으리라. 그러나 시민들이 삶을 영위하기 위해 필요한 또 다른 필수품에 관해서, 그 필수품을 과도하게 높은 가격으로 유지하겠다는 약속은 이상해 보이지 않는다. 이 필수품은 바로 주택이다. 실제로, 국가별로 상당한 차이가 있긴 하지만, 전 세계 민주주의 국가의 정부는 주택 가격을 올리는 데 명백히 노력했다. 이것은 슬프게도, 정부가 성공한 몇 안 되는 분야 중 하나이다.

특히 세계에서 가장 큰 도시들의 주택 가격 폭발은 엄청났다. 예를 들어, 뉴욕에서는 1960년대 아파트의 평균 임대료가 월 200달러였고, 주거용 부동산은 평방 피트당 25달러였다. 그러나 2010년 평균 임대료는 월 3500달러가 되었으며, 주거용 부동산은 평방 피트당 1070달러로 판매되었다. 마찬가지로 런던의 평균 주택 비용은 1986년에 5만 5천파운드에서 2014년에 49만 2000파운드로 상승했다.[35]

주택 가격의 상승은 이러한 도시에 살고 있는 젊은 층의 삶의 질에 지대한 영향을 미치고 있다. 예를 들어, 런던의 젊은 층은 현재 수입의 72%를 주택 임대료에 지출하고 있다. 그들의 삶의 질이 수십 년째 향상되고 있지 않은 이유는 주택 가격이 폭발적으로 치솟았기 때문이다.[36]

주요 도시들의 깜짝 놀랄 만한 주택 가격은 비싼 집세를 지불할 수 없는 사람들에게 치명적인 영향을 준다. 젠트리피케이션gentrification이 진행될수록, 도심에서 성장했던 사람들이 밖으로 밀려나고 있으며 그들은 대도시에서 얻을 수 있던 네트워크와 경제적 기회를 박탈당하고 있다.[37] 한편, 상대적으로 덜 부유한 지방에서 자란 사람들 또한 나라의 가장 생산적인 지역으로부터 완전히 격리되고 있으며, 그들의 운명을 바꾸는 것이 어려워지고 있다.

요약하자면, 지나치게 비싼 주택 가격이 북아메리카와 서유럽 사람들의 삶의 질을 정체시키고 있는 가장 중요한 원인 중 하나라는 것이다. 포퓰리즘과 싸워 이기느냐 지느냐가 시민들이 미래를 낙관할 수 있도록 하는 것에 달려 있다면, 주택 정책의 급진적 방향 전환이 시급하다.[38]

주택 위기를 해결하기 위한, 한 가지 중요하면서 아주 간단한 방법은 사용 가능한 주택의 공급을 늘리는 것이다.

주택 인허가 과정은 훨씬 쉬워져야 하며, 그와 관련된 분쟁은 더 빨리 해결되어야만 한다.[39] 도시와 마을의 관할 지역 개발에 대한 승인 불가는 훨씬 줄어야 한다.[40] 국가는 직접적으로 공공주택 공급을 늘리거나 지방자치단체에 재정 지원을 하는 등의 간접적인 방법을 통하여 새로운 아파트 건축에 도움이 되는 일을 해야 한다.[41] 마지막으로 주인이 토지를 방치하든 그곳에 주택을 세우든 상관없이 똑같은 토지세를 부과한다면 새로운 집들이 생겨나는 데 강력한 동인이 될 것이다.[42]

조세 개혁 또한 주택 분배를 향상시킬 것이다. 1가구 2주택과 실제로 거주하지 않는 주택에 대하여 높은 세금을 부과한다면 주택 사용률이 올라갈 것이다.[43] 미국의 '주택저당이자세금감면'이나 영국의 진입 장벽이 낮은 '임대목적주택저당'처럼 부자들이 더 큰 주택이나 추가 재산을 구입하기 쉽게 하는 제도들은 폐지되어야 한다.[44]

이 정책들 중 어느 것 하나도 쉽게 통과되지 않을 것이다. 왜냐하면 주택에 포함된 자산은 중산층의 주요 자산이기 때문에 이들은 주택 가격 상승 정책에 표를 던질 강력한 동기를 가지고 있다.[45] 또한 2008년에 전 세계가 고통스럽게 배운 대로, 갑작스러운 집값 하락은 엄청난 충격을 줄 수 있으므로 정치인들은 투기 거품을 갑자기 꺼트려버릴 만한 정책들에 대해 조심스럽다.[46]

그러나 다름 아닌 민주주의를 위협하는 경제적 상황을 해결한다는 사명감으로 진지하게 고민한다면, 집값 하락에 따른 피해자를 보상하고, 승자에게 잠재적인 이익을 줄 방법은 언제나 찾을 수 있다(예를 들어, 국가는 개발권을 경매로 처분하고, 모든 시민들에게 이익금을 배당해줄 수 있다.).[47]

앞으로 수십 년 내에 직면하게 될 많은 경제적 어려움 중에서 고공행진하는 주택 가격은 우리가 의지만 있다면 가장 쉽게 해결될 문제이다. 정치적 어려움을 이유로 이러한 정책들을 포기한다면, 목표를 너무 낮게 설정하는 것이다.

생산성을 끌어올려라

지난 몇 년간, 경제와 관련한 수많은 논의들은 불평등에 초점이 맞춰졌다.[48] 여기에는 여러 가지 이유가 있다. 걷잡을 수 없는 불평등이 정치 과정을 부패시키고, 상위 중상 계급이 최고의 교육과 직업을 휩쓸어가게 했으며, 시민들을 한데 묶는 사회적 연대를 약화시켰기 때문이다.[49] 물론 소득의 불평등은 그 자체로 중요한 문제지만, 생활수준 정체의 원인으로서 불평등은 종종 과대평가되는 경향이 있다.

예를 들어, 『2015 대통령 경제 보고서』에 따르면, 불평등이 극적으로 심화되지 않았다면 미국 중상층의 수입은 상당히 상승할 수 있었다. 대다수의 인구로 유입되는 수익의 분배가 1970년부터 줄지 않았다면, 매년 미국 중산층 가구 수입 평균은 9000달러가 될 것이었다. 분배는 정말 큰 차이를 만들어낸다. 그럼에도 불구하고 이 연구에서 알 수 있는 또 다른 사실은 생활수준이 정체한 다른 원인이 있다는 것이다. 바로 생산성의 현저한 저하다. 사실, 생산성이 전후 몇십 년과 같은 비율로 증가했다면, 미국의 일반 가정은 매년 3만 달러를 쓸 수 있다.[50]

따라서 생산성 향상은 생활수준 정체를 우려하는 사람들에게 핵심 문제일 수밖에 없다. 싼 주택을 많이 짓는 방법보다 노동자의 생산성을 향상시키는 방법이 훨씬 명확하지 않다는 점은 안타깝다. 그러나 경제학자들은 마법의 탄환이 없다는 것에는 동의하지만, 불완전한 방법은 있다고 본다. 그것은 연구개발과 교육이다.

연구개발은 생산성의 가장 크고 장기적인 동인 중의 하나이지만, 많은 국가들의 총 GDP에서 연구에 지출되는 비용은 꾸준히 감소하고 있다. 미국에서는 이러한 현상이 각 주별로 두드러진다. 캘리포니아는 세계적 수준의 대학보다 교도소에 더 많은 돈을 지출하고 있다.[51]

미국 밖의 상황은 더욱 어렵다. 예를 들어 독일은 교육제도에 자부심을 가지고 있고, 연구에 많은 자금을 지원하고 있다. 그러나 우수대학 육성정책의 예산은 하버드 대학의 예산보다 적다.[52]

연구개발에 대한 국가의 투자 부족에는 기업 연구개발 수준의 하락까지 겹친다. 연구개발에 투자되는 정확한 비용을 경제학자들이 정확히 측정하기란 어렵지만, 최근의 연구에서 "1980년과 2007년 사이에 대기업의 과학 연구 투자에 중대한 변화가 있다"는 결론이 나왔다.[53]

정부가 장기 연구를 위한 자금을 조성하고 장기 연구를 하는 사기업에게 더 강력한 인센티브를 준다면 많은 성과가 있을 것이다. 그러나 시민들의 생산성을 지속적으로 높이기 위해서는 교육 구조를 급진적으로 개혁해야 한다. 전후 시대, 국민들의 문해력을 높이고 고등학교 수를 늘리고 대학생들을 많이 배출함으로써 제조업에서 서비스업 경제로의 전환에 적합한 노동자들을 양성할 수 있었다. 이제는 디지털 시대를 맞닥뜨릴 시민을 양성하기 위한 야심찬 교육 개혁이 필요하다.

교육의 방식에 대한 새로운 급진적 상상을 포함하는 변화, 그것은 유치원부터 대학까지 포괄해야 한다. 예를 들어, 개별 학생의 필요, 태도, 학습 스타일에 맞는 수업을 가능하게 하는 디지털 도구의 발명은 널리 보급된 교육의 형식을 급진적으로 바꿀 수 있다. 교사가 교실 앞에서 학생들에게 수업하는 대신에, 일대일 교수 학습, 소그룹 토의, 협동 학습을 하는 데 더 많은 시간을 할애해야 한다.[54]

마지막으로, 빠르게 변화하는 경제 상황에 대처하기 위해, 노동자들은 고등학교나 대학교를 졸업한 이후에도 자신의 기술을 계속 승급해야만 한다. 현재, 정부는 평생 학습이 실업자를 위한 것이라고 생각하고 있다. 그러나 정부는 모든 노동 가능 연령 인구가 그들의 기술을 승급할 수 있는 정기 안식년을 가질 수 있도록 해야 한다. 재정적으로 이 제도가 가능하게끔, 중등 교육 이후의 재정 지원에 대한 전반적인 접근 방식을 처음부터 다시 고려해야 한다.[55]

최근 대다수의 경제적 논쟁에서는 생산성 향상과 불평등 감소에 대한 필요성이 암묵적으로 서로 상충되는 듯 다뤄졌다. 실제로는 생산성

향상과 불평등 감소를 상호보완적 관계로 봐야 한다. 결국, 낮은 생산성과 불평등 심화는 서로를 강화하는 측면이 있기 때문이다. 낮은 기술력을 가진 노동자는 협상력이 없다. 결국 그의 월급은 삭감될 것이고, 그의 자녀들은 성공을 위한 충분한 기술을 습득하는 데에 실패하게 될 것이다.

이와 같은 맥락에서, 불평등 감소를 위한 많은 정책들은 생산성을 높이는 데 기여할 것이다. 예를 들어, 공립학교의 수준과 관련된 경제적, 인종적 불균형을 종식시킨다면 임금 불평등과 인재 낭비를 줄일 수 있다. 이와 같이, 일반 노동자의 협상력을 강화하는 것은 상대적으로 충분하지 않은 노동자의 봉급을 올리고 노동자들이 자신의 기술을 쉽게 향상시키는 것을 도울 것이다.[56]

장기적으로, 교육과 산업 정책은 악순환에서 선순환을 목표로 바꾸어야 한다. 이 목표는 숙련된 노동력과 임금 인상을 위한 협상력을 모두 갖는 수준으로 나아가는 것에 있다.[57]

현대 복지제도를 다시 설계하라

현대화된 세금 제도는 국가의 의무 이행과 우선 지출 관리에 따른 국가의 필요에 따라 세금을 걷게 되어 있다. 새로운 주택 제도는 생활비 부담을 덜고 모든 시민들이 기회를 얻을 수 있는 가능성을 넓힐 것이다. 생산성에 대한 새로운 투자는 임금 상승과 노동자들의 미래 경쟁력 계발에 기여할 것이다. 그러나 선진경제국가들은 역동적으로 새로운 투자를 하되 그 역사적 성취 또한 보전하기 위해 노력해야 한다. 역사적 성취란 국가가 질병과 빈곤에 이르는 삶의 주요한 위험 요소로부터 취약한 시민들을 보호해온 것을 말한다.

지난 몇 십 년간 이뤄진 커다란 구조의 변화에 복지국가들이 적응하지 못했기 때문에, 위의 임무는 복잡하다. 전후 시대에 고안된 복지제도는 대부분의 시민들이 상대적으로 젊고 정규직으로 일한다는 가정 아래 만들어졌다. 그 결과, 고용 중심으로 보험금 납입과 수혜 구조를 설계하였다. 이러한 복지제도는 정규직으로 수십 년 동안 일한 뒤 은퇴한 사람들과 전통적인 직장에 복귀하기 전에 질병이나 실업으로 고통 받는 사람들에게 합리적으로 관대히 적용되었다. 그러나 이러한 복지제도는 늘어만 가는, '노동 시장의 아웃사이더'라고 할 수 있는 프리랜서, 비정규직과 파트타임 노동자, 장기 실업자들에게는 적용되지 않았다.[58]

또한 노동과 복지제도의 연계는 정치적, 경제적으로 나쁜 우대책을 낳고 있다. 사회적 혜택이 정규직 고용에 묶여 있다 보니, 노동 임금이 인위적으로 상승함으로써 기업들이 노동자를 고용하는데 부정적인 영향을 미치기 때문이다. 핵심적인 혜택들이 정규직과 밀접한 관련이 있어서, 노동 시장 내부자들은 임금에 상관없이 자신의 현재 직장을 유지하기 위해 노력한다. 이 때문에 노동 시장은 경직되는 경향이 있다. 이러한 현상은 그리스나 이탈리아에서 경제 성장의 장애물로 지목되고 있다.[59]

비용은 또 다른 중대 문제이다. 노령 인구의 급속한 증가 때문에 전통적인 복지국가들은 연금 혜택을 유지하고, 의료 보험 시스템에 자금을 공급하고, 노인들에게 적절한 돌봄 서비스를 제공하는 등의 일에 재정적 어려움을 겪고 있다. 이러한 재정적 어려움을 해결하기 위한 가장 전형적인 방법은 복지 혜택을 축소하는 것이었다. 제도를 완전히 없애버리지는 않았지만, 정부는 퇴직 수당을 줄이고 실업 수당의 조건을 늘렸으며, 새로운 형태의 사회적 위험에 대한 보호를 제공하지 않았다. 그 결과, 대서양 양쪽에서 사회 보장의 전반적인 수준이 상당히 낮아졌다. 복지국가는 한때 이유 불문하고 필요한 사람들에게 사회적 안정망을 제공했지만, 지금은 앞날을 걱정하지 않거나 무책임하다고 재단되는 사람들을 떨궈버리고 있다.[60]

요약하면, 지금의 구조로는 복지 혜택의 수준을 빠르게 낮추고 있음에도 불구하고 경제 성장까지 저해하고 있는 셈이다. 이런 어려운 문제를 해결하기 위해서, 국가는 급진적인 방식으로 복지제도를 다시 설계할 용기를 내야 한다.

복지제도를 다시 설계할 때, 가장 중요한 목표는 전통적 고용과 복지 혜택을 분리하는 것이어야 한다.

이는 복지제도를 유지하기 위하여 돈을 걸 때 많은 유리함이 있다. 기업이 주요 사회 복지의 짐을 견딜 수 있도록 도와주는 것이 중요하지만, 적은 일자리를 창출하는 기업보다 많은 일자리를 창출하여 상대적으로 사회적 기여도가 높은 기업들에게 그렇게 하라고 하는 것은 설득력이 떨어진다. 개인의 경우에도 마찬가지다. 축적된 자산으로 살아가는 사람들이 급속히 늘어가는 가운데, 복지제도의 재정적 부담을 오로지 봉급 생활자들에게만 떠넘기는 것은 설득력이 없다.

이와 동시에, 복지제도와 전통적 고용을 분리하는 것은 시민들을 불행으로부터 보호하거나 도전적인 일을 할 수 있게 도와준다는 면에서도 의미가 있다. 의료 보장과 주택 공급이 완전히 안정화된다면, 현대 복지국가는 노동 유연성의 장벽을 낮출 수 있고, 기업과 개인 모두의 생산성을 높일 수 있다. 최근의 연구에서도 유연한 노동 시장과 안정적인 복지 혜택을 제공하는 관대한 복지국가에서 기업가 정신이 창출된다는 것이 밝혀졌다. 스웨덴의 경우, 젊은이들은 직장을 그만두었을 때 궁핍한 생활을 겪게 되거나 의료 보장 혜택이 없어지는 일을 걱정하지 않기 때문에, 미국의 젊은 층보다 창업하는 경우가 더 많다.[61]

복지제도와 관련된 수많은 논쟁들은 우리가 직면하고 있는 실제적 문제들을 포착하지 못한 채 이분법에 갇혀 있다. 핵심은 복지제도가 더 많은 혜택을 베풀 수 있느냐, 아니냐가 아니고, 무책임한 행동이라고 간주되는 것들을 허용할 것이냐, 말 것이냐도 아니다. 진짜 핵심은 노동 시장에 속하는 사람뿐만 아니라 노동 시장에 속하지 않는 사람들을 어떻게 보호할 수 있느냐에 있다. 기업이 해고보다 고용을 하게 하고, 시민들에게는 경제적으로 모두에게 유익한, 위험을 감수하는 데 필요한 사회적 안정망을 제공해야 한다.

의미 있는 일자리를 창출하라

최근 나에게 어떤 중견 정치인이 이렇게 말했다. "만약 당신이 몇 십 년 전에 나의 지역 주민에게 당신은 누구냐고 물었다면, 그는 '공장 감독이랍니다'라고 말했을 거예요. 그러나 많은 제조업 관련 직종이 사라졌고 사람들은 경제적 타격을 입었죠. 그런데 정체성마저 잃어버렸어요. 내가 만약 요즘 그들에게 당신은 누구냐고 묻는다면, 그들은 '나는 백인입니다. 그리고 이민자를 싫어해요'라고 말할 겁니다."[62]

그 정치인의 말의 요점은 단순하면서도 주목할 만하다. 우리는 대서양 양쪽에서 볼 수 있는 변화의 경제 효과에 대해서 끊임없이 이야기해 왔지만, 이 변화의 문화적 의미가 얼마나 클지는 이제 막 이해하기 시작했다. 고임금에, 노동조합이 갖춰져 있던 일자리를 잃었다는 것은 단순히 중산층에서 발을 뗀 것뿐만 아니라 삶을 구성하고 의미를 주었던 총체적 사회적 연결고리들을 잃은 것이다. '성취적' 정체성이 빠져나가면, '귀속적' 정체성으로 침잠해 버린다. 인종, 종교, 국적이 세계관의 핵심이 된다.[63]

이러한 문화적 변화는 계층이 하락하거나 원래 가난한 쪽과 계층이 상승하거나 원래 부유한 쪽 사이의 단절이 심화되는 이유를 설명해준다. 성취적 정체성을 이미 가졌거나 가지고 싶어 하는 사람들은 그들의 귀속적 정체성을 별로 중요하지 않게 생각한다. 이것은 문화적 인종적 간극을 극복하고, 직업적 지위나 개인적 지위로 공통점을 찾을 수 있게 한다. 또한 인종이나 종교와 같은 사회적 특성의 중요성에 '집착'해야

한다고 주장하는 사람들을 무시할 수 있게 한다.[64]

한편, 자신의 직업에서 더 이상 성취적 정체성을 찾을 수 없는 사람들은 종종 분노의 감정을 갖게 된다. 이것은 별로 놀랍지 않은데, 이들은 자신들보다 훨씬 편안한 삶을 사는 사람들에게 모욕당한다고 생각하며, 그들에 대해서 울분을 갖는다. 이들은 비슷한 경제적 위치에 있으나 인종이나 종교가 다른 집단에 대해서도 분함을 느낀다.

포퓰리스트들은 이런 식의 분노를 무기로 담금질하는 데 능숙하다. 이들의 언사는 부유한 사람들에 대한 분노를 지배 엘리트에 대한 저항으로, 또한 귀속적 정체성에 쏠리는 무게를 인종적, 종교적 소수자뿐만 아니라 이민자들에 대한 적대감으로 바꿔놓으려는 것이다.

따라서 포퓰리즘의 경제 관련 선동과 맞서려면 전체의 파이를 계속 키워갈 것이라고, 또한 많은 시민들이 똑같은 크기의 파이 조각을 갖게 되리라고 약속하는 것만으로는 부족하다. 사람들이 자신의 직업으로부터 정체성과 소속감을 얻게 하고, 세계화의 승자들에게 자신보다 운이 없는 동포들을 환기시키도록, 세계의 노동 구조를 어떻게 구성할 것인지를 생각해보아야 한다.

그러나 이것은 아직 주요 쟁점이 되지 못하고 있는데, 특히 공유 경제 차원에서 이미 만들어진 수백만 개의 새로운 일자리에서는 찾아보기 어렵다. 우버 택시를 예로 들어보자. 정부가 유럽의 일부 국가가 제안하는 것처럼 이 서비스를 금지하거나, 미국의 여러 주에서처럼 노동력을 보호한다며 이들을 쫓아내서는 안 된다는 것은 명백하다. 정부는 미래지향적인 중도적 방법을 택해야 한다. 승차 공유의 편리성과 효율성의 증대를 인정하면서, 운전자들이 생활비를 벌 수 있도록 새로운 법률들을 통과시켜야 한다.[65]

그러나 정책 입안자들이 두 가지 정책을 적당히 섞더라도, 우버 기사들은 공장 노동자들이 노동으로부터 얻었던 정체성과 의미를 찾지 못할 것이다. 이유는 우버 기사들의 봉급이 낮아서도, 그들의 노동이 중요하지 않아서도 아니다. 그보다는 초기 형태 노동에 있었던 공유 문화를 가질 수 없기 때문이다.

공장 노동자들은 매일 같은 시간에 일을 교대하기 위하여 수천 명의 다른 노동자들을 공장 문앞에서 보았다. 전통적 회사는 휴게실과 음료수 냉장고 앞에서나, 회의 시간에나 사회적 상호작용이 반복적으로 일어났다. 택시 운전사들도 차고에서 택시를 가지러 갈 때 동료들을 만났으며 차량 배치 담당자와 하루 종일 의사소통을 했다.

우버 기사들은 이와 달리 이들이 속한 노동과 관련해 공동체가 없다. 우버 콜 앱이 일시적으로 즐거운 상호작용을 가능하게 할지 몰라도, 사람들과의 지속적인 상호작용은 없다. 노동자들의 오래된 공동체적 관행들은 직업으로부터 의미를 찾을 수 있게 하였지만, 지금은 그것이 침식되고 있다. 매우 다양한 형태의 일에 대한 새로운 자부심을 찾을 방법이 절실히 필요한 것이다.

새로운 디지털 경제가 노동의 의미를 해체하고 있고, 세계화 또한 국가의 의미를 해체하며 위협하고 있다. 포퓰리스트들의 노스텔지어를 자극해 국가가 옛날처럼 부강해질 수 있다고 약속한다. 노스텔지어의 핵심은 통제권에 대한 이중적 열망을 담고 있다. 사람들은 국제 경제의 제약으로부터 간섭받지 않고 국가가 독자적인 결정을 내리길 원한다. 또한 시민들은 불안정성의 증가와 관련하여 국가가 자원과 기회를 제공하여 자신들의 삶을 통제해 주기를 바란다.

시계를 돌리는 것은 현실적인 선택이 아니다. 포퓰리스트들은 30년, 50년 또는 100년 전의 세계로 돌아갈 수 있다고 속이고 있다. 이상적인 과거로의 복귀를 목표로 하는 것은 허무맹랑하지만, 늘어가는 경제적 좌절에 대처하는 실질적 방법을 찾고, 두 가지 통제권에 대한 지속적 약속을 이행하는 것은 가능한 일이다.

북미와 서유럽의 시민들은 그들의 국가가 국제적 무대에서 앞서나갈 수 있는 경제적 여유를 가지고 있으며, 자신의 운명대로 삶을 지휘해나갈 수 있게 정부가 도울 것이라고 느낄 이유가 있다. 국가가 전후 시대와 똑같은 수단을 이용하여 이러한 기대들을 충족시킬 수는 없지만, 새롭고 창의적인 방법으로 자원을 활용하여 기대를 충족시킬 수는 있다. 개인과 기업이 자국 영토에 접근하고자 하는 이상, 정부는 부자들이 정당한 몫의 세금을 내도록 할 수 있다. 그리고 정부가 주택, 사회

기반 시설, 교육, 복지 정책을 통제하고 있기 때문에, 시민들의 생산성을 향상시키고 경제 성장의 이득을 공정하게 배분할 수 있다.

세계 경제의 큰 변화는 전후 시기에 자유민주주의를 안정적으로 만들었던 사회적 합의를 위협하고 있다. 많은 시민들이 분노를 느끼고 방향 감각을 상실하거나 그 결과 만들어진 노스탤지어가 권위주의적 독재자들이 활개칠 수 있는 여지를 주고 있다. 그러나 자유민주주의가 우리 시대의 가장 큰 경제적 난관에 대담한 접근을 감히 할 수 있다면, 시민들의 실질적 생활수준을 높일 수 있을 것이다. 지금까지 했던 것보다 훨씬 더 적극적으로 자원을 활용한다면, 세계에 대한 개방성이 통제의 상실과 동일어가 되지 않는 미래를 설계할 수 있을 것이다.

09_____시민들의 신뢰 되찾기

디지털 기술의 부상은 경제 성장을 촉진시키고 사람들이 국경을 넘나들며 소통하는 것을 가능하게 했다. 또한 혐오 발언과 음모론의 확산을 돕기도 했다.

인터넷과 소셜 미디어의 부상이 의사소통의 구조적 조건을 근본적으로 바꾸었기 때문이다. 일대다의 의사소통이라는 오랜 약속은 민주화되었다. 다대다 의사소통의 부상 덕분에 바이러스적인 정보가 전 세계에 퍼지는 것이 쉬워졌다. 그 결과, 전통적 '문지기'들이 힘을 잃고 말았다. 재미있는 콘텐츠를 잘 만드는 평범한 사람들이 정규적으로 백만 명 이상의 사람들과 접속할 수 있게 되었다. 소셜 미디어의 팔로워가 많은 정치인들은 기본적인 팩트체크 없이 자신의 입장을 드러낸다. 인터넷의 변화무쌍한 특성에 대한 배경지식 없이 오늘날의 정치를 이해하는 것은 불가능하다.

포퓰리즘이 부상한 큰 이유 중 하나가 기술적인 것에 있기 때문에, 이에 대한 해결책 또한 기술적인 측면을 고려해야 한다. 그리고 지난 수

년간 첨단 기술 기업들이 사회 및 정치적 압박을 받고 있는 것은 놀라운 일이 아니다. 페이스북과 트위터의 긍정적인 효과에 대한 높은 기대감이 한편으로 이 매체의 부정적 영향에 관한 우려를 불러일으켜, 많은 시민운동가들은 첨단 기술 기업들이 변화하기를, 또는 정부가 이러한 기업들의 변화를 유도하는 적극적인 방침을 택할 것을 요구하고 있다.

미국에서, 시민운동가들은 소셜 미디어 플랫폼을 자발적으로 개혁하기 위해 노력하고 있다. 유럽 정치인들은 프로그램에 참여하지 않는 기업에게 실질적인 벌금을 부과하는 법을 제정하기 위해 논의하고 있으며 실행에 옮기고 있다. 그러나 미국과 유럽에서 일어나고 있는 소셜 미디어 플랫폼을 고치기 위한 노력은 놀랍게도 유사하다. 대서양 양쪽의 활동가들이 주장하는 것은 소셜 미디어 플랫폼이 혐오 발언과 가짜 뉴스를 총체적으로 금지하도록, 이들을 압박해야 한다는 것이다.[1]

규제 옹호론자들에 의한 강력한 요구는 그것에 반대하는 사람들의 강력한 반발과 맞먹는다. 첨단 기술 기업의 경영진들은 효과적으로 가짜 뉴스를 식별하거나, 혐오 발언의 경계를 식별하는 것은 알고리즘의 힘을 넘어서는 것이라고 주장한다. 유해한 생각들이 확산되는 것을 막기 위한 비용이 많이 들 뿐만 아니라 과거의 검열과 흡사한 방식을 취하는 불쾌한 조정자 부대를 고용해야 할 것이라고 한다.[2] 이러한 반대는 특히 정부의 개입 전망에 초점을 맞춘다. 정부는 처음에는 사심 없이, 진짜 문제가 많은 정치적 발언을 검열하려고 노력할 것이다. 그러나 언론 자유 옹호자들의 타당성 있는 반론처럼, 정치인들이 결국은 공공담론을 형성하고 비판을 규제하기 위하여 도가 넘는 권력을 남용하지 않을 것이라고 믿을 근거가 어디 있는가?[3]

사고방식의 큰 차이가 이 논쟁을 양분하고 있기 때문에, 우리는 별로 탐탁치 않은 두 개의 대안에 직면한 것처럼 느껴질 수 있다. 거슬리는 규제 또는 노골적인 검열이냐, 무대책 또는 체념이냐. 그러나 사실은, 이 두 양극단을 보완할 실용적이고 납득할 만한 대안들이 존재한다.

첫 번째는 영화와 텔레비전 사업에서 더 엄격한 형태의 정부 규제를 피하려고 이뤄졌던 자기 검열 모델을 모방하는 것이다. 만약 소셜 미디어 기업들이 이 문제에 진지하게 접근한다면, 정부는 기업들에게 넓은 범위의 자유 재량권을 줘야 할 것이다.[4]

두 번째는 페이스북과 트위터 같은 플랫폼이 직접적인 검열 없이도 가짜뉴스나 혐오 발언의 확산을 막을 수 있음을 깨닫는 것이다. 이러한 플랫폼들은 상업적인 이유에서 사용자들이 보는 게시물들을 선별하고 있다. 페이스북은 사용자들이 많이 접할 수 있도록 라이브 비디오live video를 뉴스피드news feed 상단에 노출하고 있다.[5] 트위터는 최근 '당신이 놓친 것In Case You Missed It'이라는 항목으로 주목할 만한 트윗을 선별하여 제공하고 있다.[6] 이런 방식을 응용하면, 소셜 미디어 플랫폼은 신뢰할 만한 정보를 전달하는 게시물을 장려할 수 있고, 거짓 정보를 퍼뜨리는 안 좋은 게시물에는 경종을 울릴 수 있으며, 마침내는 혐오 그룹의 광고 제의를 거절하게 될 것이다.[7]

세 번째는 사람의 유해 발언과 봇의 유해 발언을 구분하는 것이다. 트위터와 같은 플랫폼에서 퍼지는 잘못된 정보와 혐오 발언의 대부분은 소위 말하는 '봇robot'에 의한 것임이 연구에서 밝혀졌다. 실제로는 악의적인 의도를 가진 사용자가 자신의 봇을 이용하여 온건한 목소리를 내는 척하며 의사소통의 본질을 왜곡시키곤 하는 것이다.[8] 그런 봇 사용을 규제하는 것은 개개인의 발언을 규제하는 것보다 도덕적으로 훨씬 덜 곤란하다. 오바마 정부의 민주주의-인권-노동부 차관인 톰 말리노프스키는 나에게 이렇게 말했다. "내가 정부에 있었을 때, 인터넷에서 개인의 언론 자유를 지키기 위해 열정적으로 싸웠죠. 그러나 혐오 발언을 확산시키는 봇이 그와 똑같은 자유를 누려야 한다고 생각하지는 않아요."[9]

정치에 대한 신뢰를 다시 세우기

상식적인 조치들만으로도 민주주의의 적들이 소셜 미디어 플랫폼을 선전 도구로 활용하는 것을 좀 더 어렵게 할 수 있다. 그러나 상식적인 조치들이 낼 수 있는 성과를 순진하게 생각해서는 안 된다. 자유로운 사회라면 결코 채택하지 않을 충분한 이유가 있는 직접적 규제 없이, 페이스북이나 트위터를 정중함과 절제가 있는 유토피아로 만들 수는 없다. 그렇다면 디지털 시대에 반민주주의적인 아이디어가 뿌리내릴 수 있는 위험성에 직면해, 우리는 무엇을 할 수 있을까?

이 질문에 대답하기 위해서, 가짜 뉴스와 혐오 발언이 새로운 현상이 아니라는 것을 우선 알아둬야 한다. 트위터와 페이스북이 있기 전에, 과반수는 못 되지만, 그래도 상당수의 미국인들이 '9.11은 사기다'라고 믿었다. 그리고 인터넷이 있기 전에, 전 세계의 많은 사람들이 달 착륙을 영화감독 스탠리 큐브릭이 연출했다고 믿었다. 텔레비전이나 라디오가 있기 전에, 시온 의정서<u>1905년부터 소문이 퍼진, 유대인 장로들이 비밀리에 모여 세계를 정복하기로 했다는 내용의 문서. 그 신빙성은 음모론 수준이다.</u>에 대한 뜬소문이 시베리아의 추운 초원에서 시나이 반도의 뜨거운 모래사막에 이르기까지 반유대주의를 퍼뜨렸다.[10]

간단히 말해서, 음모론은 오랫동안 사라지기 힘든 정치적 현실이었다. 그리고 음모론의 역할은 자유민주주의에서 더 중요해졌다. 그것은 소셜 미디어의 등장 때문만은 아니다. 정부가 훨씬 투명해지고 시민들의 정치인에 대한 신뢰가 높아진 덕분에, 음모론이 확산되었다.[11]

자유민주주의가 제대로 작동하려면 정치인들이 서로 공모하는 것을 차단하고 어떤 일이 일어나고 있는지 시민들이 상황을 추적해볼 수 있게 하는 수많은 안전장치들이 있어야 한다. 공무원들은 부패를 피해야 할 뿐만 아니라 부패의 출현을 막는 임무 또한 갖고 있다.[12] 정부의 다양한 부처들은 서로를 견제한다. 야당 정치인들은 광범위한 부정의를 폭로하는데 인센티브를 가지고 있다. 그렇기 때문에, 시민들은 대부분의 사건에 대해 이성적인 설명을 찾을 수 있다. 음모론은 괴짜들의 몫으로 남는다. 음모론은 절대 사라지지 않겠지만, 미디어가 음모론에 관심을 두지 않는다면 대부분의 시민들은 음모론을 무시하게 될 것이다.

지난 몇 년 동안 북미와 서유럽의 많은 국가에서 음모론이 얼마나 정치의 중심으로 떠올랐는지 보면, 자유민주주의가 훼손된 정도를 알 수 있다. 다른 어떤 국가도 미국보다 이러한 면을 분명하게 보여주지 않는다.

도널드 트럼프는 정치에 첫 발을 디디자마자 버락 오바마가 출생 증명을 위조했는지 이른바 '조사'를 해야 한다며 음모론의 물결을 탔다. 그가 대통령 후보로 선거 운동을 하는 동안에는 힐러리 클린턴에 관한 원색적인 음모론이 트위터, 페이스북, 라디오 등에서 전례 없이 휘몰아쳤다. 트럼프는 대통령이 되어서도 일련의 고의적 거짓말을 퍼뜨렸는데, 300만 명의 미국인들이 불법 투표를 했다는 끈질긴 주장에서부터 오바마 정부가 자신을 도청했다는 근거 없는 주장까지 갖가지였다.[13]

트럼프가 백악관에서도 음모론을 늘어놓자, 그 반대파도 근거 없는 비난을 퍼붓기 시작했다. #TheResistance에 의해 가장 입소문을 탄 기사들은 (추측성) 정치적 진실 규명 요구가 태반이었다. AIODAddicting Info and Occupy Democrats와 같은 웹사이트와 전 영국 국회의원 루이스 멘스의 트위터와 같은 영향력 있는 트위터 계정에서, 도널드 트럼프의 섹스 비디오가 배포되기 직전이라거나 미국의 주요 저널리스트들이 러시아 요원이라는 이야기가 돌았다.[14]

이러한 거친 비난은 굉장히 무책임했으나 일부 추측은 불가피하기도 했다. 트럼프가 자신의 비즈니스 제국에서 벗어나기를 꺼려하고 러시아와의 커넥션에 관한 자세한 내용들이 취임 첫 달에 밝혀지면서, 신중한 전문가들조차도 앞으로 일어날 일에 대해 경험에서 우러난 추측을 하게 되었다.[15]

음모론의 확산을 방지하기 위한 효과적인 수단 중 하나는 좋은 정치의 전통적인 형태를 다시 세우는 것이다. 트럼프 정부의 임기가 끝난 뒤 대중의 신뢰를 다시 얻기 위해서, 정치인들은 선거 운동에서 진실을 말해야 할 것이다. 이익이 상충하는 것에 대한 투쟁을 피하고, 정부의 로비스트들과 해외 공무원들의 활동을 투명하게 해야 한다. 좋은 정치의 규범이 미국만큼 망가지지 않은 나라의 정치인과 언론인들은 새로운 열의를 갖고 좋은 정치의 규범을 지키도록 끈질기게 노력해야 한다. 미국의 경우가 보여주듯이 좋은 정부에 대한 규범은 빠르게 부식될 수 있고, 나쁜 결과를 가져올 수 있다.

2016년에 트럼프가 당선되고 나서, 버락 오바마와 미셸 오바마가 선거 운동 때 "그들이 저급하게 가도, 우리는 품위 있게 가자"라고 했던 말을 두고 일부에서 조롱했다.[16] 물론, 반대편이 깡패처럼 굴고 몽둥이를 휘두를 때에는 규칙에 따라 경기하려는 팀이 조롱받기 쉽다. 그러나 게임을 계속하고 싶어하는 사람에게 과연 무슨 대안이 있겠는가. 양쪽 모두 무기를 들게 되면, 게임의 성격은 돌이킬 수 없이 변해버린다.

확실한 대안이 잘 보이지 않는 현재로서는, 정부의 책임에 대한 위기(그리고, 민주주의 규범에 대한 커다란 위기)를 해결하기 위한 유일한 현실적 방법은 양측 모두가 무장해제한다는 합의를 하는 것이다. 오바마가 가장 즐겨쓰는 주문처럼, 이 말은 대책없이 무책임하게 들릴 것이다. 그러나 정치학자들이 일관되게 말하고 있듯이, 민주주의의 안정적인 생존은 게임의 기본적인 규칙을 준수하려는 중요 정치인의 의사에 달려있다.

트럼프와 그의 팀이 얼마나 정치 윤리를 어그러뜨렸는지를 감안하자면, 지난 수십 년 동안 대부분의 정치인들이 지켰던 규칙으로 돌아가는 것만으로 큰 개선이 될 것이다. 그러나 트럼프가 집권하기 오래전부터 부식하기 시작한 북미와 서유럽 국민들의 신뢰를 다시 얻기 위해서는 또 다른 무언가가 필요하다.

유권자들은 오래전부터 정치인들이 의사결정을 할 때 자신들의 의견을 듣지 않는다고 느껴왔고 이러한 이유 때문에 회의를 느꼈다. 아주 오래전부터 부와 권력이 공공정책에 우려할 정도의 영향력을 행사하고 있다. 로비스트와 입법부 사이에 존재하는 회전문, 선거 자금에서 사적 자금의 막대한 역할, 전직 관료를 대접하는 거액의 강연료, 정치와 기업의 긴밀한 유착 관계 등등은 일반 대중의 공공정책에 대한 관여를 약화시켰다.[17]

비민주적 자유주의의 일부 요소들은 피하기 어렵다. 만약 기후 변화에 대처하길 바란다면 우리는 국제적인 협력이 필요하다. 만약 우리의 음식에 위험한 화학 물질이 없길 바란다면, 과학자들과 관료들에게 상당한 권력을 주어야 한다. 하지만 국민에게 권력을 돌려주기 위해 독립

기구를 해체하고 국제 기구를 폐지하는 등의 무분별한 시도는 거의 이루어지지 않을 것이다.

그러면서도, 정당한 이유 없이 국민의 뜻을 왜곡하는 방법은 많다. 그러므로 정부는 특별히, 정치제도를 개혁하고 자본이 정치에 미치는 영향력을 삭감할 수 있는 강력한 조치를 취해야 한다.

음모론을 외곽으로 밀어내기 위하여, 정치인들은 워싱턴, 브뤼셀, 베를린, 아테네 등에 오랫동안 퍼져 있던 익숙한 습관들을 버려야 한다. 민간 자금이 공공정책에 영향을 미치기가 훨씬 어려워지고, 국회의원들이 국회를 떠난 뒤 사적 관계를 이용하여 사적인 이익을 얻기가 어려워지면, 전 세계의 정치 구조는 지난 몇십 년 동안 잃어버렸던 신뢰를 다시 얻을 수 있을 것이다.[18]

많은 유럽 국가에서 이런 개혁의 일부가 강력한 지지를 받고 있다. 유권자는 선거 자금에 대한 엄격한 제한이나 정치인의 전관예우에 대한 광범위한 규제를 좋아할 것이다. 또한 유럽연합을 개혁하는 것 역시 지지를 얻고 있다. 대부분의 유럽인들이 유럽연합을 유지하는 것에 찬성하지만, 과반수 이상의 사람들이 유럽연합이 더 민주적으로 운영되길 바란다.[19]

그러나 구조를 바꾸려면, 유럽 정부는 인기가 없는 개혁 또한 기꺼이 이뤄내야 한다. 예를 들어, 정치에 대한 사적인 영향력을 제한하기 위한 가장 효과적인 방법 중의 하나는 의회의 규모를 키우는 것이다. 만약 국회의원들이 자체 입법 조사와 법안 작성에 필요한 충분한 보조 인력을 지원받는다면, 정보 때문에 로비스트에게 의지하는 일은 없을 것이다.[20] 또 다른 효과적인 방법은 정치인들의 월급을 인상하여 외부의 인센티브에 흔들리지 않게 하는 것이다.[21]

최근 일련의 대법원 판례는 선거 운동 기부금에 대한 엄격한 제한이 수정헌법 제1조를 위반했다고 보았기 때문에, 미국에서 이 제도를 수정하기란 더욱 어려워질 것이다. 판사들은 현재의 제도가 미국의 민주주의를 위협하고 있다는 것을 시급히 깨달아야 하며, 대기업을 위한 정치적 발언을 보호하는 일을 재검토해야 한다. 그러나 퍼즐 조각들이 자리를 찾을 때까지, 똑같은 장애물에 직면하지 않을 다른 개혁안들이 있다. 이를 테면 유럽처럼, 의회의 비참할 정도로 불충분한 세비 수준을 개선하여 입법자들이 유능한 직원들을 고용할 수 있게 해야 한다. 등가교환 부패와 같은 치명적 행태가 적어도 기소될 수 있도록, 뇌물 수수 처벌 제도를 강화해야 한다. 그리고 개리맨더링이나 투표자 억제voter suppression과 같은 뻔뻔스러운 반민주적 관행들을 그만두어야 한다.

전후 수십 년 동안에도, 현재 소셜 미디어에서 기승을 부리고 있는 많은 거짓말들과 중상모략들이 유통되었다. 그때도 이미 많은 시민들은 공무원의 부패를 걱정하였다. 그러나 그 당시 파시즘의 위협은 삶의 기억 중 한 부분이었고 공산주의의 위협은 살아 있는 실제였다. 공민교육은 전국의 보육원에서부터 유수 대학의 연구실에 이르기까지 교육 제도에 불가결하게 통합되어 있었다. 덕분에, 대부분의 시민들은 실천에 대해 더 잘 이해했고, 자유민주주의 원칙에 대한 강한 책임의식을 가지고 있었다. 당시 시민들이 거짓말이나 그릇된 정보를 바탕으로 한 음모론을 신뢰할 가능성은 매우 낮았다.

이것이 우리가 채택할 수 있는 또 다른 중요한 방법이다. 전면적인 검열을 통해 자유민주주의 기본 원칙에 대한 공격을 제한할 수 없다면, 우리는 그에 대한 수요를 줄여나가야 한다. 공산주의나 파시즘의 위협을 재현할 수 없지만, 공민교육이 권위주의 체제로의 유혹에 대항하는 필수적 보루임을 기억해야 한다. 자유민주주의를 지키기 위한 가장 좋은 방법은 언제나 그랬던 것처럼, 어린이들을 시민으로 만드는 임무를 진지하게 수행하는 것이다.

시민 길러내기

철학자들이 '자치'라는 개념을 생각한 이래, 그들은 시민 교육civic education을 특히 강조하였다. 플라톤에서 키케로까지, 그리고 마키아벨리에서 루소에 이르기까지, 모두가 청소년에게 정치적 덕virtue을 어떻게 심어줄 수 있을지에 대해 골몰했다.

따라서 자치 정부가 지상에서 거의 사라진 시점에서 소규모의 애국주의 집단이 새로운 공화국을 세우려고 노력하는 것뿐만 아니라 그들의 가치를 후세대에 어떻게 전수할 수 있을지에 대해 매우 열심히 생각했다는 것은 놀라운 일이 아니다. 조지 워싱턴은 재임 중 8번째 신년사에서, 시민적 가치를 '국가 자유의 미래 수호자들'에게 전수하는 것보다 더 중요한 게 있겠느냐고 물었으며, 통상적인 대답에서, "청소년을 위한 정치학 교육이 미국의 보육원, 학교, 대학의 주요한 목적"이어야 한다고 주장했다.[22]

몇 년 뒤, 제임스 매디슨은 "스스로 스스로의 통치자가 되고자 하는 인간은, 지식이 주는 힘으로 스스로를 무장해야 한다"라고 말했다. 이 중요한 일을 무시했을 때 미국에 닥칠 어려움에 대한 그의 경고는 오늘날 기이할 정도로 들어맞는 듯하다. "대중에게 정보가 주어지지 않거나, 그러한 정보를 습득할 수단이 없다면, 인민 정부는 소극(笑劇) 아니면 비극의 프롤로그가 되리라. 아니면 둘 다가 될 수도 있으리라."[23]

미국이 건국하고 첫 세기 동안, 이러한 시민 교육에 대한 강조는 국시(國是)로 존중되었다. 부모들은 내일의 시민을 기르며, 누구의 4살박이 아이가 더 많은 대통령의 이름을 외울 수 있는지를 두고 경쟁했다. 국가 전역의 학교에서는 학생들에게 '법안이 어떻게 법이 되는지'를 가르치기 위해 많은 시간을 할애했으며,[24] 소위 '그레이트북스 독서 계획 great books programs'은 인문계 학생들에게 미국이 건국되었을 때의 지적 전통에 대한 깊은 감상을 심어주고자 했다.[25] 시민의 의무에 대한 예리한 감각은 YMCA("각 세대는 반드시 민주주의를 배워야 한다."[26]), 호레이스 만이 설립한 시범 학교("공화주의적 정부에서 인민에게 지식이 없으면 정부는 대규모 정신병원이고, 관리자나 수호자가 없다면 작은 정신병원이다."[27])에 이르는 다양한 조직에서 배울 수 있었다. 대법원은 시민 의식의 중요성을 헌법적 원칙으로 못박았다. '베델 학교 대 프레이저'의 재판에서 판사는 "공교육 기관은 학생들이 시민 의식을 준비할 수 있는 곳이어야 한다"라고 판결내리기도 했다.[28]

　모든 형태의 시민 교육은 '미국 만들기' 프로젝트의 핵심이었다. 그러다가, 전례 없는 평화와 번영의 와중에, 자치 정부에 대한 지지는 앞 세대의 퇴장과 더불어 서서히 사라졌다. 그리고 지금, 그것은 흔적도 없다.

　정치학 박사 과정을 이수하기 위해 하버드 대학에 왔을 때, 나는 역사와 이론, 세계가 어떻게 존재하는지 그리고 어떻게 존재해야만 하는지에 관한 복잡한 질문에 몰두할 준비가 되어 있었다. 내가 미처 준비하지 못한 것은 공공의 목적 또는 교육적 목적을 위한 추상적인 질문들을 하지 못하게 함으로써, 대학원이 나를 실망시킬 거라는 점이었다. 나와 동료들은 대학에 오고 몇 주가 지나지 않아, 미국의 주요 대학들이 대학원생들의 능력을 학술지에 글을 얼만큼 게재했느냐에 따라 평가하고, 사실상 그 밖의 모든 것들은 배재하고 있음을 깨달았다.

　이렇게 세상을 좁게 바라보면서, 수많은 독자들을 향해 정치에 관한 글을 쓰는 것은, 잘해봤자 혼란스럽기만 하다. 학부생을 가르치는 것은 양심적으로, 가능한 빠르게 수행해야 하는 따분한 일이다. 평판을 잃을 것을 두려워하지 않고 말할 수 있는 대학원생들의 인생 목표는 오직 선도적 연구 중심 대학에서 학술 관련 직업을 얻는 데 있다.

　미국 교수진들의 협소한 훈련과 박사 과정에 입문한 순간부터 은퇴하기까지 직면하게 되는 삐뚤어진 인센티브 제도는 왜 학부 교육이 형식적으로 변모했는지 설명해준다. 미국의 많은 최고 대학들에서 학생들과 교수들은 암묵적 협약을 맺는다. 학생들이 자신의 시간을 많이 쓰지 않는 한, 교수들은 그들 가운데 다수가 너무 고심하지 않고도 학위를 취득하게 해 준다. 그래서 많은 대학생들이 교수가 자신들을 가르치는 것과 똑같은 태도로 자신의 수업에 임한다. 학생들은 에세이를 써내고 짜여진 문제 틀 속에서 공부하는 것을 앞서 나가기 위해 필요한 임무로 받아들이고 있다. 그리고 이것들로부터 가능한 빠르고 고통없이 벗어나고 싶어한다.[29]

엘리트 대학의 교육적 실패는 학생들이 공립학교에서 겪는 유사한 실패들의 연속선상에 있지 않다면 별로 중요한 문제가 아닐 것이다. 대학 교육이 점차 실용적으로 변해가는 것과 마찬가지로, 공교육의 목적도 너무나 협소해졌다. 지난 몇 십 년 동안 고등학생이 시민 교육에 할애하는 평균 시수는 급격히 감소했다.[30]

그 결과 정치에 대해 부적절한 정보를 갖고 있는 세대가 등장했다. '미국 독립혁명이 일어난 세기는 몇 세기?'와 같이 단순한 사실들을 묻는 2009년의 설문조사에서, 응답자 중 89%가 자신의 답이 맞을 것이라는 자신감을 가졌으나, 17%만이 정답을 맞혔다. 최근의 또 다른 연구에서, 상위 55개 대학의 학생들에게 공민 지식에 관한 질문을 했는데, 50%의 학생만이 상원 의원과 하원 의원의 임기에 대해서 맞게 답했다. 학생들의 80%는 고등학교 공민 관련 시험에서 D나 F를 맞았다.[31]

전에는, 많은 미국 부모들이 자녀들에게 50개 주의 주도를 외우게 했다. '버몬트주의 주도가 어디지?'라고 네 살짜리 자녀에게 묻곤 했다. 그러면 아이는 '몽펠리에'라고 자랑스레 대답했을 것이다. 이러한 의례적인 일들이 가지고 있는 가치에 대해 의문을 가질 만한 이유는 많다. 읽고 쓸 수 있는 사람이라면 누구나 주도를 구글에서 검색할 수 있지 않은가? 미래 경제에서의 전문적인 성공은 이미 기계가 알고 있는 사실을 반복하는 게 아니라 아직 기계가 숙달하지 못한 기술을 습득하는 것에 달려 있지 않은가? 암기 학습이 정치적 가치를 전하는 가장 좋은 방법도 아니고, 공민 관련 상식을 재미있게 나열한다고 해서 지금 걸음마를 배우는 아이들을 미래의 민주주의 수호자로 만들어 줄 것이라고 기대한다면 순진한 생각이 아니겠는가?

그러나 그런 옛날의 의례적인 일들이 지난 몇 십 년 사이에 완전히 실종되어 버렸다. 학교가 학생에게 공공 의식을 심어주는 것을 소홀히 했듯, 부모 또한 자녀에게 시민의 의무를 알려 주는 것에 흥미를 잃었다.[32]

미국 교육 제도가 정치적 열정을 잃어버렸다고 주장하는 건 오류가 있을지 모른다. 어쨌든, 거의 모든 대학은 여전히 강렬한 이데올로기를 추구하는 영웅군群을 옹호하고 있다. 특히 인문학과 사회과학의 정치 관련 분야에서, 많은 교수들이 학생의 태도 변화에 영향을 주고 싶어한다. 하지만 이 분야의 교수들은 미국 정치제도에서 가치 있는 것들을 보존하기 위한 방법을 찾기보다, 우선 학생들이 정치제도에서 많은 부정의와 위선을 찾도록 하는 일에 전념한다.

이런 반사 작용은 각 학문 분야마다 다른 형태를 띤다. 많은 영문학과에서는 고전 작품에서 인종차별주의, 식민주의, 가부장제를 들춰냄으로써 계몽의 가치를 해체한다. 역사학과에서는 정치 발전의 담론이 거짓임을 밝히고, 자유민주주의가 엄청난 부정의를 양산했음을 증명한다. 사회학과에서는 해결되지 않는 빈곤 문제와 미국의 약점에 주목하며, 미국에 남아있는 차별적인 양상들을 다양한 방식으로 보여준다.

학과별로 보여주는 이러한 접근은 중요한 통찰을 얻을 수 있게 한다. 그러나 이러한 관점의 결합된 효과는 학생들에게 우리의 정치제도를 무시하는 것이 지적 교양의 증표라고 느끼게 한다. 영어를 전공한 밝고 호기심 많은, 어느 여학생이 이런 부분에 있어 나에게 매우 혼란스럽다고 말한 적이 있다. 그녀는 민주주의가 계몽주의의 창조물이고, 민주주의는 계몽주의의 가치가 널리 받아들여졌을 때 작동한다는 것을 알지만 다른 한편으로는 계몽주의가 매우 잔인했었고, 계몽주의의 가치가 잘못되었다는 것을 안다고 했다. 이것은 계몽주의에 대해 더 많은 가치를 부여해야 함을 뜻하는가, 아니면 민주주의에 대한 무의식적인 헌신을 버려야 함을 뜻하는가?

나는 그녀가 발견한 갈등들이 실재한다는 것에 동의했다. 또한 민주주의와 계몽주의 모두를 믿거나 또는 믿지 말아야 한다는 의견도 절대적으로 옳다. 물론, 나는 자유민주주의를 만들어낸 지적 전통이 얼마나 가치 있는지 그녀가 결국 깨닫기를 바랐다. 다행히 학기가 끝나갈 때쯤, 그녀가 계몽주의에 대한 적개심보다는 민주주의 대한 믿음을 재고해보기로 결심했다는 인상을 받았다.

나의 학생들이 하버드에서 겪은 이러한 갈등은 미국의 대학교에서 교육학적 영향을 주고 있는데, 왜냐하면 이런 태도가 부분적으로 미국의 교육대학원의 교육적 목적에 침투하였기 때문이다. 교육학 학위가 교육 현장에서 고위 자격을 얻기 위한 필수가 되면서 교육대학원의 역할이 커진 현 상황에서, 교육대학은 지금 미국 전역의 모든 연령대의 학생들이 정치적 가치를 형성하는 데 큰 역할을 하고 있다.[33]

결과적으로 많은 곳에서, 시민이 반反시민이 되어 버렸다. 현대 사회의 특징인 '만연한 부정의'에 대한 사회학적 설명에 젖어들고, 계몽주의의 '문제적인' 가치들을 해체하는 것을 배웠기 때문에, 교사와 교장들은 학생들이 자유민주주의의 자랑스러운 수호자가 되도록 북돋는 시민 교육을 하기가 어렵다.[34]

많은 보수주의자들은 이런 복잡한 문제에 대해 간단한 해결책을 제시한다. 데이비드 브룩스는 최근 칼럼에서 서구 문명의 역사는 '자신있게 진보적으로' 가르쳐야 한다며 소크라테스, 에라스무스, 몽테스키외, 루소처럼, 국가가 보다 높은 인본주의적 이상에 도달할 수 있도록 도와준 위대한 인물들이 있다고 했다.[35]

브룩스가 시민 교육의 중요성을 강조한 점은 옳다. 그러나 시민 교육이 과거의 인물을 예찬하는 방식을 위주로 한 설명으로 구성되어야 한다고 제안한 것은 틀렸다. 모든 결점을 감안하더라도, 자유민주주의에 대한 학문적 비판에는 중요한 진실이 있다. 비록 계몽주의 사상가들이 보편성을 꿈꾸었지만, 그들은 많은 집단을 도덕적 고려 대상에서 제외시켰다. 계몽주의 사상가들은 자신의 이름을 남길 만한 큰 업적을 이뤘지만, 역사상의 '위대한 사람들' 중 많은 사람들은 무시무시한 악행을 저질렀다. 자유민주주의의 이상은 수호해야 할 가치가 있지만, 자유민주주의는 부끄러운 부정의들을 지금도 여전히 용인하고 있다.

계몽주의의 역사와 자유민주주의의 현실은 모두 복잡하다. 계몽주의와 자유민주주의를 무비판적인 관점에서 설명하려는 시도는 계몽주의의 기본적 가치에도 반하며, 정치적 평등을 향한 민주주의의 기본 원칙을 약화시킬 수밖에 없다. 그러한 사실의 인식, 또한 그에 연관된 이해할 만한 의분(義憤), 그것은 그러나 오늘날 다수의 언론인과 학자들이 다만 비판에 비판만을 거듭하는 자세를 정당화해주기 매우 쉽다.

이러한 부정의에 대한 일방적인 관점은 서구 문명의 위대함에 대한 지각없는 장려보다 더 지적으로 정직하지 못하다. 시민 교육은 그 자체의 이상에 더 충실하기 위하여, 자유민주주의의 명과 암을 동시에 다루어야 한다. 그리고 학생들이 전자를 바로잡고, 후자를 지키게 해야 한다.

이러한 교육의 핵심 요소 중 하나는 자유민주주의의 원칙이 특별한 호소력을 갖고 있는 이유를 설명해야 한다는 것이다. 교사들과 교수들은 자유민주주의의 대안인 파시즘에서 공산주의, 독재정치에서 신정정치가 과거와 마찬가지로 오늘날에도 계속 혐오감을 주고 있음을 알리는 데 더 많은 시간을 할애해야 한다. 또한 위선에 대한 올바른 대응은 흔히 성의 없이 언급되는 중요한 원칙들을 지나쳐 버리는 것이 아니라, 결국에는 그런 원칙들이 실현되기 위해 더욱 열심히 노력해야 한다는 것을 명확하게 알려줘야 한다.

지난 수십 년 동안 마음의 습관은 우리가 살았던 좋은 환경에 의해 형성되었다.

역사가 발전하고 있음은 확실해 보였다. 기회는 많았고, 적은 거의 없었다. 그러다 보니 정치적 자유는 각 세대에 의해 새롭게 지켜져야 한다는 오래된 믿음이 점점 모호해졌다. 우리가 결코 그 믿음을 부인한 것은 아니지만, 의미 있는 수준까지 인도하는 일은 중단되었다.

얼마나 빨리 변화의 바람이 불었던가? 도널드 트럼프가 백악관에 앉아 있고, 서유럽에서 권위주의적 포퓰리스트들이 떠오르고 있다. 국민들의 정치적 자유가 급격히 침해되고 있는 폴란드와 헝가리만 봐도 알 수 있듯, 21세기에는 민주주의 공고화가 여전히 일방적일 것 같지 않다. 역사는 결국 민주주의로 수렴되지 않을 것처럼 보인다.

미래가 미리 결정된 것이 아니라면, 미국 건국의 아버지들이 민주국가의 고위직에 있는 사람들에게 던져준 문제들은 그 어느 때보다 시의적절하다. 우리 모두는 민주적 제도를 지지하고 발전시킬 엄숙한 의무가 있다. 이 의무의 중요한 핵심은 우리 주변의 사람들을 설득하고, 우리 뒤의 사람들이 우리와 같은 일을 하도록 준비시키는 것이다.

인간은 놀라울 정도로 다재다능하다. 우리의 조부모는 시민 교육이 이 정도까지 위축될 수 있다는 것을 상상조차 못했을 것이다. 그리고 이제는 작가들이 책으로 자유민주주의의 가치를 퍼뜨림으로써 국가를 재건한다는 것은 불가능해 보인다. 공민 교육은 교육과정의 핵심이다. 하지만 이제 학제의 교사들은 헌법에 대한 깊은 이해와 헌법 정신의 계승을 학생들에게 심어주고자 노력하지 않는다. 대부분의 시민들은 자유민주주의가 살아남기 위해서는 기회가 있을 때마다 정치제도를 위한 이데올로기적 싸움을 해야 한다는 것을 안다.

그러나 한 가지는 명백하다. 소셜 미디어가 자유민주주의에 부정적 영향만 있었던 것은 우리 정치제도의 도덕적 기반이 우리가 알고 있던 것보다 훨씬 더 취약하기 때문이라는 것이다. 따라서 자유민주주의에 새로운 활력을 주기 위해서는 보다 안정적인 이념적 기반에 자리 잡도록, 자유민주주의를 재건해야 한다.

신념을 위해 싸우자

정치제도가 수십 년 또는 수세기 동안 지속될 때, 그 제도 말고 다른 것을 알지 못하는 사람들은 그 제도가 불변할 것이라고 생각하기 쉽다. 그들에게 역사는 마침내 멈춘 것처럼 보인다. 안정이 영원히 지배하리라!

그러나 인류의 연대기 속에는 오랫동안 지속되었던 체제가 많이 있었지만, 그 체제들의 공통점이란 딱 하나다. 결국은 무너졌다는 것이다. 아테네의 민주주의는 약 2세기 동안 지속되었다. 로마인들은 거의 500년 동안 스스로를 통치했다. 베네치아 공화국은 천 년이 넘는 평화를 누렸다. 그 당시 '이 정치체제가 결국 망하리라'고 예언한 사람은 틀림없이 조롱당했을 것이다. 동시대 사람들은 종말을 예측한 사람들에게 몇 백 년 동안 지속되어 왔던 것이 어떻게 50년 정도 만에 붕괴할 수 있느냐고 따져 물었을 것이다. 그러나 결국, 아테네의 민주주의, 로마의

자치 정부, 심지어 베니스 공화국마저도 역사의 무대에서 사라졌다.[1]

우리는 이 교훈을 가슴에 새기고, 지금 여기서 잘해야 한다.

제2차 세계대전이 끝나고 70년 동안, 북미와 서유럽 사람들은 예측하지 못했던 평화와 번영을 누려왔다. 우리의 선조들과 다르게, 우리들은 무모한 전쟁이나 혁명, 굶주림 또는 내전을 겪어보지 않았다. 민주주의가 언젠가는 끝장나고, 찾아올 새 시대는 관용과 부유함 대신에 죽음 또는 굶주림을 가져올 것이라는 예상은 매시간, 매일의 우리 삶의 경험과 상반된다.

역사는 짧은 생애 동안 익숙해져버린 평화와 안정이 언젠가는 끝나리라는 것을 상상하지 못하는 사람들로 가득하다. 수많은 그리스로마 사제, 프랑스 귀족, 러시아 소작농, 독일계 유대인들이 있었다. 만약 우리가 그들처럼 끝장나고 싶지 않다면, 우리는 좀 더 예민해져야 한다. 열렬하게 지켜온 우리의 신념을 위해, 싸워야 한다.

1세기의 상당 기간 동안, 자유민주주의는 세계의 많은 지역에서 지배적인 정치체제였다. 그러나 이 시대는 이제 막바지에 이르렀을지도 모른다.

지난 수십 년 동안 북미와 서유럽의 많은 국가들은 민주주의와 거리가 멀어졌다. 우리의 정치체제는 국민의 통치를 약속한다. 그러나 실제로는 충격적일 정도로 심하게 국민을 무시해왔다. 대부분의 정치학자들이 알아차리지 못했지만, 민주주의 없는 권리 보장 구조가 확립되었다.

최근에는, 새로 등장한 정치 지도자들이 국민에게 권력을 되돌려준 다는 약속 아래 대단한 성공을 이뤄냈다. 그러나 이런 정치 지도자들이 정부를 구성한 경우, 이들은 사회를 훨씬 덜 자유롭게 만들었으며 순식 간에 시민들의 진정한 선호를 무시해버렸다. 헝가리, 필리핀, 폴란드, 미국에서 개인의 권리와 법치주의는 포퓰리즘 권위주의 지도자에 의 해 공격받고 있다. 민주주의 없는 권리 보장 체제, 그 가장 강력한 경쟁 자는 권리 보장 없는 민주주의 체제로 밝혀졌다.

지금의 위기는 차차 노골적인 독재로 전개되며, 비민주적 자유주의 로부터 반자유주의적 민주주의에 이르는 극적인 변화로 끝날 것인가? 아니면 자유민주주의의 수호자들이 포퓰리스트의 맹공격을 막아내고, 여러 단점에도 불구하고 전례 없는 평화와 변영을 이룩한 정치체제를 재현-혁신할 수 있을 것인가?

아마도 지금 세계의 여러 곳에서 잘 나가고 있는 포퓰리스트들이 결 국 그들의 공약을 이행하는데 실패하고, 빠르게 영광을 잃을 것이라고 추측하고 싶으리라.

권위주의적 지도자가 짧고 비참한 임기 후에 권력으로부터 쫓겨난 사례는 사실 많다. 예를 들어, 폴란드의 법과정의당 정권은 2007년에 핵심 동맹자가 탈퇴하고 이후 선거에서 크게 패배하면서 여당의 자리 를 잃었다. 한편 2016년 가을, 한국에서는 수백만 시민들이 권위주의 적으로 치우친 부패한 대통령에 저항하기 위해 거리로 나섰다. 박근혜

는 결국 탄핵되었고 서울 교도소에 수감되었다.[2]

포퓰리즘 권위주의 지도자의 일회적 승리가 자유민주주의에 돌이킬 수 없는 경종을 울렸다고는 할 수 없다. 자유민주주의의 수호자들이 포퓰리스트들에 맞서 시민 연대를 이루어 저항하고, 대규모 집단 시위를 벌여 단번에 그들을 권좌에서 쫓아냄으로써 정치체제를 거뜬히 지켜낼 수 있다.

그러나 포퓰리스트의 종말에 관한 모든 이야기에는 포퓰리스트가 얻은 두 세 가지의 승리 이야기가 함께 있다. 세계의 많은 나라들에서 실패하거나 두들겨 맞을 것으로 예상되던 권위주의적 지도자들이 권력 장악을 공고히 하고, 자유롭고 공정한 선거를 통하여 반대파를 압도했다.

예를 들어, 터키와 베네수엘라에서는 포퓰리즘 정부가 집권 1기에 실제로 경제를 발전시키며 압도적인 표 차이로 재선에 성공했다. 그러나 머지않아 포퓰리즘 정부의 근시안적인 정책이 역효과를 내기 시작했고, 야당에 대한 그들의 탄압은 점점 심해졌다. 지지도가 하락하기 시작했을 때, 이들은 권력에 대한 독립적인 견제 장치들을 효과적으로 제거했다. 자유민주주의 수호자들은 엄청난 노력에도 불구하고 자신들의 나라가 독재체제로 몰락하는 것을 막지 못했다.[3]

이러한 사례는 지금 막 권위주의적 지도자가 선거로 정권을 잡은 나라들의 무서운 미래를 보여준다. 인도, 폴란드, 필리핀에서는 권위주의적 지도자들이 지난 십 년여 동안 권력을 유지했다. 자유민주주의에 대한 이들의 공격이 어느 정도까지일지, 이들에 대한 점점 커져가는 저항이 얼마나 효과가 있을지 예측하기란 어렵다. 그러나 의심의 여지가 없는 것은, 더 이상 민주주의가 없는 나라에서 이들의 이념적 동지들이 걸었던 길을 그대로 걷고 있다는 것이다.[4]

예를 들어, 인도의 나렌드라 모디나 폴란드의 야로스와프 카친스키가 처음 취한 권위주의화의 3단계는 터키의 레제프 에르도안이 취했던 것과 매우 유사하다. 이것은 이들이 궁극적으로 5단계, 8단계, 10단계를 밟아 나갈 것이라는 것을 의미하는 것일까?

우리는 앞으로 몇 년이 어찌될지 확실히 알지 못한다. 이러한 국가들이 뒤바뀔 수 있는 가능성은 얼마든지 있다. 그러나 지금 저항이 미약한 곳은 다 같이 심연으로 떨어지고 말 것처럼 보인다.

～～～

인도는 세계에서 가장 인구가 많은 민주주의 국가이다. 폴란드는 공산주의 국가에서 민주주의 국가로 성공적으로 전환한 사례로 칭송받았다. 권위주의적 지도자가 어느 나라에서든 자신의 통치를 공고히 해낸다면, 자유와 자치가 마침내 전 세계에 뿌리내린다는 희망은 큰 타격을 입을 것이다. 그러나 이 나라들 중 어디든 독재로 기울어지더라도, 그것이 민주주의의 전통적 심장부에 찾아올 운명을 암시한다고 보기는 어렵다.

북아메리카와 서유럽 대부분의 지역은 터키, 폴란드, 인도보다 민주주의 역사가 훨씬 오래되었다. 그러므로 북아메리카와 서유럽의 정치 문화는 더욱 안정적이다. 이 나라들의 제도는 훨씬 확고하고, 시민들은 더 부유하고 교육 수준도 높다. 그렇다고 권위주의적 포퓰리스트들의 부상이 터키, 폴란드, 인도의 경우처럼 재앙이 될지, 아닐지 어떻게 알 수 있을까?

어떤 선례를 가지고 이 질문에 대한 답을 할 수는 없다. 민주주의가 공고화된(그렇게 여겨지는) 나라의 시민들이 정치체제에 극도로 비판적이었던 적은 없다. 그런 시민들이 권위주의적 대안에 개방적이었던 적도 없다. 그리고 그런 나라에서, 노골적으로 자유민주주의 기본 원칙과 규범을 침해하는 포퓰리즘적 독재자에게 많은 시민들이 투표한 적도 없다. 확실한 예측을 하기에는 이르고, 명확한 결론을 내릴 수 없지만, 지난 몇 달은 우리에게 중요한 숙제를 남겼다. 숙제는 바로 도널드 트럼프의 당선이다.

선동 정치가가 언젠가 대통령 직을 장악할 수 있다는 우려 때문에, 건국의 아버지들은 입법부와 사법부에 잘못 돌아가는 행정부를 바로 잡는 권한을 부여했다. 대법원은 대통령이 내린 명령이 헌법에 반한다고 판결내릴 수 있다. 그리고 대통령이 법을 어기거나 판결을 무시한다면 의회는 대통령을 탄핵할 수 있다.

그러나 입법부와 사법부 또한 결국 살과 피로 이루어진 정치인들과 관료들로 이루어진다. 입법부와 사법부에 있는 공모자들과 겁쟁이들이 건국의 아버지들이 맡겨준 도구를 사용하지 않는다면, 법조문은 있으나마나할 것이다. 그렇다면, 실질적으로 의회와 법원이 대통령을 바로 잡기 위해 무엇을 할 수 있을까?

얼마 전, 대부분의 정치학자들은 도날드 트럼프와 같은 입장과 성향을 가진 사람이 결코 미국의 대통령으로 선출될 수 없다고 예측했다. 도날드 트럼프가 당선되고 나서도, 그들은 내부 쿠데타라도 일으키지 않는 한 대통령이 절대 넘을 수 없는 레드라인이란 게 있다고 주장했다. 만약 대통령이 FBI 국장에게 개인적 충성을 요구하거나, 그의 측근들이 적성국과 비밀 거래를 하거나, 그가 백인 우월주의자들을 단죄하기를 계속해서 거부하거나, 그의 반대 세력을 감옥에 집어넣으려고 한다면, 그에게 역풍이 불 것이고, 그것은 막강하리라!

그러나 현실은 시궁창이다.

도날드 트럼프가 집권한 첫 달에 그는 이 모든 레드라인을 사뿐히 넘었다.[5] 그러나 우리가 백미러를 통해 레드라인들을 되돌아보기 시작하자, 그 빨간색은 주황색, 노란색, 초록색으로 변하기 시작했다.

내가 이 결론을 쓰는 동안, 미국의 민주주의에 대한 트럼프의 거듭되는 모욕을 비난하는 공화당 의원들은 없었다. 트럼프는 그를 지지하는 여러 공화당 의원들을 포함, 전체적으로는 소수이지만 열성에 있어서는 무시 못할 지지층을 가지고 있다. 트럼프는 자기 자랑하는 것을 좋아하기 때문에, 변화를 위해 이들을 어떻게 움직일지 확실하지 않다.[6]

상황은 더 악화될 수 있다. 앞으로 다가오는 몇 개월, 수 년 동안, 트럼프는 법원의 명령을 무시할 수 있고 자신의 불법 행위를 조사하는 공무원들을 해고할 수 있다. 트럼프는 언론을 폐간하거나 선거의 결과에 승복하지 않을 수도 있다.

만약 의회와 법원이 이러한 상황에서 용기와 결의를 가지고 행동한다면, 트럼프의 권위주의적인 행태를 억제할 수 있는 기회를 갖게 될 것이다. 그러나 헌법은 스스로를 방어하지 못한다. 트럼프의 동맹자들과 공범자들이 의회를 넘어서 나라를 좌지우지하려고 하는 동안에, 미국 공화국의 임박한 위험은 사라지지 않을 것이다.

여기까지가 비관적인 시나리오다. 의심의 여지가 없이, 많은 징후들이 자유민주주의가 학자들이 예상했던 것보다 포퓰리스트의 장악으로부터 훨씬 취약하다는 것을 보여준다. 그러나 트럼프가 물러난 이후에 미국이 민주주의를 새롭게 재건할 수 있는 능력을 낙관적으로 볼 많은 이유들이 있다.

취임식 이후, 수백만 명의 미국인들이 트럼프의 저급한 행동과 정책들에 대해 반대의 목소리를 냈다. 풀뿌리 차원의 반대 집단들은 대통령이 모든 미국인들을 대표하여 말하지 않는다는 것을 증명했다. 트럼프의 반대 세력이 앞으로 몇 년 동안 힘을 잃지 않는다면, 어떤 세력이라도 그가 다시 권력을 잡는 데 큰 장애물이 될 것이다.

정치학자들이 불과 몇 년 전에 예측한 것과 달리, 독립기관들은 즉각적으로 또는 강력하게 트럼프에 대항하지 않았다. 그러나 이들은 마침내 올바른 방향으로 가기 시작했다. 로버트 뮬러를 특별검사로 임명한 것은 국가의 법 집행기관의 독립성을 유지하는 데 도움이 되었다. 그리고 공화당 의원들 또한 대통령에 점점 반기를 들고 있다.[7]

여론도 바뀌기 시작했다. 트럼프의 지지도에 대한 여론 조사는 트럼프 반대 세력이 믿고 싶어 하는 만큼 또는 반대 세력이 소셜 미디어에 퍼뜨린 선별된 조사처럼 치명적이지는 않았어도 집권 9개월 동안 하락하였으며, 비슷한 시기의 전임 대통령에 대한 지지도보다 낮았다.[8]

앞으로 트럼프의 남은 임기 동안 가져올 결과는 불분명하다. 그러나 이 시점에서 앞으로 몇 년이 트럼프 행정부의 지뢰밭이 될 것이다. 독자가 이 책을 읽을 때쯤, 트럼프의 지지도는 최저로 떨어졌을 것이다. 공화당 의원들은 그들의 신념에 대한 용기를 가졌을 것이다. 트럼프의 최측근들 중 몇은 기소되었을 것이다. 트럼프가 탄핵 이야기를 듣게 되거나 아니면 이미 사임했을 가능성도 낮지 않다. 그리고 그런 극적인 일이 일어나지 않더라도, 트럼프는 재선에 실패할 것이다.[9]

이런 긍정적인 시나리오에서 한 발짝 더 나아가고 싶다. 트럼프가 날아가 버린다면, 그의 짧은 대통령 직은 미국의 민주주의를 지키는 데 오히려 도움이 될 것이다. 몇 년 동안 시민들이 정치제도에 대하여 흐릿한 관점을 가지고 있었을 때, 권위주의 체제로의 급격한 전환은 시민들이 헌법을 되돌아보게 하였다. 트럼프가 불명예스럽게 백악관을 나오게 된다면, 그의 퇴장은 새로운 결과를 불러일으킬 수 있다. 트럼프

체제를 되풀이하고 싶지 않은 미국인은 시민운동의 중요성을 되돌아보고, 다시 시작하게 될 것이다. 그리고 지금의 감염과 싸우다 보면, 앞으로 몇 십 년 동안 포퓰리즘의 장악에 유효할 항체를 만들 수 있다.

하지만 극도로 비관적이거나 극도로 낙관적인 시나리오는 모두 타당하지 않아 보인다.

트럼프는 집권 첫 해에 만든 혼란을 극복하기 어려울 것이다. 그의 지지도는 계속 하락하고, 발의한 법률은 의회에서 보류되고, 선거에 대한 주요 수사가 속도를 내고, 공화당 의원들이 대통령으로부터 거리를 두면서, 트럼프는 결국 자신의 손에 있는 집중된 권력에 대한 지지를 잃게 될 것이다.

그러나 낙관론자들은 트럼프가 상대적으로 고립되고 인기를 잃게 되더라도 지속적으로 미국의 기관들에 엄청난 피해를 입힐 수 있음을 (그리고 불필요한 전쟁을 불러일으킬 수 있음을) 직시해야 한다. 궁극적으로 권력을 내려놓을 지경에 이르더라도 그때까지 미국의 헌법적 규범에 입힌 타격은 엄청날 것이다. 민주적인 게임의 규칙에 트럼프가 제기하는 위험은 아직 끝나지 않았다.

마찬가지로, 트럼프의 대통령 직 실패가 자유민주주의에 대한 새로운 헌신으로 미국인들을 결합시킬 것이라는 이야기는 상상의 영역에서는 확실하다. 그러나 트럼프의 대통령 직 실패는 미국의 지독한 당파 분열을 심화시킬 가능성이 높다. 트럼프를 영웅으로 생각하는 미국의 소수집단은 그를 순교자로 생각하거나, 기성 정치에 대해 분노를 느낄 것이다. 그리고 지금까지 트럼프를 반대했던 사람의 일부는 늪지의 물을 빼기 위해, 더 급진적이고 타협하지 않는 '호민관적 지도자'에게 지지를 보내야 한다고 생각할 것이다.

전 세계에서 부상하는 포퓰리스트들처럼, 트럼프는 내재된, 현재의 위기를 보여주는 증상이다. 다만 많은 시민들이 민주주의에 대해 깊은 환멸을 느꼈기 때문에, 그는 백악관에 입성할 수 있었다. 많은 시민들이 민주주의에 대해 깊은 환멸을 느낀 이유는 오랫동안 지속된 사회 경제 문제 때문이다.

도널드 트럼프가 권좌에서 물러나면 놀랍도록 평범한 인물이 그의 뒤를 이을 것이다. 몇 번의 선거를 치르다 보면, 정부 통솔권은 자유민주주의의 기본 규범을 존중하는 유능한 정치인에게 넘어갈 것이다. 그러나 현재 상황에 대한 시민들의 각성을 불러일으킬 수 있는 방법에 대하여 양측의 정치인들이 머리를 맞대지 않는다면, 새로운 포퓰리스트가 등장할 가능성도 있다. 그리고 지금으로부터 15년이나 30년 후에 또 다른 권위주의자가 백악관에 입성하려 할 때, 미국이 독재자의 호소에 더 취약할 수 있다는 사실이 두렵다. 민주주의 규범에 대한 침식이 계속되고, 당파 분열이 계속 심해진다면, 미국의 면역 시스템은 어느 선에서 무력화될 것이다. 그렇게 된다면 권위주의의 바이러스는 별다른 저항을 만나지 않고 정치체제의 건강을 황폐하게 만들 수 있다.

트럼프 체제는 그의 퇴임 이후에도 지속되고, 미국을 넘어서 확장될, 오래 갈 공세의 시작에 불과할지도 모른다. 그리고 프랑스, 스페인, 스웨덴, 미국의 미래를 생각할 때, 나의 뇌리에서 떠나지 않는 역사적 사례는 헝가리나 터키가 아니다. 그것은 바로 로마 공화정이다.

기원전 2세기 경, 급격한 사회 변화와 오랜 기간 지속되어 온 경제적 갈등이 증오와 분노의 유독한 혼합물 속에 녹아들었다. 토지 재분배를 통하여 가난한 로마인들의 슬픔을 해결하겠다는 약속으로, 티베리우스 그라쿠스는 기원전 133년에 호민관으로 선출되었다. 그의 등장에 전통 귀족 엘리트들은 겁에 질렸고, 그의 가장 근본적인 개혁들을 막으려고 노력했다. 티베리우스 그라쿠스는 귀족들의 거부권을 무효화하기 위해 노력했다. 이에 따른 헌정적 위기가 극복될 기미가 보이지 않게 되면서, 갈등은 점점 폭력적으로 변해갔다. 상호 간에 불안이 증폭되며 극도로 혼란스러운 상황이 빚어지다 결국, 티베리우스와 300명 정도의 추종자들은 반대파에게 맞아 죽었다. 이 사건은 그때까지의 로마 공화국 역사에 없던 대규모 내전의 테이프를 끊었다.

티베리우스가 암살된 이후, 로마는 비교적 평온해졌다. 그러나 십 년후, 티베리우스의 동생인 가이우스 그라쿠스가 호민관 자리에 올랐다. 가이우스 그라쿠스는 더 급진적인 개혁을 시도하고, 심각한 헌정적 위기를 촉발시키면서, 그 또한 정치적 반대자들의 손에 살해당했다. 이때는 가이우스 그라쿠스의 추종자들 3천 명이 함께 죽임을 당했다.[10]

다음 수십 년 동안 똑같은 일이 반복되었다. 결의에 찬 호민관의 과격한 조치는 매번 완강한 귀족들과 폭력적인 충돌을 빚었다. 정상적인 상태가 잠시 돌아오고, 열정이 가라앉고 평화가 돌아왔다. 그러나 로마 공화정의 근원적인 문제는 해결되지 않았기 때문에, 그 속에 내재된 분노는 발톱을 감춘 채로 숨죽이고 있었다.

그 결과, 그라쿠스 형제가 전파하고 반대파들에 의해 영원한 것이 되어 버린 정치 형태가, 그라쿠스가 역사 속으로 사라진 뒤에도 로마 공화국을 장악하였다. 매 수십 년마다, 그라쿠스의 추종자들이 권력을 잡을 수 있었다. 그때마다 로마 공화국의 규범과 규칙은 공격을 견뎌낼 능력을 잃어갔다.

당시 사람들이 자신들의 정치제도가 점점 쓸모없게 된다는 사실을 깨달을 수 있는 하나의 결정적 계기나 시점은 없었다. 그리고 혼란의 한 세기 동안, 로마 공화국은 점점 시들어 갔다. 전통적 규범이 무력해지면서, 범죄는 통제 불능 상태가 되었다. 평범한 로마인들이 스스로를 통치할 자유를 잃었다는 것을 깨달았을 즈음, 로마 공화국은 이미 오래전에 사라진 뒤였다.[11]

~~~~~

로마 황제 네로의 잔인한 통치가 정점에 이르렀을 때, 그는 그의 정적들을 굴욕에 빠트리고 그의 친척들을 죽이려고 하였다. 그는 어머니와 이복동생까지 살해했다. 네로는 클라우디우스 황제를 계승해 로마 황제가 되었는데, 그 직후 이복동생인 브리타니쿠스가 사망했다. 네로가 저지른 암살이라는 의혹이 일었지만 요즘의 역사학계에서는 이를 의심하고 있다. 어쨌든 당시 네로의 통치는 온화했고 로마인들의 많은 지지가 있었으며, 글의 문맥에서 보듯 네로가 폭압 통치의 절정에서 동생을 살해한 것은 아니다. 다만 그의 어머니 아그리피나의 암살은 확실히 그의 소행인 듯하며, 이후 로마에서 네로의 인기는 추락하기 시작했다. 그는 정계 원로들을 처형했다. 그리고 나서 관심을 유서 깊은 로마 가문의 한 영향력 있는 원로원 의원에게로 돌렸다. 네로는 플로루스에게 경기에서 춤추고, 군중들 앞에서 우스꽝스러운 행동을 하라고 명령했다.

플로루스는 어쩔 줄 몰랐다. 만약 명령에 복종한다면 네로의 통치를 정당화하는 것이며, 자신의 가족에게 수치심을 가져다줄 것이었다. 그러나 만약 명령을 거부한다면 네로가 자신을 죽일 것이었다. 조언이 절실했던 플로루스는 저명한 스토아 철학자인 아그리피누스에게 의지했다.

스토아 철학자들은, 철학적 훈련을 받은 사람은 언제나 자신이 처한 상황을 극복할 수 있다고 주장한 것으로 알려져 있었다. 이들의 논리에 따르면 아무도 사람의 마음을 움직일 수 없다. 물질적인 것, 심지어 타인에게 대한 애착마저도 포기함으로써 외부의 것에 무감각해질 수 있다면 행복은 자신의 통제 아래 있다. 이들의 결론에 따르면, 진정한 철학자는 고문을 당하는 순간에도 행복할 수 있다.

아그리피누스에게 가면서, 플로루스는 중립적인 선택을 할 수 없으리라 생각했다. 그는 스토아 철학에 대한 자신의 지식을 감안하면, 아그리피누스의 충고는 아마 분명히 이러리라고 예상했다. "폭군에게 맞서십시오. 일단 옳은 일을 한 뒤에는 어떻게 될지 걱정하지 마십시오."

그러나 아그리피누스는 플로루스에게 그렇게 말하지 않았다. 대신, 그의 선택은 이미 의미가 없다고 말했다. "경기에 참여하십시오!"

플로루스는 당황했다. "그럼 당신은 왜 경기에 참여하지 않나요?"

"왜냐하면 저는 가능성조차 따지지 않기 때문입니다." 아그리피누스가 설명했다. "이런 종류의 일에 골몰하면 이미 자신을 잃게 되는 것입니다. 삶이 죽음보다 낫습니까? 그렇겠죠. 쾌락이 고통보다 낫지 않습니까? 당연히 그렇겠죠. 당신은 '제가 만약 이 끔찍한 짓거리에 참여하지 않는다면, 네로는 제 목을 자를 것입니다!' 라고 말했습니다. 가세요. 그리고 경기에 참여하세요. 그러나 저는 그렇게 하지 않을 것입니다."[12]

나는 스토아 철학에 대해 지난 몇 달 동안 생각해왔다. 스토아 철학의 세계관에는 좋아할 수 없는 금욕적인 무언가가 있다. 스토아 철학자들이 발견했듯이, 운명을 완벽히 통제를 할 수 있는 유일한 방법은 우리 주변의 모든 것들에 대해서 무감각해지는 것이다. 당신이 어떤 사람을 사랑한다면, 그 사람에게 불행한 일이 닥쳤을 때 당신은 행복하지 않을 것이다. 당신이 시민들을 좋아한다면, 시민들이 경제적 어려움 때문에 고통받거나 인종차별을 겪고 있다면 만족할 수 없을 것이다. 그리고 만약 당신이 자유나 평등과 같은 가치를 좋아한다면, 자유민주주의가 균형을 잃을 위기에 있을 때 평온하지 못할 것이다.

이러한 이유들 때문에, 나는 스토아주의자가 아니다. 내 주변의 모든 것들에 무감각해지기는커녕, 그들의 행복을 나의 행복과 관련짓기를 꺼리지 않고, 심지어 간절히 소중하게 생각한다. 내 주변의 것들과 상관없이 유유자적하는 것은 개명한 철학자의 삶이라기보다 냉소적이고 반사회주의적인 삶이라고 볼 수 있다.

그러나 스토아 철학의 가르침에는 깊은 지혜가 있다. 스토아 철학자들은 행동이 가져올 결과를 매번 예측한다면 옳은 일은 절대 일어나지 않을 것이라고 말한다. 누군가 실질적인 어려움에 직면했을 때, 그는 행동하지 않거나 묵인하는 쪽으로 스스로를 유도할 것이다.

"나는 무엇인가를 말해야만 한다. 그런데 내가 말한다고 뭐가 달라질까?"

"나는 그들을 비판해야만 한다. 그런데 내가 직장을 잃으면 가족을 어떻게 부양하지?"

"나는 정부에 맞서야 한다. 그런데 정부 지지자들이 나를 추적하면 어떡하지?"

아그리피누스는 중요한 지점에서 완전히 옳았다. 내가 겪을 위험을 계산하면서 금방이라도 닥칠 위기를 기다린다면, 나는 결정적인 순간에 나 스스로를 잃게 될 것이다. 용기가 가장 필요할 때, 가장 힘든 어려움이 다가올 때, 내가 옳은 일을 하기를 희망하므로 나는 아그리피누스의 충고에 주의를 기울일 것이다. 내가 실제로 위험한 결정에 직면한다면, 나는 옳은 일을 하려는 다짐을 할 것이다.

평화로운 민주주의 체제에서 생활하는 가장 좋은 점 중 하나는 이러한 고민들과 마주할 필요가 없다는 것이다.

최근까지도 우리의 대부분은 평범한 시대에 살았다. 정치적 관심은 언제나 높았다. 그러나 우리가 소중히 여기는 것을 지키기 위한 대단한 용기는 별로 필요 없었다. 옳은 일을 하는 것은 대단한 희생을 요구하지 않았다. 우리가 중요한 전투에서 패배해도, 승리할 수 있는 또 다른 전투가 있다는 것을 알 수 있었다.

지금은 이와 다르게, 우리는 수상한 시대에 살고 있다. 정치 영역에서 큰 위험이 실재한다. 앞으로 몇 년 동안, 우리가 소중히 여기는 것을 지키기 위해서는 더 많은 용기가 필요할 것이다. 우리가 결정적 순간에 옳은 일을 하려면, 기꺼이 희생할 각오를 해야 한다. 우리가 포퓰리스트들과의 다음 전투에서 패배한다면, 전쟁은 너무 빨리 끝날 것이다.

감사하게도 포퓰리즘의 여명 속에서 자유민주주의가 살아남길 바라는 사람들이 할 수 있는 많은 일들이 있다. 우리는 포퓰리스트들에 저항하기 위해 거리로 나갈 수 있다. 우리는 시민들에게 자유와 자치의 가치를 상기시킬 수 있다. 우리는 보다 나은 미래를 위하여 자유민주주의 개혁에 대한 야심찬 약속을 수용하도록 기성 정당들을 압박할 수 있다. 우리가 할 수 있으리라고 내가 희망하듯, 우리가 승리한다면, 우리는 적들을 민주주의 테두리 안으로 되돌려 놓을 수 있는 고상한 정신과 힘찬 결의들을 끌어 모을 수 있을 것이다.

그러나 아직 정치체제의 최종 운명을 예상할 수는 없다. 어쩌면 포퓰리스트들의 융성은 오래가지 못해, 백 년쯤 뒤에는 '그런 일도 있었어? 어이없기도 하고, 신기하기도 하고' 정도로 기억되리라. 또 어쩌면 모든 단계에서 개인의 권리가 침해되고, 지구상에서 사라진 세계 질서가 나타나는 경천동지할 변화가 일어날지도 모른다. 누구도 행복한 결말을 약속하지 못한다. 그러나 우리의 가치와 제도를 소중히 여기는 사람들은 결과와 상관없이 신념을 위해 싸울 결심을 해야 한다. 노력의 열매는 불분명하다. 그러나 우리는 자유민주주의를 지키기 위해, 할 수 있는 일을 해야 한다.

『역사의 종말』 끝마무리에서, 프랜시스 후쿠야마는 정말 역사가 끝났다고 생각해도 되는지 스스로 약간의 의심을 품고 있음을 내비쳤다.

역사의 종말은 아주 슬픈 때다. 인정 투쟁, 일생을 바쳐 추상적인 목표를 순수하게 달성하려는 결심, 전 세계적인 이데올로기 갈등 등등 모험심과 용기, 상상력과 이상주의를 불러일으키는 것들이 경제적 계산, 기술적 문제의 끝없는 해결, 환경에 대한 우려, 복잡미묘한 소비자 수요의 충족 등으로 바뀌어 버린다. 역사 이후의 시대에는, 철학도 예술도 없을 것이다. 단지 인류 역사의 박물관을 끝없이 돌보는 일뿐일 것이다. 나는 스스로에게서, 그리고 내 주변의 사람들에게서, 역사가 실존했던 때에 대한 강렬한 향수를 느낀다. 그러한 향수는 역사 이후의 시대에조차 한

동안은 경쟁과 갈등의 추진력을 제공할 것이다. 그 불가피성을 알더라도, 나는 1945년 이래 유럽에서 비롯된 문명, 그리고 북미와 아시아에도 돋아난 그 곁가지에 대해 매우 복잡한 심정일 수밖에 없다. 아마도 역사의 종말에 이르러서 한없이 따분한 시대가 연속되리라는 전망은 역사를 다시 시작하는 일에 힘을 실어줄 것이다.

이 대목이 오늘날 우리가 겪는 곤경을 이해하는 데 도움이 될까?

뭔가 대비되는 점이 있음은 틀림없다. 가장 거칠고 또 가장 효과적인 자유민주주의의 적들은 아주 편안한 삶을 누리고들 있다. 그리고 지금 우리의 정치체제는 완전한 자유를 보장함으로써 그런 삶을 가능하게 해준다. 때로는 그들을 그렇게 잘 대해준 체제에 대해 그들이 그토록 강렬히 적대하는 까닭은 무엇보다도 그들의 따분함 때문이 아닐까 싶다.

하지만 후쿠야마의 예측과 우리의 현실 사이의 차이 역시 적지 않다. 일부 포퓰리스트들이 스스로의 대담함을, 많은 인기를 끌 수 있는 능력을 자랑할 수 있는 데는 보다 구조적인 요인이 있다. 많은 불만이 자유민주주의에 대한 적대감을 불러오며, 그런 불만은 깊은 절망에서 자라난 것이다. 우리가 그런 절망을 제대로 알고 대처하지 않는다면, 앞으로 수십 년은 따분하기는커녕 아주 역동적인 시기가 될 것이다. 지나치게 역동적인.

여러 저자들은 따분함과 역동성 사이의 긴장 관계를 그들 나름의 특별한 방식으로 경험했다. 수십 년 동안, 그들은 내키는 대로 쓸 수 있는 자유를 누렸다. 그러나 그런 특권에 감사하기보다, 많은 이들이 자신들의 자유가 좀 더 쟁취할 필요가 있는 것이기를, 그리하여 스스로의 용기와 영웅적 면모를 쉽게 과시할 수 있기를 은근히 바랐다.

이제 그럴 때는 왔다. 평범한 시절에 자란 우리는 이제 특별한 시대로 진입하고 있다. 글을 쓰는 사람들의 역할이 매우 중요해졌다. 그리고 불과 몇 년 전만 해도 상상하지 못했던 만큼이나, 옳은 일을 하기란 대단한 용기를 요구하게 됐다. 이런 상황을 낭만적으로 받아들이는 어리석음을 저지르지 말고, 따분했던 시절이 돌아오도록, 정치에 걸린 리스크가 경상 수준에 머물렀던 시절로 돌아갈 수 있도록 우리는 할 수 있는 일을 해야 한다.

하지만 그렇다고 이런 시대의 몇 가지 위로되는 점을 외면할 필요는 없다. 나로서는 내 목표와 커뮤니티를 새롭게 인식할 수 있게 되었고, 그것이 그런 점의 하나이자 가장 소중한 점이다. 내게는 대략 알고 지낼 뿐 특별히 친하지는 않았던 사람들이 있었다. 이제 그들은 내게 동지와 같다. 그리고 2016년 11월 9일 아침 이전에는 적들이라 여겼던 사람들도 있었다. 이제 나는 함께 자유민주주의를 지키려는 뜻이 우리가 공공정책을 놓고 보여온 이견보다 중대하다고 여긴다.

따라서 이 동지와 동맹자들의 다중적 커뮤니티에 나는 제일 먼저 감사를 보내고 싶다. 내가 정말 소망하기로는, 멀지 않은 미래의 언젠가, 우리를 뭉치게 했던 목표가 더 이상 급박하지 않게 되기를 바란다. 우리의 동지 관계가 더 이상 필요없어지기를 바란다. 어느 정도 행운이 따른다면, 우리는 정치가 다시 평범해져서 우리가 다시 적으로 맞설 수 있을 만큼 오래 살 수 있으리라.

이 폭넓은 커뮤니티에는 내가 아주 잘 알고 있는 사람들도, 책으로만 접해본 사람들(그러나 지난 몇 달 동안 내게 큰 도움이 되어준)도 포함되어 있다. 그리고 또, 친구, 동료, 협력자들의 더 구체적인 커뮤니티 구성원들이 이 책이 현실을 제대로 반영하도록 수없이 많은, 또한 구체적인 도움을 주었다.

몰리 애틀러스는 내가 아직은 민주주의의 불안정성이 먼 이야기라고 생각하고 있었을 때부터 이 프로젝트의 적실성을 믿었다. 그녀는 내 최고의 조언자이자, 가장 열렬한 지지자이자, 가장 이상적인 냉정한 비판자이기도 했다. 심지어 그녀가 도무지 전화를 받을 수 없는 상황에서도 말이다. 나는 그녀가 도널드 트럼프가 먼 기억의 존재가 될 때까지, 그리하여 자유민주주의의 위험이 다시 먼 이야기로 느껴질 때까지 나와 함께 책 기획을 짜주기를 바란다.

포퓰리즘은 전 세계적 현상이다. 그래서 나는 아주 처음부터 이 책이 글로벌한 차원에서 이에 대항하는 논의의 한 시작점이 되기를 간절히 바랐다. 그래서 나는 록산느 에두아르와 소피 베이커에게 특별히 감사한다. 그들은 끊임없이(그리고 놀랄 만큼 성공적으로) 이 책이 여러 나라에서, 여러 언어로 등대가 되어줄 것이라고 확언해 주었다.

존 컬커는 이 프로젝트의 형성에 처음부터 도움을 주었다. 어떻게 하면 이 프로젝트가 진지하면서도 설득력 있는 것이 될지(다시 말해서 분석적이면서 열정적일 수 있을지) 내가 머리를 싸맬 때마다, 그는 언제나 적시에 적절한 조언을 주었다. 그래서 나는 그가 직업을 바꾸고 이 일에서 손을 뗀 데 대해 한없이 유감이다. 작별 선물로, 그는 이 프로젝트가 다른 훌륭한 편집자의 덕을 볼 거라고 말해주었다.

아이언 맬컴은 이 책 3부를 구상하는 데 도움을 주었고, 그 내용을 하나하나 따져 가며 개선해 주었다. 그가 이 책을 가능한 최선의 모습으로 만들기 위해 기울인 노력은 솔직히 놀라울 따름이었다. 학자들은 여러 종류의 사람들에게 감수를 받는 경우가 많은데 연구 결과에 남아 있는 결점이 없는지 검토하기 위해서이다. 아이언이 그 작업을 위해 연락을 주고받은 뛰어난 학자들의 명단은 말 그대로 끝이 없을 정도다. 지난 몇 달 동안, 하버드 대학교 출판부는 나를 매우 곤란하게 했다. 내가 아는 모든 저자들은 편집자들에 대한 불평을 일삼는다. 따라서 내 친구가 그 불가피한 지탄의 연도(連禱)를 줄줄 늘어놓을 때면, 나는 내 경우에는 전혀 아니라고 말함으로써 그들을 당황하고 불편하게 만들었던 것이다. 수전 도넬리, 리처드 하월스, 그레고리 콘블루, 레베카 화이트는 책의 언어 표현을 가지런히 정리하는 일에 보기 드문 능력을 보여주었다. 질 브레이트바스는 눈에 확 띄는 미국판 표지를 디자인했다. 케이트 브릭은 아주 **빡빡한** 시간 내에 이 책을 편집해서 인쇄해 내는 위업을 이루었다. 앤 맥과이어는 출처를 정리하고 주석을 구성하는 일에 경이로운 수준을 보여주었다.

출판부의 가장 좋은 결정은 앤절라 배기터를 영입한 것이다. 그녀가 과거에 손댄 책들 이야기를 듣고 난 나는 우리가 의견 일치를 볼 수 있을지 걱정했다. 그녀와 몇 달쯤 일해 보니, 나는 그런 책들을 그녀가 손대지 않았다면 아예 들어보지도 못했을 것임을 깨닫게 되었다.

이 책에 대해 나는 로베르토 포아에게 분명 가장 큰 학문적 빚을 졌다. 우리가 몬테라테로네에서 아름다운 여름을 함께 보내며 세계가치조사의 우려스러운 결과에 눈을 돌리고, 토론을 거쳐 민주주의의 탈공고화에 대해 연구를 해보자고 결정했을 때는, 우리의 발견이 어떤 의미를 가질지, 그리고 얼마나 큰 범위의 논의가 필요할지 미처 몰랐다. 이 책의 제3장은 그와 함께 쓴 논문을 다소 손질한 것일 뿐이다. 의심의 여지 없이, 지금까지 우리가 한 작업은 오랜 협력의 시작일 뿐이리라.

세 익명의 리뷰어들이 초고를 읽고 아주 상세하며 대체로 관용적인 코멘트를 달아 주었다. 그들은 이 책의 논의가 더 짜임새 있고 완전하게 되도록 큰 도움을 줬다. 동료 평가 과정이 늘 이처럼 유용하고 건설적이기만 한다면 우리의 대학교는 더 지낼 만한 곳이 될 것이다.

모니카 허셔는 가늠할 수 없을 정도의 도움을 주었다. 그녀는 이 책의 그래프 대부분을 그려 주었으며, 그런 점에서 민주주의에 대한 대중의 태도 관련 자료를 아마 그 누구보다 많이 알고 있을 것이다. 그녀는 또한 이 책의 다른 부분과 그래프 부분을 엮는 일에도 놀라운 솜씨를 보였으며, 늘 완벽하고자 고심하는 그녀의 자세만 보면, 일이 잘 마무리되었음을 확신할 수 있었다.

21년 전, 샘 코플먼은 내가 아는 가운데 분명 가장 뛰어난 젊은 저자였다. 나는 대형 사진 편집에서 근거 발언 찾기에 이르기까지 그에게서 도움을 얻는, 믿지 못할 행운을 얻었다. 그가 자신의 첫 대작을 쓸 때, 분명 그럴 텐데, 나는 아낌없는 도움을 약속한다.

이 책 3부의 정책 대안 논의는 데이비드 아들러, 엘레니 아르조글로, 셰리 버먼, 벤 델스먼, 리모 걸친, 모니카 허셔, 샤샹크 조시, 샘 코플먼, 한스 쿤드나니, 하비 레드그레이브, 크리스 유 등과의 기초 토론에서 큰 도움을 얻었다. 이 프로젝트에 대한 그들의 지적인 기여와 또 다른 많은 것에, 나는 그들에게, 또한 우리의 대화를 가능하게 해준 여러 훌륭한 사람들에게 깊은 감사를 드린다.

댄 케니와 제시 셸번은 1920년대의 사법심사제도에서부터 국제무역법 관련 전문지식에 이르기까지 아주 유용한 연구 보조를 맡아 주었다. 레오 킴, 터먼 쿠추크, 테드 라이너트, 수산나 로드리), 딜런 섀퍼, 엘레나 수리스는 방대한 색인과 연구보조 작업을 인내심 있게 담당해 주었다.

여러 해 전에, 장 베르너 뮐러는 프린스턴 대학교의 인간가치센터에서 포퓰리즘에 대한 학술대회를 열었다. 그리고 전혀 무명이던 한 대학원생도 참여하도록 하는 엉뚱한 생각을 했다. 기디언 로즈는 더 엉뚱한 생각을 했는데, 그 학생에게 "당신의 발표문을 《포린어페어즈》에 투고해 봐요"라고 했던 것이다. 두 분 모두 그러한 관대함이 예상 못한 결과를 맺은 데 감사를 받아야 한다.

래리 다이아몬드와 마크 플래트너가 민주주의 탈공고화에 대한 나의 생각을 발전시키는 데 힘을 보탰음은 두말할 나위가 없다. 그러나 이메일이나 직접 만남을 통한 그들과의 대화는 이 책의 다른 부분을 이루는 데도 그 못지 않은 도움이 되었다. 나는 그들의 지적인 기여와《민주주의 저널》에서 민주주의 탈공고화 논의를 연재해 준 데 대해 깊은 감사를 드린다.

래리와 마크가 해준 일 가운데 가장 값진 일 하나가 우리의 논의에 비판론자들도 참여하도록 한 일이었다. 비록 나는 아직도 에이미 알렉산더, 피파 노리스, 에릭 뵈텐, 크리스티언 웰젤과 중요한 논점들에서 동의하지 않지만, 그들이 우리 작업에 대해 준 논평에서 많은 것을 배울 수 있었다.

지난 세월 동안, 나는 민주주의와 포퓰리즘에 대한 글들을 여러 탁월한 편집자들의 손으로 출간할 수 있었다. 수엘 챈은 일찌감치 내 글을 눈여겨보고 효과적인 기명 사설을 쓰는 방법에 대해 많이 가르쳐준 점에서 특별한 감사를 받아야 한다. 그 뒤, 나는 칼라 블루멘크란츠, 제인카, 매뉴얼 하르퉁, 질스 하비, 로라 마시, 존 팰러텔라, 맥스 스트래서, 엘버트 벤투라 등과 일할 기회를 가졌다. 그들의 통찰은 이 책의 여러 부분에 녹아 있으며, 그들의 세련된 지침도 그렇다. 그들을 위해 썼던 글들의 짧은 단락들은 이 책에 삽입되어 글의 완성도를 높였다.

나는 이 책의 대부분을 독일 마샬 펀드의 트랜스애틀랜틱 아카데미가 자금을 지원한 연구년을 보내며 썼다. 현실 정치 쪽에서, 프레데릭

보조, 스테판 프릴리히, 웨이드 자코비, 해롤드 제임스, 마이클 키미지, 테드 라이너트, 메리 엘리제 사로트, 하이디 츠보렉 등과 보낸 1년은 그보다 실망스러운 1년일 수 없었다. 그러나 개인적으로는 그보다 유익하고 즐거울 수 없었음을 밝힌다. 내가 우리 집단 전체를 대표해서 하고 싶은 말은 단 하나, 스티브 차보의 친절과 지도력 덕분에 나의 연구년은 무척 즐겁고 생산적일 수 있었다.

'새로운 미국'에 오랫동안 젖어든 끝에 워싱턴에서 더 많은 시간을 보내는 일의 장점 가운데 하나랄까, 나는 마침내 그곳의 훌륭한 커뮤니티에서 보다 적극적인 역할을 맡을 수 있었다. 특히 '정치 개혁 프로그램'은 눈부신 일을 해냈다. 미국의 정치기구들을 재구성하려는 나의 접근은 마크 시미트와 리 드러트먼에게서 큰 영향을 받았다. 나는 또한 홀리 길먼, 헤더 헐버트, 샤이앤 폴리메디오에게서도 많은 것을 배웠으며, 퍼즈 호건은 여러 해 동안 자신의 시간, 조언, 연구자료를 관대하게 베풀어 주었다. 피터 버겐과 앤 마리 슬로터 또한 초기부터 나를 신뢰해 주었고, 꾸준히 관대하게 대해 주었다.

《슬레이트》는 연구년 동안 내 글을 펴낼 훌륭한 플랫폼이 되어 주었고, 그런 점에서 제이컵 와이즈버그와 줄리아 터너에게 크게 감사한다. 존 스완스버그는 주간 칼럼 작성 과정에서 꿍짝이 잘 맞는 친구였고, 이 책에 나오는 여러 아이디어를 실험할 기회를 주었다. 앨리슨 베네딕트가 출산 휴가로 자리를 비운 지난 몇 달 동안 함께 일한 조시 키팅은 날카롭고, 상상력 넘치고, 놀랄 만큼 참을성 있는 편집자였다.

2016년 11월, 나는 퍼즈 호건에게 사적으로 의사 타진을 했다. "도널드 트럼프 같은 권위주의적 포퓰리스트들을 무찌를 아이디어, 방책, 전략 등을 다루는 팟캐스트를 해보면 어떨까요?" 그는 내 단순한 아이디어를 더 나은 현실로 바꿔주었고, 기대했던 것보다 훨씬 빠르게 실행해 주었다. 그 뒤, 스티브 릭티그와 준 토머스는 《슬레이트》에서 〈선한 싸움the Good Fight〉이라는 프로그램을 운영하는 일에 크게 애썼다. 그러나 그 팟캐스트가 '리스너십listnership'을 확보하고 그리하여 이 책의 아이디어를 재미있고도 생산적으로 검토 논의할 수 있었던 것은 다분히 존 윌리엄스의 탁월한 기술과 더 탁월한 격려 덕분이다.

에릭 비어봄, 셰리 버먼, 그르제고르 에케르트, 톰 미니, 새빌 라만, 낸시 로젠블룸, 마이클 샌델, 리처드 터크, 댄 지블래트의 조언이 없었다면 이 책은 없었을 것이다. 여러 해 동안 이 책의 주제들에 대해 이야기를 나누고, 귀중한 깨우침을 주거나 조언을 준 사람들은 그 밖에도 많은데, 가령 리아쿼트 아흐마드, 조나단 브루노, 알렉산드라 디어, 마틴 이어먼, 요한 프릭, 아트 골드해머, 샘 골드먼, 안타라 할다, 피터 홀, 에일리어 하산, 마이클 이그나티예프, 댄 켈먼, 마다프 콜사, 알렉스 리, 스티브 레비츠키, 마이클 린드, 프라탑 메타, 쥘레르모 델 피날, 레이첼 프리츠커, 제드 퍼디, 에마 손더스 헤이스팅스, 윌리엄 시워드, 댄 쇼어, 가네시 시태러먼, 저스틴 스미스, 댄 스티드, 돈 톤티플라폴 등이다. 이 명단에서 빠진 분들도 없지 않을 텐데, 그들에게는 심심한 사과를 드린다.

내가 제 정신을 차릴 수 있게 도와주고, 일에 재미도 느끼도록 해준

데 대하여 티어리 아즈너, 엘레니 아르조글로, 알렉스 드러키어, 헬레나 헤셀, 샘 홈스, 칼리 나이트, 톰 미니, 냇 시무클러, 칼 스쿠노버, 샤이러 텔루시킨, 윌리엄 시워드에게 깊은 감사를 드린다. 물론 우리 어머니 앨러에게도(그녀는 또한 이 책의 독일어판 제작에도 크게 도움을 주셨다).

결론에서 말했다시피, 나는 스토아주의에 대해 이중적인 느낌을 갖고 있다. 그것은 이 무서운 시대에 옳은 일을 하게끔 힘을 준다. 그러나 또한 사물과 사람에 대해 무관심하라는 그 가르침은 은둔자의 삶에나 마땅하다. 이 사상에 대해 한킹만큼 훌륭하게 설명해줄 수 있는 사람은 없으리라. 그녀가 북돋아준 힘 덕분에 이 책을 쓸 수 있었다. 그녀를 만나지 못했다면, 나의 행복과 내가 사랑하는 사람의 행복을 하나로 엮어갈 때 삶이 얼마나 풍요로워지는지 결코 이해하지 못했으리라.

지난 2016년 11월 8일, 도널드 트럼프가 미국의 제45대 대통령으로 당선되자 많은 미국 국민은 놀랐다. 세계가 다 놀랐다. 심지어 트럼프 자신까지 놀랐다고 한다. '선거 결과에 승복하지 않겠다'는 성명서를 써서 기다리고 있었다니 말이다.

재벌 출신으로 정치 경력도 얼마 없는 데다, 어디로 튈지 모르는 언동, 소수자에 대한 존중 따위는 말아먹은 듯한 태도, 삼권분립이나 언론의 자유를 우습게 여기는 자세 등을 볼 때 그가 세계에서 가장 유서 깊고 가장 강력한 민주국가의 대표자가 되었음은 그야말로 놀랄 일이었다.

그러나 이 책의 저자, 하버드 대학교의 야스차 뭉크는 그것이 단지 어쩌다가 한 번 있을 법한 해프닝이 아니라고 한다. 돌아보면 유럽과 아시아, 남아메리카 등 곳곳에서 포퓰리즘을 앞세운 '권위주의적 지도자strongman'들이 집권하거나 잔뜩 세를 불리고 있으며, 따라서 한때 공고하다고 여겨졌던 민주주의는 뿌리부터 흔들리고 있다는 것이다.

나아가 그는 그것만이 위기의 본질은 아니라고 한다. 한편에서는 관료나 법관 등 선출되지 않은 테크노크라트들이 국민의 대표인 선출직 정치인들을 압도하고, 국민의 뜻이 공공정책에 반영되는 민주주의의 기능을 훼손하고 있다. 가령 유럽연합의 집행위원회는 유럽연합 회원국 국민들이 뽑지도 승인하지도 않은 사람들로 구성되지만, 회원국 국민들의 삶을 좌지우지할 수 있는 권한을 갖고 있다. '우리가 왜 남유럽 국가들의 실패를 책임져 줘야 하느냐'며 유럽연합에서 탈퇴한 '브렉시트'도 그런 불만에서 비롯되었다.

이렇게 한편으로는 개인의 자유를 지키기 위해 고안된 권력분립이나 언론자유, 법치주의 등을 무력화하며 '국민의 뜻'이라는 한마디로 권위주의적 지도자가 독재로 치닫는 '권리 보장 없는 민주주의'가, 다른 한편으로는 그런 자유 보장의 제도들의 힘이 너무 강력해져서 국민의 뜻이 숨도 제대로 쉬지 못하며 사실상 민주주의가 소수의 과두제로 전락해 버리는 '민주주의 없는 권리 보장'이 창궐하면서, 자유민주주의는 분열의 위기를 맞이했다고, 뭉크는 목소리를 높인다.

그는 이런 위기는 어떤 의미에서 예고되어 있었다고 한다. 자유민주주의란 다분히 '역사적 우연'의 산물이라는 것이다. 제2차 세계대전 직후 시기, 주요 민주국가들의 경제는 전에 없는 호황이었다. 또한 '국민'

은 다분히 동질적이었다(인종, 종교 등의 소수자가 별로 없거나, 있어도 없는 듯 취급되었다). 그리고 언론이 소수 거대 언론매체의 손에 머물러 있었다. 그러다 보니 경제난이나 양극화에 따른 불만의 목소리는 거의 나오지 않았고, 인종 갈등이나 종교 갈등도 없었다. 극단주의자들의 목소리는 언론매체에서 걸러졌다. 그러므로 국민의 뜻이 온건했으며 지도자들의 입장과 그다지 다르지 않았기에, 자유주의와 민주주의가 조용히 화합할 수 있었다.

이제는 사정이 뒤바뀌었다. 자본주의는 잊을 만하면 경제위기로 흔들리며, 거의 모든 나라에서 빈부격차가 급속히 커지고 있다. 사람들은 이제 자신의 인생 후반기가 전반기보다 나을 거라고, 자신의 자녀가 자신만 한 사회적 지위를 유지할 거라고 믿지 못한다. 그들의 절망은 한편으로는 기성 정치권과 체제에 대한, 한편으로는 어느새 사방에서 볼 수 있게 된 '이방인들', 인종적·종교적 소수자들에 대한 분노로 표출된다. 한때 민주주의의 완성이라고 찬양되었던 인터넷과 소셜 미디어 서비스의 1인 미디어(여론을 형성할 권력을 거대 언론사와 그들과 결탁한 기득권에게서 빼앗는 의미가 있었으므로)는 이제 가짜뉴스와 혐오발언의 온상으로, 그리고 극단적 편가르기, 과격한 선동이 여과 없이 펼쳐지는 수라장으로 되어버렸다.

하지만 뭉크는 이런 추세를 극복할 방법도 있다고 한다. 일단 '저항'이라는 방법이 있다. 그래도 아직은 민주주의가 완전히 폐기된 것도 아니고 개인의 자유를 수호하는 기관도 완전히 힘을 잃지는 않았으므로,

포퓰리즘적 지도자나 정당에 대해 단호한 반대의 목소리를 내며 뭉쳐야 한다. 그러면 선거에서 2016년 11월 미국과 같은 희비극이 벌어지지 않도록 할 수 있고, 정당들이 포퓰리즘의 유혹에 빠지지 않도록 막을 수 있다. 법관들이 국민의 지지를 믿고 단호하게 권력과 맞설 수 있게끔 도울 수도 있다. 어찌어찌해서 집권한 예비 독재자를 권좌에서 내쫓을 수도 있다. '민주주의는 피를 먹고 자란다'는 말은, 21세기에도 아직 효력을 잃지 않았다.

그러나 저항만으로는 부족하다. 자유민주주의의 위기를 초래한 정치·경제·사회적 환경을 뜯어고치지 않으면 안 된다. 살림살이가 안좋아졌다고 그것을 모두 소수자들 탓으로 돌리는 일도, 그런 점을 꼬집어서 이 나라에는 정의도 뭐도 없다고 불평하는 일도 자제되어야 한다. 모든 사람을 사람이라는 이유만으로 존중하는 자유주의의 원칙을 지키면서, 그 자유가 보장될 수 있는 터전인 국가에 대한 애국심을 되찾아야 한다.

경제가 달라져야 한다. 세제 개혁, 주택 공급 방식 개선, 생산성 향상, 복지제도 재구성, 존엄한 일자리 창출 등을 통해 끝모르는 빈부격차 확대의 흐름을 되돌리고, 번영과 풍요를 모두 함께 나눌 수 있는 체제로 거듭나게끔 해야 한다.

그리고 국민들이 기존의 민주주의에 대한 신뢰를 되찾도록 해야 한다. 그러려면 여러 가지가 필요하다. 광란의 도가니가 되고 있는 소셜미디어에 대한 일정한 기준이 합의되어야 하며, 정치 과정을 더 투명하게 하고, 정치인들과 부자들 사이의 유착을 끊어버릴 제도 개혁을 해야 한다. 그리고 교육을 강화해야 한다. 어느새 의미를 잃어버린 민주시민 교육을 다시 활성화해야 한다.

여기서, 뭉크는 '성공적으로 권위주의로의 몰락을 차단하고 자유민주주의를 지킨 사례'의 하나로 한국을 꼽고 있다. 박근혜 정권의 폭주에 맞서 수십만의 시민이 촛불을 들었고, 그 결과 피 한 방울 흘리지 않고 부당한 권력을 타도했다는 것이다. 한국인으로서 우리는 이 대목에서 자랑스러움을 느낄 수 있을 것이다.

그러나 한편으로 경계와 반성을 해야 한다. 우리는 과연 성공했는가? 이제 세계는 대한민국의 찬란한 민주주의를 보며 본받으려고 할 것인가? 왠지 자신 있게 그렇다고 말할 수가 없다. 뭉크가 지적하고 있는 민주주의 붕괴의 여러 조건들, 가령 정당이나 법원, 국회 등 정치제도에 대한 국민 일반의 혐오라든지, 급속한 빈부격차, 좋은 일자리의 감소, 인터넷과 소셜 미디어에서의 극단적 이분법과 진영 논리, 갈수록 도가 더해지는 혐오발언과 가짜뉴스, 상대편에 대한 폭력적인 태도 등이 우리의 현실이기 때문이다. 심지어, 그런 현실을 근본적으로 뒤집으려는 움직임조차 거의 없기 때문이다!

그러므로 우리는 이 책을 다시 꼼꼼히 정독할 필요가 있다. 우리가 미국이나 유럽과는 여러 가지로 다른 상황에 있으며 어떤 점에서는 자랑스러워할 부분도 있지만, 잘못하면 우리도 애써 얻은 민주주의를 잃어버리고 혼란과 침체의 늪에 빠질 수도 있음을 직시해야 한다. 민주주의는 공고화될 수도 있고, 탈공고화될 수도 있다. 그러나 결코 완성될 수는 없다. 우리는 완성될 수 없는 것의 완성을 위해 늘 깨어 있어야 하며, 노력해야 한다. 그것이 이 땅에서 행복하게 살기 바라며, 다음 세대도 계속해서 그러기를 바라는 사람들의 책임이다.

마지막으로 좋은 책의 번역을 맡겨 주시고 자꾸만 늦어지는 일정 속에서도 참고 기다려 주신 와이즈베리 출판사 분들에게 감사드리며, 서울교육대학교 교육대학원 박사과정의 이신애, 정혜영, 조광원 선생님들께 깊은 감사를 드린다. 그분들의 관심과 도움 덕분에 이 책의 번역을 끝낼 수 있었다.

2018년 봄을 보내며,
함규진

주석

서론

1 Margaret Talev and Sahil Kapur, "Trump Vows Election-Day Suspense without Seeking Voters He Needs to Win," Bloomberg, 20 October, 2016, https://www.bloomberg.com/news/articles/2016-10-20/trump-vows-election-day-suspense-without-seeking-voters-he-needs-to-win; Associated Press, "Trump to Clinton: 'You'd Be in Jail'" New York Times website, video, October 10, 2016, https://www.nytimes.com/video/us/politics/100000004701741/trump-to-clinton-youd-be-in-jail.html; Yochi Dreazen, "Trump's Love for Brutal Leaders Like the Philippines' Rodrigo Duterte, Explained," Vox, May 1, 2017, https://www.vox.com /world/2017/5/1/15502610/trump-philippines-rodrigo-duterte-obama-putin-erdogan-dictators.

2 Francis Fukuyama, "The End of History?"National Interest, no. 16(Summer 1989): 3-18, quotation on p. 4; Francis Fukuyama, The End of History and the Last Man (New York: Free Press, 1992).

3 후쿠야마의 글에 대한 여러 가지 초기 반응의 예로, Harvey Mansfield, E. O. Wilson, Gertrude Himmelfarb, Robin Fox, Robert J. Samuelson, and Joseph S. Nye, "Responses to Fukuyama," National Interest, no. 56 (Summer 1989): 34-44.

4 Adam Przeworski, Limongi Neto, and Fernando Papaterra, "Modernization: Theories and Facts," World Politics 49, no. 2 (1997): 155-183, 165. (셰보르스키, 리몽기, 파파테라가 1985년도 구매력 지수를 기준으로 낸 수치는 6055달러였다. 2.62퍼센트의 평균 물가상승률로 따져서 수정한 수치는 2016년 기준 13503달러였다)

5 Przeworski, Limongi, and Papaterra, "Modernization," 170-171.

6 See Andreas Schedler, "What Is Democratic Consolidation?" Journal of Democracy 9, no. 2 (1989): 91-107; Larry Jay Diamond, "Toward Democratic Consolidation," Journal of Democracy 5, no. 3 (1994): 4-17; and Scott Mainwaring, "Transitions to Democracy and Democratic Consolidation: Theoretical and Comparative Issues," Working Paper no. 130, The Helen Kellogg Institute for International Studies, University of Notre Dame, November 1989.

7 Juan Linz and Alfred Stepan, "Toward Consolidated Democracies," Journal of Democracy 7, no. 2 (1996): 14-33.

8 Roberto Stefan Foa and Yascha Mounk, "The Democratic Disconnect," Journal of Democracy 27, no. 3 (2016): 5-17; Roberto Stefan Foa and Yascha Mounk, "The Signs of Deconsolidation," Journal of Democracy 28, no. 1 (2017): 5-15.

9 Foa and Mounk, "Democratic Disconnect."

10 예로, "Trump Attacks China in Twitter Outburst," BBC News, December 5, 2016, http://www.bbc.co.uk/news/world-asia-china-38167022; Katie Reilly, "Here Are All the Times Donald Trump Insulted Mexico," Time, August 31, 2016, http://time.com/4473972/donald-trump-mexico-meeting-insult/; Adam Liptak and Peter Baker, "Trump Promotes Original 'Travel Ban,' Eroding His Legal Case," New York Times, June 5, 2017, https://www.nytimes.com/2017/06/05/us/politics/trump-travel-ban.html.

11 폴란드에 대해서는, Joanna Fomina and Jacek Kucharczyk, "Populism and Protest in Poland," Journal of Democracy 27, no. 4 (2016): 58-68; Jacques Rupnik, "Surging Illiberalism in the East," Journal of Democracy 27, no. 4 (2016): 77-87; 또한 Bojan Bugaric and Tom Ginsburg, "The Assault on Postcommunist Courts," Journal of Democracy 27, no. 3 (2016): 69-82. 터키의 경우에는, Berk Esen and Sebnem Gumuscu, "Turkey: How the Coup Failed," Journal of Democracy 28, no. 1 (2017): 59-73; Dexter Filkins, "Erdogan's March to Dictatorship in Turkey," New Yorker, March 31, 2016; and Soner Cagaptay, The New Sultan: Erdogan and the Crisis of Modern Turkey (London: I. B. Tauris, 2017).

12 Andrew Bennett, "Case Study Methods: Design, Use, and Comparative Advantages," in Models, Numbers, and Cases: Methods for Studying International Relations, ed. Detlef F. Sprinz and Yael Wolinsky-Nahmias(Ann Arbor: University of Michigan

Press, 2004), 29.

13 게오르기 렝겔과 가브리엘라 일론스키(György Lengyel and Gabriella Ilonszki)가 2010년에 지적했듯, "오랫동안 헝가리 국내외의 관찰자들은 헝가리를 국가사회주의에서 민주주의로의 가장 모범적인 이행 사례로, 중동부 유럽에서 가장 공고화된 민주정치체제로 여겨왔다." György Lengyel and Gabriella Ilonszki, "Hungary: Between Consolidated and Simulated Democracy," in Democratic Elitism: New Theoretical and Comparative Perspectives, ed. Heinrich Best and John Higley (Leiden: Brill, 2010), 150. 다음도 볼 것. Attila Ágh, "Early Democratic Consolidation in Hungary and the Europeanisation of the Hungarian Polity," in Prospects for Democratic Consolidation in East-Central Europe, ed. Geoffrey Pridham and Attila Ágh (Manchester: Manchester University Press, 2001), 167; and Miklós Sükösd, "Democratic Transformation and the Mass Media in Hungary: From Stalinism to Democratic Consolidation," in Democracy and the Media: A Comparative Perspective, ed. A Comparative Perspective, ed. Richard Gunther and Anthony Mughan, 122-164 (Cambridge: Cambridge University Press, 2000).

14 Marton Dunai and Krisztina Than, "Hungary's Fidesz Wins Historic Two-Thirds Mandate," Reuters, April 25, 2010. 또한 Attila Ágh, "Early Consolidation and Performance Crisis: The Majoritarian-consensus Democracy Debate in Hungary," West European Politics 24, no. 3 (2001): 89-112.

15 See János Kornai, "Hungary's U-turn: Retreating from Democracy," Journal of Democracy 26, no. 3 (2015): 34-48; and Miklós Bánkuti, Gábor Halmai, and Kim Lane Scheppele, "Disabling the Constitution," Journal of Democracy 23, no. 3 (2012): 138-146. Jan Puhl, "A Whiff of Corruption in Orbán's Hungary," Spiegel Online, January 17, 2017; Keno Verseck, "Amendment Alarms Opposition: Orbán Cements His Power with New Voting Law," Spiegel Online, October 30, 2012; Lili Bayer, "Hungarian Law Targets Soros, Foreign-Backed NGOs," Politico, March 9, 2017. Andrew MacDowall, "US-Linked Top University Fears New Rules Will Force It Out of Hungary," Guardian, March 29, 2017.

16 Csaba Toth, "Full Text of Viktor Orbán's Speech at Baaile Tussnad (Tusnádfürdoo) of 26 July 2014," Budapest Beacon, July 29, 2014, http://budapestbeacon.com/public-policy/full-text-of-viktor-orbans-speech-at-baile-tusnad-tusnadfurdo-

of-26-july-2014/10592.

17 "In the Final Hour, a Plea for Economic Sanity and Humanity," Letter to the Editor, signed by Joseph Stiglitz, Thomas Piketty, Massimo D'Alema, et al., Financial Times, June 4, 2015. "Europe Will Benefit from Greece Being Given a Fresh Start," Letter to the Editor, signed by Joseph Stiglitz et al., Financial Times, January 22, 2015. See also J. Gordon et al., "Greece: Ex-Post Evaluation of Exceptional Access under the 2010 Stand-By Arrangement," IMF Country Report no. 13/156, International Monetary Fund, Washington, DC, June 2013, https://www.imf.org/external/pubs/ft/scr/2013/cr13156.pdf.

18 Lucy Rodgers and Nassos Stylianou, "How Bad Are Things for the People of Greece?" BBC News, July 16, 2015.

19 Liz Alderman, "Tsipras Declares Creditors' Debt Proposal for Greece 'Absurd,'" New York Times, June 5, 2015. 또한 "In the Final Hours" letter from Stiglitz et al., and Gordon, IMF Country Report, "Greece: Ex-Post Evaluation."

20 Helen Nianias, "Alexis Tsipras of Syriza Is Far from Greek Orthodox: The Communist 'Harry Potter' Who Could Implode the Eurozone," Independent, January 21, 2015; C. J. Polychroniou, "Syriza's Lies and Empty Promises," Al Jazeera, July 6, 2015; Andreas Rinke, "Tsipras Has Caused a Disaster, Says German Conservative Lawmaker," Reuters, July 5, 2015; "Bumbling toward Disaster: Greece's Leaders Look a Poor Match to the Challenges Facing the Country," Economist, March 19, 2015.

21 Renee Maltezou and Lefteris Papadimas, "Greeks Defy Europe with Overwhelming Referendum 'No,'" Reuters, July 5, 2015.

22 Peter Spiegel, "A Comparison of Greece's Reform List and Creditors' Proposals," Financial Times, July 10, 2015.

23 Suzanne Daley and Liz Alderman, "Premier of Greece, Alexis Tsipras, Accepts Creditors' Austerity Deal," New York Times, July 13, 2015.

24 그러나 2장 끝에서 논하겠지만, 실제는 이 짧은 요약에 비하면 좀 더 복잡하다. 다른 유럽연합 지도자들이 그리스에 더 나은 조건을 제시하기 꺼려한 이유의 큰 부분은 자국 국민들이 더 관대한 패키지에 강력 반발할 것에 대한 우려에 있었다. 달리 말해서, 그들은

대체로 자국 국민의 뜻에 따라 그리스 국민의 뜻을 억압한 셈이다.

25 T. C. W. Blanning, "Frederick the Great and Enlightened Absolutism," in Enlightened Absolutism: Enlightened Absolutism: Reform and Reformers in Late Eighteenth Century Europe, ed. H. M. Scott (London: Macmillan, 1990); Jonathan I. Israel, "Libertas Philosophandi in the Eighteenth Century: Radical Enlightenment versus Moderate Enlightenment (1750 - 1776)," 언론자유에 대해서는 Elizabeth Powers (Lewisburg, PA: Bucknell University Press, 2011).

26 고대세계에서 개인의 자유에 가해진 엄격한 제한에 대한 고전적 글로 Benjamin Constant, "The Liberty of the Ancients Compared with That of the Moderns," in Political Writings, ed. Biancamaria Fontana, 309 - 328 (New York: Cambridge University Press).

27 Bertrand Russell, The Problems of Philosophy (Oxford: Oxford University Press, 1912), 63.

28 US Department of Labor, Bureau of Labor Statistics, "100 Years of U.S. Consumer Spending: Data for the Nation, New York City, and Boston," Report 991, May 2006, (Washington, DC: BLS, 2006); https://www.bls.gov/opub/uscs/report991.pdf; US Census Bureau, "Income and Poverty in the United States: 2015," Table A-1: Households by Total Money Income, Race, and Hispanic Origin of Householder: 1967 to 2015, https://www.census.gov/data/tables/2016/demo/income-poverty/p60-256.html(accessed July 12, 2017).

29 포퓰리즘의 경제적 원인에 대하여 자세한 내용은 5장을 보라.

30 포퓰리즘의 문화적 원인에 대하여 자세한 내용은 6장을 보라.

31 포퓰리즘의 기술적 원인에 대하여 자세한 내용은 4장을 보라.

32 포퓰리즘의 경제적 원인을 극복하는 문제에 대하여 자세한 내용은 8장을 보라.

33 포용적 애국주의를 이루는 대 대하여 자세한 내용은 7장을 보라.

34 소셜 미디어의 등장에 대응하고 시민교육을 재활성화하는 데 대하여 자세한 내용은 9장을 보라.

35 Yascha Mounk, The Age of Responsibility: Luck, Choice, and the Welfare State (Cambridge, MA: Harvard University Press, 2017).

1부. 자유민주주의의 위기

1 Tony Judt, The Memory Chalet (London: Penguin, 2010).

2 이 특정 공식은 Steven Levitsky and Lucan Way, Competitive Authoritarianism (New York: Cambridge University Press, 2010), 5-6.

3 이 문제점은 선거 메커니즘이 보장하리라 여겨진 국민자치보다 선거 메커니즘 자체에 과도한 중점을 둔 데서 비롯되었다. 이는 최소민주주의의 정의에서도 확인되는데, 가령 조셉 슘페터(Joseph Schumpeter)는 민주주의를 가장 권력이 있는 정치적 직위가 "대중의 투표에 의한 경쟁으로" 충원되는 정치체제로 정의했다. Joseph Alois Schumpeter, Cap ital-ism, Socialism, and Democracy (1942; London: Routledge, 2004), 269.

4 이런 측면에서(그리고 사실상 어떤 식으로든) 민주주의는 하나의 장치다. 하나로 엮인 기관들의 집합은 그것이 국민의 뜻을 실제로 공공정책으로 바꿔 주는 한 민주적이다. 또한, 비록 나는 그런 정의에 "자유롭고 공정한" 선거를 직접 포함하지는 않겠지만, 그런 의미를 내포한다고 할 수 있다. 국민의 뜻을 효과적으로, 상당 수준까지 공공정책으로 바꿀 수 있는 시스템은 자유롭고 공정한 선거를 포함해야 한다는 게 합리적이다.

1장. 권리 보장 없는 민주주의

1 Anthony Oberschall, "Opportunities and Framing in the Eastern European Revolts of 1989," in Comparative Perspectives on Social Movements: Political Op-portunities, Mobilizing Structures, and Cultural Framings, ed. Doug McAdam, John D. Mc Carthy, and Mayer N. Zald (New York: Cambridge University Press, 1996), p. 93; Andreas Hadjar, "Non-violent Political Protest in East Germany in the 1980s: Prot-estant Church, Opposition Groups and the People," German Politics 12, no. 3 (2003): 107-128; Andrew Curry, "'We Are the People': A Peaceful Revolution in Leipzig," Spiegel Online, October 9, 2009.

2 H. Vorländer, M. Herold, and S. Schäller, PEGIDA: Entwicklung, Zusammenset-zung und Deutung einer Empörungsbewegung (Wiesbaden: Springer-Verlag, 2015); J. M. Dostal, "The Pegida Movement and German Political Culture: Is Right?Wing Popu-lism Here to Stay?" Political Quarterly 86, no. 4 (2015): 523-531; Naomi Conrad,

"Leipzig, a City Divided by Anti-Islam ist Group PEGIDA," Deutsche Welle, January 11, 2016.

3 저자가 직접 인터뷰.

4 저자가 직접 인터뷰.

5 난민 위기에 대해 내가 쓴 글을 더 자세히 읽어보려면, Yascha Mounk, "Echt Deutsch: How the Refugee Crisis Is Changing a Nation's Identity," Harper's, April 2017.

6 포퓰리즘의 정의와 그것이 국민을 대변하다고 주장하는 점의 중요성에 대해서는 Cas Mudde, "The Populist Zeitgeist," Government and Opposition 39, no. 4 (2004): 541-563; Cas Mudde, Populist Radical Right Parties in Europe (Cambridge: Cambridge University Press, 2007); Jan-Werner Müller, What Is Populism? (Philadelphia: University of Pennsylvania Press, 2016), John B. Judis, The Populist Explosion: How the Great Recession Transformed American and European Politics (New York: Columbia Global Reports, 2016); 또한 Yascha Mounk, "Pitchfork Politics: The Populist Threat to Liberal Democracy," Foreign Affairs 93 (2014): 27-36; and Yascha Mounk, "European Disunion: What the Rise of Populist Movements Means for Democracy," New Republic 248, no. 8-9 (2017): 58-63.

7 Seymour Martin Lipset and Stein Rokkan, "Cleavage Structures, Party Systems, and Voter Alignments: An Introduction," in Party Systems and Voter Alignments: Cross-National Perspectives (New York: Free Press, 1967), 1-64.

8 Peter Mair, Party System Change: Approaches and Interpretations (Oxford: Oxford University Press, 1997).

9 J. E. Lane and P. Pennings, eds., Comparing Party System Change (London: Routledge, 2003); and R. J. Dalton and M. P. Wattenberg, eds., Parties without Partisans: Political Change in Advanced Industrial Democracies(Oxford: Oxford University Press, 2002).

10 실비오 베를루스코니의 등장과 집권에 대해서는 Alexander Stille, The Sack of Rome: Media + Money + Celebrity = Power = Silvio Berlusconi (New York: Penguin, 2006). 전후 정당체계의 붕괴에 대해서는 L. Morlino, "Crisis of Parties and Change of Party System in Italy," Party Politics 2 no. 1 (1996): 5-30; and L. Bardi, "Anti?party

Sentiment and Party System Change in Italy," European Journal of Political Research 29, no. 3 (1996): 345-363.

11 치프라스의 시리자는 26.3퍼센트의 표를 얻었고 우익 포퓰리즘 정당인 독립그리스당 (ANEL)과의 연합으로 집권할 수 있었다. Yascha Mounk, "The Trouble with Europe's Grand Coalitions," New Yorker, December 27, 2014, http://www.newyorker.com/news/news-desk/trouble-europes-grand-coalitions. 또한 Yannis Stavrakakis and Giorgos Katsambekis, "Left-wing Populism in the European Periphery: The Case of SYRIZA," Journal of Political Ideologies 19, no. 2 (2014): 119-142; 그리고 Paris Aslanidis and Cristóbal Rovira Kaltwasser, "Dealing with Populists in Government: The SYRIZAANEL Coalition in Greece," Democratization 23, no. 6 (2016): 1077-1091.

12 Sam Jones, "Spanish Election: Conservatives Win but Fall Short of Majority—-As It Happened," Guardian, December 20, 2015; Giles Tremlett, "The Podemos Revolution: How a Small Group of Radical Academics Changed European Politics," Guardian, March 31, 2015.

13 Jacopo Barigazzi, "Beppe Grillo's 5Star Movement Hits Record High: Poll," Politico, March 21, 2017. 이탈리아의 최근 투표 결과에 대해서는 https://en.wikipedia.org/wiki/Opinion_polling_for_the_next_Italian_general_election, accessed October 1, 2017. 5성운동의 성격에 대해서는 Gianluca Passarelli and Dario Tuorto, "The Five Star Movement: Purely a Matter of Protest? The Rise of a New Party between Political Discontent and Reasoned Voting," Party Politics (2016).

14 Jon Sharman, "Anti-immigrant Party Takes First Place in Sweden, Poll Shows: Its Support Is at Nearly Double the Level during 2014 General Election," Independent, March 25, 2017. 스웨덴 민주당과 그들의 상승세의 이유에 대해서는 Jens Rydgren and Sara van der Meiden, "Sweden, Now a Country Like All the Others? The Radical Right and the End of Swedish Exceptionalism," Working Paper 25, Department of Sociology, Stockholm University, June 2016.

15 Gregor Aisch, Matthew Bloch, K. K. Rebecca Lai, and Benoît Morenne, "How France Voted," New York Times, May 7, 2017. 마리 르펜의 영도 아래 국민전선의 성격이 바뀐 일에 대해서는 Daniel Stockemer and Mauro Barisione. "The 'New' Discourse of the Front National under Marine Le Pen: A Slight Change with a Big Impact," European Journal of Communication 32, no. 2 (2017): 100-115; 또한 Francesca Scrinzi, "A 'New' National Front? Gender, Religion, Secularism and the French Populist Radical Right," in Gender and Far Right Politics in Europe, pp. 127-140 (Springer International Publishing, 2017).

16 다른 지표로써 지난 50년 동안 이보다 더 큰 폭으로 반체제적 투표 성향이 늘었음을 보여주는 예로 Pippa Norris and Ronald Inglehart, "Trump, Brexit, and the Rise of Populism: Economic Have-Nots and Cultural Backlash," HKS Working Paper No. RWP16-026, Harvard Kennedy School, July 29, 2016, figure 4, 이는 다음 웹사이트에서 볼 수 있다. https://papers.ssrn.com/sol3/papers.cfm?abstract_id=2818659.

17 Astra Taylor, "The Anti-democratic Urge," New Republic, August 18, 2016, https://newrepublic.com/article/135757/anti-democratic-urge.

18 Frank Furedi, "Populism: A Defence," Spiked Review, November 2016, http://www.spiked-online.com/spiked-review/article/populism-a-defence/19042#.WN8JlaOZP-Y.

19 Ivan Krastev, Müller, What Is Populism? 에 대한 추천사에서.

20 경제학자 막스 로저(Max Roser)는 매우 다양한 기준에서 전 세계적 생활 수준 향상이 이루어졌음을 보여준다. Max Roser, "The Short History of Global Living Conditions and Why It Matters That We Know It," Our World in Data website, https://ourworldindata.org/a-history-of-global-living-conditions-in-5-charts/. 또한 Christopher Fariss, "Respect for Human Rights Has Improved over Time: Modeling the Changing Standard of Accountability," American Political Science Review 108, no. 2 (2013): 297-318.

21 다음을 보라. Thomas Piketty and Gabriel Zucman, "Capital Is Back: Wealth-Income Ratios in Rich Countries 1700-2010," Quarterly Journal of Economics 129, no. 3 (2014): 1255-1310; Emmanuel Saez and Gabriel Zucman, "Wealth Inequality in the United States since 1913: Evidence from Capitalized Income Tax Data," Quarterly Journal of Economics 131, no. 2 (2016): 519-578; Branko Milanovic, Global Inequality: A New Approach for the Age of Globalization (Cambridge, MA: Harvard University Press, 2016); and Lawrence H. Summers, "US Economic Prospects:

Secular Stagnation, Hysteresis, and the Zero Lower Bound," Business Economics 49, no. 2 (2014): 65-73.

22 Eliana Dockterman, "NYC Mayor to Skip Hillary Clinton Launch Event," Time, June 10, 2015, http://time.com/3916983/bill-de-blasio-hillary-clinton-campaign-launch-nyc/.

23 Kevin Williamson, "What Does Hillary Want?" National Review, July 21, 2016, http://www.nationalreview.com/article/438170/hillary-clinton-what-does-she-want.

24 다음을 보라. Hillary Clinton, "Hillary's Vision for America," The Office of Hillary Rodham Clinton website, https://www.hillaryclinton.com/issues/.

25 트럼프 대학교에 대해서는 Steve Eder, "Donald Trump Agrees to Pay $25 Million in Trump University Settlement," New York Times, November, 18, 2016; on unpaid workers, see Harper Neidig, "Report: Trump Has Refused to Pay Hundreds of Workers," Hill, June 9, 2016; also Alexandra Berzon, "Donald Trump's Business Plan Left a Trail of Unpaid Bills," Wall Street Journal, June 9, 2016.

26 국경 장벽에 대해서는 Donald Kerwin and Robert Warren, "The 2,000 Mile Wall in Search of a Purpose: Since 2007 Visa Overstays Have Outnumbered Undocumented Border Crossers by a Half Million," Center for Migration Studies, 2017, http://cmsny.org/publications/jmhs-visa-overstays-border-wall/; on lost jobs, see Federica Cocco, "Most US Manufacturing Jobs Lost to Technology, Not Trade," Financial Times, December 2, 2016.

27 Mounk, "Pitchfork Politics."

28 Carlos de la Torre, Populist Seduction in Latin America, 2nd ed. (Athens: Ohio University Press, 2010).

29 Tim Hains, "Trump: Hillary Clinton Can Be Understood with One Simple Phrase—'Follow the Money,'" Real Clear Politics, September 28, 2016, https://www.realclearpolitics.com/video/2016/09/28/trump_hillary_clinton_can_be_understood_with_one_simple_phrase_—_follow_the_money.html.

30 James Traub, "The Party That Wants to Make Poland Great Again," New York Times, November 2, 2016, https://www.nytimes.com/2016/11/06/magazine/theparty-that-wants-to-make-poland-great-again.html.

31 "French Far-Right's Marine Le Pen Lauds Greek Vote as Win over 'EU Oligarchy,'" Reuters, July 5, 2015, http://www.reuters.com/article /eurozone-greece-france-lepen-idUSL8N0ZL0TX20150705.

32 Alastair Smart, "Beppe Grillo Interview," Telegraph, March 4, 2011, http://www.telegraph.co.uk/culture/comedy/8362260/Beppe-Grillo-interview.html.

33 Luis Giménez San Miguel and Pablo Iglesias, "Manana Sequirá Goberanando la Casta," Publico, May 26, 2014 [저자의 번역], http://www.publico.es/actualidad/pablo-iglesias-manana-seguira-gobernando.html. 그들의 전 수석 정치분석가인 카롤리나 베스칸사(Carolina Bescansa)도 비슷한 점을 지적한다., "우리는 포데모스가 스페인 사회주의노동자당(PSOE)이나 국민당(PP)처럼 우리 자식이나 손주들이 창립자들을 계승할, 역사적 정당이 되리라 보지 않는다." James Badcock, "Spain's Anti-Corruption Parties Shake Up Old Politics," BBC, March 14, 2015, http://www.bbc.com/news/world-europe-31852713.

34 Avi Asher-Schapiro, "Donald Trump Said Goldman Sachs Had 'Total Control' over Hillary Clinton—-Then Stacked His Team with Goldman Insiders," International Business Times, November 16, 2016, http://www.ibtimes.com/political-capital/donald-trump-said-goldman-sachs-had-total-control-over-hillary-clinton-then.

35 Sam Koppelman, "A Timeline of Donald Trump's Birther Conspiracy Theory about President Obama," Hillaryclinton.com, October 25, 2016, https://www.hillaryclinton.com/feed/a-timeline-of-donald-trumps-president-obama-birther-conspiracy-theory/.

36 Nick Corasaniti, "Donald Trump Calls Obama 'Founder of ISIS' and Says It Honors Him," New York Times, August 10, 2016, https://www.nytimes.com/2016/08/11/us/politics/trump-rally.html; Del Quentin Wilber, "Call to 'Lock Her Up' Puts Trump in a Bind over His Threat to Prosecute Hillary Clinton," Los Angeles Times, November 11, 2016.

37 Aditya Chakrabortty, "For Years Britain Shunned Narendra Modi. So Why Roll Out the Red Carpet Now?" Guardian, November 10, 2015, https://www.theguard-

ian.com/commentisfree/2015/nov/10/britain-shunned-narendra-modi-india-
hindu-extremist-lynch-mobs.

38 Ercan Gurses and Orhan Coskun, "Erdogan Risks Losing Turkish Swing Voters
with Harsh Referendum Rhetoric," Star, February 17, 2017, http://www.thestar.com.
my/news/world/2017/02/17/erdogan-risks -losing-turkish-swing-voters-with-
harsh-referendum-rhetoric/; and Roy Gutman, "As a Constitutional Referendum
Looms, Some in Turkey Say Erdogan Is Steering the Country toward Autocracy,"
Los Angeles Times, February 12, 2017, http://www.latimes.com/world/middleeast/
la-fg-turkey-referendum-20170212-story.html.

39 다음을 보라. Jared Malsin, "Turkey Rounds Up Erdogan's Political Opponents as
Crackdown Widens," Time, November 4, 2016; Rod Nordland, "Turkey's Free Press
Withers as Erdogan Jails 120 Journalists," New York Times, November 17, 2016;
Jordan Bhatt, "Erdogan Accused of Genocide against Kurds by Swedish MPs,"
International Business Times, July 11, 2017; Alon Ben-Meir, "The Kurds under
Erdogan's Tyrannical Governance," Huffington Post, July 5, 2017; Aykan Erdemir
and Merve Tahiroglu, "Erdogan's Further Consolidation of Power Would Cement
Turkey's Demise," Huffington Post, January 26, 2017; Kara Fox, with Dilay Yalcin,
"'They Turn Their Backs': In Turkey, Violent Homophobia Festers in Erdogan's
Shadow," CNN, June 23, 2017.

40 Mary Riddell, "Exclusive Interview with France's Youngest and Most Contro-
versial MP: Marion Maréchal-Le Pen on Brexit, the Nice Attack, Gay Marriage and
Her Aunt Marine," Telegraph, July 23, 2016, http://www.telegraph.co.uk/women/
politics/exclusive-interview-with-frances-youngest-and-most-controversial/.

41 David Smith, "Trump's Republican Convention Speech: What He Said and
What He Meant," Guardian, July 22, 2016, https://www.theguardian.com/us-
news/ng-interactive/2016/jul/22/donald-trump-republicanconvention-speech-
transcript-annotated.

42 Ibid.

43 Ibid.

44 호퍼와 에르도간은 다음에서 인용했다. Jan-Werner Müller, "Trump, Erdoggan,

Farage: The Attractions of Populism for Politicians, the Dangers for Democracy," Guardian, September 2, 2016, https://www.theguardian.com/books/2016/sep/02/trump-erdogan-farage-the-attractions-of-populism-for-politicians-the-dangers-for-democracy. See also Marine Le Pen,"Remettre la France en Ordre," Marine Presidente website, https://www.marine2017.fr/au-nom-du-peuple/.

45　Jan-Werner Müller, "Capitalism in One Family," London Review of Books 38, no. 23 (2016): 10-14.

46　Lucy Maulsby, Fascism, Architecture, and the Claiming of Modern Milan, 1922 - 1943 (Toronto: University of Toronto Press, 2014), 136. 무솔리니에 대해서는 Richard Collier, Duce! A Biography of Benito Mussolini(New York: Viking, 1971). 로베스피에르에 대해서는 Patrice L. R. Higonnet, Goodness beyond Virtue: Jacobins during the French Revolution (Cambridge, MA: Harvard University Press, 1998).

47　Mark Leibovich, "Palin Visits a 'Pro-America' Kind of Town," New York Times, October 17, 2008, https://thecaucus.blogs.nytimes.com/2008/10/17/palin-visits-a-pro-america-kind-of-town/.

48　Glenn Beck, The Real America: Messages from the Heart and Heartland(New York: Pocket Books, 2003).

49　Jan-Werner Müller, "Donald Trump's Use of the Term 'the People' Is a Warning Sign," Guardian, January 24, 2017, https://www.theguardian.com/commentisfree/2017/jan/24/donald-trumps-warning-sign-populism-authoritarianism-inauguration.

50　Robert Reich, "Donald Trump's Plan to Neuter the White House Press Corps Could Neuter Our Democracy," Salon, January 16, 2017, http://www.salon.com/2017/01/16/robert-reich-donald-trumps-plan-to-neuter-the-white-house-press-corps-could-neuter-our-democracy_partner/.

51　John Cassidy, "Trump's Attack on the Press Shows Why Protests Are Necessary," New Yorker, January 22, 2017, http://www.newyorker.com/news/john-cassidy/trumps-attack-on-the-press-shows-why-protests-are-necessary.

52　Michael Grynbaum, "Trump Calls the News Media the 'Enemy of the American People,'" New York Times, February 17, 2017, https://www.nytimes.

com/2017/02/17/business/trump-calls-the-news-media-the-enemy-of-the-people.html.

53 Sonam Sheth, "One of Trump's Most Vocal Supporters Left CNN to Make a Pro-Trump News Video That's Been Compared to State TV," Business Insider, August 6, 2017, http://www.businessinsider.com/kayleigh-mcenany-left-cnn-to-host-pro-trump-news-videos-2017-8.

54 다음을 보라. Anne Applebaum, "It's Now Clear: The Most Dangerous Threats to the West Are Not External," Washington Post, July 16, 2017; and "Poland: Draft Law Threatens Supreme Court," Human Rights Watch website, July 20, 2017, https://www.hrw.org/news/2017/07/20/poland-draft-law-threatens-supreme-court.

55 Niki Kitsantonis, "In Greece, a Fierce Battle over TV Licenses," New York Times, August 29, 2016, https://www.nytimes.com/2016/08/30/world/europe/greece-cracks-down-on-triangle-of-corruption-in-tv.html; Kerin Hope, "Minister's Court Win Intensifies Fears for Rule of Law in Greece," Financial Times, August 8, 2017, https://www.ft.com/content/b1e23838-779a-11e7-90c0-90a9d1bc9691. 「아테네북리뷰」가 정부의 입김에 따른 법원의 예기치 않은 판결로 파산하게 되었고, 정부가 직접 폐쇄령을 내린 것은 아님에 주의하라.

56 Tom Mueller, "What Beppe Grillo Wants," New Yorker, March 6, 2013, http://www.newyorker.com/news/news-desk/what-beppe-grillo-wants.

57 민주주의 문화가 뿌리 깊지 않은 나라에서는, 기성 정당들이 보상 차원에서 또는 국영 TV를 더 확실히 장악하고자 주요 직위에 당 소속 인사들을 앉히려 한다. 그러나 오직 포퓰리스트들만이 "그러한 언론의 식민화를 공개적으로 하며, 그들의 핵심 주장인 국민의 참된 뜻을 대변한다는 이야기로 포장하며 한다"(Müller, What Is Populism?, 45). 달리 말해서, 오직 그들만이 그런 행동을 반대세력의 완전 침묵을 이루고자 자행한다.

58 Simon Kennedy, "Pro-Brexit Press Rages at 'Enemies of the People' on Court," Bloomberg, November 4, 2016, https://www.bloomberg.com/news/articles/2016-11-04/pro-brexit-press-rages-at-enemies-of-the-people-on-court.

59 Peter Exinger, "Streit ums Minarett," Blick, February 11, 2006; Thomi De Rocchi, "Minarette stören den Blick auf die Alpen," Blick, July 18, 2008; René Steege Ter, "Zwitsers ruziën over verbod op minaretten," Het Parool, November 26, 2009;

Janine Gloor, "Turm des Schweigens: 'An den Anblick des Minaretts hat man sich gewöhnt,'" Solothurnerzeitung, January 8, 2017; Simone Bretscher, "(K)eins aufs Dach?" Lizentiatsarbeit, Historisches Seminar, Universität Basel, November 5, 2008, 76–91, http://www.bmk-online.ch/files/Eins-aufs-Dach.pdf; Lorenz Langer, "Panacea or Pathetic Fallacy? The Swiss Ban on Minarets," Vanderbilt Journal of Transnational Law 43, no. 4 (2010): 865–870; David Miller, "Majorities and Minarets: Religious Freedom and Public Space," Working Paper Series in Politics, Nuffield College, University of Oxford, 8–10; https://www.nuffield.ox.ac.uk/Politics/Papers/2013/WP-2013-03.pdf; Swiss Federal Supreme Court, Ruling 1P. 26 / 2007, July 4, 2007, http://www.polyreg.ch/bgeunpub/Jahr_2007/Entscheide_1P_2007/1P. 26__2007.html.

60 Exinger, "Streit ums Minarett."

61 Nick Cumming-Bruce and Steven Erlanger, "Swiss Ban Building of Minarets on Mosques," New York Times, November 29, 2009, http://www.nytimes. com/2009/11/30/world/europe/30swiss.html.

62 "Federal Constitution of the Swiss Confederation," The Portal of the Swiss Government, 2016, Articles 15 and 72, https://www.admin.ch/opc/en/classified-compilation/19995395/201601010000/101.pdf.

63 다음을 보라. "The Swiss Ban Minarets, ctd.," Atlantic, November 30, 2009, https://www.theatlantic.com/daily-dish/archive/2009/11/the-swiss-ban-minarets-ctd/193550/; Ian Traynor, "Swiss Ban on Minarets Draws Widespread Condemnation," Guardian, November 30, 2009, https://www.theguardian.com/world/2009/nov/30/switzerland-ban-minarets-reaction-islam; and Charlemagne, "The Swiss Minaret Ban," Economist, November 30, 2009, http://www.economist. com/blogs/charlemagne/2009/11/_normal_0_false_false_6.

64 다음을 보라. Benjamin Shingler, "Ban on New Places of Worship Upheld in Montreal's Outremont Borough," CBC News, November 20, 2016, http://www. cbc.ca/news/canada/montreal/outremont-places-of-worship-ban-hasidic-1.3859620.

65 "Alternative for Germany Slams Church over Refugees," The Local, February

18, 2016, https://www.thelocal.de/20160218/alternative-for-germany-slams-dishonest-church-over-refugees.

66 Charlotte Beale, "German Police Should Shoot Refugees, Says Leader of AfD Party Frauke Petry," Independent, January 31, 2016.

67 페트리의 수법, 그리고 이 장의 첫머리에 묘사한 PEGIDA의 행진에 대한 더 상세한 정보는 Mounk, "Echt Deutsch."

68 저자의 보도 내용에서.

69 "Preliminary Election Program PVV 2017-2021," Geert Wilders Weblog, August 26, 2016, https://www.geertwilders.nl/94-english/2007-preliminary-election-program-pvv-2017-2021.

70 Angelique Chrisafis, "Jean-Marie Le Pen Fined Again for Dismissing Holocaust as 'Detail,'" Guardian, April 6, 2016, https://www.theguardian.com/world/2016/apr/06/jean-marie-le-pen-fined-again-dismissing-holocaust-detail.

71 "NPD Leader Charged with Inciting Race Hate," Spiegel, August 24, 2007, http://www.spiegel.de/international/germany/after-nominating-rudolf-hess-for-nobel-peace-prize-npd-leader-charged-with-inciting-race-hate-a-501910.html.

72 "French National Front Expels Founder Jean-Marie Le Pen," BBC, August 20, 2015, http://www.bbc.com/news/world-europe-34009901.

73 Björn Höcke, "Gemutszustand eines total besiegten Volkes," Der Tagesspiegel, January 1, 2015, http://www.tagesspiegel.de/politik/hoecke-rede-im-wortlaut-gemuetszustand-eines-total-besiegten-volkes/19273518.html (my translation); AfD Berlin: "Weil wir für #EUCH sind, sind sie gegen uns," tweet, August 21, 2016, https://twitter.com/afdberlin/status/767225661920542720?lang=en;"Bundesvorst and beantragt Parteiausschluss von Höcke," Zeit Online, March 31, 2017, http://www.zeit.de/politik/deutschland/2017-03/afd-bundesvorstand-bjoern-hoecke-parteiausschlussverfahren.

74 Gergely Szakacs, "U.S. Vote Marks End of 'Liberal Non-democracy': Hungary PM," Reuters, November 10, 2016, http://www.reuters.com/article/us-usa-election-hungary-orban-idUSKBN13510D.

75 Jan-Werner Müller, "The Problem with 'Illiberal Democracy,'" Social Europe, January 27, 2016, https://www.socialeurope.eu/2016/01/the-problem-with-illiberal-democracy/.

2장. 민주주의 없는 권리 보장

1 Christian Graf von Krockow, Warnung vor Preußen (Berlin: Severin und Siedler, 1982), 99.

2 Barrington Moore, Social Origins of Dictatorship and Democracy: Lord and Peasant in the Making of the Modern World (Boston: Beacon Press, 1993); Robert Alan Dahl, Polyarchy: Participation and Opposition(New Haven: Yale University Press, 1973); Charles Tilly, Popular Contention in Great Britain, 1758 - 1834 (1995: New York: Routledge, 2015); Daniel Ziblatt, Conservative Parties and the Birth of DemocracyCambridge: Cambridge University Press, 2017), 24-171.

3 James Madison, "The Federalist No. 10," in Alexander Hamilton, James Madison, and John Jay, The Federalist Papers, ed. Ian Shapiro (1787: New Haven: Yale University Press, 2009), 51.

4 Ibid.

5 Ibid., 322.

6 Garry Wills, Lincoln at Gettysburg: The Words that Remade America(New York: Simon & Schuster, 1992), 145; Abraham Lincoln, The Gettysburg Address (London: Penguin, Great Ideas, 2009); George P. Fletcher, Our Secret Constitution: How Lincoln Redefined American Democracy(New York: Oxford University Press, 2003), 53.

7 수정헌법 11-27조, 2017년 4월 1일 접속 기준 정부 기록물 아카이브에서 수정헌법 15조; https://www.archives.gov/founding-docs/amendments-11-27#toc-amendment-xv; Michael Perman, Struggle for Mastery: Disfranchisement in the South, 1888 - 1908 (Chapel Hill: University of North Carolina Press, 2001); Jerrold M. Packard, American Nightmare: The History of Jim Crow (New York: St. Martin's Press, 2002).

8 수정헌법 18조.

9 수정헌법 19조.

10 Benjamin Constant, "The Liberty of the Ancients Compared with That of the Moderns," in Political Writings, ed. Biancamaria Fontana (New York: Cambridge University Press), 309–328.

11 John Adams, "A Defence of the Constitution," in The Political Writings of John Adams, ed. George Carey (Washington, DC: Regnery Publishing, 2000), 27.

12 The Bible: Authorized King James Version, ed. Robert Carroll and Stephen Pricket (New York: Oxford University Press, 2008); Luke 5:37.

13 이 대화의 전부는 여기서 볼 수 있다. Yes Minister. A Question of Loyalty. Television. Created by Antony Jay and Jonathan Lynn (1981: BBC); https://www.youtube.com/watch?v=dIto5mwDLxo.

14 "Speech (and sketch) for BBC1 Yes, Prime Minister," Margaret Thatcher Foundation, January 20, 1984; http://www.margaretthatcher.org/document/105519.

15 Shaun Ley, "Yes, Prime Minister: Still True to Life after 30 Years?" BBC, January 9, 2016; http://www.bbc.com/news/uk-politics-35264042.

16 다음을 보라. "Max Weber on Bureaucracy," New Learning website, supplement to Mary Kalantzis and Bill Cope, New Learning, 2nd ed. (Cambridge: Cambridge University Press, 2012), http://newlearningonline.com/new-learning/chapter-9/max-weber-on-bureaucracy.

17 Max Weber, Economy and Society: An Outline of Interpretative Sociology, trans. E. Fischoff, 3 vols. (New York: Bedminster Press, 1968), 3:979.

18 관료들의 다중 역할에 대해 가장 통찰력 있고 범위가 넓은 분석이자 그것이 요구하는 규범적 창의성에 대한 연구로는 Bernardo Zacka, When the State Meets the Street: Public Service and Moral Agency (Cambridge, MA: Harvard University Press, 2017).

19 "Workforce," Institute for Government, London, 2017; https://www.instituteforgovernment.org.uk/publication/whitehall-monitor-2017/workforce. 노동자들 사이에서 공무원이 차지하는 비중은 다른 유럽 국가들 가운데는 더 높기도 하다. 가령 덴마크는 32퍼센트, 프랑스는 24퍼센트, 핀란드는 23퍼센트, 폴란드는 22퍼센트, 네덜란드는 21퍼센트, 그리스는 21퍼센트다. Statista, "Anteil der Staatsbediensteten an der Gesamtzahl der Beschäftigten in ausgewählten Ländern weltweit, " https://de.statista.com/statistik/daten/studie/218347/umfrage/anteil-der-staatsbediensteten-in-

ausgewaehlten-laendern/. 미국에서는 좀 사정이 복잡하다. 연방정부 근무자 규모를 제한하려는 강력한 정치적 분위기 때문에 전체 인구 대비 공무원 비율은 비교적 매우 낮다. 그러나 그 이면을 보면 중앙과 지방 모두에서 관료 숫자가 빠르게 늘고 있으며, 준정부 역할을 수행하는 비정부기구나 민간단체의 인원 역시 그러하다. 다음을 보라. John J. DiIulio, Bring Back the Bureaucrats: Why More Federal Workers Will Lead to Better (and Smaller!) Government (West Conshohocken, PA: Templeton Foundation Press, 2014). 같은 현상을 프랑스에서 볼 수 있다. Philippe Bezes and Gilles Jeannot, "The Development and Current Features of the French Civil Service System," in Frits van der Meer, ed., Civil Service Systems in Western Europe, 185-215 (Cheltenham: Edward Elgar, 2011), 272, https://hal-enpc.archives-ouvertes.fr/hal-01257027/document.

20 가령 영국의 경우, 에드워드 페이지(Edward Page)는 정치인들이 주요한 개혁의 큰 테두리를 잡는 경향이 있음을 발견했다. Edward Page, "The Civil Servant as Legislator: Law Making in British Administration," Public Administration 81 no. 4 (2003): 651-679. 그러나 의회 활동의 궁극적 본질은 법조문 작성에 심혈을 기울이는 기술관료들의 손에 의해 대체로 결정된다. 형법이나 노동법의 여러 영역에서, 그들은 모호한 정치적 지침을 그들의 입맛대로 구체화한다. Edward Page, Policy without Politicians: Bureaucratic Influence in Comparative Perspective(Oxford: Oxford University Press, 2012). 특히 "일상적인 정책 결정"에서, 관료들의 영향력은 많은 시민들이 깨닫지 못하는 사이에 강력하게 발휘되고 있다. Edward Page, Governing by Numbers: Delegated Legislation and Everyday Policy Making (Oxford: Hart Publishing, 2001). 그러나 그들의 영향력은 그 수준을 뛰어넘을 수 있다. 놀랄 만큼 많은 경우에, 새로운 법을 만들어야겠다는 원래의 구상은 정치인이나 일반 대중이 아니라 비선출직 공무원들에게서 나온다. Page, "The Civil Servant as Legislator."

21 Cornelius M. Kerwin and Scott R. Furlong, Rulemaking: How Government Agencies Write Law and Make Policy (Washington, DC: CQ Press, 1994).

22 Marshall J. Breger and Gary J. Edles, "Established by Practice: The Theory and Operation of Independent Federal Agencies," Administrative Law Review 52, no. 4 (2000): 1111-1294.

23 Communications Act of 1934. Pub. L. 73-416. 48 Stat. 1064, June 19, 1934, Government Publishing Office, https://www.gpo.gov/fdsys/pkg/USCODE-2009-title47/html/USCODE-2009-title47-chap5.htm.

24 Securities Exchange Act of 1934, Pub. L. 73-291. 48 Stat. 881, June 6, 1934, Government Publishing Office; https://www.gpo.gov/fdsys/granule/USCODE-2011-title15/USCODE-2011-title15-chap2B-sec78a.

25 Reorganization Plans Nos. 3 and 4 of 1970, Message from the President of the United States to the House of Representatives, Environmental Protection Agency, https://archive.epa.gov/ocir/leglibrary/pdf/created.pdf,accessed April 2, 2017.

26 Dodd-Frank Wall Street Reform and Consumer Protection Act, Pub. L. 111-203. 124 Stat. 1376, July 21, 2010, Government Publishing Office, https://www.gpo.gov/fdsys/granule/STATUTE-124/STATUTE-124-Pg1376 /content-detail.html.

27 "Obscene, Indecent, and Profane Broadcasts," Federal Communications Commission, 2016, https://www.fcc.gov/consumers/guides/obscene-indecent-and-profane-broadcasts.

28 "Open Internet," Federal Communications Commission, 2016, https://www.fcc.gov/general/open-internet.

29 "DDT—-A Brief History and Status," Environmental Protection Agency, https://www.epa.gov/ingredients-used-pesticide-products/ddt-brief-history-and-status; "EPA History: Clean Water Act," Environmental Protection Agency, https://www.epa.gov/history/epa-history-clean-water-act; 모두 2017년 4월 2일 접속 버전.

30 "Carbon Pollution Standards for New, Modified and Reconstructed Power Plants," Environmental Protection Agency, https://www.epa.gov/cleanpowerplan/carbon-pollution-standards-new-modified-andreconstructed-power-plants, 2017년 4월 2일 접속 버전.

31 Yuka Hayashi and Anna Prior, "US Unveils Retirement-Savings Revamp, with a Few Concessions to Industry," Wall Street Journal, April 6, 2016, https://www.wsj.com/articles/u-s-unveils-retirement-savings-revamp-but-with-a-few-concessions-to-industry-1459936802. 아직 채택되지는 않은 소규모 대부 규정에 대해서는 Yuka Hayashi, Rachel Witkowski, and Gabriel T. Rubin, "Dueling Payday-Lending Campaigns Deluge CFPB with Comments," Wall Street Journal, October 10, 2016, https://www.wsj.com/articles/dueling-payday-lending-campaigns-del-

uge-cfpb-with-comments-1476131725. CFPB의 일반적 소개로는 Ian Salisbury, "The CFPB Turns 5 Today. Here's What It's Done (and What It Hasn't)," Time, July 21, 2016, http://time.com/money/4412754/cfpb-5-year-anniversary-accomplishments/.

32 Jonathan Turley, "The Rise of the Fourth Branch of Government," Washington Post, May 24, 2013.

33 아직 독립기관들이 막 창립된 시점이던 1935년 당시 대법원의 결정은 그들 기관이 "직속 기구 외에는 행정적 상급기구의 지시에 따르지 않으며, 어떤 다른 공무원이나 정부 기구의 간섭이나 개입 없이 자유롭게 판단할 수 있다"고 못박았다. Humphrey's Executor v. United States, 295 US 602 (1935). 여러 해를 지나며, 대법원은 이 독립기관들의 특권 을 늘리는 결정 뿐, 제한하는 결정은 내리지 않았다. Chevron USA v. Natural Resources Defense Council, Inc. (1985) 다만 그들의 법 해석권만이 충분히 보장되지 않았으나, 마 침내 Chevron USA v. Natural Resources Defense Council, Inc., 467 US 837 (1984). Arlington v. FCC (2013)에서 이들 기관들은 자체적인 사법심사권을 갖게 되었다. City of Arlington, TX v. FCC, 569 US (2013).

34 Polly Curtis, "overnment Scraps 192 Quangos," Guardian, October 14, 2010, https://www.theguardian.com/politics/2010/oct/14/government-to-reveal-which-quangos-will-be-scrapped.

35 QUANGO에 대한 초기의 조사로서, 다음 예를 참조하라. Brian W. Hogwood, "he Growth of Quangos: Evidence and Explanations," Parliamentary Affairs 48, no. 2 (1995): 207–25.

36 Curtis, "overnment Scraps 192 Quangos" "uango List Shows 192 to Be Axed," BBC News, October 14, 2010; http://www.bbc.com/news/uk-politics-11538534.

37 Kate Dommett, "Finally Recognising the Value of Quangos? The Coalition Government and a Move beyond the 'onfire of the Quangos,' "Democratic Audit UK, January 14, 2015, http://www.democraticaudit.com/2015/01/14/finally-recognising-the-value-of-quangos-the-coalition-government-and-a-move-beyond-the-bonfire-of-the-quangos/.

38 유럽연합 집행위원회의 역할에 대해, Miriam Hartlapp, Julia Metz, and Christian Rauh, Which Policy for Europe? Power and Conflict inside the European Commission (Oxford: Oxford University Press, 2014). 또한 EU가 영국의 QUANGO나 미국의 EPA 같

은 기구를 닮은 독립 기구의 네트워크들, 가령 유럽 환경 기구, 유럽 노동안전보건기구, 유럽 식량안전기구, 유럽은행감독기구 등등의 독립 기구 네트워크를 계속 발전시키고 있음을 유의하라. Arndt Wonka and Berthold Rittberger, "redibility, Complexity and Uncertainty: Explaining the Institutional Independence of 29 EU Agencies,"d West European Politics 33, no. 4 (2010): 730 – 52.

39 다음을 보라. Theo Balderston, Economics and Politics in the Weimar Republic(Cambridge: Cambridge University Press, 2002).

40 "The Road to Central Bank Independence,". Deutsche Bank, October 29, 2013, https://www.bundesbank.de/Redaktion/EN/Topics/2013/2013_10_29_bank_independence.html.

41 Christopher Alessi, "ermany' Central Bank and the Eurozone,"Council on Foreign Relations, February 7, 2013, http://www.cfr.org/world/germanys-central-bank-eurozone/p29934.에서 인용. 독일의 역사적 기억에서 초인플레이션이 갖는 역할에 대해서는 Toni Pierenkemper, "Die Angst der Deutschen vor der Inflation oder: Kann man aus der Geschichte lernen?"Jahrbuch fur Wirtschaftsgeschichte/ Economic History Yearbook 39, no. 1 (1998): 59 – 4; and Alexander Ebner, "The Intellectual Foundations of the Social Market Economy: Theory, Policy, and Implications for European Integration,"Journal of Economic Studies 33, no. 3 (2006): 206 – 23.

42 Alessi, "ermany' Central Bank. 그러나 웨이드 자코비(Wade Jacoby)의 지적처럼, 독일 연방은행이 가격 안정을 주 목적으로 수립된 반면, 유럽 중앙은행을 수립한 조약은 다른 여러 목적도 염두에 두고 있었다. 가령 "사회적 평화"(개인적 소통)" 같은.

43 이것의 기술적 이유는 보다 복잡하며, 장래의 가능한 인플레이션에 대한 시장의 예상을 포함하고 있었다. R. J. Barro and D. B. Gordon, "Rules, Discretion and Reputation in a Model of Monetary Policy,"Journal of Monetary Economics 12, no. 1 (1983): 101 – 121.

44 Simone Polillo and Mauro Guillén, "lobalization Pressures and the State: The Worldwide Spread of Central Bank Independence," American Journal of Sociology 110, no. 6 (2005): 1764 – 802, 1770.

45 Ibid., 1767.

46 2008년의 금융위기 이후, 중앙은행들은 더욱 중요한 정치적 역할을 맡기 시작했다. 1990년대와 200년대 초반으로 돌아가면, 미 연방준비은행, 잉글랜드 은행, 유럽 중앙은행 등은 단순히 인플레이션을 낮추고 성장을 추동하는 역할에만 충실했다. 대규모의 규제 완화가 금융권 불안을 가중시키는지 여부에 대한 그들의 예측 실패는 현대사에서 가장 참담한 경제 불황 가운데 하나를 불러일으키는데 도움을 주고 말았다. 그러나 그 금융위기 이후 자신들의 힘을 잃기는커녕, 여러 중앙은행들은 사실상 더 강력해졌다. 그리고 더욱 책임을 지지 않아도 되도록 되었다. 미국 정부가 의회의 극단적인 당파주의로 마비되고 유럽 연합이 북유럽과 남유럽 국가들의 상이한 이해관계 다툼으로 진력이 난 사이에, 중앙은행들은 세계 각지의 기업에 수조 달러를 쏟아부어 부양하고, 얼마 전까지만 해도 자율에 맡겼던 은행들과 시장들에 규제를 가하고 있었다. 그 결과, 중앙은행들은 2008년 이후에 그 이전보다 훨씬 능동적이고, 또한 논란이 많은 역할을 담당하게 되었다.

47 다음을 보라. Jack Greenberg, Crusaders in the Courts: How a Dedicated Band of Lawyers Fought for the Civil Rights Revolution (New York: Basic Books, 1995); Michael J. Klarman, From Jim Crow to Civil Rights: The Supreme Court and the Struggle for Racial Equality (Oxford: Oxford University Press, 2004); 그리고 Risa L. Goluboff, "he Thirteenth Amendment and the Lost Origins of Civil Rights,"Duke Law Journal 50, no. 6 (2000): 1609 – 685.

48 다음을 보라. Thomas M. Keck, The Most Activist Supreme Court in History: The Road to Modern Judicial Conservatism (Chicago: University of Chicago Press, 2010); Richard A. Posner, "he Rise and Fall of Judicial Self-restraint," California Law Review 100, no. 3 (2012): 519 – 56; Jack M. Balkin and Sanford Levinson, "Understanding the Constitutional Revolution," Virginia Law Review 87, no. 6 (2001): 1045 – 109. 이 시기에 대한 가장 놀라운 사실 가운데 하나는 양쪽의 가장 저명한 학자들이 전례 없는 사법심사권을 놓고 상대를 맹비난했다는 사실이다. Cass Sunstein, "Tilting the Scales Rightward,"New York Times, April 26, 2001. 하지만 사법심사권 자체에 대한 비판도 있었다. Kermit Roosevelt, The Myth of Judicial Activism: Making Sense of Supreme Court Decisions (New Haven: Yale University Press, 2006).

49 Brown v. Board of Education of Topeka, 349 US 294 (1955).

50 Furman v. Georgia, 408 US 238 (1972) 사형제도는 비헌법적이라는 결론. Gregg v. Georgia, 428 US 153 (1976) 그 결론을 뒤집는 결론.

51 Roe v. Wade, 410 US 113 (1973).

52 FCC v. Pacifica Foundation, 438 US 726 (1978).

53 Lawrence v. Texas, 539 US 558 (2003) 동성 성관계를 합법화. Obergefell v. Hodges, 576 US (2015) 동성 결혼을 합법화.

54 예를 들어, Buckley v. Valeo, 424 US 1 (1976); 그리고 Citizens United v. FEC, 558 US (2010).

55 King v. Burwell, 576 US (2015)에서, 대법원은 부담적정보호법(Affordable Care Act)의 핵심 요건을 뒷받침했다.

56 United States v. Texas 579 US __ (2016)에서, 대법원은 수백만 명의 미등록 이민자를 강제추방하지 않도록 했던 '부모책임 추방유예(DAPA)' 프로그램에 대한 이의 제기를 각하했다.

57 다음을 보라. Jonathan Chait, "Conservative Judicial Activists Run Amok," New York Magazine, March 28, 2012; Adam Cohen, "Psst . . . Justice Scalia, You Know, You're an Activist Judge, Too," New York Times, April 19, 2005, http://www.nytimes.com/2005/04/19/opinion/psst-justice-scalia-you-know-youre-an-activist-judge-too.html; Seth Rosenthal, "The Jury Snub," Slate, December 18, 2006, http://www.slate.com/articles/news_and_politics/jurisprudence/2006/12/the_jury_snub.html; William P. Marshall, "Conservatism and the Seven Sins of Judicial Activism," University of Colorado Law Review 73 (2002): 1217-1401; and Geoffrey R. Stone, "Citizens United and Conservative Judicial Activism," University of Illinois Law Review 2012, no. 2 (2012): 485-500.

58 이 모든 것이 미국인의 생활에서 법원이 미치는 영향력의 확대를 의미하는지 여부를 따지기란 어렵다. 예로 대법원이 의회의 결정을 좌절시킨 수, 주 법률을 위헌 판결한 수, 행정기구의 행정명령을 차단한 수를 일일이 세는 것으로 판명될 문제가 아니다. 아무튼 입법의 일부가 그런 식으로 법원의 힘으로 무산되었음은 중요하며, 이는 이성적인 사람이라면 반대할 수 있는 가치 판단을 수반한다. 이 미묘한 문제에 대해 더 보려면 A. E. Dick Howard, "The Supreme Court Then and Now," History Now, The Gilder Lehrman Institute of American History, 2017, https://www.gilderlehrman.org/history-by-era/government-and-civics/essays/supreme-court-then-and-now; Larry D. Kramer, "Judicial Supremacy and the End of Judicial Restraint," California Law

Review 100, no. 3 (2012): 621-634; Christopher Wolfe, The Rise of Modern Judicial
Review: From Constitutional Interpretation to Judge-Made Law(Lanham, MD: Rowman
and Littlefield, 1994).

59 2014년 Polity IV의 자료에 따르면, 22개국이 DEMOC 지표에 따라 1930년도에 민주
국가로 분류되었다. 오스트레일리아, 오스트리아, 벨기에, 캐나다, 코스타리카, 덴마크, 핀
란드, 프랑스, 독일, 그리스, 아일랜드, 이탈리아, 일본, 룩셈부르크, 네덜란드, 뉴질랜드, 노
르웨이, 스웨덴, 스위스, 남아공, 영국, 미국이었다. 그 나라들 가운데 단지 오스트리아, 덴
마크, 룩셈부르크, 뉴질랜드, 노르웨이, 스웨덴, 스위스, 미국만이 당시에 사법심사제도가
있었다. 오늘날에는 22개국 중 네덜란드만이 공식적으로 사법심사제가 없다. 다만 여기서
의 기준상 사법심사제가 없는 네덜란드조차도 완화된 형태의 제도를 가지고 있다. 이 점에
대해 대니얼 케니(Daniel Kenny)의 조력에 특별히 감사한다.

60 Tom Ginsburg and Mila Versteeg, "Why Do Countries Adopt Constitutional
Review?" Journal of Law, Economics, and Organization 30, no. 3(2014): 587-622.
앞서의 연구에 따르면, 세계 각국의 191개 헌법체제 가운데 158개가 "하나 또는 그 이상
의 사법기구에 ···헌법의 조항과 원칙의 침해, 특히 의회에 의한 침해를 막을 권한을 부
여하고 있다." Maartje De Visser, Constitutional Review in Europe: A Comparative
Analysis (Oxford: Hart Publishing, 2014), 53.

61 영국 상원은 특정 사례에 사법심사를 할 최종기관 역할을 하며, 때로는 법의 유권해석
을 담당한다. 그러나 의회가 제정한 법안을 위헌 판결할 권한은 없다. 영국의 사법심사제
도에 대해 더 자세한 내용은 Jeremy Waldron, "The Core of the Case against Judicial
Review," Yale Law Journal 115, no. 6 (2006): 1346-1406.

62 영국의 가입 당시, 유럽연합(European Union)은 아직 유럽공동체(European Community)
라는 이름이었다.

63 다음을 보라. Karen J. Alter, Establishing the Supremacy of European Law: The
Making of an International Rule of Law in Europe (Oxford: Oxford University Press,
2001); and Mark Elliott, The Constitutional Foundations of Judicial Review (Oxford:
Hart Publishing, 2001).

64 이제 영국 법원은 모든 영국 법률이 유럽연합 인권법과 상치되지 않는지 조사하고, 필
요하다면 법률을 기각할 권한을 갖고 있다. 다음을 보라. A. Kavanagh, Constitutional
Review under the UK Human Rights Act(Cambridge: Cambridge University Press, 2009); A.

Z. Drzemczewski, European Human Rights Convention in Domestic Law: A Comparative Study (New York: Oxford University Press, 1985); and B. A. Simmons, Mobilizing for Human Rights: International Law in Domestic Politics(Cambridge: Cambridge University Press, 2009); "Human Rights Act 1998," Legislation.gov.uk, http://www.legislation. gov.uk/ukpga/1998/42/crossheading/introduction, 2017년 4월 2일 접속판.

65 "Constitutional Reform Act 2005," Legislation.gov.uk, http://www.legislation. gov.uk/ukpga/2005/4/contents, 2017년 4월 2일 접속판.

66 "Canadian Charter of Rights and Freedoms," Parliament of Canada, http:// www.lop.parl.gc.ca/About/Parliament/Education/ourcountryourparliament/html_ booklet/canadian-charter-rights-and-freedoms-e.html, 2017년 4월 2일 접속판. 또한 J. B. Kelly, Governing with the Charter: Legislative and Judicial Activism and Framers' Intent (Vancouver: University of British Columbia Press, 2014); D. R. Songer and S. W. Johnson, "Judicial Decision Making in the Supreme Court of Canada: Updating the Personal Attribute Model,"Canadian Journal of Political Science / Revue canadienne de science politique 40, no. 4 (2007): 911 –934.

67 "Judging,"Conseil D'tat, http://english.conseil-etat.fr/Judging, 2017년 4월 2일 접속판. 또한 F. Fabbrini, "elsen in Paris: France' Constitutional Reform and the Introduction of A Posteriori Constitutional Review of Legislation,"German Law Journal 9, no. 10 (2008): 1297 –1312.

68 "The Constitution of the Kingdom of the Netherlands,"Rechtspraak.nl(2002); https://www.rechtspraak.nl/SiteCollectionDocuments/Constitution-NL.pdf; M. Adams and G. van der Schyff, "onstitutional Review by the Judiciary in the Netherlands,"Zeitschrift fur auslandisches offentliches Recht und Volkerrecht 66 (2006): 399 –13.

69 Waldron, "Core of the Case." 또한 다음을 보라. J. Waldron, "Judicial Review and the Conditions of Democracy,"Journal of Political Philosophy 6, no. 4(1998): 335 – 55.

70 Waldron, "Judicial Review,"339.

71 다음을 보라. Hans Kelsen, "a garantie juridictionelle de la constitution (La justice constitutionelle),"Revue de Droit Publique et de la Science Politique en France et a L'

Etranger 35 (1928): 197 – 59; Hans Kelsen, General Theory of Law and State, trans. Anders Wedberg (Cambridge, MA: Harvard University Press, 1945); Ronald Dworkin, Law's Empire (Cambridge, MA: Harvard University Press, 1988); Ronald Dworkin, Taking Rights Seriously (Cambridge, MA: Harvard University Press, 1978). 또한 Daniel F. Kelemen, "Judicialisation, Democracy and European Integration," Representation 49, no. 3 (2013): 295 – 08; Aharon Barak, The Judge in a Democracy (Princeton: Princeton University Press, 2006).

72 물론 사법 심사가 정치 영역 밖에서 이루어지는 점이 판사들 스스로가 정치적 고려에서 자유로움을 의미하지는 않는다. 반대로, 사법적 결정의 고도로 정치화된 성향(특히 미국에서)은 그 권한에 대한 가장 강력한 비판 근거 가운데 하나다. 에즈라 클라인(Ezra Klein)의 주장대로, "대법원의 판사를 역임하는 사람은 정당의 유혹을 받으며, 종종 특정 정당을 위해 일하고, 자신의 경력에 뒷받침이 되어준 정당의 충성파일 경우도 많다. 그리고 워싱턴에서 많은 시간을 보내며, 그곳 사람들과 사교적으로 어울린다. 그들은 달리 말해서 대부분의 미국인보다 정치적인 사람들이다." Ezra Klein, "Course the Supreme Court Is Political," Washington Post, June 21, 2012. 또한 이 주제에 대한 방대한 학술 자료들이 있다. 가령 Jeffrey A. Segal and Albert D. Cover, "deological Values and the Votes of U.S. Supreme Court Justices," American Political Science Review 83, no. 2 (2014): 557 – 65; and William Mishler and Reginald S. Sheehan, "The Supreme Court as a Countermajoritarian Institution? The Impact of Public Opinion on Supreme Court Decisions," American Political Science Review 87, no. 1 (2013): 87 – 01.

73 국제무역에 대한 수치와 해외 직접투자에 대한 지표 모두 Shujiro Urata, "Globalization and the Growth in Free Trade Agreements," Asia–Pacific Review 9, no. 1 (2002): 20 – 2.

74 유에스 철강에 대해서는 Douglas Irwin, "istorical Aspects of U.S. Trade Policy," NBER Reporter: Research Summary, National Bureau of Economic Research, Summer 2006, http://www.nber.org/reporter/summer06/irwin.html. 자동차와 전자 산업에 대해서는 Robert Feenstra, "How Costly Is Pros tectionism?" Journal of Economic Perspectives 6, no. 3 (1992): 159 – 178; Ashoka Moda, "nstitutions and Dynamic Comparative Advantage: The Electronics Industry in South Korea and Taiwan,"8 Cambridge Journal of Economics 14 (1990): 291 – 14, 296.

75 이러한 긴장에 대해서는 Dani Rodrik, "an Integration into the World Economy

Substitute for a Development Strategy?"in World Bank ABCDEEurope Conference Proceedings, 2000; Kenneth C. Shadlen, "xchanging Development for Market Access? Deep Integration and Industrial Policy under Multilateral and Regional-Bilateral Trade Agreements,"Review of International Political Economy 12, no. 5 (2005): 750 - 75; Bijit Bora, Peter J. Lloyd, and Mari Pangestu, "Industrial Policy and the WTO,"World Economy 23, no. 4 (2000): 543 - 59.

76 North American Free Trade Agreement, NAFTA, 2014, https://www.nafta-sec-alena.org/Home/Texts-of-the-Agreement/North-American-Free-Trade-Agreement?mvid=2.

77 다음을 보라. Cory Adkins and David Singh Grewal, "Democracy and Legitimacy in Investor-State Relations,"Yale Law Journal Forum 65 (2016); 또한 James Surowiecki, "rade-Agreement Troubles,"New Yorker, June 22, 2015, http://www.newyorker.com/magazine/2015/06/22/trade-agreement-troubles.

78 다음을 보라. Kenneth A. Armstrong and Simon Bulmer, The Governance of the Single European Market (Manchester: Manchester University Press, 1998); Gerda Falkner, Complying with Europe: EU Harmonisation and Soft Law in the Member States (Cambridge: Cambridge University Press, 2005); and Frans Vanistendael, "he ECJ at the Crossroads: Balancing Tax Sovereignty against the Imperatives of the Single Market,"European Taxation 46, no. 9 (2006): 413 - 20.

79 Dermot Cahill, Vincent Power, and Niamh Connery, European Law(New York: Oxford University Press, 2011), 65 - 6.

80 다음을 보라. Burkard Eberlein and Edgar Grande, "Beyond Delegation: Transnational Regulatory Regimes and the EU Regulatory State,"Journal of European Public Policy 12, no. 1 (2005): 89 - 12; and Olivier Borraz, "Governing Standards: The Rise of Standardization Processes in France and in the EU,"Governance 20, no. 1 (2007): 57 - 4.

81 이 수치는 의외로 유럽연합에만 국한되지 않는다. 사실 정부 구매, 투자, 용역에 대한 이 새로운 규제는 대부분의 자유무역협정에서 준국가 정부(미국의 주정부들 같은)의 주권을 제한하는 여러 장치의 일부분이다. 많은 경우에, 준국가 정부는 경제개발정책과 관련된 기존 정책을 고칠 것을 강요받는데, 가령 외국 인력의 취업 제한, "바이 로컬(buy local)", 재활

용과 재생에너지 등에 관련된 환경 규제 같은 것들이다.

82 국제조약과 국제기구의 역할 증대는 국민국가의 힘을 줄였을 뿐만이 아니다. 국내에서, 그것은 입법부에서 보다 민주적 책임성이 적은 기구, 가령 법원이나 관료제 쪽으로 힘을 이동시켰다. 그러한 변화는 무역 협정과 국제 협약을 협상하는 대표단부터 시작된다. 그러한 협정의 복잡성이 늘어나고, 체결 당사국 숫자도 늘어남에 따라, 의회가 협상 과정에 목소리를 내기란 점점 더 힘들어진다. 그 결과, 협상에 관한 권한은 점점 입법부에서 행정부로 넘어가고, 입법부에서는 비준 때가 되어서야 사실상 확정된 것과 같은 내용에 마지못해 손을 들어주는 역할에 만족해야 한다. 많은 나라에서, 이러한 변화는 거의 부지불식간에 이루어졌다. 미국에서는 법으로 뒷받침되기도 했다. 헌법에 따르면, 국제 조약은 대통령이 협상할 수 있으나 효력을 발휘하려면 상원의 삼분의 이 이상의 동의를 얻어야 한다. 그러나 많은 대통령들 입장에서는 스스로의 야심만만한 성과가 무산됨은 부담스러운 일일 수밖에 없다(가령 제1차 세계대전 직후, 우드로 윌슨 대통령은 자신이 구상한 국제연합의 전신, 국제연맹에 가입하기 위한 득표를 얻지 못했다). 따라서 자유무역협정의 통과 가능성을 높이고자, 1974년의 무역법은 대통령이 체결한 자유무역협정을 하원과 상원이 과반수만으로 비준할 수 있는 "신속 처리권한"을 마련했다.비록 그러한 배치가 민주적으로 선출된 대통령이나 수상의 권력을 기술적으로 늘려 주는 형태였으나, 실제로는 무역 협정 실무를 맡은 협상 관료 기구의 권력이 대폭 늘어난 것이었다. 이는 미국처럼 그런 기구가 단일 목적을 띨 때 특히 그랬다. 자유무역 협정의 협상은 미국 통상대표부의 기본 과제인데, 그 직원들이 협상의 기획을 갈수록 많이 제기하는 일은 이상하지 않다.신속 처리권한에 대해서는 Trade Act of 1974, Pub. L. 93–18. 88 Stat. 1978–. January 3, 1975; Government Publishing Office Communications Act of 1934, Pub. L. 73–16. 48 Stat. 1064, June 19, 1934; Government Publishing Office, https://www.gpo.gov/fdsys/pkg/USCODE-2009-title47/html/USCODE-2009-title47-chap5.htm. 또한, 신속 처리권한이 자유무역협정안을 수정하거나 필리버스터할 수 있는 의회의 권한을 삭제했음도 주의하라. 신속 처리권한은 1975년에서 1994년까지 유효했으며, 다시 2002년에서 2007년까지 갱신되었다. 그리고 다시 2015년에 재갱신되었다. Carolyn Smith, "Fast-Track Negotiating Authority for Trade Agreements and Trade Promotion Authority: Chronology of Major Votes,"Congressional Research Services, December 18, 2001, https://digital.library.unt.edu/ark:/67531/metacrs2031/m1/1/high_res_d/RS21004_2001Dec18.pdf; "ast Track'Trade Legislation,"Wall Street Journal, April 28, 2015, http://blogs.wsj.com/briefly/2015/04/28/fast-track-trade-legislation-at-a-glance/; Paul Lewis,

"Barack Obama Given 'Fast-Track' Authority over Trade Deal Negotiations," Guardian, June 24, 2015, https://www.theguardian.com/us-news/2015/jun/24/barack-obama-fast-track-trade-deal-tpp-senate. 국제연맹에 대해서는, Stephen Wertheim, "The League That Wasn't: American Designs for a Legalist-Sanctionist League of Nations and the Intellectual Origins of International Organization, 1914-920," Journal of the Society for Historians of American Foreign Relations: Diplomatic History, 35, no. 5 (2011): 797-36, 802, 832; Martyn Housden, The League of Nations and the Organization of Peace (New York: Routledge, 2014), xvii.

83 Treaties in Force, US Department of State, https://www.state.gov /documents/organization/267489.pdf, accessed April 2, 2017.

84 Martin Gilens and Benjamin Page, "esting Theories of American Politics: Elites, Interest Groups, and Average Citizens," Perspectives on Politics 12, no. 3 (2014): 564-81.

85 Ibid., 575. 비슷한 결과를 얻은 이전의 연구로는, Frank R. Baumgartner, Jeffrey M. Berry, Marie Hojnacki, David C. Kimball, and Beth L. Leech, Lobbying and Policy Change: Who Wins, Who Loses, and Why (Chicago: University of Chicago Press, 2009).

86 Gilens and Page, "esting Theories," 576. 물론 겉보기와는 다르게 민주주의 체제에서도 소규모의 엘리트가 가장 중요한 결정을 좌우할 수 있다는 우려는 아주 오래 전부터 있었다. 예를 들어, C. Wright Mills, The Power Elite (New York: Oxford University Press, 1956).

87 Kevin Dixon, "Torquay' Past MPs: Rupert Allason—Always Tip the Waiter!" We Are South Devon, May 6, 2015; http://wearesouthdevon.com/torquays-past-mps-rupert-allason-always-tip-waiter/. 이러한 식의 일화가 으레 그렇듯, 그 여종업원이 동료들에게 강력한 영향력을 미쳤다는 확실한 증거는 없다. 또한 실제 그들의 표가 선거의 승패를 뒤집었는지도 분명하게는 말할 수 없다.

88 Andrew Eggers and Jens Hainmueller. "MPs for Sale? Returns to Office in Postwar British Politics," American Political Science Review, 103, no. 4 (2009): 513-33.

89 Ibid., 514. 에거스와 하인뮬러(Eggers and Hainmuller)가 국회의원 재선거의 승패에 미친 재정적 영향을 구체적으로 연구하지는 않았음을 덧붙여야겠다. 따라서 앨러슨의 패배는 단지 공직을 맡지 않음으로써 제한 없이 자신의 사업을 벌일 수 있고, 그 과정에서 자신

의 정치 인맥을 활용할 시간을 늘렸을 뿐일 수도 있다.

90 Ibid., 514. 기업 이사진에 있는 전 하원의원 수치에 대해서는, ibid., 528.

91 Suzanne Goldenberg, "ant to Be Senator? Governor Tried to Auction Obama' Old Seat, Says FBI,"Guardian, December 9, 2008. https://www.theguardian.com/world/2008/dec/10/illinois-governor-rod-blagojevich-bribes.

92 Peter Leeson and Russell Sobel, "eathering Corruption,"Journal of Law and Economics 51, no. 4 (2008): 667 –81.

93 미국의 경우는 Daniel Tokaji and Renata Strause, The New Soft Money (Columbus: Ohio State University Michael E. Moritz College of Law, 2014), 32. 부룬디의 경우는 "The World Bank in Burundi," The World Bank, http://www.worldbank.org/en/country/burundi, 2016년 접속판..

94 Bipartisan Campaign Reform Act, Pub. L. 107 –55. 116 Stat. 81 thru Stat. 116, Nov. 6 2002, Government Publishing Office, https://www.gpo.gov/fdsys/pkg/PLAW-107publ155/html/PLAW-107publ155.htm. 그러나 그 비판자들은 매케인-페인골드 개혁이 매우 제한적이라고 주장하였다. 그들은 주요 기부자들은 다른 합법적 방식으로 에둘러 돈을 낼 수 있으리라고 예측했다.

95 Citizens United v. FEC, 558 US (2010). 기술적으로, 시티즌유나이티드는 이 비영리 단체 관련 원칙만 수립토록 했다. 그러나 이는 곧 Speechnow.org 같은 단체에도 적용된다는 결정에 따라 영리단체 및 노조 같은 단체에도 적용되어갔다. v. FEC, 599 F.3d 686 (D.C. Cir. 2010). 다음을 보라. Lyle Denniston, "idening Impact of Citizens United," Scotusblog, March 26, 2010, http://www.scotusblog.com/2010/03/widening-impact-of-citizens-united/.

96 미국 정치에 선거자금 기탁이 갖는 부정적 영향에 대해서는 Heather K. Gerken, "The Real Problem with Citizens United: Campaign Finance, Dark Money, and Shadow Parties," Marquette Law Review 97, no. 4 (2014): 903 –23; Jane Mayer, Dark Money: The Hidden History of the Billionaires behind the Rise of the Radical Right (New York: Doubleday, 2016). 더 넓게는, 정치체제에서 법안사장지점(veto points)이 늘어날수록 로비스트들의 영향력이 커질 위험이 있다는 점을 고려해야 한다. 이 점에 대해서는 Ian Shapiro, Politics against Domination (Cambridge, MA: Harvard University Press, 2016).

97 Zephyr Teachout, Corruption in America: From Benjamin Franklin's Snuff Box to Citizens United (Cambridge, MA: Harvard University Press, 2014), quotation on 1.

98 Zephyr Teachout, 2014. "The Forgotten Law of Lobbying," Election Law Journal 13, no. 1 (2014): 4–26, 22. 그러나 비판자들은 티치아웃이 19세기에 로비스트들이 얻은 부정적 시각을 과장했다고 주장한다. 또한 그들은 부패의 정도가 의미 있는 개혁에 영향을 주는 결정적 변수로 볼 수 없다고도 본다. 리 드러트먼(Lee Drutman)과 티치아웃이 이와 관해 논쟁한 내용에 대해서는 Teachout at Lee Drutman, "Bring Back Corruption!" review of Teachout, Corruption in America, Democracy, no. 35, 2015, http://democracyjournal.org/magazine/35/bring-back-corruption/?page=all; and Zephyr Teachout, "Quid Pro Con," response to Drutman, Democracy, no. 36, 2015, http://democracyjournal.org/magazine/36/quid-pro-con/.

99 William Luneburg and Thomas Susman, The Lobbying Manual: A Complete Guide to Federal Law Governing Lawyers and Lobbyists (Chicago: ABA Section of Administrative Law and Regulatory Practice, 2005).

100 "Lobbying as a Felony," Sacramento Daily Union, November 6, 1879, https://cdnc.ucr.edu/cgi-bin/cdnc?a=d&d=SDU18791106.2.8.

101 Lee Drutman, Business of America Is Lobbying (New York: Oxford University Press, 2105), 57. 그리고 다음의 통찰력이 두드러진 부분을 읽을 것. 49–56, 71, 79, 218.

102 Lee Drutman, "How Corporate Lobbyists Conquered American Democracy," Atlantic, April 20, 2015, https://www.theatlantic.com/business/archive/2015/04/how-corporate-lobbyists-conquered-american-democracy/390822/.

103 Ibid.

104 Lobbying Database, Center for Responsive Politics, https://www.opensecrets.org/lobby/, accessed March 31, 2017.

105 Drutman, "How Corporate Lobbyists Conquered American Democracy." 디 피게이레도(De Figueiredo) 역시 기업 집단이 로비 활동 지출의 가장 큰 몫을 담당한다고 본다. 미 연방정부 차원에서 전체 이익집단 로비 자금의 84퍼센트 이상, 그리고 주 차원에서 86퍼센트가 기업의 로비 자금이다. J. M. de Figueiredo, "The Timing, Intensity, and Composition of Interest Group Lobbying: An Analysis of Structural Policy Windows in the States," NBER Working Paper 10588, National Bureau of Economic Research, June 2004.

106 Ian Traynor, "30,000 Lobbyists and Counting: Is Brussels under Corporate Sway?" Guardian, May 8, 2014.

107 Jesse Byrnes, "Hillary 'Thought It'd Be Fun' to Attend Trump's Wedding," Hill, August 10, 2015, http://thehill.com/blogs/ballot-box/presidential-races/250773-hillary-thought-itd-be-fun-to-attend-trumps-wedding.

108 Michael Kruse, "Hillary and Donald's Wild Palm Beach Weekend," Politico, July 28, 2015, http://www.politico.com/magazine/story/2015/07/hillary-and-donald-trump-were-once-friends-wedding-120610.

109 Citizens United v. FEC, 558 US 310 (2010).

110 Lawrence Lessig, Republic, Lost (New York: Hachette Book Group, 2011), 107-124.

111 레시그의 생각에 대한 이 말끔한 요약은 야스민 다우드(Yasmin Dawood)의 것이다. See Yasmin Dawood, "Campaign Finance and American Democracy," Annual Review of Political Science 18 (2015): 329-348, 336.

112 개인 행동에 대한 동료집단의 막대한 영향은 의학, 심리학, 정치학 등등 다종다양한 분야에서 기록되어 있다. 예를 들면 Solomon E. Asch, "Opinions and Social Pressure," Scientific American 193, no. 5 (1955): 31; Solomon E. Asch, "Effects of Group Pressure upon the Modification and Distortion of Judgments," in Groups, Leadership, and Men: Research in Human Relations, ed. H. Guetzkow, 177-190 (Pittsburgh: Carnegie Press, 1951); Susan T. Ennett and Karl E. Bauman, "The Contribution of Influence and Selection to Adolescent Peer Group Homogeneity: The Case of dolescent Cigarette Smoking," Journal of Personality and Social Psychology 67, no. 4 (1994): 653-663; and Cass R. Sunstein, David Schkade, Lisa M. Ellman, and Andres Sawicki, Are Judges Political? An Empirical Analysis of the Federal Judiciary (Washington, DC: Brookings Institution Press, 2007); Herbert Hyman, Political Socialization (New York: Free Press, 1959).

113 Ezra Klein, "The Most Depressing Graphic for Members of Congress," Washington Post, January 14, 2013, https://www.washingtonpost.com /news/wonk/wp/2013/01/14/the-most-depressing-graphic-for-members-of-congress/?utm_term=.420bbfa0a5f6; and Tim Roemer, "Why Do Congressmen Spend Only Half Their Time Serving Us?" Newsweek, July 29, 2015; http://www.newsweek.com/

why-do-congressmen-spend-only-half-their-time-serving-us-357995.

114 Brendan Doherty, The Rise of the President's Permanent Campaign (Lawrence: University Press of Kansas, 2012), 16 – 7.

115 Credit Suisse, "Global Wealth Databook"(2013), 101, https://publications.credit-suisse.com/tasks/render/file/?fileID=1949208D-E59A-F2D9-6D0361266E44A2F8.

116 Russ Choma, "illionaires'Club: For First Time, Most Lawmakers Are Worth $1 Million-Plus,"Opensecrets.org, January 9, 2014.

117 학벌 하나만 봐도 놀랍다. 111대 의원 가운데 적어도 36명이 학부를 스탠포드, 하버드, 예일에서 나왔다.(그리고 더 많은 사람들이 그런 대학교의 대학원을 나왔다) Michael Morella, "The Top Ten College for Members of Congress,"US News and World Report, August 10, 2010, https://www.usnews.com/news/slideshows/the-top-10-colleges-for-members-of-congress. 비슷하게. 114대 연방의회 상원의원 오분의 일이 하버드, 예일, 스탠포드, 다트머스 대학 학부를 나왔다. Aaron Blake, "There the Senate Went to College—In One Map,"Washington Post, January 30, 2015, https://www.washingtonpost.com/news/the-fix/wp/2015/01/30/where-the-senate-went-to-college-in-one-map/?utm_term=.c88fa8c67482. 현직 및 전직 연방의원들의 경력 전체를 보려면 Biographical Directory of the United States Congress, http://bioguide.congress.gov/biosearch/biosearch.asp. 이 주제를 두고 쓴 학술논문은 놀랄 만큼 적다. 그러나 초기 연구로 N. Polsby, "The Social Composition of Congress," in The US Congress and the German Bundestag: Comparisons of Democratic Processes, ed. Uwe Thayson, Roger H. Davidson, and Robert Gerald Livingston (Boulder, CO: Westview Press, 1990).

118 Arthur B. Gunlicks, ed., Campaign and Party Finance in North America and Western Europe (Boulder, CO: Westview Press, 1993). 캐나다와의 비교로 Daniel P. Tokaji, "The Obliteration of Equality in American Campaign Finance Law: A Trans-Border Comparison," Ohio State Public Law Working Paper no. 140, http://dx.doi.org/10.2139/ssrn.1746868.

119 Nick Thompson, "nternational Campaign Finance: How Do Countries Compare?"CNN, March 5, 2012, http://www.cnn.com/2012/01/24/world/global-campaign-finance/.

120 Clay Clemens, " Legacy Reassessed: Helmut Kohl and the German Party Finance Affair,"German Politics 9, no. 2 (2000): 25 -0; Erwin K. Scheuch and Ute Scheuch, Die Spendenkrise - arteien außer Kontrolle(Rowohlt Verlag GmbH, 2017).

121 John R. Heilbrunn, "Oil and Water? Elite Politicians and Corruption in France,"Comparative Politics 37, no. 3 (2005): 277 -96; Jocelyn A. J. Evans, "Political Corruption in France,"in Corruption in Contemporary Politics, ed. Martin J. Bull and James L. Newell, 79 -2 (Basingstoke, UK: Palgrave Macmillan, 2003). 또한 다음을 보라. Aurelien Breeden, "Francois Fillon, French Presidential Candidate, Is Charged with Embezzlement,"in New York Times, March 14, 2017; Rory Mulholland, "Nicolas Sarkozy Charged with Corruption,"Daily Telegraph, July 2, 2014; Jennifer Thompson, "Chirac Found Guilty of Corruption,"Financial Times, December 15, 2011; Ullrich Fichtner: " Crisis of Democracy Rocks the Fifth Republic,"Spiegel Online, April 8, 2013.

122 「선」지가 후원한 후보자가 패배한 일은 1974년 2월이 마지막이었다. 당시 해롤드 윌슨(Harold Wilson)의 노동당은 에드워드 히스(Edward Heath)의 보수당보다 14석을 더 얻었는데, 전체 투표율로는 간발의 차이로 뒤졌음에도 그러했다. James Thomas, Popular Newspapers, the Labour Party and British Politics(London: Routledge, 2005), 73. 한편 「선」이 2017년에 후원한 테레사 메이는 큰 차이로 이기지는 못했지만 민주연합당과의 연정으로 정권을 지킬 수 있었다.

123 이는 아마도 공장 노동자들과 학교 교사들과, 탄광노동자들과 예술가들과의 쉽지 않은 동맹이 이루어짐으로써 사회민주당이 항상 과반수 의석을 얻고, 오래 집권할 수 있었던 일에 대한 큰 그림의(그러나 대개 경시된) 설명일 것이다.

124 W. B. Gallie, "Essentially Contested Concepts," Proceedings of the Aristotelian Society 56 (1955-56): 167-198.

125 Steven Levitsky and Lucan Way, Competitive Authoritarianism: Hybrid Regimes after the Cold War (New York: Cambridge University Press, 2010), 12.

126 내가 '비민주적 자유주의'라 부르는 체제에 대한 최고의 경험적 및 규범적 연구 가운데는 다음이 있다. Colin Crouch, Post-democracy (Cambridge: Polity, 2004); Colin Crouch, Coping with Post-democracy, Fabian Pamphlets (London: Fabian Society, 2000); Christopher Bickerton and Carlo Invernizzi Accetti, "Populism and Technocracy: Opposites or Complements?" Critical Review of International Social and Political Philosophy 20, no. 2 (2017): 186-206; Christopher Bickerton, "Europe's Neo-Madisonians: Rethinking the Legitimacy of Limited Power in a Multi-level Polity," Political Studies 59, no. 3 (2011): 659-673.

127 다음을 보라. Daniel W. Drezner, The Ideas Industry: How Pessimists, Partisans, and Plutocrats are Transforming the Marketplace of Ideas (New York: Oxford University Press, 2017).

128 다음을 보라."Mehrheit der Deutschen gegen neue Griechen-Milliarden," Spiegel Online, February 2, 2012.

129 다음을 보라. Fareed Zakaria, The Future of Freedom (New York: Norton, 2007); and Parag Khanna, Technocracy in America (Parag Khanna, self-published, 2017).

130 다음을 보라. Richard Tuck, "The Left Case for Brexit," Dissent, June 6, 2016, https://www.dissentmagazine.org/online_articles/left-case-brexit; Tuck, "Brexit: A Prize in Reach for the Left," Policy Exchange, July 17, 2017, https://policyexchange.org.uk/pxevents/brexit-a-prize-in-reach-for-the-left/.

3장. 무너져 내리는 민주주의

1 David Runciman, The Confidence Trap: A History of Democracy in Crisis from World War I to the Present (Princeton: Princeton University Press, 2015), 210.

2 Jeffrey M. Jones, "American's Trust in Political Leaders, Public, at New Low," Gallup, September 21, 2016, http://www.gallup.com/poll/195716 /americans-trust-political-leaders-public-new-lows.aspx.

3 Ibid.

4 "Confidence in Institutions," Gallup poll, 2017, http://www.gallup.com/poll/1597/confidence-institutions.aspx. 그때부터 어느 정도 상승했음을(2017년 12퍼센트) 인지할 것. 그러나 그것은 신임 대통령의 취임에 대한 기대 심리를 반영한 것일 수 있으며, 앞으로 하락할 가능성이 있다.

5 다음을 보라. Roberto Foa and Yascha Mounk, "Are Americans Losing Faith in Democracy?" Vox, December 18, 2015, https://www.vox.com/polyarchy

/2015/12/18/9360663/is-democracy-in-trouble.

6 예를 들어 1972년, 과반수를 한참 넘는 독일 국민들은 의회 의원들이 다른 특수이익을 우선하기보다 국민 전체의 이익을 대변한다고 믿었다. 2014년, 이 경향은 역전되었다. 정치인들의 선의를 믿는 국민은 급격히 줄었다. 독일인들은 전에 비해 정치인에 대한 신뢰가 현저히 사라졌다. 또한 그들의 능력에 대해서도 의문을 갖고 있었다. 1972년, 응답자 가운데 거의 삼분의 이의 서독 주민들이 국회의원이 되려면 뛰어나지 않으면 안 된다고 생각했고, 그렇지 않다고 여긴 국민은 사분의 일 이하였다. 2014년, 이런 생각도 뒤집혔다. 응답자의 절반 이상이 정치인은 아무나 될 수 있다고 여겼고, 사분의 일 이하만이 정치인은 뭔가 특출난 사람이라고 믿고 있었다. Thomas Petersen, "Anfag vom Ende der Politikverdrossenheit?" Frankfurter Allgemeinen Zeitung 66, no. 19 (March 5, 2014).

7 서유럽의 유서 깊은 민주국가들 모두에서, 투표율은 지난 수십년 동안 급격히 떨어졌다. 또한 정당가입률도 더 빠르게 감소했다. 가령 프랑스에서, 1978년에 정당 가입자 수는 170만 명 이상이었다. 2009년에는 1백만 명이 못되었다. Ingrid Van Biezen, Peter Mair, and Thomas Poguntke, "Going, Going, . . . Gone? The Decline of Party Membership in Contemporary Europe," European Journal of Po lit i cal Research 51, no. 1 (2012): 24 – 56, 44.

8 Roberto Stefan Foa and Yascha Mounk, "The Danger of Deconsolidation: The Democratic Disconnect," Journal of Democracy 27, no. 3 (2016): 10 – 12.

9 Jon Henley: "Chirac's Popularity Hits New Low as Public Loses Faith in Politicians," Guardian, June 7, 2005, https://www.theguardian.com/world/2005/jun/08/france.jonhenley.

10 "Support for Sarkozy Hits Record Low," France 24, April 19, 2011.

11 "Into the Abyss," Economist, November 5, 2016.

12 Jeremy Berke, "Emmanuel Macron's Approval Rating Is Taking a Massive Nosedive," Business Insider, August 22, 2017, http://www.businessinsider.com/emmanuel-macron-poll-approval-rating-trump –2017-8.

13 저자의 보도 내용에서.

14 Lynn Vavreck, "The Long Decline of Trust in Government, and Why That Can Be Patriotic," New York Times, July 3, 2015, https://www.nytimes.com/2015/07/04/upshot/the-long-decline-of-trust-in-government –and-whythat-can-be-pa triotic.html.

15 David Easton, "A Re-assessment of the Concept of Po lit i cal Support," British Journal of Po lit i cal Science 5, no. 4 (1975): 435 – 457.

16 Larry Diamond, "Facing Up to the Democratic Recession," Journal of Democracy 26, no. 1 (2015): 141 – 155. 또한 다음을 보라. Freedom House, Freedom in the World 2016: The Annual Survey of Political Rights and Civil Liberties (Rowman & Littlefield, 2016); Freedom House, Freedom in the World 2017: Populists and Autocrats: The Dual Threat to Global Democracy (Rowman & Littlefield, 2017).

17 사실 선동정치가에게는 자신들이 시민들에게 뭔가 중요한 것을 이루어줄 수 있다고 주장하는 것만으로 충분하다. 가령 외부의 적에 대한 상징적 승리라든가, 약간 증액된 연금이라든가... 그런 것만으로 현혹된 대중은 민주주의의 핵심을 포기해 버린다.l

18 이는 대부분의 밀레니엄 세대가 적극적으로 반민주주의적이라는 의미는 아니다. 일부 비판자들이 지적하듯, 평균적으로는 그렇게 크게 바뀐 게 없다. Erik Voeten, "That Viral Graph about Millennials' Declining Support for Democracy? It's Very Misleading," Washington Post, December 5, 2016. 과반수 이하지만 그래도 아직 상당수의 밀레니엄 세대가 민주주의 국가에서 사는 일이 중요하다고 여기고 있다. 그리고 그렇지 않은 사람도 대부분은 그렇게 사는 일이 아주 중요하지는 않을지 모르지만 아무런 문제는 없다고 보고 있다. 그러나 그들과 구세대와 비교해 보면 역시 차이가 놀랄 만하다. 'a scale of 8-10'에서 제시된, 민주주의 국가에서 사는 일이 합리적으로 중요하게 보는 사람을 포함시키면, 구세대 미국인의 열 중 아홉이 그렇게 여기고 있다. 그러나 젊은 세대는 열 중 여섯 이하가 그렇다. 민주주의에 대해 무관심한 사람의 급격한 증대(a scale of 4-7) 역시 더욱 놀랍다. 구세대 미국인은 열의 하나만이 그런 범주에 맞는 한편, 젊은 세대는 열에 넷에 가깝게 민주주의에 무관심하다. Yascha Mounk and Roberto Foa: "Yes, People Really Are Turning Away from Democracy," Washington Post, December 8, 2016.

19 한 좋은 사례가 나이지리아다. 밀레니엄 세대의 22퍼센트가 민주주의가 매우 중요하다고(10점) 본 반면, 65세 이상의 응답자는 15퍼센트만이 그렇게 대답했다. 하지만 민주주의가 상대적으로 중요성이 적다고(1-5점) 본 응답자는 밀레니엄 세대와 65세 이상 인구가 비슷했다.

20 Amanda Taub, "How Stable Are Democracies? 'Warning Signs Are Flashing Red,'" New York Times, November 29, 2016.

21 이 발견들은 매우 일관성이 없으므로 아예 무시해 버리고 싶게끔 한다. 젊은이들은 노년층보다 언제나 소속 정치체제에 비판적일까? 그렇지 않다. 아직 우리가 지금의 젊은이들이 그 부모 세대와 조부모 세대가 같은 나이였을 때보다 민주주의 체제에서 사는 것을 경시한다는 시계열 자료를 가지고 있지 못하지만 말이다. 그러나 우리가 가진 자료의 의미는 분명하다. 미국과 유럽 모두에서, 16~24세의 젊은이들은 20년 전 같은 나이대의 선배들에 비해 민주주의에 대해 더 비판적이다. 그리고 젊은층의 과반수 이상이 아직도 민주주의가 좋은 정치체제라고 믿고 있다는 사실은 고무적이지 않을까? 별로 그렇지 않다. 미국 밀레니엄 세대의 23퍼센트가 민주주의란 국가 운영 체제로서 나쁘거나 아주 나쁘다고 공공연히 밝히고 있는데, 어쨌든 그들이 소수이기는 하다. 그러나 국제적 견지에서, 이는 놀랄 만큼 높은 수치다. 단 하나의 국가만이 이보다 조금 높은 수치를 기록했는데, 26퍼센트를 기록한 러시아다. 반면 전 세계적으로는 그렇게 민주주의를 나쁘게 보는 비율은 십분의 일 정도에 지나지 않으며, 여기에는 독재가 오래 버티고 있거나 한때 군사쿠데타가 꼬리를 물었던 나라의 국민들도 포함되어 있다.

22 Michael Ignatieff, "Enemies vs. Adversaries," New York Times, October 16, 2013, http://www.nytimes.com/2013/10/17/opinion/enemies-vs-adversaries.html?mcubz=3. 또한 정치적 실패에 대한 이그나티예프의 우아하고 통찰력 있는 분석도 볼 것 Michael Ignatieff, Fire and Ashes (Cambridge, MA: Harvard University Press, 2013).

23 Ibid.

24 "Jörg Haider: Key Quotes," BBC News, February 2, 2000, http://news.bbc.co.uk/2/hi/europe/628282.stm.

25 "Wilders Warns Australia of 'Dangerous' Islam," Al Jazeera, February 20, 2013, http://www.aljazeera.com/news/asia-pa cific/2013/02 /2013220145950228630.html.

26 Gavin Jones, "Insight: Beppe Grillo—Italian Clown or Political Mastermind?" Reuters, March 7, 2013, http://www.reuters.com/article/us-italy-vote-grillo-insight-idUSBRE92608G20130307.

27 이 정당은 이제 '러시안 디스인포메이션'이 만들어내는 가짜 뉴스에 붙는 돈에 의존하고 있다. 그리고 하나의 예만 들어보더라도 그런 가짜 뉴스가 어떤 것인지 알 만한데, 최근 이 정당이 관리하는 정보원에서 나온 뉴스는 터키와 미국이 러시아와 ISIS의 싸움을 막으려고 은밀히 손을 잡았다는 내용이었다. Alberto Nardelli and Craig Silverman, "Italy'

s Most Popular Po lit i cal Party Is Leading Europe in Fake News and Kremlin Pro pa ganda," Buzzfeed, November 29, 2016, https://www.buzzfeed .com/alberto-nardelli/italys-most-popular-political-party-is-leading-europe -in-fak?utm_term=js5qZZWjgy#.ekqA77x1jD. 또한 이 정당은 그 근본인 좌익에서 조금씩 이탈 중인데, 그 중요 정치인들이 최근 몇 달 사이에 이민에 대한 가시 돋힌 발언을 쏟아내고 있는 걸 보면 알 수 있다. Stefano Pitrelli and Michael Birnbaum, "Anti-immigrant, Anti-Euro Populists Gain Ground in Italy as Prime Minister Resigns," Washington Post, December 5, 2016, https://www.washingtonpost.com/world/as-italysleader-exits-a-door-opens-for-anti-elite-populists/2016/12/05/9eb4a5d6 -ba83-11e6-ae79-bec72d34f8c9_story.html.

28 Hortense Goulard, "Nicolas Sarkozy Says Climate Change Not Caused by Man," Politico, September 14, 2016, http://www.politico.eu/article /nicolas-sarkozy-says-climate-change-not-caused-by-man-cop-21/.

29 다음을 보라. David Lublin, The Paradox of Representation: Racial Gerryman-dering and Minority Interests in Congress (Prince ton: Prince ton University Press, 1999). 또한 버락 오바마가 자신의 일리노이 주 선거구를 개리맨더링하려 했다는 흥미로운 사실을 살펴보라. Ryan Lizza, "The Obama Memos," New Yorker, January 30, 2012.

30 Richard Moberly, "Whistleblowers and the Obama Presidency: The National Security Dilemma," Employee Rights and Employment Policy Journal 16, no. 1 (2012): 51 –141; Binyamin Appelbaum and Michael D. Shear, "Once Skeptical of Executive Power, Obama Has Come to Embrace It," New York Times, August 13, 2016, https://www.nytimes.com /2016/08/14/us/politics/obama-era-legacy-regulation.html?_r=0.

31 Thomas E. Mann and Norman J. Ornstein, It's Even Worse than It Looks: How the American Constitutional System Collided with the New Politics of Extremism (New York: Basic Books, 2016).

32 관련 언론 기사, "McCain Counters Obama 'Arab' Question," YouTube, October 11, 2008, https://www.youtube.com/watch?v=jrnRU3ocIH4.

33 Carl Hulse, "In Lawmaker's Outburst, a Rare Breach of Protocol," New York Times, September 9, 2009.

34 새러 페일린(Sarah Palin), 뉴트 깅그리치(Newt Gingrich), 데이비드 비터(David Vitter), 마이크 허커비(Mike Huckabee) 등은 오바마 대통령의 출생을 의문시하는 음모론을 노골적으로, 또는 은근히 퍼뜨린 공화당 정치인들 가운데 일부이다. Glenn Kessler, "More 'Birther' Nonsense from Donald Trump and Sarah Palin," Washington Post, April 12, 2001; Brian Montopoli, "New Gingrich Pandering to Birthers, White House Suggests," CBS News website, September 13, 2010; NiaMalika Henderson, "Gingrich Says Birther Claims Not Racist, Are Caused by Obama's 'Radical' Views," Washington Post, May 29, 2012; Andy Barr, "Vitter Backs Birther Suits," Politico, July 13, 2010; Michael D. Shear, "Huckabee Questions Obama Birth Certificate," New York Times website, March 1, 2011. 이 정당 자체적으로 그런 악의적 뜬소문을 퍼뜨리는 일을 날세워 비판한 경우를 보면 Jeff Flake, Conscience of a Conservative: A Rejection of Destructive Politics and a Return to Principle (New York: Random House, 2017), 31–33.

35 "필리버스터"라는 말의 정확한 뜻을 내놓기가 어려우므로, 나는 여기에 특정 회기에 그런 행동이 얼마나 있었는가의 수치를 내놓는 것에 그치려 한다. 린든 존슨 집권기의 제88대-90대 연방의회에서는 16회, 오바마 집권기의 111대-114대 연방 상원에서는 506회. Molly Reynolds, Curtlyn Kramer, Nick Zeppos, Emma Taem, Tanner Lockhead, Michael Malbin, Brendan Glavin, Thomas E. Mann, Norman J. Ornstein, Raffaela Wakeman, Andrew Rugg, and the Campaign Fi nance Institute, "Vital Statistics on Congress." Report, Brookings Institution, September 7, 2017, https://www.brookings.edu/multi-chapter-report/vital-statistics –on-congress/.

36 갈란드는 1996년, 공화당이 지배하고 있던 상원에서 연방순회법원 판사로 인준되었다. (76표대 23표로) 미국 변호사협회는 그를 "의문의 여지없이 적격자"로 불렀다. Melanie Garunay, "The American Bar Association Gives Its Highest Rating to Chief Judge Garland," The White House, June 21, 2016.

37 Patrick Caldwell, "Senate Republicans Are Breaking Records for Judicial Obstruction," Mother Jones, May 6, 2016.

38 Richard L. Hasen, "Race or Party? How Courts Should Think about Republican Efforts to Make It Harder to Vote in North Carolina and Elsewhere," Harvard Law Review Forum 127 (2014); Anthony J. McGann, Charles Anthony Smith, Michael

Latner, and Alex Keena, Gerrymandering in America: The House of Representatives, the Supreme Court, and the Future of Popular Sovereignty (New York: Cambridge University Press, 2016); Tim Dickinson, "How Republicans Rig the Game," Rolling Stone, November 11, 2013, http://www.rollingstone.com/politics /news/how-republicans-rig-the-game-20131111. 그러나 민주당원들도 이 게임에 오래 참여해 왔으며, 그 일에 대해 죄책감을 덜 느꼈다. 부분적으로 그들이 그런 협잡질에 대항하기에는 소수파라는 사실 때문이었다.

39 William Wan, "How Republicans in North Carolina Created a 'Monster' Voter ID Law," Chicago Tribune, September 2, 2016, http://www .chicagotribune.com/ news/nationworld/politics/ct-north-carolina-voter -id-law-20160902-story. html.

40 Alison Thoet, "What North Carolina's Power-Stripping Laws Mean for New Gov. Roy Cooper," PBS Newshour, January 3, 2017, http://www .pbs.org/newshour/updates/north-carolinas-power-stripping-laws-mean -new-gov-roy-cooper/. 그 때 뒤로, 그 움직임에 대한 적법성을 두고 공방전이 펼쳐졌다. Mitch Smith, "North Carolina Judges Suspend Limit on Governor's Powers," New York Times, February 8, 2017, https://www.nytimes.com/2017/02/08/us/politics/north-carolina-judges-suspend-limit-on-governors-powers. html?_r=0; Jason Zengerle, "Is North Carolina the Future of American Politics?" New York Times, June 20, 2017, https://www.nytimes. com/2017/06/20/magazine/is-north-carolina-the-future-of-american -politics.html; Mark Joseph Stern, "North Carolina Republicans Are Trying to Strip the Governor of His Power to Challenge Laws," Slate, June 21, 2017, http://www.slate.com/blogs/the_slatest/2017/06/21 /north_carolina_republicans_budget_prevents_governor_from_suing .html; Colin Campbell, "Cooper Vetoes Budget—And Hints at Another Lawsuit, as Senate Overrides," News & Observer, June 27, 2017, http:// www.newsobserver.com/news/politics-government/state-politics /article158409209.html.

41 Dan Roberts, Ben Jacobs, and Sabrina Siddiqi, "Donald Trump Threatens to Jail Hillary Clinton in Second Presidential Debate," Guardian, October 10, 2016; Demetri Sevastoplou and Barney Jopson, "Trump Refuses to Say If He Will Accept Election Result in Final Debate," Financial Times, October 20, 2016; Sydney Ember, "Can

Libel Laws Be Changed Under Trump?" New York Times, November 13, 2016;
Madeline Conway, "In Twitter Attack on New York Times, Trump Floats Chang-
ing Libel Laws," Politico, March 30, 2017; Simon Saradzhyan, Natasha Yefimova-
Trilling, and Ted Siefer, "How Trump Invited Putin to Hack the Election. Every
Last Utterance," Newsweek, July 16, 2017; Anthony D. Romero, "Donald Trump:
A One-Man Constitutional Crisis," Medium, July 13, 2016, https://medium.com/
acluelection2016/donald-trump-a-one-man-constitutional-crisis-9f7345e9d376.

42 Justin Levitt, "A Comprehensive Investigation of Voter Impersonations Finds 31
Credible Incidents Out of One Billion Ballets Cast," Washington Post Wonkblog,
August 6, 2014, https://www.washingtonpost.com/news/wonk/wp/2014/08/06/
a-comprehensive-investigation-of-voter-impersonation-finds-31-credible-
incidents-out-of-one-billion-ballots-cast/?utm_term=.9935eee8566d; Maggie
Koerth-Baker, "The Tangled Story behind Trump's False Claims of Voter Fraud,"
FiveThirtyEight website, May 11, 2017, https://fivethirtyeight.com/features/trump-
noncitizen-voters/; Fred Brabash, "Appeals Court Judges Rebuke Trump for
'Personal Attacks' on Judiciary, 'Intimidation,'" Washington Post, March 16, 2017;
Michael C. Bender, "After Setback on Sanctuary Cities Order, Trump Attacks 'Messy'
Federal Court System," Wall Street Journal, April 26, 2017; Louis Nelson, "Trump
Likens Intel Community to Russia in Renewed Barrage Against Agencies," Politico,
February 15, 2017; Peter Schroeder, "Report: Trump Pressed Argentina's President
about Stalled Building Project," Hill, November 21, 2016; Susanne Craig and Eric
Lipton, "Trust Records Show Trump Is Still Closely Tied to His Empire," New York
Times, February 3, 2017; and Jeremy Nevook, "Trump's Interests vs. America's,
Dubai Edition," Atlantic, August 9, 2017, https://www.theatlantic.com/business/
archive/2017/08/donald-trump-conflicts-of-interests/508382/; Domenico Mon-
tanaro: "6 Strongmen Trump Has Praised—and the Conflicts It Presents," NPR
website, May 2, 2017, http://www.npr.org/2017/05/02/526520042/6-strongmen-
trumps-praised-and-the-conflicts-it-presents.

43 "Trump Wiretapping Claim: Did Obama Bug His Successor?" BBC News web-
site, March 20, 2017, http://www.bbc.co.uk/news/world-us-canada-39172635;
Amy B. Wang: "Trump Lashes Out at 'So-Called Judge' Who Temporarily

Blocks Travel Ban," Washington Post, February 4, 2017; CNN Staff: "Timeline of Donald Trump Jr.'s Meeting Revelations," CNN website, August 4 2017, http://edition.cnn.com/2017/08/01/politics/timeline-donald-trump-jr-/index.html; Donald J. Trump, Twitter post, February 17, 2017, 5:48 PM, https://twitter.com/realdonaldtrump/status/832708293516632065?lang=env; Donald J. Trump, Twitter post, June 28, 2017, 9:06 AM, https://twitter.com/realDonaldTrump/status/880049704620494848; Matthew Rosenberg, Maggie Haberman, and Adam Goldman, "2 White House Officials Helped Give Nunes Intelligence Reports," New York Times, March 30, 2017, https://www.nytimes.com/2017/03/30/us/politics/devin-nunes-intelligence-reports.html?_r=0; Michael D. Shear and Matt Apuzzo, "FBI Director James Comey Is Fired by Trump," New York Times, May 9, 2017, https://www.nytimes.com/2017/05/09/us/politics/james-comey-fired-fbi.html; Donald J. Trump, Twitter post, May 12, 2017, 8:26 AM, https://twitter.com/realDonaldTrump/status/863007411132649473.

44 Alec Tyson and Shiva Maniam, "Behind Trump's Victory: Divisions by Race, Gender, Education," Pew Research Center, November 9, 2016, http://www.pewresearch.org/fact-tank/2016/11/09/behind-trumps-victory-divisions-by-race-gender-education/; "EU Referendum: The Result in Maps and Charts," BBC News, June 2016, http://www.bbc.com/news/uk-politics-36616028.

45 "M5S secondo partito nei sondaggi: ma tra i giovani e la prima scelta," L'Espresso, February 3, 2016, http://espresso.repubblica.it/palazzo/2016/02/03/news/m5s-secondo-partito-nei-sondaggi-ma-tra-i-giovani-e-la-prima-scelta-1.248910. 또한 다음을 보라. Tristan Quinault-Maupoli, "es jeunes plébiscitent Le Pen et Mélenchon, les cadres votent Macron,"Le Figaro, April 24, 2017; Víctor Ruiz De Almirón López, "Podemos se impone entre los jóvenes y ya muestra más fidelidad que el PSOE,"ABC Espana, May 5, 2016; and Emilia Landaluce, "A quién votan los jóvenes?"El Mundo, April 25 2016.

46 See Ben Kentish, "early Half of Young French Voters Backed Marine Le Pen, Projections Suggest,"Independent, May 7, 2017; Emily Schultheis, "Marine Le Pen' Real Victory,"Atlantic, May 7, 2017, https://www.theatlantic.com/international/archive/2017/05/le-pen-national-front-macron-france-election/525759/; and Anne

Muxel, "Les jeunes qui votent pour la premiere fois préferent Marine Le Pen," Slate.fr, March 24, 2017, http://www.slate.fr/story/141710/jeunes-presidentielle. 또한 이전의 지역 선거에서 르펜을 강력히 지지한 사례를 보라. Claire Sergent and Katy Lee, "Marine Le Pen' Youth Brigade,"Foreign Policy, October 7, 2016; and Joseph Bamat, "élenchon and Le Pen Win Over Youth in French Vote,"France 24, April 24, 2017, http://www.france24.com/en/20170424-france-presidential-election-youth-vote-melenchon-le-pen; and Schultheis, "arine Le Pen' Real Victory." 하지만 다음과 비교하라. Jonathan Bouchet-Petersen and Laurent Troude, "Qui sont les 21,4 % d'lecteurs de Marine Le Pen,"Liberation, April 24, 2017, https://oeil-surlefront.liberation.fr/les-idees/2017/04/24/qui-sont-les-214-d-electeurs-de-marine-le-pen_1565123.

47 다음을 보라. Carla Bleiker, "Young People Vote Far-Right in Europe," Deutsche Welle, December 14, 2015, http://www.dw.com/en/young-people-vote-far-right-in-europe/a-18917193; Benjamin Reuter, "l'ight-Wing Hipsters' Increasingly Powerful in Austria,"WorldPost, May 20, 2016, http://www.huffingtonpost.com/entry/right-wing-hipsters-increasingly -powerful-in-austria_us_573e0e07e4b0646cbeec7a07; "Populism in Europe: Sweden,"Demos, February 23, 2012, https://www.demos.co.uk/project/populism-in-europe-sweden/; Alexandros Sakellariou, "Golden Dawn and Its Appeal to Greek Youth,"Friedrich Ebert Stiftung, July 2015, http://library.fes.de/pdf-files/bueros/athen/11501.pdf; Veronika Czina, "The Rise of Extremism among the Youth of Europe: The Case of Hungary' Jobbik Party,"Project for Democratic Union, November 29, 2013, http://www.democraticunion.eu/2013/11/popularity-extremism-among-youth-europe-case-hungarys-jobbik-party/; and Hillary Pilkington, "Are Young People Receptive to Populist and Radical Right Political Agendas?"MYPLACE Policy Forum, November 20, 2014, http://www.fp7-myplace.eu/documents/policy-forum/Policy%20Forum,%20Session%202%20presentation%20v.8.pdf.

48 Matthew Smith, "Theresa May Is Britain' Most Popular Politician," YouGov, August 15, 2016, https://www.theguardian.com/politics/2017/jun/10/jeremy-corbyn-youth-surge-votes-digital-activists. (하지만 나중에 나온 자료에 따르면 2017년 선거에서 젊은이들이 대거 기권했다는 것은 처음의 출구조사 결과에 따라 지나치게 부풀려진 것으로 보인다)

49 Emma Fidel, "hite People Voted to Elect Donald Trump,"Vice News, November 9, 2016, https://news.vice.com/story/white-people-voted-to-elect-donald-trump. 또한 클린턴이 젊은 흑인 및 히스패닉 투표자들에게 크게 인기 있었던 덕분에 전체 젊은층 표에서 앞서기는 했지만, 그녀는 2012년의 버락 오바마만큼은 앞서지 못했음도 인지할 필요가 있다. Emily Richmond, Mikhail Zinshteyn, and Natalie Gross, "Dissecting the Youth Vote,"Atlantic, November 11, 2016, https://www.theatlantic.com/education/archive/2016/11/dissecting-the-youth-vote/507416/.

50 폴란드 선거에 대해서는 Frances Millard, Democratic Elections in Poland, 1991 – 007 (London: Routledge, 2010); 폴란드의 GDP에 대해서는, "Poland GDP,"Trading Economics, 2017; http://www.tradingeconomics.com/poland/gdp; 폴란드의 역동적인 시민 사회에 대해서는, Grzegorz Ekiert and Jan Kubik, "Civil Society in Poland," paper presented at the international conference The Logic of Civil Society in New Democracies: East Asia and East Europe, Taipei, Taiwan, June 5 – , 2009; Grzegorz Ekiert and Roberto Foa, "Civil Society Weakness in Post-Communist Europe: A Preliminary Assessment,"Carlo Alberto Notebooks 198 (2011); Grzegorz Ekiert and Jan Kubik, Rebellious Civil Society: Popular Protest and Democratic Consolidation in Poland, 1989 –993 (Ann Arbor: University of Michigan Press, 2001). 마지막으로 폴란드의 언론과 고등교육에 대해서는, Frances Millard, "Democratization and the Media in Poland 1989 –7,"Democratization 5, no. 2 (1998): 85 –05; J. Reichel and A. Rudnicka, "Collaboration of NGOs and Business in Poland,"Social Enterprise Journal 5, no. 2: 126 – 40; and Marek Kwiek, "From System Expansion to System Contraction: Access to Higher Education in Poland," Comparative Education Review 57, no. 3 (2013): 553 – 76.

51 "Briefing No 20: Democracy and Respect for Human Rights in the Enlargement Process of the European Union," European Parliament, April 1, 1998, http://www.europarl.europa.eu/enlargement/briefings/20a2_en.htm.

52 가령 이 분야에서 저명한 학자인 대니얼 트리스먼(Daniel Treisman)은 폴란드를 2014년 여름까지도 "공고화된 민주주의"로 부르고 있었다. Daniel Treisman, "Lessons from 25 Years of Post-Communism: The Importance of Reform, Democracy, and Geography," Washington Post Monkey Cage, June 10, 2014, https://www.washingtonpost.com/news/monkey-cage/wp/2014/06/10/lessons-from-25-years-of-post-communism-the-importance-of-reform-democracy-and-geography/?utm_term=. b4026c436666. 또한 다음을 보라. Radosłw Markowski, "Party System Institutionalization in New Democracies: Poland— Trend-Setter with No Followers," in Party Development and Democratic Change in Post-communist Europe, ed. Paul G. Lewis, 55 –7 (Portland, OR: Frank Cass, 2001).

53 Rick Lyman, "Secret Tapes of Politicians Cause a Stir in Poland,"New York Times, June 16, 2014, https://www.nytimes.com/2014/06/17/world/europe/secret-tapes-of-politicians-cause-a-stir-in-poland.html.

54 "Polish PM Sacks Coalition Partner Ahead of Early Elections,"Deutsche Welle, August 13, 2007; "rogram Prawa i Sprawidliwosci 2014," http://pis.org.pl/document/archive/download/128. See also David Ost, "Regime Change in Poland, Carried Out from Within,"Nation, January 8, 2016, https://www.thenation.com/article/regime-change-in-poland-carried-out-from-within/; Gerhard Gnauck, "he Most Powerful Man in Poland,"Deutsche Welle, October 25, 2016.

55 다음을 보라. Guy Verhofstadt, "s Poland a Failing Democracy?"Politico, January 13, 2016, http://www.politico.eu/article/poland-democracy-failing-pis-law-and-justice-media-rule-of-law/; Neil Ascherson, "The Assault on Democracy in Poland Is Dangerous for the Poles and All Europe," Guardian, January 17, 2016, https://www.theguardian.com/commentisfree/2016/jan/17/poland-rightwing-government-eu-russia-democracy-under-threat; and The Editorial Board, "oland' Constitutional Crisis," New York Times, March 18, 2016, https://www.nytimes.com/2016/03/18/opinion/polands-constitutional-crisis.html?_r=0.

56 Annabelle Chapman: "luralism Under Attack: The Assault on Press Freedom in Poland,"Freedom House Report, June 2017, https://freedomhouse.org/sites/default/files/FH_Poland_Report_Final_2017.pdf. 또한 다음을 보라. Alison Smale and Joanna Brendt, "Poland' Conservative Government Puts Curbs on State TV News," New York Times, July 3, 2016, https://www.nytimes.com/2016/07/04/world/europe/polands-conservative-government-puts-curbs-on-state-tv-news.html.

57 Henry Foy and Zosia Wasik, "Poland: An Inconvenient Truth,"Financial Times, May 1, 2016, https://www.ft.com/content/4344ca44-0b94-11e6-9cd4-

2be898308be3. 또한 Chapman, "Pluralism Under Attack."

58 얀 그로스J에 대해서는 Alex Duval Smith, "Polish Move to Strip Holocaust Expert of Award Sparks Protests,"Guardian, February 13, 2016, https://www.theguardian. com/world/2016/feb/14/academics-defend-historian-over-polish-jew-killings- claims; on law criminalizing language, see "Poland Approves Bill Outlawing Phrase 'olish Death Camps,'o"Guardian, August 16, 2016, https://www.theguard- ian.com/world/2016/aug/16/poland-approves-bill-outlawing-phrase-polish- death-camps.

59 "만일 이 법안이 법제화된다면," 헬싱키 인권 재단은 선언했다. "반대 시위와 자발적 인 시위를 심각하게 억제하게 될 것이다." Marcin Goettig, "Polish Ombudsman, Rights Activists Rap Freedom of Assembly Bill,". Reuters, November 30, 2016. 그러한 국 제적인 반대의 목소리가 일부 작용해, 폴란드 대통령은 그 법안을 포기하기로 결정했다. I Chapman, "Pluralism Under Attack."

60 European Commission for Democracy through Law (Venice Commission), "Draft Opinion on Amendments to the Act of 25 June 2015 on the Constitutional Tri- bunal of Poland,"February 26, 2016, http://static.presspublica.pl/red/rp/pdf/kraj/ komisjawenecka.pdf. 또한 다음을 보라. Jan Cienski and Maia De La Baume, "Poland' 'Rule of Law in Danger,' "Politico, March 1, 2016, http://www.politico.eu/article/ poland-kaczynski-szydlo-tribunal-constitution-crisis/.

61 Verhofstadt, "Is Poland a Failing Democracy?"

62 Jan-Werner Müller, "The Problem with Poland,"New York Review of Books, February 11, 2016, http://www.nybooks.com/daily/2016/02/11/kaczynski-eu- problem-with-poland/.

63 기술적으로, 미국 밀레니엄 세대가 보여준 23.7퍼센트의 지지는 폴란드 일반 대중의 지지보다 약간 높다. 이 모든 수치는 세계 가치 조사(the World Values Survey)에서 나왔다.

64 안드레이 레퍼(Andrzej Lepper)에 대해, Natalja Reiter, "Ich, Der Diktator,"Zeit, June 17, 2004, http://www.zeit.de/2004/26/Polen/komplettansicht; Vanessa Gerra, "Andrzej Lepper, at 57; Populist Polish Politician,"Boston Globe, August 6, 2011, http://archive.boston.com/bostonglobe/obituaries/articles/2011/08/06/andrzej_ lepper_at_57_populist_polish_politician/; Clare McManus-Czubi ka, William L.

Miller, Radosłw Markowski, and Jacek Wasilewski, "The New Polish 'Right'"Journal of Communist Studies and Transition Politics 19, no. 2 (2003): 1 -3. 폴란드 가족 연맹에 대해서는, "Poland' Right-wingers: 그 등장에 대해서는,"Economist, December 12, 2002, http://www.economist.com/node/1494297.

2부. 위기는 어디서 왔는가?

1 서로 다른 고도에서 물이 끓는 포인트를 알려줄 유용한 도구로는, http://www.cs-gnetwork.com/h2oboilcalc.html.

2 Bertrand Russell, Problems of Philosophy (Oxford: Oxford University Press, 1912), 63. 그 서론 부분도 볼 것.

3 범위 조건에 대해서는 Jeffrey W. Lucas, "Theory?testing, Generalization, and the Problem of External Validity,"Sociological Theory 21, no. 3 (2003): 236 - 53; Martha Foschi, "On Scope Conditions,"Small Group Research 28, no. 4 (1997): 535 - 55.

4장. 소셜 미디어

1 인쇄술의 등장과 그 효과에 대한 탁월한 연구로 Elizabeth L. Eisenstein, The Printing Press as an Agent of Change(Cambridge: Cambridge University Press, 1980). 일대다 커뮤니케이션에 대해서는 Lucien Febvre and Henri-Jean Martin, The Coming of the Book: The Impact of Printing 1450 - 800 (New York: Verso, 1976). 또한 Clay Shirky, Here Comes Everybody: The Power of Organizing without Organizations(New York: Penguin, 2008).

2 에이젠스테인(Eisenstein)과 페브르 앤드 마틴(Febvre and Martin)의 연구에 더하여, Jeremiah E. Dittmar, "Information Technology and Economic Change: The Impact of the Printing Press,"Quarterly Journal of Economics 126, no. 3(2011): 1133 - 172.

3 Andrew Keen, "Can the Internet Save the Book?"Salon, July 9, 2010, http://www.salon.com/2010/07/09/clay_shirky/.

4 Helen Waters, "Entering the Second Age of Enlightenment: Heather Brooke

at TEDGlobal 2012,"TEDblog, June 28, 2012, http://blog.ted.com/entering-the-second-age-of-enlightenment-heather-brooke-at-tedglobal-2012/.

5 Jib Fowles, "On Chronocentrism."Futures 6, no. 1 (1974).

6 Shirky, Here Comes Everybody, 87. 다대다 커뮤니케이션에 대한 놀랄 만큼 선견지명이 있는 연구로, Chandler Harrison Stevens, "Many-to-Many Communication," Sloan Working Paper no. 1225-1, Center for Information Systems Research, Sloan School of Management, M.I.T., 1981, https://dspace.mit.edu/bitstream/han-dle/1721.1/48404/manytomanycommun00stev.pdf.

7 다음을 보라. Bruce A. Williams and Michael X. Delli Carpini, "Unchained Reac-tion: The Collapse of Media Gatekeeping and the Clinton-Lewinsky Scandal," Journalism 1, no. 1 (2000): 61-5. Philip Seib and Dana M. Janbek. Global Terrorism and New Media: The Post-Al Qaeda Generation(New York: Routledge, 2011); Manuela Caiani and Linda Parenti, European and American Extreme Right Groups and the Internet (Surrey, UK: Ashgate, 2013; Routledge, 2016).

8 Larry Diamond, "Liberation Technology,"Journal of Democracy 21, no. 3 (2010), reprinted in Larry Diamond and Marc F. Plattner, ed., Liberation Technology: Social Media and the Struggle for Democracy (Baltimore: Johns Hopkins University Press, 2012), 70.

9 Ibid., 74.

10 Evgeny Morozov, Net Delusion (New York: PublicAffairs, 2011), 1에서 인용. 설리번(Sullivan)은 사실 앞서가는 시각을 갖고 있었고, 이란의 실패한 녹색혁명에 대해 논의하며 그런 면모를 보여주었다. Andrew Sullivan, "The Revolution Will Be Twittered,"Atlan-tic, June 13, 2009, https://www.theatlantic.com/daily-dish/archive/2009/06/the-revolution-will-be-twittered/200478/.

11 Morozov, Net Delusion, 2에서 인용.

12 Shirky, Here Comes Everybody.

13 티파티에 대해서는, Vanessa Williamson, Theda Skocpol, and John Coggin, "The Tea Party and the Remaking of Republican Conservatism," Perspectives on Politics 9, no. 1 (2011): 25-43, 28. '월가를 점령하라'운동과 '흑인의 생명도 소중하다'운동에 대해서는 Monica Anderson and Paul Hitlin, "Social Media Conversations about Race,"

Pew Research Center, August 15, 2016, http://assets.pewresearch.org/wp-content/uploads/sites/14/2016/08/PI_2016.08.15_Race-and-Social-Media_FINAL.pdf; Bijan Stephen, "Social Media Helps Black Lives Matter Fight the Power," Wired, November 2015, https://www.wired.com/2015/10/how-black-lives-matter-uses-social-media-to-fight-the-power/; Michael D. Conover, Emilio Fer rara, Filippo Menczer, and Alessandro Flammini, "The Digital Evolution of Occupy Wall Street," PLoS ONE 8, no. 5 (2013); and Munmun De Choudhury, Shagun Jhaver, Benjamin Sugar, and Ingmar Weber, "Social Media Participation in an Activist Movement for Racial Equality," paper presented at the Tenth International AAAI Conference on Web and Social Media, Cologne, May 2016.

14 Thomas L. Friedman, "The Square People, Part 1," New York Times, May 13, 2014, https://www.nytimes.com/2014/05/14/opinion/friedman -the-square-people-part-1.html.

15 Diamond, "Liberation Technology," 71.

16 다음의 예를 보라. Morozov, Net Delusion; and Evgeny Morozov, "Whither Inter net Control?" in Liberation Technology, ed. Diamond and Plattner.

17 다음을 보라. Cass R. Sunstein, Republic.com 2.0. (Princeton: Princeton University Press, 2009); Elanor Colleoni, Alessandro Rozza, and Adam Arvidsson, "Echo Chamber or Public Sphere? Predicting Political Orientation and Measuring Po litical Homophily in Twitter Using Big Data," Journal of Communication 64, no. 2 (2014): 317-332; and Walter Quattrociocchi, Antonio Scala, and Cass R. Sunstein, "Echo Chambers on Face book," June 13, 2016, https://ssrn.com/abstract=2795110. 18) 다음을 보라. Hunt Allcott and Matthew Gentzkow, "Social Media and Fake News in the 2016 Election," Journal of Economic Perspectives 31, no. 2 (2017): 211-236. 다음과 비교하라. Jonathan Mahler, "CNN Had a Problem. Donald Trump Solved It," New York Times, April 4, 2017, https://www .nytimes.com/2017/04/04/magazine/cnn-had-a-problem-donald-trump-solved-it.html?_r=0.

19 다음을 보라. Wil S. Hylton, "Down the Breitbart Hole," New York Times Magazine, August 16, 2017, https://www.nytimes.com/2017/08/16/magazine/breitbart-alt-right-steve-bannon.html; Michael M. Grynbaum and John Herrman, "Breitbart

Rises from Outlier to Potent Voice in Campaign," New York Times, August 26, 2016, https://www.nytimes.com/2016/08/27/business/media/breitbart-news-presidential-race.html; David van Drehle, "Is Steve Bannon the Second Most Powerful Man in the World?" Time Magazine, February 2, 2017.

20 "Pope Francis Shocks World, Endorses Donald Trump for President, Releases Statement," Newsbreakshere, September 27, 2016, https://newsbreakshere.com/pope-francis-shocks-world-endorses-donald-trump-president-releases-statement.

21 "Bombshell: Hillary Clinton's Satanic Network Exposed," InfoWars, November 4, 2016, https://www.infowars.com/bombshell-hillary-clintons-satanic-network-exposed/.

22 James Barrett, "Poll: Who's More 'Evil,' Hillary or Trump?" Daily Wire, August 29, 2016, http://www.dailywire.com/news/8720/poll-whos-more-evil-hillary-or-trump-james-barrett.

23 Rafi Schwartz, "41% of Trump Supporters in North Carolina Think That Hillary Clinton Is Literally the Devil," Fusion, August 9, 2016, http://fusion.net/story/334920/hillary-clinton-devil-poll/.

24 Farhad Manjoo, "Social Media's Globe-Shaking Power," New York Times, November 16, 2016, https://www.nytimes.com/2016/11/17/technology/social-medias-globe-shaking-power.html.

25 Jan H. Pierskalla and Florian M. Hollenbach, "Technology and Collective Action: The Effect of Cell Phone Coverage on Political Violence in Africa," American Politi cal Science Review 107, no. 2 (2013): 207-224. 긍정적 효과에 대한 경제학자들의 기대에 대해서는, Jenny C. Aker and Isaac M. Mbiti, "Mobile Phones and Economic Development in Africa," Journal of Economic Perspectives 24, no. 3 (2010): 207-232; Jenny C. Aker, "Information from Markets Near and Far: Mobile Phones and Agricultural Markets in Niger," American Economic Journal: Applied Economics 2, no. 3 (2010): 46-59; Jenny C. Aker, Christopher Ksoll, and Travis J. Lybbert, "Can Mobile Phones Improve Learning? Evidence from a Field Experiment in Niger," American Economic Journal: Applied Economics 4, no. 4 (2012): 94-120;

Reuben Abraham, "Mobile Phones and Economic Development: Evidence from the Fishing Industry in India," Information Technologies and International Development 4, no. 1 (2007): 5 −17.

26 Pierskalla and Hollenbach, Technology and Collective Action, 220 − 221. 또한 다음을 보라. Jacob N. Shapiro and Nils B. Weidmann, "Is the Phone Mightier than the Sword? Cellphones and Insurgent Violence in Iraq," International Organization 69, no. 2 (2015): 247 − 274.

27 초기에 인쇄술이 느리게 보급된 사실에 대해서는, Dittmar, "Information Technology and Economic Change."

28 Josh Constine, "Face book Now Has 2 Billion Monthly Users . . . and Responsibility," Techcrunch, June 27, 2017, https://techcrunch.com /2017/06/27/face book-2-billion-users/.

29 George Orwell, "Second Thoughts on James Burnham," Polemic 3 (May 1946).1
M

5장. 경제 침체

1 Thomas Piketty, Capital in the Twenty-First Century(Cambridge, MA: Belknap Press of Harvard University Press, 2014), 72 −112.

2 S. N. Broadberry and Bas van Leeuwen, "British Economic Growth and the Business Cycle, 1700 − 1870: Annual Estimates," Working Paper, Department of Economics, University of Warwick, Coventry, UK, February 2011, CAGE Online Working Paper Series, vol. 2010 (20), http://www2.warwick.ac.uk/fac/soc/economics/ events/seminars-schedule/conferences /venice3/programme/british_economic_ growth_and_the_business_cycle _1700-1850.pdf.

3 제프리 윌리엄슨(Jeffrey Williamson)에 따르면, 남성 봉급자의 지니 계수는 1827년의 .293에서 1851년에는 358로 올랐다. 반면 오늘날 아이슬란드의 지니 계수는 .280, 오늘날 의 인도는 352다. Jeffrey G. Williamson, "Earnings Inequality in Nineteenth-Century Britain," Journal of Economic His tory 40, no. 3 (1980): 457 −475, 467; 다음도 참조하라. the World Factbook, 2017: Distribution of Family Income—Gini Index, Central Intelligence Agency,https://www.cia.gov/library/publications/the-worldfactbook/rankorder/2172rank.html.

4 Facundo Alvaredo, Anthony B. Atkinson, Thomas Piketty, and Emmanuel Saez, "The Top 1 Percent in International and Historical Perspective," Journal of Economic Perspectives 27, no. 3 (2013): 3–20, https://eml.berkeley.edu/~saez/alvaredo-atkinson-piketty-saezJEP13top1percent.pdf.

5 Kimberly Amadeo, "U.S. GDP by Year Compared to Recessions and Events," The Balance, April 4, 2017, https://www.thebalance.com/us –gdp-by-year-3305543. 또한 다음을 보라. Juan Antolin-Diaz, Thomas Drechsel, and Ivan Petrella, "Tracking the Slowdown in Long-run GDP Growth," Review of Economics and Statistics 99, no. 2 (2017): 343–356; Robert J. Gordon, The Demise of U.S. Economic Growth: Restatement, Rebuttal, and Reflections, NBER Working Paper No. 19895, National Bureau of Economic Research, February 2014, http://www.nber.org /papers/w19895.

6 프랑스의 경우는 Pierre Sicsic and Charles Wyplosz, "France: 1945–92," in Economic Growth in Europe since 1945, ed. Nicholas Crafts and Gianni Toniolo, 210–239 (Cambridge: Cambridge University Press, 1996); and "France GDP Growth Rate by Year," Multpl, http://www.multpl.com/france-gdp-growth-rate/table/by-year, 2017년 4월 5일 접속판. 독일의 경우는 Jurgen Weber, Germany, 1945–1990: A Parallel His tory (Budapest: Central European University Press, 2004), 37–60; and "Germany GDP Growth Rate by Year," Multpl, http://www.multpl.com/germany-gdp-growth-rate/table/by-year, 2017년 4월 5일 접속판. 이탈리아의 경우는 Vera Zamagni, The Economic History of Italy 1860–1990 (Oxford: Oxford University Press, 1993); "Italy GDP Growth Rate by Year," Multpl, http://www.multpl.com/italy-gdp-growth-rate/table/by-year, 2017년 4월 5일 접속판.

7 '평등'에 대한 서로 다른 시각이 얼마나 불평등이 심화되어 왔는지에 대해 약간 서로 다른 그림을 그리도록 만들었다. 이 경우에, 나는 소득 대비 지니 계수에 의존하는 연구에 공감한다. 예를 들어, Anthony B. Atkinson, J. Hasell, Salvatore Morelli, and M. Roser, Chartbook of Economic Inequality, 2017, http://www.chartbookofeconomicinequality.com/inequality-by-country/usa/. 그러나 다른 방식으로 소득 불평등 내지 재산 불평등을 정의하는 연구도 의미가 충분하다. 그 예로 Piketty, Capital.

8 이 책 머리말의 주석 28번을 보라.

9 Raj Chetty, David Grusky, Maximilian Hell, Nathaniel Hendren, Robert Manduca, and Jimmy Narang, "The Fading American Dream: Trends in Absolute Income Mobility since 1940," Science 356, no. 6336 (2017): 398–406. 또한 다음을 보라. John H. Goldthorpe, Social Mobility and Class Structure in Modern Britain (Oxford: Oxford University Press, 1987); 그리고 보다 질적인 연구를 수행한 다음의 결과와 비교하라. Arlie Hochschild, Strangers in Their Own Land: Anger and Mourning on the American Right (New York: New Press, 2016).

10 David Leonhardt, "The American Dream, Quantified at Last," New York Times, December 8, 2016, https://www.nytimes.com/2016/12/08/opinion/the-american-dream-quantified-at-last.html?_r=0. 경제적 기대가 갖는 정치적 중요성에 대해서는 또한 다음을 보라. Justin Gest, The New Minority: White Working Class Politics in an Age of Immigration and Inequality (Oxford: Oxford University Press).

11 이 보고서는 말한다. "이는 산업화 시대 최초로, 자연재해나 전쟁 때를 제외하면 최초로 젊은 성인들의 소득이 다른 사회구성원들과 비교해 극단적 차이가 난 때다." Caelainn Barr and Shiv Malik, "Revealed: The 30-Year Economic Betrayal Dragging Down Generation Y's Income," Guardian, March 7, 2016, ttps://www.theguardian.com/world/2016/mar/07/revealed-30-year-economic-betrayal-dragging-down-generation-y-income. 일부 경제학자들은 현실이 통계치에서 유추하는 것만큼 나쁘지는 않다고 본다. 그들은 악화된 소득 자료가 기술 발전이라는 현실을 제대로 반영하지 못한다고 주장한다. 컴퓨터와 스마트폰을 보자. 한 세대 전에는, 가장 열광적인 음악팬이나 영화광이라 해도 많지 않은 레코드판을 소장하거나 TV에서 방영해 주지 않는 한 좋아하는 영화는 두 번 다시 볼 수 없거나 했다. 오늘날, 그들은 거의 온 세상의 음악을, 또는 대부분의 영화를 버튼 하나만 누르면 스트리밍으로 즐길 수 있다. 과연 경제 자료로 최근 이루어진 진보를 이해할 수 있을까? 그것은 소비자 경험이 얼마나 크게 질적으로 달라졌는지를 잡아내지 못하는데? 나도 그런 주장에는 공감한다. 하지만 스파티파이(Spotify)나 넷플릭스(Netflix)가 대단하기는 해도, 그런 것들이 식료업이나 주택 쪽에서의 경제 침체를 얼마나 보상해 줄지는 의문이다. 그리고(다음에 간단하게 언급하겠지만) 기대수명, 행복도 등등의 온갖 비경제적 자료들도 별로 긍정적인 모습을 보여주지 않는다. Chad Syverson, Challenges to Mismeasurement Explanations for the U.S. Productivity Slowdown, NBER Working Paper No. 21974, National Bureau of Economic Research, February 2016, http://www.nber.org/papers/w21974; David M. Byrne, John G. Fernald, and

Marshall B. Reinsdorf, "Does the United States Have a Productivity Slowdown or a Measurement Problem?" Brookings Papers on Economic Activity 2016, no. 1 (2016): 109 – 182.

12 Anne Case and Angus Deaton, "Rising Morbidity and Mortality in Midlife among White Non-Hispanic Americans in the 21st Century," Proceedings of the National Academy of Sciences of the United States of America 112, no. 49 (2015): 15078 – 15083. On life expectancy, see Elizabeth Arias, "United States Life Tables, 2003," National Vital Statistics Reports 54, no. 14 (2006): 1 – 40, https://www.cdc. gov/nchs/data/nvsr /nvsr54/nvsr54_14.pdf.

13 Jonathan T. Rothwell and Pablo Diego-Rosell, "Explaining Nationalist Po lit i cal Views: The Case of Donald Trump," draft working paper, November 2, 2016, https://papers.ssrn.com/sol3/papers.cfm?abstract_id= 2822059. 더 넓게 보면, 미국과 서유럽 모두에서, 계급별로 투표 성향이 갈리는 일은 지난 수십년 동안 현저하게 줄어들었다. 아마도 이런 변화의 결과로, 경제 이슈의 쟁점화 역시 수그러들었다. 유럽 정당들의 공약집은 아직 경제 문제에 초점을 두는 수가 많지만, 이제는 비경제적 쟁점들에 점점 많은 분량이 할애되고 있다. 그리고 포퓰리스트들은 흔히 경제 불안 때문에 승리하는 거라고들 생각하지만, 그들의 발언은 대개 사회 및 문화적 쟁점에 초점을 두고 있다. 따라서 심지어 꽤나 모호한 문화 차이 문제라고 해도 포퓰리스트 후보자에 대한 포퓰리즘적 투표 수준과 승패 여부를 점치기에 경제 문제보다 더 유효하다는 사실은 놀랍지 않다. 영국의 경우, 에릭 카우프먼(Erik Kauffmann)의 지적처럼, 누군가가 브렉시트에 찬성하느냐 여부는 그의 소득이나 계층을 따지는 것보다 사형제도에 찬성하느냐 여부(국민투표 당시 전혀 정치적 쟁점이 되지 않았던)와 더 밀접한 관련이 있었다. Eric Kaufmann, "It's NOT the Economy, Stupid: Brexit as a Story of Personal Values," London School of Economics, British Politics and Policy blog, July 7, 2016, http://blogs.lse.ac.uk/politicsandpolicy/personal-values-brexit-vote/. 다시 넓게 보아서, 로널드 잉글하트와 피파 노리스는 사회적 궁핍 문제가 포퓰리즘 정당에 대한 지지와 직결되지 않음을 보여주었다. 그런 문제는 노동계급보다는 상대적으로 풍요로운 쁘띠 부르주아들에게 더 중요한 문제였다. 반면 "반이민적 태도, 글로벌 및 국내적 거버넌스에 대한 불신, 권위주의적 가치에 대한 지지, 이념 지도상에서 스스로의 위치를 멋대로 정하는 자세 등등"의 문화적 요인들이야말로 포퓰리즘 정당에의 지지 여부를 예측할 수 있는 강력한 지표로 나타났다. Ronald Inglehart and Pippa Norris, "Trump, Brexit, and the Rise of Populism: Economic Have-Nots and Cultural Backlash," HKS Working Paper no. RWP16‑026, Harvard Kennedy School, July 29, 2016, p. 4, https://ssrn.com/abstract=2818659.

14 Bryce Co vert, "No, 'Economic Anxiety' Doesn't Explain Donald Trump," New Republic, November 18, 2016, https://newrepublic.com/article/138849/no-economic-anxiety-doesnt-explain-donald-trump.

15 Steve Benen, "Economic Anxieties' Don't Explain Donald Trump's Victory," SNBC, December 28, 2016, http://www.msnbc.com/rachel‑maddow‑show/economic-anxieties-dont-explain-donald-trumps-victory.

16 Matthew Yglesias, "Why I Don't Think It Makes Sense to Attribute Trump's Support to Economic Anxiety," Vox, August 15, 2016, http://www.vox.com/2016/8/15/12462760/trump-resentment-economic‑anxiety.

17 Rothwell and Diego‑Rosell, "Explaining Nationalist Po lit i cal Views," 11.

18 Ibid., 1.

19 Max Ehrenfreund and Jeff Guo, "A Massive New Study Debunks a Wide-spread Theory for Donald Trump's Success," Washington Post, August 12, 2016, https://www.washingtonpost.com/news/wonk/wp/2016/08/12/a-massive-new-study-debunks-a-widespread-theory-for-donald‑trumps-success/?utm_term=0dde2f2e2004.

20 제드 콜코(Jed Kolko)가 보여주듯, 단순반복적 일자리가 상대적으로 적은 비중을 차지하는 지역에서는 클린턴이 트럼프를 30퍼센트 이상 앞섰다. 반면 그런 일자리의 비중이 높은 지역에서는 트럼프가 그만큼 앞섰다. Jed Kolko, "Trump Was Stron ger Where the Economy Is Weaker," FiveThirtyEight, November 10, 2016, https://fivethir-tyeight.com/features/trump-was-stronger-where‑e-economy-is-weaker/.

21 Ibid.

22 Ben Delsman, "Automation and Populist Vote Share," forthcoming. 포퓰리즘의 경제적 원인에 대해서는 다음도 참조하라. Martin Eiermann, "The Geography of Ger-man Populism: Reflections on the 2017 Bundestag Elections," forthcoming; Dani Rodrik, "Populism and the Economics of Globalization," NBER Working Paper No. 23559, National Bureau of Economic Research, June 2017, http://www.nber.org/papers/w23559; Noam Gidron and Peter A. Hall, "Populism as a Problem of Social

Integration," draft working paper, https://scholar.harvard.edu/hall/publications/populism-problem- social-integration; Chase Foster and Jeffry Frieden, "Crisis of Trust: Socio-Economic Determinants of Europeans' Confidence in Government," European Union Politics (2017).

23 물론 이 이전의 형태로도 여러 가지가 있었다. 가령 대전 중간기의 유럽에서, "쁘띠 부르주아"는 민주주의에 적대적이면서 파시즘의 부상에 중요한 역할을 할 때가 많았다. 다음의 예를 보라. Richard F. Hamilton, Who Voted for Hitler? (Princeton: Princeton University Press, 2014), 9-36. 그러나 같은 책의 다음과 비교해 보라. 37-63.

6장. 사람 잡는 정체성

1 아이러니하게도, 페리클레스는 그 스스로가 시작한 규칙의 변화를 개탄하게 된다. 밀레투스의 아스파샤와 결혼한 뒤, 그는 그 스스로의 아들이 아테네 시민권을 얻을 수 있게끔 또 한 번의 규칙 개정을 추구한다. 아리스토텔레스와 디오게네스의 법적 지위에 대해서는 Ben Akrigg, "Metics in Athens," in Communities and Networks in the Ancient Greek World, ed. Claire Taylor and Kostas Vlassopoulos (Oxford: Oxford University Press: 2015), 155-157; 이 문제를 보다 넓게 보고 싶다면, David Whitehead, The Ideology of the Athenian Metic (Cambridge: Cambridge Philological Society, 1977). 아테네의 시민권 법제를 더 폭넓게 보려면, Philip Brook Manville, The Origins of Citizenship in Ancient Athens(Princeton: Princeton University Press, 2014).

2 로마법과 로마 시민권의 실제에 대한 고전적인 연구로 Adrian Nicholas Sherwin-White, The Roman Citizenship (New York: Oxford University Press, 1980).

3 Peter Garnsey, "Roman Citizenship and Roman Law in the Late Empire," in Approaching Late Antiquity: The Transformation from Early to Late Empire, ed. Simon Swain and Mark J. Edwards (New York: Oxford University Press, 2004).

4 오스만제국에 대해서는, Halil Inalcik, The Ottoman Empire: The Classical Age, 1300 - .1600, translated by Norman Itzkowitz and Colin Imber (New York: Praeger, 1973); Stanford J. Shaw, The Jews of the Ottoman Empire and the Turkish Republic (Basingstoke: Macmillan, 1991); and Will Kymlicka, "Two Models of Pluralism and Tolerance," Analyse & Kritik 14, no. 1 (1992): 33-56. 합스부르크 제국에 대해서는, Carlile Aylmer Macartney, The Habsburg Empire: 1790 - .1918 (London: Weidenfeld and Nicol-

son, 1968); as well as the early classic by Robert A. Kann, The Multinational Empire: Nationalism and National Reform in the Habsburg Monarchy, 1848 – .1918, vol. 1: Empire and Nationalities (New York: Columbia University Press, 1950).

5 다음을 보라. John W. Mason, The Dissolution of the Austro-Hungarian Empire, 1867 – .1918 (New York: Routledge, 2014); and Tibor Iván Berend, History Derailed: Central and Eastern Europe in the Long Nineteenth Century (Berkeley: University of California Press, 2003).

6 저자의 보도 내용에서.

7 다음을 보라. Roger D. Petersen, Understanding Ethnic Violence: Fear, Hatred, and Resentment in Twentieth-Century Eastern Europe (Cambridge: Cambridge University Press, 2002); Eagle Glassheim, Noble Nationalists: The Transformation of the Bohemian Aristocracy (Cambridge, MA: Harvard University Press, 2005); T. Mills Kelly, Without Remorse: Czech National Socialism in Late-Habsburg Austria (Boulder, CO: East European Monographs, 2006); as well as the varied essays in Pieter M. Judson and Marsha L. Rozenblit, eds., Constructing Nationalities in East Central Europe (New York: Berghahn Books, 2004).

8 자의식을 갖춘 움직임의 독특성에 대한 일반적 비판에 대해서는, Amitai Etzioni, "The Evils of Self-Determination," Foreign Policy 89 (1992): 21-35; 그러나 소수자에 관한 여러 가지 국가적 제도, 그 장단점을 더 균형감 있게 논의한 예로 Michael Walzer, "States and Minorities," in Minorities: Community and Identity, ed. C. Fried, 219-227 (Berlin: Springer, 1983).

9 문화투쟁(Kulturkampf)에 대해서는, Michael B. Gross, "Kulturkampf and Unification: German Liberalism and the War against the Jesuits," Central European History 30, no. 4 (1997): 545-566; and Ronald J. Ross, "Enforcing the Kulturkampf in the Bismarckian State and the Limits of Coercion in Imperial Germany," Journal of Modern History 56, no. 3 (1984): 456-482. 이탈리아에 대해서는, Suzanne Stewart-Steinberg, The Pinocchio Effect: 이탈리아인의 정체성 형성에 대해서는, 1860 – .1920 (Chicago: University of Chicago Press, 2007). 또한 프랑스를 주제로 한, 이 분야에서의 고전적 연구와 비교해 보라. Eugen Weber, Peasants into Frenchmen: The Modernization of Rural France, 1870 – .1914 (Stanford: Stanford University Press, 1976).

10 Francis Ludwig Carsten, The Rise of Fascism (Berkeley: University of California Press, 1982); Sheri Berman, "Civil Society and the Collapse of the Weimar Republic," World Politics 49, no. 3 (1997): 401-429; 이 문제에 대한 고전적 해답으로는 William L. Shirer, The Rise and Fall of the Third Reich: A History of Nazi Germany (1960: New York: Random House, 1991).

11 Ronald M. Smelser, The Sudeten Problem, 1933 - 1938: Volkstumspolitik and the Formulation of Nazi Foreign Policy (Middletown, CT: Wesleyan University Press, 1975). 전후의 '실지 회복운동'에 대한 흥미로운 최근의 분석으로 David S. Siroky and Christopher W. Hale, "Inside Irredentism: A Global Empirical Analysis," American Journal of Political Science 61, no. 1 (2017): 117-128.

12 Anthony Browne, "The Last Days of a White World," Guardian, September 3, 2000, https://www.theguardian.com/uk/2000/sep/03/race.world.

13 "Ethnicity and Religion Statistics," Institute of Race Relations, 2017, http://www.irr.org.uk/research/statistics/ethnicity-and-religion/.

14 Wolfgang Seifert, "Geschichte der Zuwanderung nach Deutschland nach 1950," Bundeszentrale fur politische Bildung, May 31, 2012, http://www.bpb.de/politik/grundfragen/deutsche-verhaeltnisse-eine-sozialkunde/138012/geschichte-der-zuwanderung-nach-deutschland-nach-1950?p=all.

15 "Area and Population—-Foreign Population," Federal Statistical Office and the Statistical Offices of the Lander, August 26, 2016, http://www.statistik-portal.de/Statistik-Portal/en/en_jb01_jahrtab2.asp; "Germany," Focus Migration, http://focus-migration.hwwi.de/Germany.1509.0.html?&L=1; "Die soziale Situation in Deutschland," Bundeszentrale fur politische Bildung, January 11, 2016,http://www.bpb.de/wissen/NY3SWU,0,0,Bev%F6lkerung_mit_Migrationshintergrund_I.html.

16 "Reconstruction of the Resident Population by Age, Sex and Citizenship in Common," National Institute of Statistics, 2011, http://www.istat.it/it/archivio/99464.

17 "Standard Eurobarometer 85: Public Opinion in the European Union," European Commission, Directorate-General for Communication, 2016, 6, https://ec.europa.eu/COMMFrontOffice/publicopinion/index.cfm/ResultDoc/download/

DocumentKy/75902.

18 "Top Voting Issues in 2016 Election," Pew Research Center, July 7, 2016, http://www.people-press.org/2016/07/07/4-top-voting-issues-in-2016-election/.

19 "'Wien darf nicht Istanbul werden', schimpft Wiener FPÖ-Chef," Der Standard, March 4, 2005, http://derstandard.at/1966831/Wien-darf-nicht-Istanbul-werden-schimpft-Wiener-FPOe-Chef.

20 Alexandra Sims, "Alternative for Germany: The Anti-immigration Party Even Scarier than Donald Trump," Independent, March 14, 2016, http://www.independent.co.uk/news/world/europe/alternative-for-germany-the-anti-immigration-party-even-scarier-than-donald-trump-a6930536.html.

21 Michael Strange, "Why the Danish People's Party Will Do Better Sitting on the Sidelines," The Guardian, June 19, 2015, https://www.theguardian.com/comment-isfree/2015/jun/19/danish-peoples-party-denmarkgovernment.

22 정치학자들은 오스트리아, 독일, 덴마크, 스웨덴 등의 특정 지역에 새로 유입된 이민자들이 그 지역의 포퓰리즘 지지율을 올렸음을 발견했다. Boris Podobnik, Marko Jusup, Dejan Kovac, and H. E. Stanley, "Predicting the Rise of EU Right-Wing Populism in Response to Unbalanced Immigration," Complexity (2017), 2; Christopher J. Anderson, "Economics, Politics, and Foreigners: Populist Party Support in Denmark and Norway," Electoral Studies 15, no. 4 (1996): 497-511; Matt Golder, "Explaining Variation in the Electoral Success of Extreme Right Parties in Western Europe," Comparative Political Studies 36, no. 4 (2003): 432-466; Daniel Oesch, "Explaining Workers' Support for Right-wing Populist Parties in Western Europe: Evidence from Austria, Belgium, France, Norway, and Switzerland," International Political Science Review 29, no. 3 (2008): 349-373; K. Arzheimer and E. Carter, "Political Opportunity Structures and Right-wing Extremist Party Success," European Journal of Political Research 45, no. 3 (2006): 419-443.

23 Brian F. Schaffner, Matthew MacWilliams, and Tatishe Nteta, "Explaining White Polarization in the 2016 Vote for President: The Sobering Role of Racism and Sexism," Working Paper, 2016, http://people.umass.edu/schaffne/schaffner_et_al_IDC_conference.pdf; Daniel Cox, Rachel Lienesch, and Robert P. Jones,

"Beyond Economics: Fears of Cultural Displacement Pushed the White Working Class to Trump," PRRI, Washington, DC, September 5, 2017,https://www.prri.org/research/whiteworking-class-attitudes-economy-trade-immigration-election-donald-trump/; Ronald Inglehart and Pippa Norris, "Trump, Brexit, and the Rise of Populism: Economic Have-nots and Cultural Backlash," HKS Working Paper no. RWP16-026, Harvard Kennedy School, July 29, 2016; Eric Kaufmann, "It's NOT the Economy, Stupid: Brexit as a Story of Personal Values," London School of Economics, British Politics and Policy blog, July 7, 2016, http://blogs.lse.ac.uk/politicsandpolicy/personal-values-brexit-vote/.

24 Lynn Vavreck, "The Great Political Divide over American Identity," New York Times, August 2, 2017, https://www.newyorktimes.com/2017/08/02/upshot/the-great-political-divide-over-american-identity.html.

25 미국인들의 이민자에 대한 상대적으로 긍정적인 태도에 대해서는, Eduardo Porter, "For Immigrants, America Is Still More Welcoming than Europe," New York Times, December 8, 2015, https://www.nytimes.com/2015/12/09/business/international/for-immigrants-america-is-still-more-welcoming-than-europe.html.

26 Mae M. Ngai, "The Architecture of Race in American Immigration Law: A Reexamination of the Immigration Act of 1924," Journal of American History 86, no. 1 (1999): 67-92; Edward Prince Hutchinson, Legislative History of American Immigration Policy 1798 – .1965(Philadelphia: University of Pennsylvania Press, 1981).

27 Renee Stepler and Anna Brown, "Statistical Portrait of Hispanics in the United States," Pew Research Center, April 19, 2016, http://www.pewhispanic.org/2016/04/19/statistical-portrait-of-hispanics-in-the-united-states-key-charts/#hispanic-pop.

28 "A Demographic Portrait of Muslim Americans," Pew Research Center, August 30, 2011, http://www.people-press.org/2011/08/30/section-1-a-demographic-portrait-of-muslim-americans/#number-of-muslims-in-the-u-s; Besheer Mohamed, "A New Estimate of the U.S. Muslim Population," Pew Research Center, January 6, 2016, http://www.pewresearch.org/fact-tank/2016/01/06/a-new-estimate-of-the-u-s-muslim-population/.

29 Philip A. Klinkner and Rogers M. Smith, The Unsteady March: The Rise and Decline of Racial Equality in America (Chicago: University of Chicago Press, 1999), 339.

30 Michelle Ye Hee Lee, "Donald Trump's False Comments Connecting Mexican Immigrants and Crime," Washington Post, July 8, 2015.

31 여러 문헌들의 탁월한 요약본으로 Zack Beauchamp, "White Riot: How Racism and Immigration Gave Us Trump, Brexit, and a Whole New Kind of Politics," Vox, January 20, 2017, http://www.vox.com/2016/9/19/12933072/far-right-white-riot-trump-brexit.

32 Jon Huang, Samuel Jacoby, Michael Strickland, and K. K. Rebecca Lai, "Election 2016: Exit Polls," New York Times, November 8, 2016, https://www.nytimes.com/interactive/2016/11/08/us/politics/election-exit-polls.html?_r=0.

33 Catherine Rampell, "Americans—Especially But Not Exclusively Trump Voters—Believe Crazy, Wrong Things," Washington Post, December 28, 2016, https://www.washingtonpost.com/news/rampage/wp/2016/12/28/americans-especially-but-not-exclusively-trump-voters-believe-crazy-wrong-things/?utm_term=.f8514ecce52c.

34 2009년부터 2013년까지 외국 출생 인구 추이를 「미국 지역사회 조사」에서 추정한 내용.http://www.indexmundi.com/facts/united-states/quick-facts/illinois/foreign-born-population-percent#chart.

35 "Area and Population—Foreign Population," Federal Statistical Office and Statistical Offices of the Lander, August 26, 2016, http://www.statistik-portal.de/Statistik-Portal/en/en_jb01_jahrtab2.asp; Frankfurter Rundschau, "AfD ist in Sachsen starkste Kraft," September 25 2017, http://www.fr.de/politik/bundestagswahl/der-wahlabend-afd-ist-in-sachsen-staerkste-kraft-a-1356919. 비슷하게, AfD는 지방선거에서 작센-안할트 주에서 최고 성적을 거두었으며, 그 주는 외국 출생 인구가 4퍼센트 이하의 지역이었다. 다음도 보라. Ben Knight, "Euroskeptic AfD Cements Place in German Politics, for Now," Deutsche Welle, September 15, 2014, http://www.dw.com/en/euroskeptic-afd-cements-place-in-german-politics-for-now/a-17921496. Compare also Emily Hruban, "BIBrief: A Temporary Alternative for Germany? A Look at AfD's Rise," Bertelsmann Foundation, March 17, 2016, http://

www.bfna.org/publication/bbrief-a-temporary-alternative-for-germany-a-look-at-afd%E2%80%99s-rise; and "German State Elections: Success for Right-Wing Afd, Losses for Merkel's CDU," Deutsche Welle, March 13, 2016, http://www.dw.com/en/german-state-elections-success-for-right-wing-afd-losses-for-merkels-cdu/a-19113604.

36 Ingrid Melander and Michel Rose, "French Far-Right Fails to Win Any Regions in Upset for Le Pen," Reuters, December 13, 2015.

37 보다 분명하게, 이민자 인구가 높은 지역은 당연하게도 소수자 투표자가 많은 지역이 된다. 그들은 자신들을 희생양으로 삼으려는 포퓰리스트 후보자들에게 표를 던지지 않을 가능성이 높다.

38 Ryan D. Enos, "Causal Effect of Intergroup Contact on Exclusionary Attitudes," Proceedings of the National Academy of Sciences of the United States of America 111, no. 10 (2014): 3699–3704, https://static1.squarespace.com/static/521abb79e4b0ee5879077f61/t/ 58d6a6d62994ca-9ba72a184e/1490462427818/EnosTrains.pdf. 접촉 이론에 대한 탁월한 소개글로는 Thomas F. Pettigrew, "Intergroup Contact Theory," Annual Review of Psychology 49, no. 1 (1998): 65–85. On Gordon Allport, 또한 Thomas F. Pettigrew and Linda R. Tropp, "Allport's Intergroup Contact Hypothesis: Its History and Influence," in On the Nature of Prejudice: Fifty Years after Allport, ed. John F. Dovidio, Peter Glick, and Laurie A. Rudman, 262–277 (Malden, MA: Blackwell, 2005).

39 Robert D. Putnam, "E Pluribus Unum: Diversity and Community in the Twenty-First Century: The 2006 Johan Skytte Prize Lecture," Scandinavian Political Studies 30, no. 2 (2007): 137–174.

40 Barrett A. Lee, John Iceland, and Gregory Sharp, "Racial and Ethnic Diversity Goes Local: Charting Change in American Communities over Three Decades," Working Paper, Project 2010, Russell Sage Foundation Report, September 2012, 11, https://s4.ad.brown.edu/Projects/Diversity/Data/Report/report08292012.pdf.

41 Janet Adamy and Paul Overberg, "Places Most Unsettled by Rapid Demographic Change Are Drawn to Trump," Wall Street Journal, November 1, 2016, https://www.msn.com/en-us/news/politics/places-most-unsettled-by-rapiddemographic-change-are-drawn-to-trump/ar-AAjHg76.

42 Nate Cohn, "Why Trump Won: Working-Class Whites," New York Times, November 9, 2016, https://www.nytimes.com/2016/11/10/upshot/why-trump-won-working-class-whites.html.

43 Adamy and Overberg, "Places Most Unsettled."

44 이에 대한 가장 두드러진 증거는 이하에 제시한, 실제 투표자들을 대상으로 한 설문 결과다. 조사 연구에서 인구학적 공포가 아주 설득력 있게 발견된 사례도 있다. 예를 들어, 인종 정체성이 특히 높은 미국 투표자들은 '장차 백인이 소수인종으로 전락할지 모른다' 는 생각에 갇힌 나머지 도널드 트럼프에게 투표할 가능성이 높다는 아주 흥미로운 발견 이 있다. Brenda Major, Alison Blodorn, and Gregory Major Blascovich, "The Threat of Increasing Diversity: Why Many White Americans Support Trump in the 2016 Presidential Election," Group Processes and Intergroup Relations (October 2016).

45 Steve King, (@SteveKingIA). "Wilders understands that culture and demographics are our destiny. We can't restore our civilization with somebody else's babies," March 12, 2017, 2:40 pm tweet, https://twitter.com/SteveKingIA/status/840980755236999169.

46 스티브 킹은 아이오와 북서부의 제4 선거구 출신의 하원의원이다. 이 선거구는 39개 카운티로 이루어져 있다. 2009년 미국통계국이 실시한 「미국 지역사회 조사」 자료에 따르 면 이 카운티들 인구의 4.1퍼센트가 외국 출생이었으며, 이는 2015년에 5.1퍼센트로 늘었 다. 나는 "외국 출생"을 푸에르토리코나 다른 미국령 도서에서 태어난 미국 시민, 미국인 부모에게서 외국 땅에서 태어난 사람, 귀화한 미국 시민, 미국 시민권이 없는 사람(미국에서 태어나지 않은 사람)으로 정의한다.

47 Publius Decius Mus, "The Flight 93 Election," Claremont Review of Books digital, Claremont Institute, September 5, 2016, http://www.claremont.org/crb/basicpage/the-flight-93-election/. See also Rosie Gray, "The Populist Nationalist on Trump's National Security Council," Atlantic, March 24, 2017, https://www.theatlantic.com/politics/archive/2017/03/does-trumps-resident-intellectual-speak-for-his-boss/520683/.

48 Bradley Jones and Jocelyn Kiley, "More 'Warmth' for Trump among GOP Voters Concerned by Immigrants, Diversity," Pew Research Center, June 2, 2016, http://www.pewresearch.org/fact-tank/2016/06/02/more-warmth-for-trump-among-gop-voters-concerned-by-immigrants-diversity/.

49 Thilo Sarrazin, Deutschland schafft sich ab: Wie wir unser Land aufs Spiel setzen (Munich: Deutsche Verlags-Anstalt, 2010). 또한 다음을 보라. Kim Bode et al., "Why Sarrazin's Integration Demagoguery Has Many Followers," Part 4: "The Genetic Argument," Der Spiegel, September 6, 2010, http://www.spiegel.de/international/germany/the-man-who-divided-germany-why-sarrazin-s-integration-dema-goguery-has-many-followers-a-715876-4.html.

50 Zosia Wasik and Henry Foy, "Immigrants Pay for Poland's Fiery Rhetoric: Politicians Accused as Islamophobia Sparks Rise in Hate Crimes," Financial Times, September 15, 2016, https://www.ft.com/content/9c59ba54-6ad5-11e6-a0b1-d87a9fea034f.

51 Ibid.

52 Yigal Schliefer, "Hungary at the Turning Point," Slate, October 3, 2014, http://www.slate.com/articles/news_and_politics/moment/2014/10/viktor_orban_s_au-thoritarian_rule_the_hungarian_prime_minister_is_destroying.html.

53 Turkuler Isiksel, "Square Peg, Round Hole: Why the EU Can't Respond to Iden-tity Politics," forthcoming.

54 "Perils of Perception: A 40-Country Study," Ipsos, 2016; https://www.ipsos.com/sites/default/files/2016-12/Perils-of-perception-2016.pdf.

55 Ivan Krastev, "The End of the German Moment?" The German Marshall Fund of the United States, September 21, 2016, http://www.gmfus.org/blog/2016/09/21/end-german-moment.

56 Podobnik et al., "Predicting the Rise."

57 "Decennial Censuses and the American Community Survey," US Census Bu-reau. Cited in "Immigrants in California," Public Policy Institute of California, http://www.ppic.org/publication/immigrants-in-california/, 2017년 4월 1일 접속판; Emily Cadei, "The California Roots of Trumpism," Newsweek, July 5, 2016, http://www.newsweek.com/2016/07/15/proposition-187-anti-immigration-donald-trump-477543.html; "Proposition 187: Text of Proposed Law," KPBS,

http://www.kpbs.org/documents/2014/oct/24/proposition -187 -text -proposed -law/; "Proposition 209: Text of Proposed Law," Voter Information Guides, http://vigarchive.sos.ca.gov/1996/general/pamphlet/209text.htm; "Proposition 227-Full Text of the Proposed Law," Voter Information Guides, http://vigarchive.sos.ca.gov/1998/primary/propositions/227text.htm. 관련된 움직임에서, 범죄자 이민자들에 대한 공포에서 주로 비롯된 움직임에서, 캘리포니아 주민들은 상습 범죄자들(그 범죄라는 것이 상대적으로 가벼운 것일지라도)에게 엄혹한 처벌을 가하는 "스리 스트라이크 룰"을 수립했다. "California's Three Strikes Sentencing Law," California Courts: The Judicial Branch of California, http://www.courts.ca.gov/20142.htm; "A Primer: Three Strikes—the Impact after More Than a Decade," Legislative Analyst's Office, October 2005, http://www.lao.ca.gov/2005/3_strikes/3_strikes 102005.htm.

58 이런 수단들에는 주민의 이민 관련 정보를 수집하는 법령을 제한하는 데서부터 이주 중의 사람들에게 대한 지원에 법적 지원금을 보태는 데까지 이르는 사회운동이 포함된다. Kate Murphy, "Defiant California Legislature Fast-Tracks 'Sanctuary State' Bills," Mercury News, January 30, 2017, http://www.mercurynews.com/2017/01/30/a -defiant -california -legislature -fast -tracks -sanctuary -state -bills/. On reversals of earlier legislation, see Patrick McGreevy, "Gov. Brown Signs Bill Repealing Unenforceable Parts of Prop. 187," Los Angeles Times, September 15, 2014, http://www.latimes.com/local/politics/la -me -pol -brown -bills -20140916 -story.html; and Jazmine Ulloa, "California Will Bring Back Bilingual Education as Proposition 58 Cruises to Victory," Los Angeles Times, November 8, 2016.

59 Abraham H. Maslow, "A Theory of Human Motivation," Psychological Review 50, no. 4 (1943): 370-396; and Abraham H. Maslow, The Farther Reaches of Human Nature (New York: Viking, 1971).

60 Ronald Inglehart, Culture Shift in Advanced Industrial Society (Princeton: Princeton University Press, 1990); Paul R. Abramson and Ronald Inglehart, "Generational Replacement and the Future of Postmaterialist Values," Journal of Politics 49, no. 1 (1987): 231-241; and Ronald Inglehart, "Public Support for Environmental Protection: Objective Problems and Subjective Values in 43 Societies," PS: Political Science and Politics 28, no. 1 (1995): 57-72.

61 다음에서 인용함. Annie Lowrey, "Is It Better to Be Poor in Bangladesh or the

Mississippi Delta?" Atlantic, March 8, 2017, https://www.theatlantic.com/business/archive/2017/03/angus -deaton -qa/518880/.

62 내가 '탈-탈물질주의'라고 부르는 문제에 대해서 최근 로버트 브림과 로널드 잉글하트 사이에 이루어진 흥미로운 논쟁을 보라. Robert Brym, "After Postmaterialism: An Essay on China, Russia and the United States," Canadian Journal of Sociology 41, no. 2 (2016): 195-211; and Ronald Inglehart, "After Postmaterialism: An Essay on China, Russia and the United States: A Comment," Canadian Journal of Sociology 41, no. 2 (2016): 213-222.

3부. 어떻게 극복할 것인가?

1 박근혜와 그녀의 권위주의적 성향, 최순실과 관련된 부패 스캔들, 그녀의 하야를 외치는 저항운동에 대해서는 Dave Hazzan, "Is South Korea Regressing into a Dictatorship?" Foreign Policy website, July 14, 2016, http://foreignpolicy.com/2016/07/14/is -south -korea -regressing -into -a -dictatorship -park -geun -hye/; Ock-Hyum Ju, "Freedom of Assembly on Trial in South Korea," Korean Herald, July 1, 2016, http://www.koreaherald.com/view.php?ud=20160630001122; Jennifer Williams, "The Bizarre Political Scandal That Just Led to the Impeachment of South Korea's President," Vox, March 9, 2017, https:// www.vox.com/world/2016/11/30/13775920/south -korea -president -park -geun -hye -impeached; Justin McCurry, "Former South Korean President Park Geun-hye on Trial for Corruption," Guardian, May 23, 2017. 더 넓게 보아 권위주의적인 후계 정당들에 대한 통찰력 있는 분석 틀로는 James Loxton, "Authoritarian Successor Parties," Journal of Democracy 26, no. 3 (2015): 157 - 170.

2 터키의 경우로는 Soner Cagaptay and Oya Rose Aktas, "How Erdoganism Is Killing Turkish Democracy," Foreign Affairs, July 7, 2017; Yusuf Sarfati, "How Turkey's Slide to Authoritarianism Defies Modernization Theory," Turkish Studies 18, no. 3 (2017): 395 -415. 폴란드의 경우로는 Daniel R. Kelemen, "Europe's Other Democratic Defi cit: National Authoritarianism in Europe's Democratic Union," Government and Opposition 52, no. 2 (2017): 211 -238; Daniel R. Kelemen, "The Assault on Poland's Judiciary," Foreign Affairs, July 26, 2017. 미국의 경우로는 Brian Klaas,

"The Five Ways President Trump Has Already Damaged Democracy at Home and Abroad," Washington Post, April 28, 2017; Yascha Mounk, "Trump Is Destroying Our Democracy," New York Times, August 1, 2017.

3 Francesca Polletta, Freedom Is an Endless Meeting: Democracy in American Social Movements (Chicago: University of Chicago Press, 2002). 또한 마이클 왈저(Michael Walzer) 가 정치적 관여가 좌파의 진보적 목표와 충돌하는 정도에 대해 쓴 고전적인 글로 Michael Walzer, "A Day in the Life of a Socialist Citizen," Dissent 15, no. 3 (1968): 243 – 247.

4 포퓰리즘 정부에 대한 효과적 저항 방법에 대해 아직까지 충분한 연구는 이루어진 게 없다. 일반적인 경우에 포퓰리즘 정부에 대한 최근의 저항이 가져온 정치적 표과에 대해서 는 가령 Emma F. Thomas and Winnifred R. Louis, "When Will Collective Action Be Effective? Violent and Non-violent Protests Differentially In fluence Perceptions of Legitimacy and Efcacy among Sympathizers," Personality and Social Psychology Bulletin 40, no. 2 (2014): 263 – 276; Andreas Madestam, Daniel Shoag, Stan Veuger, and David Yanagizawa-Drott, "Do Political Protests Matter? Evidence from the Tea Party Movement," Quarterly Journal of Economics 128 (2013): 1633 – 1685; Grzegorz Ekiert and Jan Kubik, Rebellious Civil Society: Popular Protest and Democratic Consolidation in Poland, 1989 – 1993 (Ann Arbor: University of Michigan Press, 1999); Taras Kuzio, "Civil Society, Youth and Social Mobilization in Democratic Revolutions," Communist and Post-Communist Studies 39 (2006): 365 – 386. 이와 반대되 는 입장으로는 Peter L. Lorentzen, "Regularizing Rioting: Permitting Public Protest in an Authoritarian Regime," Quarterly Journal of Political Science 8 (2013): 127 – 158.

5 Anne Applebaum, "Poles Fought the Nationalist Government with Mass Protests—and Won," Washington Post, July 24, 2017, https://www.washingtonpost.com/news/global -opinions/wp/2017/07/24/how-street-demonstrators -scored -a -victory -against -polands -government/?utm_term=51c4821e1d0c.

6 Nick Thorpe, "Hungary CEU: Protesters Rally to Save University," BBC News, April 3, 2017, http://www.bbc.co.uk/news/world -europe -39479398; and "CEU to Remain in Budapest for 2017 – 2018 Academic Year, Hopes for Long-Term Solution," Central European University, May 30, 2017, https://www.ceu.edu/article/2017 -05 -30/ceu -remain - budapest -2017 -2018 -academic -year -hopes -long -term -solution.

7 도널드 트럼프에 대한 대중의 저항이 얼마나 독립기관들의 긴장을 푸는 데 도움이 되었는지는 앞으로 한동안은 정확히 판단할 수 없을 것이다. 그러나 그것이 대단한 역할을 했다는 이론적, 실천적 근거는 많다. 예를 들어, 정치학자들은 심지어 미국 최고법원의 입장이라 해도 대중 여론에 체계적으로 영향을 받을 수밖에 없다고 보아왔다. 예를 들어, William Mishler and Reginald S. Sheehan, "The Supreme Court as a Countermajoritarian Institution? The Impact of Public Opinion on Supreme Court Decisions," American Political Science Review 87, no. 1 (1993): 87–101. 한편 로드 로젠스테인 (Rod Rosenstein)이 제임스 코미(James Comey)의 해임에 모호한 태도를 취했다고 해서 그의 동료들이 불만을 쏟아 놓은 일에 어느 정도 영향을 받았으리라 봄직도 하다. Benjamin Wittes, "Et Tu Rod? Why the Deputy Attorney General Must Resign," Lawfare, May 12, 2017, https://www.lawfareblog.com/et -tu -rod -why -deputy -attorney -general -must -resign.

8 비록 러시아의 민주주의가 잘해봤다 '불완전하다'는 평가를 받아 왔지만, 2004년도 프리덤하우스 조사(블라디미르 푸틴이 재선거에 나선 몇 개월 뒤) 때만 해도 "부분적으로 자유로움" 수준을 유지하고 있었다. (Freedom House, "Russia," in Freedom in the World 2004, https://freedomhouse.org/report /freedom -world/2004/russia). 반면 208년에는 이전보다 확실히 불공정하게 선거가 치러졌을 때, 프리덤하우스는 이 나라를 "자유롭지 않음"으로 평가했다.(Freedom House, "Russia," in Freedom in the World 2008: https://freedomhouse.org/report/freedom -world/2008/russia). 터키에 관한 비슷한 예로 Steven A. Cook, "How Erdogan Made Turkey Authoritarian Again," Atlantic, July 21, 2016, https://www.theatlantic.com/international/archive/2016/07/how -erdogan -made -turkey -authoritarian -again/492374/; 베네수엘라의 경우는 프리덤하우스와 비교할 때, "Venezuela," in Freedom in the World 2003, https://freedomhouse.org/report/freedom -world/2003 / venezuela to Freedom House, "Venezuela," in Freedom in the World 2017, https://freedomhouse.org/report/freedom -world/2017/venezuela.

9 "Election Resources on the Inter net: Elections to the Polish Sejm— Results Lookup"; http://electionresources.org/pl/sejm.php?election= 2015, and "Polish Parliamentary Election, 2015," Wikipedia; https:// en.wikipedia.org/wiki/Polish_parliamentary_election_2015. 10. 인도에 대해서는, Milan Vaishnav, "Modi's Victory and the BJP's Future," Foreign Affairs, March 15, 2017, http://carnegieendowment.org/2017/03/15/modi -s -victory -and -bjp -s -future -pub -68281; Anita Katyal,

"The Opposition Is Divided on How It Should Unite Against the BJP Ahead of the 2019 General Elections," Scroll.in, https://scroll.in /article/834312/the -opposition -is -divided -on -how -it -should -unite -against -the -bjp -ahead -of -the -2019 -general -elections/. On Turkey, see "Turkish General Election, 2007." Wikipedia; https://en.wikipedia.org/wiki /Turkish _general_election_2007. 미국에 대해서는 Christopher J. Devine and Kyle C. Kopko, "5 Things You Need to Know about How Third-Party Candidates Did in 2016," Washington Post, November 15, 2016, https://www.washingtonpost.com/news/monkey -cage/wp/2016/11 /15/5 -things -you -need -to -know -about -how -third -party -candidates -did -in -2016/?utm_term=a37910397372. 11. Private communication.

10 인도에 대해서는, Milan Vaishnav, "Modi's Victory and the BJP's Future," Foreign Affairs, March 15, 2017, http://carnegieendowment.org/2017/03/15/modi -s -victory -and -bjp -s -future -pub -68281; Anita Katyal, "The Opposition Is Divided on How It Should Unite Against the BJP Ahead of the 2019 General Elections," Scroll.in, https://scroll.in /article/834312/the -opposition -is -divided -on -how -it -should -unite -against -the -bjp -ahead -of -the -2019 -general -elections/. On Turkey, see "Turkish General Election, 2007." Wikipedia; https://en.wikipedia.org/wiki /Turkish _general_election_2007. On the United States, see Christopher J. Devine and Kyle C. Kopko, "5 Things You Need to Know about How Third-Party Candidates Did in 2016," Washington Post, November 15, 2016, https://www.washingtonpost.com/news/monkey -cage/wp/2016/11 /15/5 -things -you -need -to -know -about -how -third -party -candidates -did -in -2016/?utm_term=. a37910397372.

11 Private communication.

12 Andrés Miguel Rondón, "In Venezuela, We Couldn't Stop Chávez. Don' t Make the Same Mistakes We Did," Washington Post, January 27, 2017, https:// www.washingtonpost.com/postev ery thing/wp/2017/01/27/in -v enezuela -we -couldnt -stop -chavez -dont -make -the -same -mistakes -we -did/?utm_ term=58b6866907f8.

13 Ibid.

14 Luigi Zingales, "The Right Way to Resist Trump," New York Times, November

18, 2016, https://www.nytimes.com/2016/11/18/opinion/the -right -way -to - resist -trump.html?_r=0.

15 Aaron Blake, "Trump's Full Inauguration Speech Transcript, Annotated," Washington Post, January 20, 2017, https://www.washingtonpost .com/news/the -fix/wp/2017/01/20/donald -trumps -full -inauguration -speech -transcript -annotated/?utm_term=7e71667cfff7.

16 Jenna Johnson, "Donald Trump to African American and Hispanic Voters: 'What Do You Have to Lose?'" Washington Post, August 22, 2016, https://www.washingtonpost.com/news/post -politics/wp/2016/08/22 /donald -trump -to -african -american -and -hispanic -voters -what -do -you -have -to -lose/?utm_term=0faa24c31da9.

17 Hillary Clinton and Tim Kaine, Stronger Together: A Blueprint for America's Future (New York: Simon & Schuster, 2016).

18 Hillary Clinton (@Hillary Clinton), "'America is already great. America is already strong & I promise you, our strength, our greatness, does not depend on Donald Trump.'—@POTUS." Twitter, July 27, 2016, 8:18 pm, https://twitter.com/hillaryclinton/sta tus/758501814945869824 ?lang=en.

19 Monica Hersher and Yascha Mounk, "The Centre in the United Kingdom, France and Germany," Tony Blair Institute for Global Change, June 2017, http://institute.global/sites/default/files/field_article_attached _file/IGC_Centre%20Polling_14.07.17.pdf.

20 여기서 가장 두드러진 사례로는 2017년 프랑스 대선에서 엠마누엘 마크롱이 마린 르펜에게 거둔 승리일 것이다. Tracy McNicoll, "Macron Beats Le Pen to Win French Presidency, Toughest Tasks to Come," France24, May 8, 2017, http://www.france24.com/ en/20170507 -frances -macron -beats -le -pen -win -presidency -toughest -tasks -come; and Yascha Mounk, "It's Far Too Early to Declare Victory over Populism," Slate, May 8, 2017, http://www.slate.com/articles/news_and_politics/the_good_fight/2017/05/four_reasons_not_to_be_cheered _by_emmanuel_macron_s_defeat_of_marine_le.html.

21 정치와 정책에 대한 최고의 책일지라도 똑같은 문제점을 안고 있기 마련이다. 책의 대

부분이 가장 심각한 경향에 대해 미묘하고 고차원적인 분석으로 이루어져 있다는 것. 따라서 그 결론은 그런 문제를 어떻게 풀어갈지에 대한 번드르르하고 섣부른 제안으로 채워지게 된다. 그것은 우연이 아니다. 문제를 풀기보다는 진단하기가 쉽기 때문이다. 어떤 문제의 깊은 이해는 설득력 있는 해법으로 반드시 이어질 필요는 없다. 그리고 제시된 해법이 꽤 그럴싸해 보여도, 실행에 옮길 수는 없는 경우가 많다. 이 모든 문제들은 다른 대부분의 경우와 마찬가지로 나의 주제와도 관련된다. 그리고 바로 그 때문에 나 스스로 민주주의의 위기에 대한 해법을 내놓기 전에 독자에게 분명히 해두고 싶은 것이다. 이 책에서 중대한 도전에 대해 내가 제시하는 해법들은 신중한 고려를 거친 것들이고, 그 문제에 접근할 확실한 빛을 찾아낸 끝에 내놓는 것들이다. 나는 여기서 제시한 문제점들에 대한 성찰이, 그리고 심지어 내가 언급한 구체적인 정책의 실행이 우리가 우리 민주주의를 다시 꽃피게 하는 일에, 그리고 권위주의적 포퓰리스트들을 억눌러 두는 일에 유용하리라 진심으로 믿으며, 강력히 소망한다. 그러나 이런 제안들이 만병통치약인 듯 여길 생각은 없다. 그런 제안을 채택한다고 해서 그것만으로 자유민주주의를 구할 수 있다고 장담하지도 않겠다. 그것으로는 불충분할 수 있으리라. 그러나 우리가 진심으로 자유민주주의를 구하고 싶어 한다면, 그것들은 우리가 할 수 있는 최선이 될 수 있다.

7장. 민족주의 길들이기

1 Yascha Mounk, "The Pursuit of Italy by David Gilmour," book review, Bookforum, October 7, 2011, http://www.bookforum.com/review /8442; David Gilmour, The Pursuit of Italy: A His tory of a Land, Its Regions, and Their Peoples (New York: Farrar, Straus and Giroux, 2011).

2 Yascha Mounk, Stranger in My Own Country: A Jewish Family in Modern Germany (New York: Farrar, Straus and Giroux, 2014).

3 글로벌 차원의 국내 정책 수립 압박에 대해 다시 생각해볼 필요에 대해서는, 가령 the treatment of the "globalization paradox" in Anne-Marie Slaughter, A New World Order (Prince ton: Prince ton University Press, 2004). 또한 Kanishka Jayasuriya, "Globalization, Law, and the Transformation of Sovereignty: The Emergence of Global Regulatory Governance," Indiana Journal of Global Legal Studies 6 (1999): 425 – 455; 그리고 국민국가의 주권 옹호에 대해서는 Jean L. Cohen, Globalization and Sovereignty:

Rethinking Legality, Legitimacy, and Constitutionalism (Cambridge: Cambridge University Press, 2012). 유럽 공공영역이 '유럽 정체'를 창출하리라는 희망에 대해서는 Jürgen Habermas, Zur Verfassung Europas: Ein Essay (Frankfurt: Suhrkamp Verlag, 2011); or the earlier Jürgen Habermas, "Why Europe Needs a Constitution," in Developing a Constitution for Europe, ed. Erik Oddvar Eriksen, John Erik Fossum, and Agustín José Menéndez, 17 – 33 (New York: Routledge, 2004).

4 Fraser Cameron, "The European Union as a Model for Regional Integration," Council on Foreign Relations, September 24, 2010, https://www.cfr.org/report/european-union-model-regional-integration.

5 Mark Leonard, Why Europe Will Run the 21st Century (New York: Public Affairs, 2005). Compare also Andrew Moravcsik, The Choice for Europe: Social Purpose and State Power from Messina to Maastricht (Ithaca, NY: Cornell University Press, 1998); and Robert O. Keohane, "Ironies of Sovereignty: The European Union and the United States," Journal of Common Market Studies 40, no. 4 (2002): 743 – 765.

6 Ghia Nodia, "The End of the Postnational Illusion," Journal of Democracy 28, no. 2 (2017): 5 – 19, 9.

7 Ibid.

8 "Referendums Related to the European Union," Wikipedia; 2017년 9월 9일 접속판. https://en.wikipedia.org/wiki/Referendums_related_to_the_European_Union.

9 2005년, 프랑스와 네덜란드의 유권자들은 유럽 헌법안을 부결시켰다. 그 개혁안의 핵심을 이어나가고자, 유럽 국가들의 수뇌들은 그 헌법안의 문장을 다듬은 다음 리스본 조약을 통해 서둘러 공인받는 기회를 마련했다. 프랑스와 네덜란드의 국민들은 스스로의 뜻을 다시 밝힐 기회를 허락받지 못했다. 그러나 아일랜드 국민들도 부정적 입장을 밝혔다. 정부가 삼가 재투표를 요청했을 때에야, 아일랜드 국민은 리스본 조약의 합법성을 추인해 주었다. Ibid.

10 다음의 〈그래프 1〉을 보라. "Spain's Reforms Point the Way for Southern Europe," Economist, June 15, 2017, https://www.economist.com/news/europe/21723446-having-tackled-its-problems-earlier-italy-or-greece-spain-now-seeing-results-spains. For unemployment rates, see "Unemployment by Sex and Age—Annual Average," Eurostat, http://appsso.eurostat.ec.europa.eu/nui/show.

do?dataset=une_rt_a&lang=en, 2017년 9월 9일 접속판.

11 Markus K. Brunnermeier, Harold James, and Jean-Pierre Landau, The Euro and the Battle of Ideas (Princeton: Princeton University Press, 2016); Joseph E. Stiglitz, The Euro: How a Common Currency Threatens the Future of Europe (New York: Norton, 2016); 또한 다음을 보라. Thomas Meaney and Yascha Mounk, "What Was Democracy?" Nation, May 13, 2014, https://www.thenation.com/article/what-was -democracy/.

12 Basharat Peer, A Question of Order: India, Turkey, and the Return of the Strongmen (New York: Columbia Global Reports, 2017). 중국에 대해서는, Alastair Iain Johnston, "Is Chinese Nationalism Rising? Evidence from Beijing," International Security 41, no. 3 (2017): 7–43.

13 Nodia, "The End of the Postnational Illusion."

14 Michael Lind, "In Defense of Liberal Nationalism," Foreign Affairs, May–June, 1994, 87.

15 미국 헌법. https://www.law.cornell.edu/constitution/preamble.

16 Jan-Werner Müller, "Cap italism in One Family," London Review of Books 38, no. 23 (2016): 10–14.

17 Krishnadev Calamur, "A Short His tory of 'America First,'" Atlantic, January 21, 2017, https://www.theatlantic.com/politics/archive/2017/01/trump-america -first/514037/; Jonah Goldberg, "What Trump Means When He Says, 'America First,'" National Review, January 25, 2017, http://www.nationalreview.com/article/444211/donald -trump -america -first -slogan -stands -nationalist -identity.

18 인종과 종교에 기초한 민족주의와 포퓰리즘 리더의 모든 반대자들을 비애국자로 모는 자세는 또한 국제적 긴장도 일으킨다. 여기서의 문제점은 트럼프류의 민족주의 지도자들이 각국의 이익을 추구하는 점에 있지 않다(아무튼, 대부분의 민주적으로 선출된 지도자들은 자국민에게 첫째가는 책임을 진다고 여기기 마련이다) 그보다, 자국이 이기려면 다른 나라가 패배해야만 한다는 그들의 사고방식이 문제다. 그런 사고방식은 자신의 협상 능력이 미국을 발전시킬 거라는 트럼프의 주장 속에 내장되어 있다. 파리의 이익보다 피츠버그의 이익을 중시하겠다는(마치 기후변화가 파리와 피츠버그 모두의 위협이 아니라는 듯이) 그의 약속에 싸매여져 있다. 그리고 또한, 무역협정이 "미국 산업을 희생해서 외국 산업을 살찌워 주는 꼴"이라고 하는 그

의 신념 밑바닥에 자리하고 있다. Alan Murray, "Trump's ZeroSum Economic Vision," Forbes, January 23, 2017, http://fortune.com /2017/01/23/trump -protectionism -inaugural -address -zero -sum/.

19 아프리카계 미국인들에 대한 일자리 시장에서의 차별, 그에 대한 영향력 있는 연구로 Marianne Bertrand and Sendhil Mullainathan, "Are Emily and Greg More Employable than Lakisha and Jamal? A Field Experiment on Labor Market Discrimination," American Economic Review 94 (2004): 991–1013. 형사사법제도에서의 치우침에 대해서는, Alberto Alesina and Eliana La Ferrara, "A Test of Racial Bias in Capital Sentencing," American Economic Review 104 (2014): 3397–3433; Lawrence D. Bobo and Victor Thompson, "Unfair by Design: The War on Drugs, Race, and the Legitimacy of the Criminal Justice System," Social Research 73 (2006): 445–472. 법집행 과정에서 총격당할 위험에 대해서는 Alison V. Hall, Erika V. Hall, and Jamie L. Perry, "Black and Blue: Exploring Racial Bias and Law Enforcement in the Killings of Unarmed Black Male Civilians," American Psychologist 71, no. 3 (2016): 175–186.

20 Parents Involved in Community Schools v. Seattle School Dist. No. 1 (Nos. 05–908 and 05–915) 2007, https://www.law.cornell.edu/supct /html/05–908.ZS.html.

21 에두아르도 보닐라–실바(Eduardo Bonilla–Silva)가 관련 있는(논란의 여지는 많으나) 포인트를 짚었다. , "If race disappears as a category of of cial division, as it has in most of the world, this will facilitate the emergence of a plural racial order where the groups exist in practice but are not of cial recognized—and anyone trying to address racial division is likely to be chided for racializing the population." Eduardo Bonilla–Silva, Racism without Racists: ColorBlind Racism and the Persistence of Racial Inequality in America, 5th ed. (2003; Lanham, MD: Rowman and Littlefield, 2018), 189.

22 Adia Harvey Wingfield, "Color–Blindness Is Counterproductive," Atlantic, September 13, 2015, https://www.theatlantic.com/politics/archive /2015/09/color –blindness –is –counterproductive/405037/.

23 문화적 전유의 병폐에 대한 영향력 높은 연구로 Maisha Z. Johnson, "What's Wrong with Cultural Appropriation? These 9 Answers Reveal Its Harm," Everyday Feminism, June 14, 2015, http://ev erydayfeminism.com/2015/06/cultural –appropria-

tion -wrong/. 은밀한 차별에 대해서는 Miguel Ceja and Tara Yosso, "Critical Race Theory, Racial Microaggressions and Campus Racial Climate: The Experiences of African American College Students," Journal of Negro Education 69 (2000): 60–73; Daniel Solórzano, "Critical Race Theory, Race, and Gender Microaggressions, and the Experience of Chicana and Chicano Scholars," International Journal of Qualitative Studies in Education 11 (1998): 121–136; and Kevin L. Nadal, That's So Gay! Microaggressions and the Lesbian, Gay, Bisexual, and Transgender Community (Washington, DC: American Psychological Association, 2013). 마지막으로 언론자유에 대해서는 Ulrich Baer, "What 'Snowflakes' Get Right about Free Speech," New York Times, April 24, 2017, https://www.nytimes.com /2017/04/24/opinion/what -liberal -snowflakes -get -right -about -free -speech.html.

24 Emanuella Grinberg, "Dear White People with Dreadlocks: Some Things to Consider," CNN, April 1, 2016, http://edition.cnn.com/2016/03/31/living/white -dreadlocks -cultural -appropriation -feat/index.html; Clover Linh Tran, "CDS Appropriates Asian Dishes, Students Say," Oberlin Review, November 6, 2015, https://oberlinreview.org/9055/news/cds-appropriates -asian -dishes -students -say/.

25 Princess Gabbara, "The History of Dreadlocks," Ebony, October 18, 2016, http://www.ebony.com/style/history-dreadlocks#axzz4qX8wRTJe.

26 바그다드에 대해서는 Jim Al-Khalili, "When Baghdad Was Centre of the Scientific World," Guardian, September 25, 2010, https://www.theguardian.com/ books/2010/sep/26/baghdad -centre -of -scientific-world; 빈에 대해서는, Carl E. Schorske, Fin-de-Siecle Vienna: Politics and Culture (New York: Knopf, 1980); 뉴욕에 대해서는, E. B. White, Here Is New York (New York: Harper & Row, 1949).

27 예를 들어 제1차 세계대전 때의 가장 암울했던 날들에 대해 쓴 글에서, 오스트리아의 코미디언인 칼 크라우스(Karl Kraus)는 빈 시의 거리에서 프랑스어, 영어, 이탈리아어 간판들을 모조리 없애고 다녔던 "자원 위원회"에 대해 묘사했다. Karl Kraus, The Last Days of Mankind: A Tragedy in Five Acts, trans. Patrick Edward Healy (1918; Netherlands: November Editions, 2016), act 3, scene 8.

28 물론 철학적으로는, 혐오발언의 모양새를 띤 말일지라도 "진리값"을 가질 수 있다. 말

하자면 어의학적 잡소리가 아닌 일정한 명제로 나타난다는 것이다. 그러나 다른 사람이 귀 담아 들을 만한 가치는, 아마 없을 것이다.(일정한 세계관을 그런 말에 담아 전달한다고 해도)

29 케난 말리크(Kenan Malik)의 지적처럼, 핵심적 문제는 "누가 정책을 결정하는가?"이다. "모든 사회는 일정한 제도를 보호하고, 특정 집단의 특권을 지키고, 일정한 신념에 대한 도전을 예방하기 위한 문지기(gatekeeper)를 두고 있다. 그런 문지기들은 불우한 쪽이 아니라 강력한 쪽을 보호한다." Kenan Malik, "Cultural Appropriation and Secular Blasphemy," Pandemonium, July 9, 2017, https://kenanmalik.wordpress.com/2017/07/09/cultural -appropriation -and -secular-blasphemy/.

30 이러한 주장의 계통을 더 잘 살펴보려면, Thomas Scanlon: "A Theory of Freedom of Expression," Philosophy and Public Affairs 1(1972): 204-226.

31 Wingfield, "Color Blindness Is Counter-Productive."

32 Alex Rosenberg, "The Making of a Non-patriot," New York Times, July 3, 2017, https://www.nytimes.com/2017/07/03/opinion/the -making -of -a-non -patriot.html. 이 논평은 독립기념일 이전에 온라인상으로 공개되었으나, 분명 우연인 듯 그 시점을 노리고 있었다.

33 DisastaCaPiTaLisM, "Antifa Chanting 'No Trump, No Wall, No USA At All,'" Youtube, September 5, 2017, https://www.youtube.com/watch?v=IV440PbnIPI.

34 Shaun King, "KING: Thomas Jefferson Was a Horrible Man Who Owned 600 Human Beings, Raped Them, and Literally Worked Them to Death," New York Daily News, July 3, 2017, http://www.nydailynews.com/news/national/king -thomas -jefferson -evil -rapist -owned -600 -slaves-article -1.3308931.

35 Hans Kundnani, Utopia or Auschwitz: Germany's 1968 Generation and the Holocaust (Oxford: Oxford University Press, 2009); and Simon Erlanger, "'he Anti-Germans'—he Pro-Israel German Left,"Jewish Political Studies Review 21 (2009): 95 -06.

36 Maya Rhodan, "ranscript: Read Full Text of President Barack Obama' Speech in Selma,"Time, March 7, 2015, http://time.com/3736357 /barack -obama -selma -speech -transcript/.

37 Ibid.

38 Alastair Jamieson and Chloe Hubbard, "ar-Right Marine Le Pen Leads French

Polls but Still Seen Losing Runoff,"NBC News, February 23, 2017, http://www.
nbcnews.com/news/world/far -right -marine -le -pen-leads -french -election
-polls -still -n724536.

39 Emmanuel Macron, "uand je regarde Marseille je vois . . . les Algériens, les
Marocains, les Tunisiens . . . E. Macron,"speech posted on Youtube, April 3, 2017,
https://www.youtube.com/watch?v=Yxmbctib964.

40 Benedict Anderson, Imagined Communities (London: Verso, 1983).

41 유럽 이민자들의 회의적인 시각을 탁월하게 요약한 글로 Christopher Caldwell, Re-
flections on the Revolution in Europe: Immigration, Islam, and the West (New York:
Anchor, 2009).

42 구조적 부정의에 대해서는, Iris Marion Young, "Structural Injustice and the Poli-
tics of Difference,"in Intersectionality and Beyond: Law, Power and the Politics of
Location, ed. Emily Grabham et al. (2008), 273.

43 연구 결과들은 이 시스템이 소수자 학생들을 이중으로 불리하게 몰고 있음을 드
러낸다. 첫째, 그 교사들은 그들이 설령 충분한 수준을 보이더라도 더 권위 있는 상급
학교에 추천해 주지 않으려 한다. 둘째, 불리한 배경을 가진 유능한 학생들은 보다 나
은 배경의 동급생들을 따라잡으려면 보통 4년이 더 필요하다. 다음 글의 머리글을 보라.
Heike Solga and Rosine Dombrowski, "Soziale Ungleichheiten in schulischer und
außerschulischer Bildung: Stand der Forschung und Forschungsbedarf," Work-
ing Paper, Bildung und Qualifizierung, no. 171, 2009, https://www.econstor.eu/
handle/10419/116633. 그러나 그에 대한 다음의 회의적 시각도 보라. Cornelia Kirsten,
"Ethnische Diskriminierung im deutschen Schulsystem? Theoretische Überle-
gungen und empirische Ergebnisse," WZB Discussion Paper, no. SP IV 2006 – 01,
https://www.econstor.eu/handle/10419/49765.

44 가령 다음의 예를 보라. Marie Duru-Bellat, "Social Inequality in French Educa-
tion: Extent and Complexity of the Issues,"International Studies in Educational In-
equality, Theory and Policy (2007): 337 – 56; 또한 Michel Euriat and Claude Thélot,
"Le recrutement social de l'lite scolaire en France: évolution des inégalités de 1950
a 1990,"Revue francaise de sociologie (1995): 403 – 38; Christian Baudelot and Rog-
er Establet, L'elitisme republicain: l'ecole francaise a l'epreuve des comparaisons

internationales(Paris: Seuil, 2009).

45 "K-12 Education: Better Use of Information Could Help Agencies Identify Disparities and Address Racial Discrimination,"US Government Accountability Office, April 2016, http://www.gao.gov/assets/680/676744.pdf. 이러한 발견은 최근 UCLA 의 민권 연구 프로젝트에서 확인되었다. 이는 마찬가지로 "과도하게 분리주의가 이루어진 학교들이 있다. 여기서는 90퍼센트 또는 그 이상의 학생들이 소수자 출신이며, 그 숫자는 1988년의 5.7%에서 18.4%로 늘었다."는 사실을 찾아냈다. Gary Orfield, Jongyeon Ee, Erica Frankenberg, and Genevieve Siegel-Hawley, "Brown at 62: School Segregation by Race, Poverty and State,"The Civil Rights Project, UCLA, May 16, 2016; https://civilrightsproject.ucla.edu/research/k -12 -education/integration-and -diversity/brown -at -62 -school -segregation -by -race-poverty-and -state/. 또한 다음을 보라. Greg Toppo, "AO Study: Segregation Worsening in U.S. Schools," USA Today, May 17, 2016, https://www.usatoday.com/story/news/2016/05/17/gao -study -segregation -worsening-us -schools/84508438/.

46 Qanta Ahmed, "And Now, Female Genital Mutilation Comes to America," Daily Beast, April 18, 2017, http://www.thedailybeast.com/and -now -female -genital -mutilation -comes-to -america; "Female Genital Mutilation Exposed in Swedish Class,"The Local, June 20, 2014, https://www.thelocal.se/20140620/swedish -school -class -genitally-mutilated; and Alexandra Topping, "GM Specialist Calls for Gynaecological Checks for All Girls in Sweden,"Guardian, June 27, 2014, https://www.theguardian.com/society/2014/jun/27/female -genital-mutilation -fgm -specialist -sweden -gynaecological -checks -children.

47 Helen Pidd, "West Yorkshire Police and Agencies 'Failed to Protect' Groomed Girl,"The Guardian, December 6, 2016; "Oxford Grooming: 'No Hiding'from Authorities'Failures,"BBC News, March 2, 2015, http://www.bbc.co.uk/news/uk -england -oxfordshire -31696276; David A. Graham, "How Belgium Tried and Failed to Stop Jihadist Attacks," Atlantic, March 22, 2016.

48 "Gewalt-Rechtfertigung mit Koran—ichterin abgezogen,"Spiegel Online, March 21, 2007, http://www.spiegel.de/politik/deutschland/justiz-skandal -gewalt -rechtfertigung -mit -koran -richterin -abgezogen -a-472966.html.

49 Will Kymlicka, Multicultural Citizenship: A Liberal Theory of Minority Rights

(Oxford: Clarendon Press, 1995), ch. 3. 다음과 비교하라. Mounk, Stranger in My Own Country, ch. 10.

50 이 점에 대해서는, Michael Walzer, Sphere of Justice: A Defense of Pluralism and Equality (New York: Basic Books, 1983), ch. 1; and David Miller, "The Ethical Significance of Nationality," Ethics 98 (1988): 647–662.

51 Jeffrey G. Reitz, "The Distinctiveness of Canadian Immigration Experience," Patterns of Prejudice 46, no. 5 (2012): 518–38; Garnett Picot and Arthur Sweetman, "Making It in Canada: Immigration Outcomes and Policies," IRPP Study 29 (2012): 1-5.

8장. 경제 뜯어고치기

1 Karen Tumulty, "How Donald Trump Came Up with 'Make America Great Again,'" Washington Post, January 18, 2017, https://www.washingtonpost.com/politics/how -donald -trump -came -up -with -make -america-great -again/2017/01/17/fb6acf5e -dbf7 -11e6 -ad42-f3375f271c9c_story.html?utm_term=.064c24103851.

2 공식적으로, 슬로건은 "통제권을 환수하기(taking)"였으나 대부분의 정치인들은 그 슬로건을 동사형(taking)으로 쓰지 않았다(take). 가령 "Boris Johnson: UK 'Should Take Back Control,'" BBC News, http://www.bbc.com/news/av/uk -35739955/boris -johnson -uk -should -take -back -control; and Joseph Todd, "Why Take Back Control Is the Perfect Left-Wing Slogan," New Statesman, March 13, 2017, http://www.newstatesman.com/politics/staggers/2017/03/why -take -back -control -perfect -left -wing-slogan.

3 이것이 대부분의 나라에서 소수자들이 극좌든 극우든 포퓰리스트들에게 덜 경도되는 까닭 가운데 하나다. 비록 그들 스스로도 재정적 어려움을 겪고 있으나, 지난 수십년 동안에 비하면 나아졌으며 미래에 대한 희망도 갖고 있다. Mark Hugo Lopez, Rich Morin, and Jens Manuel Krogstad, "Latinos Increasingly Confident in Personal Finances, See Better Economic Times Ahead," Pew Research Center, http://www.pewhispanic.org/2016/06/08/latinos -increasingly -confident-in -personal -financessee-better -economic -times -ahead/; Jamelle Bouie, "Who Is Most Excited about America's Future? Minorities," Daily Beast, February 3, 2014, http://www.thedaily-beast.com/who -is -most -excited -about -americas-future -minorities.

4 일인당 GDP에 대해서는 US Bureau of Economic Analysis, "Real Gross Domestic Product per Capita (A939RX0Q048SBEA)," retrieved from FRED, Federal Reserve Bank of St. Louis, https://fred.stlouisfed.org/series/A939RX0Q048SBEA. On net worth, see Board of Governors of the Federal Reserve System (US), "Households and Non-profit Organizations: Net Worth, Level (TNWBSHNO)," retrieved from FRED, Federal Reserve Bank of St. Louis, adjusted for inflation, https://fred.stlouisfed.org/series/TNWBSHNO. 마지막으로, 기업당 순이익에 대해서는 US Bureau of Economic Analy-sis, Corporate Profits After Tax (without IVA and CCAdj) [CP], retrieved from FRED, Federal Reserve Bank of St. Louis, adjusted for inflation, https://fred.stlouisfed.org/series/CP.

5 에마누엘 세이즈와 가브리엘 주크먼(Emmanuel Saez and Gabriel Zucman)의 온라인 부록, 표 B3을 보라. Emmanuel Saez and Gabriel Zucman, "Wealth Inequality in the United States since 1913: Evidence from Capitalized Income Tax Data," Quarterly Journal of Economics 131, no. 2 (2016): 519-578. Online Appendix (Table B1) in Saez and Zucman, "Wealth Inequality in the United States."

6 "Tax Rate Schedules," Instructions for 1987 Form 1040, Internal Revenue Ser-vice, US Department of the Treasury, p. 47, and "Federal Capital Gains Tax Rates, 1988-2011," Tax Foundation, https://files.taxfoundation.org/legacy/docs/fed_cap-gains_taxrates -20100830.pdf.

7 레이건에 대해서는 Peter Dreier, "Reagan's Real Legacy," Nation, June 29, 2015. 개인 책임 및 노동기회 조정법에 대해서는 Yascha Mounk, The Age of Responsibility (Cambridge, MA: Harvard University Press, 2017), ch. 2; Carly Renee Knight, "A Voice with-out a Vote: The Case of Surrogate Representation and Social Welfare for Legal Noncitizens since 1996," forthcoming.

8 Eduardo Porter, "The Republican Party's Strategy to Ignore Poverty," New York Times, October 27, 2015. 이 암울한 이야기의 몇 안 되는 밝은 부분 가운데 하나가 버락 오바마가 수립한 보건개혁이다. 역사상 처음으로, 미국은 부유한 사회에서의 가장 기초적

인 도덕적 책임 문제를 진지하게 고려했다. 바로 (대부분의)국민에게 의료보장을 해 주는 것이다. 그러나 그 결과 나타난 미국 의보체계가 아직 상당 기간 동안 불확실함을 벗어날 수 없는 가운데, 그 핵심 요소들이 이미 해체되고 있다. 국회의원들이 현 행정부의 목표를 법으로 바꾸게 된다면, 수백만 명의 미국인들은 가까운 시기에 보험혜택을 잃게 될 것이다.

9 Marina Karanikolos et al., "Financial Crisis, Austerity, and Health in Europe," Lancet 381, no. 9874 (2013): 1323-1331; Emmanuele Pavolini, Margarita León, Ana M. Guillén, and Ugo Ascoli, "From Austerity to Permanent Strain? The EU and Welfare State Reform in Italy and Spain," Comparative European Politics 13 (2015): 56-76; Mark Blyth, Austerity: The History of a Dangerous Idea (Oxford: Oxford University Press, 2013), 특히 3장을 볼 것; and Matt Pickles, "Greek Tragedy for Education Opportunities," BBC News, September 30, 2015, http://www.bbc.co.uk/news/business-34384671.

10 Horst Feldmann, "Technological Unemployment in Industrial Countries," Journal of Evolutionary Economics 23 (2013): 1099-1126. 그러나 더 회의적인 입장도 보라. James E. Bessen, "How Computer Automation Affects Occupations: Technology, Jobs, and Skills," Law and Economics Research Paper no. 15-49, Boston University School of Law, October 3, 2016, https://papers.ssrn.com/sol3/papers.cfm?abstract_id=2690435. 가능한 정책 대응의 폭을 고려한 연구로는 Yvonne A. Stevens and Gary E. Marchant, "Policy Solutions to Technological Unemployment," in Surviving the Machine Age, ed. Kevin LaGrandeur and James J. Hughes (Cham, Switzerland: Palgrave MacMillan, 2017).

11 Justin R. Pierce and Peter K. Schott, "The Surprisingly Swift Decline of US Manufacturing Employment," American Economic Review 106, no. 7 (2016): 1632-1662; Thomas Kemeny, David Rigby, and Abigail Cooke, "Cheap Imports and the Loss of US Manufacturing Jobs," World Economy 38, no. 10 (2015): 1555-1573; William J. Carrington and Bruce Fallick, "Why Do Earnings Fall with Job Displacement?" Federal Reserve Bank of Cleveland Working Paper no. 14-05, June 19, 2014, https://papers.ssrn.com/sol3/papers.cfm?abstract_id=2456813.

12 Lawrence H. Summer, "U.S. Economic Prospects: Secular Stagnation, Hysteresis, and the Zero Lower Bound," Business Economics 49 (2014): 65-73; and Tyler Cowen, The Great Stagnation: How America Ate All the Low-Hanging Fruit of

Modern History, Got Sick, and Will (Eventually) Feel Better (New York: Dutton, 2011). 한편 중국과 같은 나라들이나 북미 및 서유럽 같은 나라들의 수렴 가능성에 대한 흥미로운 논의는 Dani Rodrik, "The Future of Economic Convergence," Jackson Hole Symposium of the Federal Reserve Bank of Kansas City, 2011, http://drodrik. scholar.harvard.edu/files/dani -rodrik/files/future -economic-convergence. pdf?m=1435006479.

13 언젠가는 기계가 보통 사람이 했던 노동을 대신해 줌으로써 사람들은 보다 고상한 목표를 추구하게 되리라는 희망은 물론 매우 오래된 것이다. Karl Marx, "German Ideology," in Karl Marx, Early Political Writings, ed. Joseph J. O'Malley (Cambridge: Cambridge University Press, 1994), 132; Herbert Marcuse, An Essay on Liberation (Boston: Beacon Press, 1969), 특히 6장을 보라. 보다 최근의 이와 비슷한 생각으로는 Rutger Bregman, Utopia for Realists: The Case for a Universal Basic Income, Open Borders, and a 15-hour Workweek (New York: Little, Brown and Company, 2017).

14 2018년도 「세계 불평등 보고 연감」에 따르면, 나라마다 국민에게 지역경제의 성장분을 분배하는 방식이 매우 다르다. 그 저자들의 결론에 따르면, 이는 풍요와 불평등의 결과를 가늠하는 데 "제도적, 정책적 프레임의 중요성"을 제시해준다. Facundo Alvaredo, Lucas Chancel, Thomas Piketty, Emmanuel Saez, and Gabriel Zucman, eds., The World Inequality Report (Cambridge, MA: Belknap Press of Harvard University Press, 2018).

15 세율 인상이 주는 경제적 혜택에 대한 최근의 방어론으로는 Peter Diamond and Emmanuel Saez, "The Case for a Progressive Tax: From Basic Research to Policy Recommendation," Journal of Economic Perspectives 25, no. 4 (2011): 165-190. 이에 대해 즉각적으로 그런 세제는 인기가 없음을 주장하는 예로는 Vanessa S. Williamson, Read My Lips: Why Americans Are Proud to Pay Taxes (Princeton: Princeton University Press, 2017).

16 Alberto Alesina and Dani Rodrik, "Distributive Politics and Economic Growth," Quarterly Journal of Economics 109 (1994): 465-490; Mounk, Age of Responsibility; Blyth, Austerity, 특히 6장과 7장을 읽을 것. 흥미롭게도 여러 입장의 자유지상주의자들 사이에서도 복지국가에 대한 지지가 늘고 있다. Matt Zwolinski, "Libertarianism and the Welfare State," in The Routledge Handbook of Libertarianism, ed. Jason Brennan, Bas van der Vossen, and David Schmidtz (New York: Routledge, 2017); Matt Zwolinski, "Libertarianism and the Welfare State," Bleeding Heart Libertarians, March 7, 2016,

http://bleedingheartlibertarians.com/2016/03/libertarianism -and -the -welfare
-state/.

17 Alicia H. Munnell, "Policy Watch: Infrastructure Investment and Economic
Growth," Journal of Economic Perspectives 6, no. 4 (1992): 189-198; Gilles St. Paul
and Thierry Verdier, "Education, Democracy, and Growth," Journal of Develop-
ment Economics 42 (1993): 399-407; and P. Aghion, L. Boustan, C. Hoxby, and J.
Vandenbussche, "The Causal Impact of Education on Economic Growth: Evidence
from U.S.," unpublished manuscript, March 2009, https://scholar.harvard.edu/files/
aghion/files/causal_impact_of_education.pdf.

18 보편적 의료보장을 도입하지 않을 때의 일부 경제적 비용에 대한 좋은 개괄로서
David Sterret, Ashley Bender, and David Palmer, "A Business Case for Universal
Healthcare: Improving Economic Growth and Reducing Unemployment by Pro-
viding Access for All," Health Law and Policy Brief 8, no. 2 (2014): 41-55, http://
digitalcommons.wcl.american.edu/cgi/viewcontent.cgi?article=1132&context=hlp.

19 Damian Paletta, "With Tax Break, Corporate Rate Is Lowest in Decades," Wall
Street Journal, February 3, 2012, https://www.wsj.com/articles/SB10001424052970
204662204577199492233215330.

20 Tim Fernholz, "Why Buying a Corporate Jet Pays for Itself," Quartz, April 8,
2014, https://qz.com/196369/why -buying -a -corporate -jet -pays-for -itself/.

21 "Broken at the Top: How America's Dysfunctional Tax System Costs Billions
in Corporate Tax Dodging," Oxfam America, April 14, 2016, https://www.oxfa-
mamerica.org/static/media/files/Broken_at_the_Top_4.14.2016.pdf. 또한 다음도 보
라. Gabriel Zucman, The Missing Wealth of Nations: The Scourge of Tax Havens
(Chicago: University of Chicago Press, 2015); Scott D. Dyreng and Bradley P. Lindsey, "Using
Financial Accounting Data to Examine the Effect of Foreign Operations Located in
Tax Havens and Other Countries on U.S. Multinational Firms' Tax Rates," Journal
of Accounting Research 47 (2009): 1283-1316.

22 Michael S. Knoll, "The Taxation of Private Equity Carried Interests: Estimating
the Revenue Effects of Taxing Profit Interests as Ordinary Income," William and
Mary Law Review 50, no. 1 (2008): 115-161. "부페 룰(Buffet Rule),"에 대해서는 다음을

보라. Warren E. Buffett, "Stop Coddling the Super-Rich," New York Times, August 14, 2011; http://www.nytimes.com/2011/08/15/opinion/stop -coddling -the -super -rich.html; Chris Isadore, "Buffett Says He's Still Paying Lower Tax Rate than His Secretary," CNN Money, March 4, 2013, http://money.cnn.com/2013/03/04/news/economy/buffett -secretary -taxes/index.html.

23 조세도피처에 대한 정보는 Luke Harding, "What Are the Panama Papers? A Guide to History's Biggest Data Leak," Guardian, April 5, 2016, https://www.theguardian.com/news/2016/apr/03/what -you-need -to -know -about -the -panama -papers; and Jane G. Gravelle, "Tax Havens: International Tax Avoidance and Evasion," National Tax Journal 62, no. 4 (2009): 727-753. 조세 회피 증가추세에 대한 문제로는 Chuck Marr and Cecily Murray, "IRS Funding Cuts Compromise Taxpayer Service and Weaken Enforcement," Center on Budget and Policy Priorities, April 4, 2016, https://www.cbpp.org/research/federal -tax/irs-funding -cuts -compromise -taxpayer -service-and -weaken -enforcement; Emily Horton, "'Egregious' Employment Tax Evasion Grows as IRS Enforcement Funding Shrinks," Center on Budget Policy and Priorities, April 27, 2017, https://www.cbpp.org/blog/egregious -employment -tax-evasion -grows -as -irs -enforcement -funding -shrinks for the American s case. 또한 Nikolaos Artavanis, Adair Morse, and Margarita Tsoutsoura, "Measuring Income Tax Evasion Using Bank Credit: Evidence from Greece," Quarterly Journal of Economics 131 (2016): 739-798.

24 James A. Caporaso, "Changes in the Westphalian Order: Territory, Public Authority, and Sovereignty," International Studies Review 2 (2000): 1-28; and Stuart Elden, "Contingent Sovereignty, Territorial Integrity and the Sanctity of Borders," SAIS Review of Interational Affairs 26 (2006): 11-24. See also Richard Tuck, The Rights of War and Peace: Political Thought and the International Order from Grotius to Kant (Oxford: Oxford University Press, 1999).

25 영국 정치인 빈센트 케이블(Vincent Cable)은 세계화가 국가의 전통적 힘을 약화시키는 한편 새로운 국가 개입 영역을 열어준다는 내용의, 흥미로우며 아직도 적절성이 큰 개괄적 글을 1990년대 중반에 썼다. Vincent Cable, "The Diminished Nation-State: A Study in the Loss of Economic Power," Daedalus 124, no. 2 (1995): 23-53.

26 Merriam Webster, "Words Unfit for the Office," https://www.merriam-webster.

com/words -at -play/us -presidents -say -the -darndest -things/misunderesti-mate, 2017년 9월 14일 접속판.

27 Internal Revenue Service, "U.S. Citizens and Resident Aliens Abroad," https:// www.irs.gov/individuals/international -taxpayers/u -s -citizens -and-resident -aliens -abroad, 2017년 9월 14일 접속판. John D. McKinnon, "Tax History: Why U.S. Pursues Citizens Overseas," Wall Street Journal, May 18, 2012, https://blogs.wsj. com/washwire/2012/05/18/tax -history-why -u -s -pursues -citizens -overseas/.

28 또한 Yascha Mounk, "Steuerpflicht für alle!" Die Zeit, July 25, 2012, http:// www.zeit.de/wirtschaft/2012 -07/steuerpflicht. 물론 국가는 이중과세에 대한 설득력 있는 규칙을 유지 또는 채택해야 한다. 많은 경우에, 개인이 그 시민권 소재국이 아니라 거 주국에 세금을 내는 일은 타당하다. 그래서 미국은 미국 거주자가 낼 세금에서 외국에 낼 세금을 공제해 준다. 달리 말해서, 요점은 미국 시민이 언제까지고 엉클 샘의 곳간을 채워 주도록 하기보다 그들이 국내에 있든 없든 거주국에 대한 납세 의무를 다하도록 하는 일 이 중요하다는 것이다.

29 최근 해외투자가 큰 집값 상승을 불러오고 있는 토론토와 밴쿠버 모두에서 이 제안에 대한 열띤 논의가 있었다. Josh Gordon, "The Ethical Case for Taxing Foreign Home Buyers," Globe and Mail, April 12, 2017, https://www.theglobeandmail.com/report -on -business/rob -commentary/the -ethical -case -for-taxing -foreign -home -buyers/article34690709/.

30 "Swiss Finished?" Economist, September 7, 2013, https://www.economist.com/ news/finance-and -economics/21585009 -america -arm-twists -bulk -switzer-lands -banks -painful -deal -swiss; Ryan J. Reilly, "Swiss Banks Deal Near in Tax Haven Crackdown, Justice Department Says," Huffington Post, August 29, 2013, http://www.huffingtonpost.com/2013/08/28/swiss -banks -deal_n_3832052.html; Polly Curtis, "Treasury Strikes Tax Evasion Deal with Switzerland to Recoup Un-paid Cash," Guardian, August 24, 2011, https://www.theguardian.com/business /2011/aug/24/switzerland -does -tax -deal -with -treasury.

31 예를 들어 Michael J. Graetz, Jennifer F. Reinganum, and Louis L. Wilde, "The Tax Compliance Game: Toward an Interactive Theory of Law Enforcement," Jour-nal of Law, Economics, & Organization 2, no. 1 (1986): 1-32.

32 Eoin Burke-Kennedy, "Ireland Branded One of World's Worst Tax Havens," Irish Times, December 12, 2016, https://www.irishtimes.com/business/economy/ireland -branded -one -of -world -s -worst -tax -havens-1.2901822; and Leslie Wayne, "How Delaware Thrives as a Corporate Tax Haven," New York Times, June 30, 2012, http://www.nytimes.com/2012/07/01/business/how -delaware -thrives -as -a -corporate -tax -haven.html.

33 이것이 작동하게 되는 한 가지 방식으로 Zucman, The Missing Wealth of Nations. 같은 근본적 문제에 대한 또 다른 해법으로는 Reuven Avi-Yonah, "The Shame of Tax Havens," American Prospect, December 1, 2015, http://prospect.org/article/shame -tax -havens.

34 Francois de Beaupuy, Caroline Connan, and Geraldine Amiel, "France and Germany Plan Tax Crackdown on U.S. Tech Giants," Bloomberg, August 7, 2017, https://www.bloomberg.com/news/articles/2017 -08 -07/france -and -germany -plan -crackdown -on -tax -loopholes -used -by -apple. 또한 Jim Brunsden and Mehreen Khan, "France Drives EU Tax Blitz on Revenues of US Tech Giants," Financial Times, September 9, 2017, https://www.ft.com/content/371733e8 -94ae -11e7 -bdfa -eda243196c2c. 이 모든 제안이 갖는 한 가지 장점은 이들이 발동하기 위해 대규모의 국제 협력을 필요로 하지 않는다는 점이다. 이 분야에서 이제까지 나온 생각들은 보통 그렇지가 못했다. 토마 피케티를 비롯한 여러 사람들이 내놓은 국제 금융거래세 같은 솔깃한 방안들이 그런 예다. 그런 제도는 수십 개 나라가 그에 함께 동의한다면 큰 효과를 얻을 것이다. 그러나 그런 협력이 어떻게든 쉽게 이루어지기를 바랄 수는 없기에, 그런 정책에 매달릴 때의 실효성은 거의 없을 것이다.

35 현재의 달러화로, 이는 뉴욕의 집세가 거의 두 배로 되었음을(1960년대 중반에 1500달러가 오늘날에는 약 3000달러로) 뜻하는 한편 1평방피트의 땅을 매입하는 평균 비용은 다섯 배 이상으로(200달러 이하에서 1천 달러 이상으로) 되었음을 의미한다. 또한 런던의 평균 주택 매입가는 1986년의 20만 달러에서 지금은 60만 달러 이상으로 뛰었다. Jonathan Miller, "Tracking New York Rents and Asking Prices over a Century," Curbed, June 2, 2015, https://ny.curbed.com/2015/6/2/9954250 /tracking -new -york -rents -and -asking -prices -over -a -century; "The Rise and Rise of London House Prices," ITV, July 15, 2014, http://www.itv.com/news/london/2014 -07 -15/the -rise -and -rise -of -london-house -prices -1986 -to -2014/.

36 "English Housing Survey: Headline Report 2013-14," UK Department for Communities and Local Government, https://www.gov.uk/government /uploads/ system/uploads/attachment_data/file/469213/English_Housing_Survey_Headline_ Report_2013 -14.pdf.

37 사실 한때 쾌적한 삶을 살았던 시골 도시의 주민들도 점점 더 소속 지역사회 밖으로 밀려나고 있다. Olivia Rudgard, "One in Ten British Adults Now a Second-Home Owner," Telegraph, August 18, 2017, http://www.telegraph.co.uk/ news/2017/08/18/one -ten -british -adults -now -second -home -owner/.

38 David Adler, "Why Housing Matters," unpublished manuscript.

39 주택 문제가 특히 심각한 영국에서는 주택 설계 허가 절차를 빠르게 하려는 움직임이 일고 있다. "Fast Track Applications to Speed Up Planning Process and Boost Housebuilding," Gov.uk, February 18, 2016, https://www.gov.uk/government/ news/fast -track -applications -to -speed -up -planning -process-and -boost -housebuilding; and Patrick Wintour and Rowena Mason, "Osborne's Proposals to Relax Planning System a 'Retreat from Localism,'" Guardian, July 10, 2015, https:// www.theguardian.com/society/2015/jul/10/osbornes -proposals -relax -planning -system -retreat -localism.

40 "Whitehall to Overrule Councils That Fail to Deliver Housebuilding Plans," Public Sector Executive, October 12, 2015, http://www.publicsectorexecutive. com/News/whitehall -to -overrule -councils -that -fail -to-deliver-housebuilding -plans/120953.

41 Nicola Harley, "Theresa May Unveils Plan to Build New Council Houses," Telegraph, May 13, 2017, http://www.telegraph.co.uk/news/2017/05/13/theresa -may -unveils -plan -build -new -council -houses/; 또한 "Forward, Together: Our Plan for a Stronger Britain and a Prosperous Future: The Conservative and Unionist Party, Manifesto 2017," Conservatives.com, 2017, 70-72, https://www.conservatives.com/manifesto.

42 토지가격세에 대한 좋은 소개글로 "Why Land Value Taxes Are So Popular, Yet So Rare," Economist, November 10, 2014, https://www.economist.com/blogs/economist -explains/2014/11/economist-explains -0. 흥미롭게도, 이 세금은 좌우 모두에

서 높은 지지를 받고 있다. Andy Hull, "In Land Revenue: The Case for a Land Value Tax in the UK," Labour List, May 8, 2013, https://labourlist.org/2013/05/in -land -revenue -the -case -for -a -land -value -tax -in -the -uk/; and Daran Sarma, "The Case for a Land Value Tax," Institute of Economic Affairs, February 15, 2016, https://iea.org.uk/blog/the -case -for -a -land-value -tax -0.

43 파리에서 뉴욕, 이탈리아에 이르는 많은 도시와 국가들이 2주택에 더 많은 과세를 하고 있다. Megan McArdle, "Own a Second Home in New York? Prepare for a Higher Tax Bill," Atlantic, February 11, 2011, https://www.theatlantic.com/business/archive/2011/02/own -a -second -home -in -new -york -prepare -for -a -higher-tax -bill/71144/; Feargus O'Sullivan, "Paris Sets Its Sights on Owners of Second Homes," Citylab, June 15, 2016, https://www.citylab.com/equity/2016/06/paris -wants -to -raise -second -homes -taxes -five -times/487124/; Gisella Ruccia, "Imu, Renzi: 'Via tassa su prima casa anche per i ricchi perché impossibile riforma del Catasto,'" Il Fatto Quotidiano, September 15, 2015, http://www.ilfattoquotidiano.it/2015/09/15/imu -renzi -via-tassa -su -prima -casa -anche -per -i -ricchi -perche -impossibile -riforma -del-catasto/414080/. 비주거 주택에 대한 과징금에 대해서는 "Council Tax: Changes Affecting Second Homes and Empty Properties," Gov.uk: Borough of Poole, http://www.poole.gov.uk/benefits-and -council -tax/council -tax/council -tax -changes -affecting -second -homes -and -empty-properties/, accessed September 14, 2017.

44 주택저당이자 세금 감면제도의 혜택은 1986년 지금의 형태로 도입된 뒤 연간 25만 달러 소득 가구의 경우가 4만에서 7만 5천 달러 소득 가구의 경우보다 10배나 큰 것으로 나타났다. James Poterba and Todd Sinai, "Tax Expenditures for Owner-Occupied Housing: Deductions for Property Taxes and Mortgage Interest and the Exclusion of Imputed Rental Income," paper given at the American Economic Association Annual Meeting, New Orleans, LA, January 5, 2008, http://real.wharton.upenn.edu/~sinai/papers/Poterba-Sinai -2008 -ASSA -final.pdf, accessed September 14, 2017.

45 이는 특히 미국과 영국에서 두드러진다. Karen Rowlingson, "Wealth Inequality: Key Facts," University of Birmingham Policy Commission on the Distribution of Wealth, December 2012, 14, http://www.birmingham.ac.uk/Documents/research/

SocialSciences/Key -Facts -Background -Paper -BPCIV.pdf; Michael Neal, "Homeownership Remains a Key Component of Household Wealth," National Association of Home Builders, September 3, 2013, http://nahbclassic.org/generic.aspx?genericContentID=215073.

46 2000년대 경제침체에서 주택 버블의 역할에 대한 가장 주목할 만한 기술은 Michael Lewis, The Big Short: Inside the Doomsday Machine (New York: W. W. Norton, 2010). 또한 다음도 보라. AtifMian and Amir Sufi, House of Debt: How They (and You) Caused the Great Recession, and How We Can Prevent It from Happening Again (Chicago: University of Chicago Press, 2014).

47 이 제안은 탄소세에 대한 비슷한 제안을 본받아 이루어졌다. 그에 관해서 가령 Robert O. Keohane, "The Global Politics of Climate Change: Challenge for Political Science," PS: Political Science & Politics 48, no. 1 (2015): 19-26.

48 여기에는 많은 이유가 있다. 경제침체도 이유이고, 월가를 점령하라 운동도 이유다. 그러나 이 책은 이런 논의의 대부분이 의심할 여지 없이 Thomas Piketty, Capital in the Twenty-First Century(Cambridge, MA: Belknap Press of Harvard University Press, 2014)에서 비롯되었다고 본다.

49 정치에서 로비 활동의 역할에 대해서는 Jane Mayer, Dark Money: The Hidden History of the Billionaires behind the Rise of the Radical Right (New York: Doubleday, 2016); and Lee Drutman, The Business of America Is Lobbying: How Corporations Became More Politicized and Politicians Became More Corporate (New York: Oxford University Press, 2015). 기회가 최정점의 1퍼센트를 넘어 상위 중산층에게까지 널리 퍼지도록 하는 문제에 대한 최근의 연구로 Richard V. Reeves, Dream Hoarders: How the American Upper Middle Class Is Leaving Everyone Else in the Dust, Why That Is a Problem, and What to Do about It (Washington, DC: Brookings Institution Press, 2017). 사회적 연대의 약화에 대해서는 Robert D. Putnam, Bowling Alone: The Collapse and Revival of American Community (New York: Touchstone, 2001).

50 The White House, Economic Report of the President, February 2015, p. 33, https://obamawhitehouse.archives.gov/sites/default/files/docs/cea_2015_erp.pdf.

51 University World News, "Cuts in Spending for Research Worldwide May Threaten Innovation," Chronicle of Higher Education, December 14, 2016, http://

www.chronicle.com/article/Cuts -in -Spending -for-Research /238693; and "Universities Report Four Years of Declining Federal Funding," National Science Foundation, November 17, 2016, https://www.nsf.gov/news/news_summ.jsp?cntn_ id=190299. 캘리포니아에 대해서는, "State Spending on Corrections and Education," University of California, https://www.universityofcalifornia.edu/infocenter/california-expenditures -corrections -and -public -education, accessed September 14, 2017. 결코 캘리포니아만이 아니다. 다른 10개 미국 주들도 교육보다 교도소에 더 많은 예산을 쓰고 있다. Katie Lobosco, "11 States Spend More on Prisons than on Higher Education," CNN Money, October 1, 2015, http://money.cnn.com/2015/10/01/pf/ college/higher-education -prison -state -spending/index.html.

52 Yascha Mounk, "Hallo, hörst du mich?" Die Zeit, November 2, 2016, http:// www.zeit.de/2016/44/universitaeten -deutschland -besuch -studenten-professoren -hoersaal.

53 디지털 기술은 인간 교사를 쓸모없게 만들지 않는다. 가까운 미래에, 고도로 수련된 교사는 과거와 마찬가지로 중요할 것이다. 그러나 그것은 그들이 새로운 기술을 배우고 디지털 도구를 유용하게 쓸 수 있을 것을 요구한다. Ashish Arora, Sharon Belenzon, and Andrea Patacconi, "Killing the Golden Goose? The Decline of Science in Corporate R&D," NBER Working Paper no. 20902, National Bureau of Economic Research, January 2015, http://www.nber.org/papers/w20902.

54 Mary Webb and Margaret Cox, "A Review of Pedagogy Related to Information and Communications Technology," Technology, Pedagogy, and Education 13 (2004): 235-286. 기술 능력과 교사의 교육 신념 사이의 복잡한 상관관계에 대해서는, Peggy A. Ertmer, "Teacher Pedagogical Beliefs: The Final Frontier in Our Quest for Technology Integration?" Educational Technology Research and Development 53 (2005): 25-39; Peggy A. Ertmer and Anne T. Ottenbreit-Leftwich, "Teacher Technology Change," Journal of Research on Technology in Education 42 (2010): 255-284.

55 한 가지 희망적인 접근은 성인들이 학자금 대출을 받은 뒤 교육을 마친 일정 학기 뒤에 장래의 소득에 비례해서 학비를 내도록 하는 방법이다. 이 묘안은 「이코노미스트」 지의 특집에서 다뤄졌다. Andrew Palmer, "Lifelong Learning Is Becoming an Economic Imperative," Economist, January 12, 2017, https://www.economist.com/news/special-report/21714169 -technological -change -demands -stronger-and -morecontinuous -connections -between -education. 평생학습의 재정에 대한 충분한 연구는 아직 없다. 약간 오래된 분석을 보면, Gerald Burke, "Financing Lifelong Learning for All: An International Perspective," Working Paper no. 46, Acer Centre for the Economics of Education and Training, Monash University, November 2002, http://www.monash.edu.au/education/non -cms/centres/ceet/docs/workingpapers/wp-46nov02burke.pdf.

56 이 점에 대한 고전적인 발언은 고스타 에스핑 안데르센(Gosta Esping-Andersen)의 "decommodification(탈상품화)"이다. Gosta Esping-Andersen, The Three Worlds of Welfare Capitalism (Princeton: Princeton University Press, 1990).

57 물론 문제는 노조 가입률의 저하가 노조 협상력의 급속 약화로도 이어진다는 점이다. 이 문제에 대한 통찰력 있는 분석으로 Anthony B. Atkinson, Inequality: What Can Be Done? (Cambridge, MA: Harvard University Press, 2015), 128-132.

58 "이중화"의 문제를 다룬 일련의 탁월한 글로 Patrick Emmenegger, ed., The Age of Dualization: The Changing Face of Inequality in Deindustrializing Societies(Oxford: Oxford University Press, 2012), 또한 고전이라고 할 Gosta Esping-Andersen, "Welfare States without Work: The Impasse of Labour Shedding and Familialism in Continental European Social Policy," in Welfare States in Transition. National Adaptations in Global Economies, ed. Gosta Esping-Andersen, 66-87 (London: Sage, 1996).

59 고용주들의 유인 감소에 대해 Karsten Grabow, "Lohn-und Lohnnebenkosten," in Grabow, Die westeuropaische Sozialdemokratie in der Regierung, 123-141 (Wiesbaden: Deutscher Universitäts-Verlag, 2005). 노동시장 내부자에 대해, Assar Lindbeck and Dennis J. Snower, "Insiders versus Outsiders," Journal of Economic Perspectives 15, no. 1 (2001): 165-188; Samuel Bentolila, Juan J. Dolado, and Juan F. Jimeno, "Reforming an Insider-Outsider Labor Market: The Spanish Experience," IZA Journal of European Labor Studies 1, no. 1 (2012): 1-19, 4; 또한 Silja Häusermann and Hanna Schwander, "Varieties of Dualization? Labor Market Segmentation and Insider-Outsider Divides across Regimes," The Age of Dualization: The Changing Face of Inequality in Deindustrializing Societies, ed. Patrick Emmenegger et al., 27-51 (New York: Oxford University Press, 2012).

60 미국의 경우, Jacob S. Hacker, "Privatizing Risk without Privatizing the Welfare

State: The Hidden Politics of Social Policy Retrenchment in the United States," American Political Science Review 98(2004): 243-260. 유럽의 경우, see Mounk, Age of Responsibility, ch. 2.

61 1인당 국민소득 기준으로, 스웨덴은 미국보다 네 배나 많은 스타트업 기업들을 보유하고 있다. Flavio Calvino, Chiara Criscuolo, and Carlo Menon, "Cross-country Evidence on Start-Up Dynamics," OECD Science, Technology and Industry Working Papers, 2015/06 (Paris: OECD Publishing, 2015). 스웨덴의 성공 까닭에 대한 훌륭한 언론 보도로는 Alana Semuels, "Why Does Sweden Have So Many Start-Ups?" Atlantic, September 28, 2017, https://www.theatlantic.com/business /archive/2017/09/sweden -startups/541413/. 대규모 복지국가가 스타트업의 수를 줄인다는 근거로는 Ruta Aidis, Saul Estrin, and Tomasz Marek Mickiewicz, "Size Matters: Entrepreneurial Entry and Government," Small Business Economics 39, no. 1 (2012): 119-139.

62 저자의 보도 내용에서.

63 소수자 집단의 증대와 사회적 지위에 대한 위협 인식 사이의 복잡한 상관관계를 다룬 흥미로운 연구로 Maureen A. Craig and Jennifer A. Richardson, "More Diverse Yet Less Tolerant? How the Increasingly Diverse Racial Landscape Affects White Americans' Racial Attitudes," Personality and Social Psychology Bulletin 40 (2014): 750-761. 또한 다음을 보라. Binyamin Appelbaum, "The Vanishing Male Worker: How America Fell Behind," New York Times, December 12, 2014, https://www.nytimes.com/2014/12/12/upshot/unemployment -the -vanishing -male -worker -how -america -fell-behind.html.

64 버락 오바마가 2008년 유세에서 언급한 유명한 내용, "그들의 사정이 안 좋아질수록, 그들은 총에, 종교에, 그들을 좋아하지 않는 사람들에 개한 무관심에, 그리고 반이민 감정이나 반무역 감정에 의존하여 불안의 이유를 찾으려 한다는 사실은 놀랍지 않습니다." Quoted in Mayhill Fowler, "Obama: No Surprise That Hard-Pressed Pennsylvanians Turn Bitter," Huffington Post, November 17, 2008, http://www.huffingtonpost.com/mayhill -fowler/obama -no -surprise -that-ha_b_96188.html.

65 이를 전반적으로 살펴보기에 좋은 글로, Valerio De Stefano, "The Rise of the 'Just-in-Time Workforce': On-Demand Work, Crowdwork, and Labor Protection in the 'Gig-Economy,'" Comparative Labor Law and Policy Journal 37, no. 3 (2016): 471-

503. 다만 긱 경제(gig economy)의 규제에 대한 가장 견실한 정치적 접근조차도 이 신흥 사업에 대해 규제보다는 싸움을 모색한다(가령 우버나 리프트에 대해 적대적이라 알려진, 엘리자베스 워렌(Elizabeth Warren) 상원의원의 최근 발언처럼)는 점을 주의하라. Elizabeth Warren, "Strengthening the Basic Bargain for Workers in the Modern Economy," Remarks, New American Annual Conference, May 19, 2016, https://www.warren.senate.gov/files/documents/2016 -5 -19_Warren_New_America Remarks.pdf.

9장. 시민들의 신뢰 되찾기

1 독일에 대해서는. Heidi Tworek, "How Germany Is Tackling Hate Speech," Foreign Affairs, May 16, 2017, https://www.foreignaffairs.com/articles/germany/2017 -05 -16/how -germany -tackling -hate -speech; Bundesrat, "Entwurf eines Getsetzes zur Verbesserung der Rechtsdurchsetzung in sozialen Netzwerken (Netzwerkdurchsetzungsgesetz-NetzDG)" (Köln: Bundesanzeiger Verlag, 2017), http://www.bundesrat.de/SharedDocs/drucksachen/2017/0301 -0400/315 -17.pdf?__blob=publicationFile&v=2. 미국에 대해서는, Zeynep Tufekci, "Zuckerberg's Preposterous Defense of Facebook," New York Times, September 29, 2017, https://www.nytimes.com/2017/09/29/opinion/mark-zuckerberg -facebook.html?mcubz=3; Zeynep Tufekci, "Facebook's Ad Scandal Isn't a 'Fail,' It's a Feature," New York Times, September 23, 2017, https://www.nytimes.com/2017/09/23/opinion/sunday/facebook-ad -scandal.html; and Zeynep Tufekci, "Mark Zuckerberg Is in Denial," New York Times, November 15, 2016, https://www.nytimes.com/2016/11/15/opinion/mark -zuckerberg -is -in -denial.html.
2 Jefferson Chase, "Facebook Slams Proposed German 'Anti-hate Speech' Social Media Law," Deutsche Welle, May 29, 2017, http://www.dw.com/en/facebook-slams -proposed -german -anti -hate -speech -social -media-law/a -39021094.
3 American Civil Liberties Union, "Internet Speech," https://www.aclu.org/issues/free -speech/internet-speech, accessed September 14, 2017; Mike Butcher, "Unless Online Giants Stop the Abuse of Free Speech, Democracy and Innovation Is Threatened," TechCrunch, March 20, 2017, https://techcrunch.com/2017/03/20/

online -giants -must -bolster -democracy-against -its -abuse -or -watch -innovation -die/; "Declaration on Freedom of Expression," http://deklaration -fuer -meinungsfreiheit.de/en/, 2017년 9월 14일 접속판.; Global Network Initiative, "Proposed German Legislation Threatens Free Expression around the World," http:// globalnetworkinitiative.org/news/proposed -german -legislation -threatens -free-expression -around -world, accessed April 19, 2017. 지금 페이스북이 일부 콘텐츠를 검열하는 방식에 대한 더 구체적인 반대를 보려면, Julia Angwin and Hannes Grassegger, "Facebook's Secret Censorship Rules Protect White Men from Hate Speech but Not Black Children," ProPublica, June 28, 2017, https://www.propublica.org/article/facebook-hate -speech -censorship -internal -documents -algorithms; Jeff Rosen, "Who Decides? Civility v. Hate Speech on the Internet," Insights on Law and Society 13, no. 2 (2013), https://www.americanbar.org/publications/ insights_on_law_andsociety/13/winter_2013/who_decides_civilityvhatespeechontheinternet.html.

4 아직 갈 길이 멀지만, 주요 소셜 네트워크들은 이 점에서 각자의 책임을 진지하게 고려 하기 시작했다. Todd Spangler, "Mark Zuckerberg: Facebook Will Hire 3,000 Staffers to Review Violent Content, Hate Speech," Variety, May 3, 2017, http://variety. com/2017/digital/news/mark -zuckerberg -facebook-violent -hate-speech -hiring -1202407969/. 또한 규제와 자율의 흥미로운 조합안의 예로 Robinson Meyer, "A Bold New Scheme to Regulate Facebook," Atlantic, May 12, 2016, https://www. theatlantic.com/technology/archive/2016/05/how -could -the -us -regulate-facebook/482382/. 미국 언론의 자체 규제 모델에 대한 분석으로는 Angela J. Campbell, "Self-Regulation and the Media," Federal Communications Law Journal 51, no. 3 (1999): 711-772.

5 Victor Luckerson, "Get Ready to See More Live Video on Facebook," Time, March 1, 2016, http://time.com/4243416/facebook-live -video/; and Kerry Flynn, "Facebook Is Giving Longer Videos a Bump in Your News Feed," Mashable, January 26, 2017, http://mashable.com/2017/01/26/facebook-video -watch -time/#XvOsKlECZZqi.

6 @mjahr, "Never Miss Important Tweets from People You Follow," Twitter blog, February 10, 2016, https://blog.twitter.com/official/en_us/a/2016/never -miss

-important-tweets -from -people -you -follow.html.

7 인공지능의 빠른 발전은 가까운 장래에 그러한 유해 콘텐츠 자동 인식에 힘을 실어줄 듯 보인다. 한편, 조정자들이 페이스북 글들을 매일 수억 번씩 읽어보는 일은 비현실적이며, 또한 바람직하지 않아 보인다. 그러나 반드시 그럴 필요는 없다. 몇 안 되는 파급력 높은 밈(meme)들이 온라인 트래픽의 다수를 차지하므로, 조정자는 상대적으로 소수의 포스트에만 신경을 쓰면 된다. 가령 페이스북에서, 유저들은 아직도 유해한 메시지들이나 설정된 이야기들을 친구들에게 전달하거나 스스로의 콘텐츠로 삼을 수 있다. 그러나 그런 확산을 멈추거나 늦추기 위해, 페이스북은 그런 포스트를 밀어주는 데 따른 돈을 거부하거나 그런 콘텐츠가 중요한 뉴스피드에 뜨도록 하는 알고리듬을 바꿀 수 있다. 유튜브 같은 플랫폼 광고를 통해 혐오 발언으로 돈을 벌 수 있는 문제에 대해서는 Patrick Kulp, "Big Brands Are Still Advertising on YouTube Vids by Hate Groups—-Here's the Proof," Mashable, January 26, 2017, http://mashable.com/2017/03/23/youtube -advertisers -hate -groups/#gqeCW7JsAOqk; Charles Riley, "Google under Fire for Posting Government Ads on Hate Videos," CNN Money, March 17, 2017, http://money.cnn.com/2017/03/17/technology/google -youtube -ads -hate -speech/index.html.

8 Gideon Resnick, "How Pro-Trump Twitter Bots Spread Fake News," Daily Beast, November 17, 2016, http://www.thedailybeast.com/how-pro -trump -twitter -bots -spread -fake -news. 또한 S. Woolley and P. N. Howard, "Political Communication, Computational Propaganda, and Autonomous Agents," introduction to special section on Automation, Algorithms, and Politics, International Journal of Communication 10(2016): 4882-4890; Philip N. Howard and Bence Kollanyi, "Bots, #StrongerIn, and #Brexit: Computational Propaganda during the UK-EU Referendum," Working Paper 2016.1, The Computational Propaganda Project, Oxford Internet Institute, University of Oxford, June 20, 2016, www.politicalbots.org, http://dx.doi.org/10.2139/ssrn.2798311; Bence Kollanyi, Philip N. Howard, and Samuel C. Woolley, "Bots and Automation over Twitter during the Second U.S. Presidential Debate," Data Memo 2016.2, The Computational Propaganda Project, Oxford Internet Institute, University of Oxford, October 19, 2016, http://comprop .oii.ox.ac.uk/2016/10/19/bots -and -automation -over -twitter-during -the -second -u -s -presidential -debate/.

9 저자의 보도 내용에서.

10 예를 들어, 여론조사에 따르면 뉴욕 거주자의 절반이 미국 정부가 일부러 9.11 테러를 막지 않았다고 보고 있다. Alan Feuer, "500 Conspiracy Buffs Meet to Seek the Truth of 9/11," New York Times, June 5, 2006, http://www.nytimes.com/2006/06/05/us/05conspiracy.html. 또한 Peter Knight, "Outrageous Conspiracy Theories: Popular and Official Responses to 9/11 in Germany and the United States," New German Critique 103 (2008): 165-193; Jonathan Kay, Among the Truthers: A Journey through America's Growing Conspiracist Underground (New York: Harper Collins, 2011). 달착륙이 사기라고 믿는 사람들에 대한 정보로는 Stephan Lewandowsky, Klaus Oberauer, and Gilles E. Gignac, "ASA Faked the Moon Landing—herefore, (Climate) Science Is a Hoax: An Anatomy of the Motivated Rejection of Science,"Psychological Science 24, no. 5 (2013): 622-33; and Viren Swami, Jakob Pietschnig, Ulrich S. Tran, I. N. G. O. Nader, Stefan Stieger, and Martin Voracek, "Lunar Lies: The Impact of Informational Framing and Individual Differences in Shaping Conspiracist Beliefs about the Moon Landings," Applied Cognitive Psychology 27, no. 1 (2013): 71-0. Regarding the Elders of Zion, see Stephen Eric Bronner, A Rumor about the Jews: Antisemitism, Conspiracy, and the Protocols of Zion (New York: Oxford University Press, 2003); and Esther Webman, ed., The Global Impact of "The Protocols of the Elders of Zion": A Century-Old Myth (New York: Routledge, 2012).

11 음모이론의 원인에 대한 주목할 만한 분석으로, Cass R. Sunstein and Adrian Vermeule, "onspiracy Theories: Causes and Cures,"Journal of Political Philosophy 17, no. 2 (2009): 202-27; Jovan Byford, Conspiracy Theories: A Critical Introduction (New York: Palgrave Macmillan, 2011). 정부에 대한 신뢰 상실에 대해, 이 책의 3부와 함께 "Public Trust in Government: 1958-017,"Pew Research Center, May 3, 2017, http://www.people-press.org/2017/05/03/public-trust-in-government-1958-2017/.

12 Adam M. Samaha, "egulation for the Sake of Appearance,"Harvard Law Review 125, no. 7 (2012): 1563-638. 이와 같은 아이디어는 휴어트(Hewart) 대법원장의 유명한 사법 명언에서도 나타나 있다. "정의가 이루어져야 할 뿐만이 아니다. 그것이 이루어짐이 보여져야 한다."(Rv Sussex Justices, Ex parte McCarthy [1924] 1 KB 256, [1923] All ER Rep 233). 또한 다음의 매력적인 논의도 보라. Amartya Sen, "That Do We Want from a Theory of

Justice?"Journal of Philosophy 103, no. 5 (2006): 215–38.

13 Gregory Krieg, "14 of Donald Trump' Most Outrageous 'Birther' Claims—Half from after 2011,"CNN, September 16, 2016, http://edition.cnn.com/2016/09/09/politics/donald -trump -birther/index.html; Jana Heigl, " Timeline of Donald Trump' False Wiretapping Charge," Politifact, March 21, 2017, http://www.politifact.com/truth -o -meter /article/2017/mar/21/timeline -donald -trumps -false -wiretapping -charge/; and Michael D. Shear and Emmarie Huetteman, "Trump Repeats Lie about Popular Vote in Meeting with Lawmakers,"New York Times, January 23, 2017, https://www.nytimes.com/2017/01/23/us/politics/donald -trump -congress -democrats.html.

14 McKay Coppins, "How the Left Lost Its Mind,"Atlantic, July 2, 2017, https://www.theatlantic.com/politics/archive/2017/07/liberal -fever-swamps/530736/; and Joseph Bernstein, "Louise Mensch Has a List of Suspected Russian Agents," Buzzfeed, April 21, 2017, https://www.buzzfeed.com/josephbernstein/menschs -list?utm_term=jiKJEZoZmj#.ix3w2BMBnj.

15 "이 말도 안 되는 온갖 사실들을 어떻게 이해해야 할까?" 이 유명한 법률관계 블로그는 2017년 5월에 질문한다. "정직한 답변은 이것이다. 살펴보기를 꺼리는 사람이 누구인지는 우리는 모른다. 그러나 트럼프와 러시아의 링크에 대해 가능한 설명을 찾아보려는 경우마다, 온갖 시나리오를 펼쳐보게 될 것이다. 트럼프가 러시아의 첩보원이라는 가정까지 해서 말이다." "우리 대통령이 적성국의 요원이라는 시나리오는 신빙성이 별로 없으리라. 그러나 적어도 우리가 알고 있는 사실들의 하나의 해석은 된다. 그리고 많은 사람들이 말한다···." 제인 청(Jane Chong), 퀸타 주레시스(Quinta Jurecic) 벤저민 위츠(Benjamin Wittes)는 계속해서 이렇게 썼다. "이 사건을 이론적으로만 봐도 이렇다. 우리는 러시아 사건에 대해 무엇을 확실히 알고 있으며, 그 모든 것은 무슨 의미인가?" Lawfare, May 1, 2017, https://www.lawfareblog.com/seven -theories -case -what -do -we -really -know -about -laffaire -russe -and-what -could -it -all -mean.

16 "Transcript: Read Michelle Obama' Full Speech from the 2016 DNC,". Washington Post, July 26, 2016, https://www.washingtonpost.com/news/post -politics/wp/2016/07/26/transcript -read -michelle -obamas -full-speech-from -the -2016 -dnc/?utm_term=8f6c82a2525f.

17 2장을 보라.

18 일부 최근의 제안으로는, Lawrence Lessig, Republic, Lost: The Corruption of Equality and the Steps to End It, rev. ed. (New York: Twelve, an imprint of Grand Central Publishing, 2015); Zephyr Teachout, Corruption in America: From Benjamin Franklin's Snuffbox to Citizens United (Cambridge, MA: Harvard University Press, 2014); Lee Drutman, The Business of America Is Lobbying (Oxford: Oxford University Press, 2015); John P. Sarbanes and Raymond O'ara III, "Power and Opportunity: Campaign Finance Reform for the 21st Century," Harvard Journal on Legislation 53, no. 1 (2016): 1 –8; and Tabatha Abu El-Haj, "Beyond Campaign Finance Reform,"Boston College Law Review 57, no. 4 (2016): 1127 –185.

19 Tony Blair Institute for Global Change, "he Centre in the United Kingdom, France and Germany,"June 2017, http://institute.global/sites/default/files/inline-files/IGC_Centre%20Polling_14.07.17.pdf. 유럽연합의 민주화에 대한 최근의 제언으로는, Stéphanie Hennette, Thomas Piketty, Guillaume Sacriste, and Antoine Vauchez, Pour un traite de democratisation de l'Europe (Paris: Seuil, 2017); Agnes Bénassy-Quéré, Michael Hüther, Philippe Martin, and Guntram B. Wolff, "Europe Must Seize This Moment of Opportunity,"Bruegel, August 12, 2017, http://bruegel.org/2017/08/europe -must -seize -this-moment-of -opportunity/; and Cécile Ducourtieux, "Europe: Macron livre une feuille de route ambitieuse tout en ménageant Berlin,"Le Monde, September 27, 2017, http://www.lemonde.fr/europe/article/2017/09/27/europe -macron -livre -une -feuille -de -route -ambitieuse -mais-menage -berlin_5191974_3214.html.

20 의회의 역량에 대해서는, Lee Drutman, "These Frightening New Survey Results Describe a Congress in Crisis,"Vox, August 8, 2017, https://www.vox.com/polyarchy/2017/8/8/16112574/cmf -congress -survey-crisis; Lee Drutman and Steve Teles, "Why Congress Relies on Lobbyists Instead of Thinking for Itself,"Atlantic, March 10, 2015, https://www.theatlantic.com/politics/archive/2015/03/when -congress -cant -think-for -itself -it -turns -to -lobbyists/387295/; 또한 Kevin R. Kosar et al., "Restoring Congress as the First Branch,"R Street Policy Study, no. 50, January 2016, http://www.rstreet.org/wp -content/uploads/2016/01/RSTREET50.pdf.

21 예를 들어 Jon S. T. Quah, "Controlling Corruption in City-States: A Comparative

Study of Hong Kong and Singapore,"Crime, Law and Social Change 22, no. 4 (1994): 391–14.

22 George Washington, "Eighth Annual Address to Congress,"December 7, 1796, available at the American Presidency Project, http://www.presidency.ucsb.edu/ws/?pid=29438.

23 James Madison to W. T. Barry, letter, August 4, 1822, in Writings of James Madison, ed. Gaillard Hunt, vol. 9 (New York: Putnam, 1910), 103–09, quotation on p. 103; available in The Founders' Constitution, ed. Philip B. Kurland and Ralph Lerner (Chicago: University of Chicago Press and the Liberty Fund, 1986), vol. 1, ch. 18, document 35, http://press-pubs.uchicago.edu/founders/documents/v1ch18s35.html.

24 유명한 "스쿨하우스 락(Schoolhouse Rock)" 비디오에 대해서는, "Schoolhouse Rock— How a Bill Becomes a Law,"season 3, episode 1, September 18, 1975, American Broadcasting Corporation, available at https://www.youtube.com/watch?v=Otbml6WIQPo.

25 Allan Bloom, Closing of the American Mind (New York: Simon and Schuster, 1987).

26 American Bar Association and YMCA Youth in Government, "Partners in Civic Engagement,"2010, p. 2, https://www.americanbar.org/content /dam/aba/migrated/publiced/YouthInGovtYMCA.authcheckdam.pdf.

27 James W. Fraser, Reading, Writing, and Justice: School Reform as If Democracy Matters (Albany: SUNY Press, 1997), 55.

28 Bethel School District No. 403 vs. Fraser 478 US 675 (1986).

29 실제 미국 캠퍼스에서 공부하는 미국 대학생이 얼마나 적은지에 대한 자료를 기초로 한 비판으로 Richard Arum and Josipa Roksa, Academically Adrift: Limited Learning on College Campuses (Chicago: University of Chicago Press, 2011); Richard Arum and Josipa Roksa: Aspiring Adults Adrift: Tentative Transitions of College Graduates(Chicago: University of Chicago Press, 2014).

30 최근의 문제시되는 경향 대부분을 훑어볼 수 있는 글로, Campaign for the Civic Mission of Schools, "Civic Learning Fact Sheet,"http://www.civicmissionofschools.org/the-campaign/civic-learning-fact-sheet.

31 Max Fisher, "mericans vs. Basic Historical Knowledge,"Atlantic, June 3, 2010,

https://www.theatlantic.com/politics/archive/2010/06/americans -vs -basic -historical -knowledge/340761/; and Jonathan R. Cole, "Ignorance Does Not Lead to Election Bliss,"Atlantic, November 8, 2016, https://www.theatlantic.com/education/archive/2016/11/ignorance -does -not -lead -to -election -bliss/506894/. 또한 William A. Galston, "Civic Education and Political Participation," PS: Political Science and Politics 37, no. 2 (2004): 263 -66; and William A. Galston, "Civic Knowledge, Civic Education, and Civic Engagement: A Summary of Recent Research," International Journal of Public Administration 30, no. 6 - (2007): 623 -42.

32 내가 아는 한, 이 구체적인 질문에 대해서 체계적인 연구는 별로 없다. 그러나 부모가 될 세대의 미국인들이 수십 년 전 세대에 비해 정치에 대한 관심이 적기 때문에, 그리고 공공 문제에 대한 지식도 적으므로, 이 특수한 경우는 시사적 사례로서 기능할 듯하다.

33 교육대학의 교육과정에 대해서는, David F. Labaree, "Progressivism, Schools and Schools of Education: An American Romance," Paedagogica Historica 41, no. 1 - (2005): 275 -88; David F. Labaree, The Trouble with Ed Schools (New Haven: Yale University Press, 2004). 더 많은 교사들을 연구중심대학에서 공부시키려는 압박에 대해서는, Arthur Levine, "Educating School Teachers,"report of the Education Schools Project, Washington, DC, September 2006, http://files.eric.ed.gov/fulltext/ED504144. pdf.

34 David Randall with Ashley Thorne, "Making Citizens: How American Universities Teach Civics,"National Association of Scholars, January 2017, https://www.nas.org/images/documents/NAS_makingCitizens_fullReport.pdf; 또한 스탠리 피시(Stanley Fish)의 응답도 보라. "Citizen Formation Is Not Our Job,"Chronicle of Higher Education, January 17, 2017, http://www.chronicle.com/article/Citizen -Formation -Is -Not -Our/238913.

35 David Brooks, "The Crisis of Western Civ,"New York Times, April 21, 2017, https://www.nytimes.com/2017/04/21/opinion/the -crisis -of-western-civ. html?mcubz=0.

결론

1 아테네에 대하여, Sarah B. Pomeroy, Ancient Greece: A Political, Social, and Cultural History (Oxford: Oxford University Press, 1999); and Robert Waterfield, Athens: A History, From Ancient Ideal to Modern City (New York: Basic Books, 2004). 로마에 대해서는, Mary Beard, SPQR: A History of Modern Rome (New York: Norton, 2015); Marcel Le Glay, Jean-Louis Voisin, and Yann Le Bohec, Histoire romaine (Paris: Presses universitaires de France, 1991). 베네치아에 대해서는, 고전으로서 Frederic Chapin Lane, Venice, a Maritime Republic (Baltimore: Johns Hopkins University Press, 1973); John Julius Norwich, A History of Venice (London: Penguin, 1982).

2 Adam Easton, "Analysis: Poles Tire of Twins,"BBC News, October 22, 2007, http://news.bbc.co.uk/1/hi/world/europe/7057023.stm; Choe Sang-Hun, "ark Geun-hye, South Korea' Ousted Leader, Is Arrested and Jailed to Await Trial,"New York Times, March 30, 2017.

3 터키에 대해서는, Dexter Filkins, "rdogan' March to Dictatorship in Turkey," New Yorker, March 31, 2016; and Soner Cagaptay, The New Sultan: Erdogan and the Crisis of Modern Turkey (London: I. B. Tauris, 2017). 베네수엘라에 대해서는, Rory Carroll, Comandante: Hugo Chavez's Venezuela (London: Penguin Press, 2015); and "Freedom in the World 2017: Venezuela,"Freedom House website, https://freedomhouse.org/report/freedom -world/2017/venezuela.

4 Kanchan Chandra, "Authoritarian India: The State of the World' Largest Democracy,"Foreign Affairs, June 16, 2016, https://www.foreignaffairs.com/articles/india/2016 -06 -16/authoritarian -india; Anne Applebaum, "It's Now Clear: The Most Dangerous Threats to the West Are Not External,"Washington Post, July 16, 2016, https://www.washingtonpost.com/opinions/global -opinions/its -now -clear -the -most -dangerous-threats -to -the -west -are -not -external/2017/07/16/2475e704 -68a6 -11e7-a1d7 -9a32c91c6f40_story.html; and Richard C. Paddock, "Becoming Duterte: The Making of a Philippine Strongman,"New York Times Magazine, March 21, 2017, https://www.nytimes.com/2017/03/21/world/asia/rodrigo -duterte -philippines -president -strongman.html.

5 Michael S. Schmidt, "In a Private Dinner, Trump Demanded Loyalty. Comey Demurred,"New York Times, May 11, 2017, https://www.nytimes.com/2017/05/11/us/politics/trump -comey -firing.html; Sharon Lafraniere and Adam Goldman,

"Guest List at Donald Trump Jr.' Meeting with Russian Expands Again,"New York Times, July 18, 2017, https://www.nytimes.com/2017/07/18/us/politics/trump-meeting-russia.html; Rosie Gray, "Trump Defends White-Nationalist Protesters: 'Some Very Fine People on Both Sides,'o"Atlantic, August 15, 2017, https://www.theatlantic.com/politics/archive/2017/08/trump-defends-white-nationalist-protesters-some-very-fine-people-on-both-sides/537012/; @realdonaldtrump: "So why aren' the Committees and investigators, and of course our beleaguered A. G., looking into Crooked Hillarys crimes & Russia relations?"tweet, July 24, 2017, 9:49am, https://twitter.com/realdonaldtrump/status/889467610332528641?lang=en. (비록 트럼프가 계속해서 백인우월주의자들과 거리 두기를 거부했지만, 그는 다른 경우에는 그들을 기피했음을 기억해야 한다)

6 Tim Marcin, "Donald Trump' Popularity: His Approval Rating among His Base Voters Is Back Up,"Newsweek, July 12, 2017, http://www.newsweek.com/donald-trumps-popularity-approval-rating-base-voters-635626.

7 David Leonhardt, "G.O.P. Support for Trump Is Starting to Crack," New York Times, July 24, 2017, https://www.nytimes.com/2017/07/24/opinion/republican-support-donald-trump.html.

8 트럼프의 여론조사 결과가 가장 나쁘게 나온 경우(이전 대통령들과의 유용한 비교를 포함해)는 FiveThirtyEight에서 실시했을 때였다. "How Popular Is Donald Trump?"FiveThirtyEight.com, https://projects.fivethirtyeight.com/trump-approval-ratings/.

9 이 시점에서 도널드 트럼프가 연임할 가능성은 없어 보인다. 그러나 전혀 불가능하다고는 말할 수 없을 것이다. 2020년에도 트럼프가 이기리라 보는 확신 넘치는 시나리오로서, Damon Linker, "Trump Is Toxically Unpopular. He Still Might Win in 2020," The Week, August 30, 2017, http://theweek.com/articles/721436/trump-toxically-unpopular-still-might-win-2020.

10 Beard, SPQR, 232.

11 로마 공화정 말기에 대한 흡입력 있는 역사서로 Mike Duncan, The Storm before the Storm: The Beginning of the End of the Roman Republic (New York: Public Affairs, 2017).

12 Epictetus, The Discourses, Book 1, Chapter 1.

자료 출처

47쪽 Timbro Authoritarian Populism Index 2017; https://timbro.se/ideologi/tim-bro-authoritarian-populism-index-2017 – 2/. AndreasJohansson Heinö, TIMBRO; Giovanni Caccavello, EPICENTER;Cecilia Sandell, EPICENTER, Timbro Authoritar-ian Populism Index2017. TIMBRO, Stockholm/EPICENTER (European Policy Informa-tionCenter), Brussels.

108,109쪽 Federal Election Campaign data processedby the CampaignFinanceIn-stitute; http://www.cfinst.org/data/historicalstats.aspx. Campaign FinanceInstitute (CFI) analysis of Federal ElectionCommission (FEC) data.

114쪽 Center for Responsive Politics (CRP) analysis of Senate Officeof Public Records(OPR) data (CC BY-NC-SA 3.0); https://www.opensecrets.org/lobby/.

132쪽 World Values Survey (WVS), Wave 6 (2010 – 2014),World Values Survey Asso-ciation; http://www.worldvaluessurvey.org.

134쪽 Kantar TNS (formerly TNS SoFres) Baromètre/Le FigaroMagazine; https://www.tns-sofres.com/cotes-de-popularites.

140쪽 World Values Survey (WVS), Wave 6 (2010 – 2014), World Values Survey Asso-ciation; http://www.worldvaluessurvey.org.

141쪽(위) World Values Survey (WVS), Wave 5 (2005 – 2009) andWave 6 (2010 – 2014), World Values Survey Association; http://www.worldvaluessurvey.org.

141쪽(아래) World Values Survey(WVS), Wave 5 (2005 – 2009) and Wave 6 (2010 – 2014), WorldValues Survey Association; http://www.worldvaluessurvey.org andEuropean Values Study (Wave 4), European Values Study; http://www.europeanvaluesstudy.eu/page/surveys .html.

144쪽 World Values Survey (WVS), Wave 3 (1995 – 1998),Wave 4 (1999 – 2004), Wave 5

(2005 – 2009) and Wave 6 (2010 – 2014), World Values Survey Association; http://www.worldvaluessurvey.org.

145,146쪽 World Values Survey (WVS),Wave 3 (1995 – 1998), Wave 4 (1999 – 2004), Wave 5 (2005 – 2009)and Wave 6 (2010 – 2014), World Values Survey Association. EuropeanValues Study (EVS), Wave 3 (1999) ZA3811 and Wave 4(2008) ZA4800, GESIS Data Archive, Cologne.

159쪽 World Values Survey (WVS),Wave 2 (1990 – 1994), Wave 5 (2005 – 2009) and Wave 6 (2010 – 2014), World Values Survey Association; http://www.worldvaluessurvey.org. European Values Study (EVS), Wave 2 (1990) ZA4460,Wave 3 (1999) ZA3811 and Wave 4 (2008) ZA4800, GESIS DataArchive, Cologne.

201쪽 Raj Chetty, David Grusky, Maximilian Hell, Nathaniel Hendren,Robert Manduca, and Jimmy Narang, "The Fading AmericanDream: Trends in Absolute Income Mobility since 1940," TheEquality of Opportunity Project,December 2016; http://www.equality-of-opportunity.org/assets/documents/abs_mobility_summary.pdf.

217쪽 US Census Bureau, "Historical Census Statistics on the Foreign-Born Population of the United States: 1850 – 2000," https://www.census.gov/population/www/documentation/twps0081/twps0081.html; and Pew Research Center tabulations of 2010 and 2015 AmericanCommunity Survey (IPUMS) in: Gustavo López and Kristen Bialik: "Key Findingsabout U.S. Immigrants," Pew Research Center,Washington, DC, May, 3, 2017, http://www.pewresearch.org/fact-tank/2017/05/03/key-findings-about-u-s-immigrants/.

옮긴이 **함규진**

1969년 서울에서 태어났다. 성균관대학교 행정학과를 졸업하고 같은 학교 대학원에서 정약용의 정치사상을 주제로 정치외교학 박사학위를 받았다. 지금은 서울교육대학교 윤리교육과 교수로 재직하고 있다. 서로 대립되는 입장 사이에 길을 내고 함께 살아갈 집을 짓는 작업에 열중하고 있다. 지은 책으로는 『개와 늑대들의 정치학』, 『최후의 선비들』, 『조약으로 보는 세계사 강의』, 『리더가 읽어야 할 세계사 평행 이론』, 『세계사를 바꾼 담판의 역사』 등이 있다. 옮긴 책으로는 『실패한 우파가 어떻게 승자가 되었나』, 『정치질서의 기원』, 『대통령의 결단』, 『죽음의 밥상』, 『팔레스타인』 등이 있다.

위험한 민주주의

초판 1쇄 인쇄 2018년 5월 18일 | 초판 1쇄 발행 2018년 5월 25일

지은이 야스차 뭉크
옮긴이 함규진
펴낸이 김영진

사업총괄 나경수 | 본부장 박현미 | 사업실장 백주현
개발팀장 차재호 | 책임편집 류다현
디자인팀장 박남회 | 디자인 당승근
마케팅 이용복, 우광일, 김선영, 정유, 박세화 | 해외콘텐츠전략 강선아, 이아람
출판지원 이주연, 이형배, 양동욱, 강보라, 손성아, 전효정

펴낸곳 (주)미래엔 | 등록 1950년 11월 1일(제16-67호)
주소 06532 서울시 서초구 신반포로 321
미래엔 고객센터 1800-8890
팩스 (02)541-8249 | 이메일 bookfolio@mirae-n.com
홈페이지 www.mirae-n.com

ISBN 979-11-6233-547-5 03300

* 와이즈베리는 ㈜미래엔의 성인단행본 브랜드입니다.

* 책값은 뒤표지에 있습니다.

* 파본은 구입처에서 교환해 드리며, 관련 법령에 따라 환불해 드립니다.
  단, 제품 훼손 시 환불이 불가능합니다.

와이즈베리는 참신한 시각, 독창적인 아이디어를 환영합니다.
기획 취지와 개요, 연락처를 bookfolio@mirae-n.com으로 보내주십시오.
와이즈베리와 함께 새로운 문화를 창조할 여러분의 많은 투고를 기다립니다.

「이 도서의 국립중앙도서관 출판시도서목록(CIP)은 서지정보유통지원시스템 홈페이지(http://seoji.nl.go.kr)와 국가자료공동목록시스템(http://www.nl.go.kr/kolisnet)에서 이용하실 수 있습니다.
(CIP제어번호: CIP2018014603)」